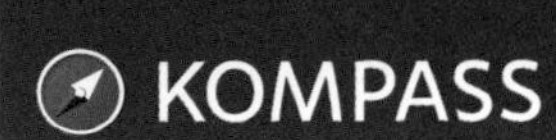

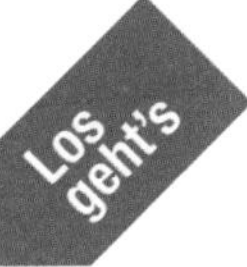

Endlich Weitwandern

ALPEN

5 FERNWANDERWEGE ZUM ENTDECKEN

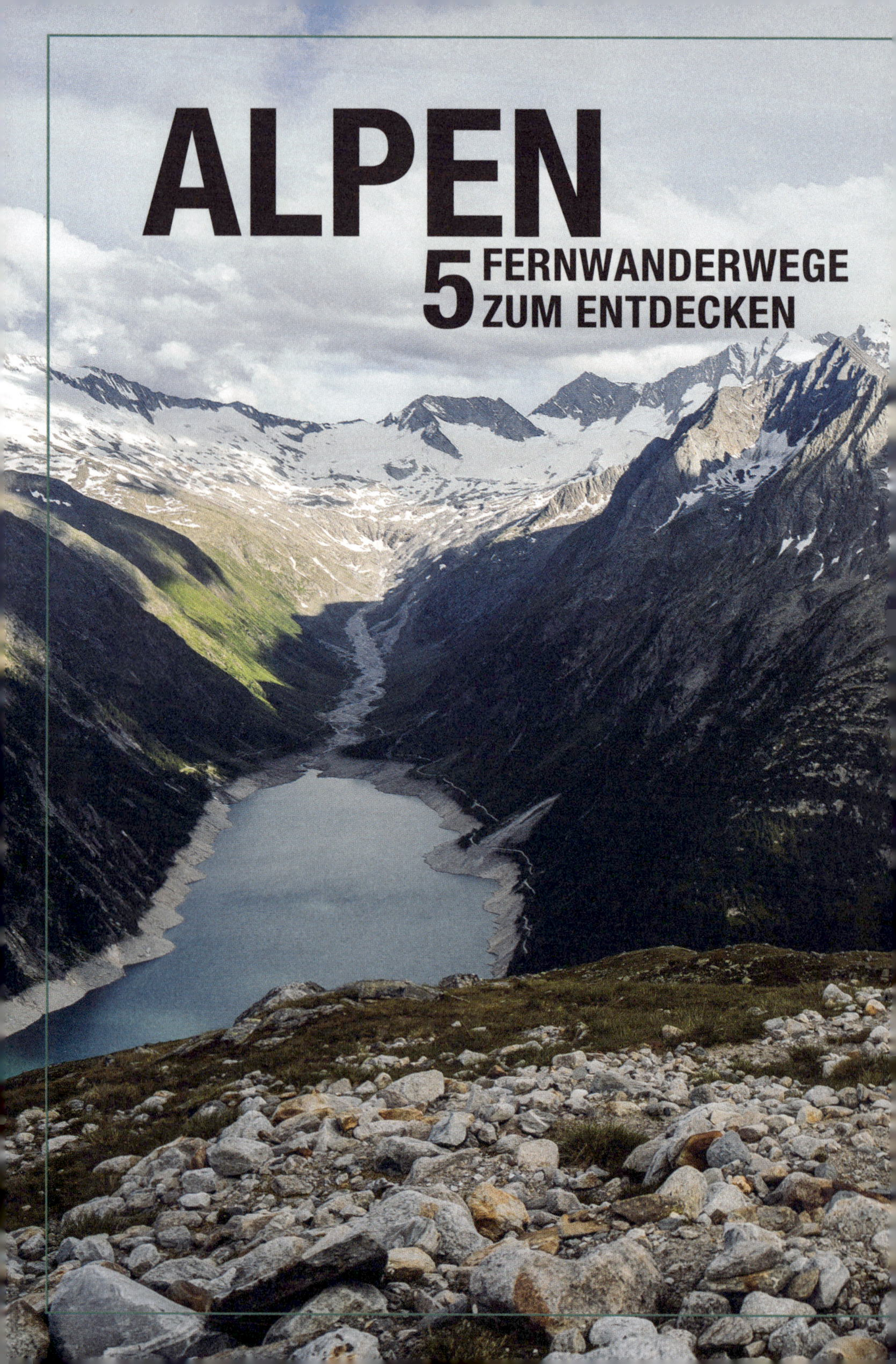
ALPEN
5 FERNWANDERWEGE
ZUM ENTDECKEN

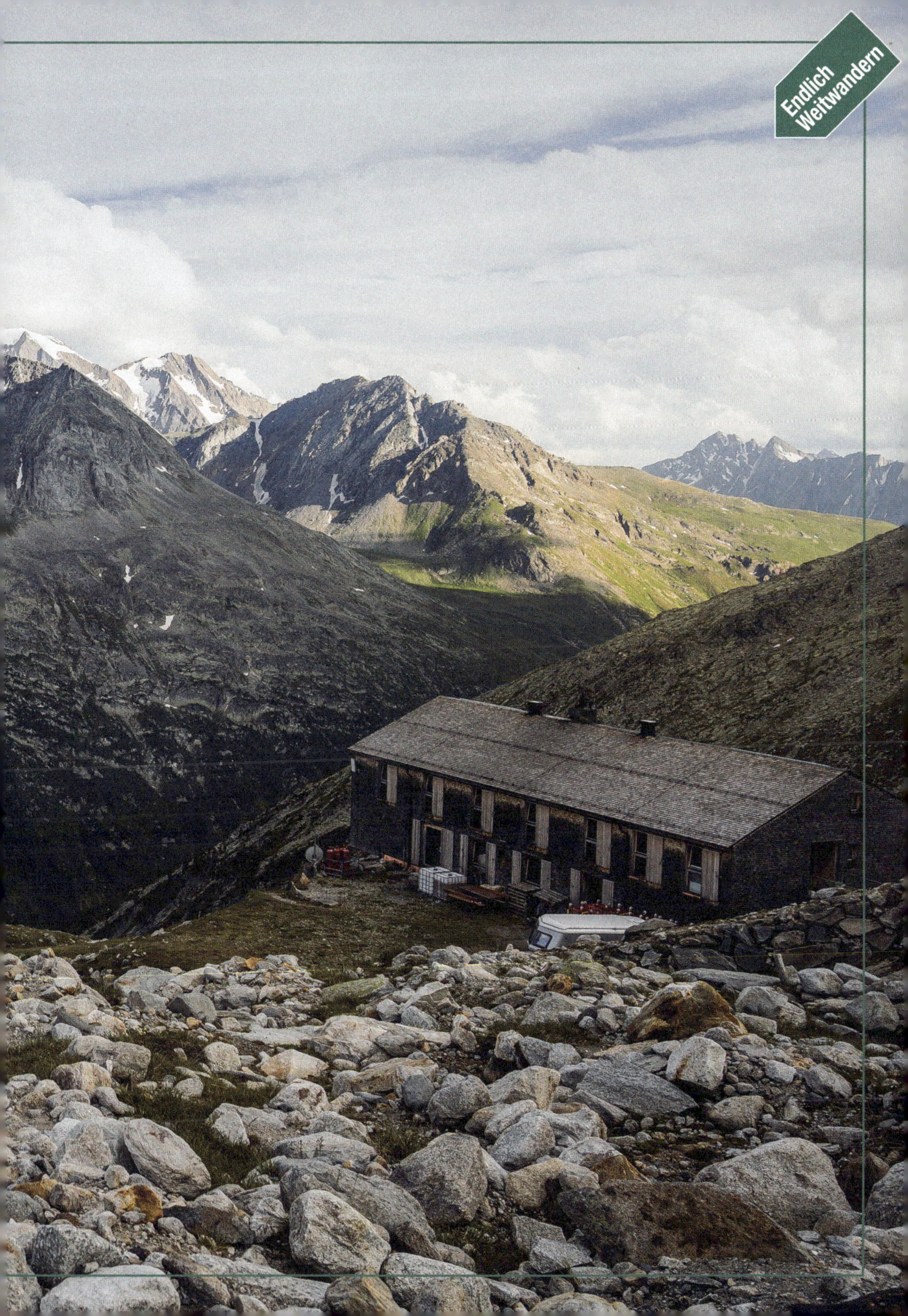
Endlich
Weitwandern

Inhalt

Endlich Feierabend

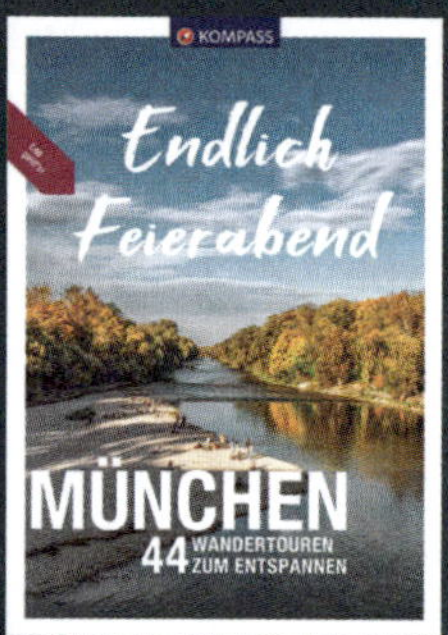

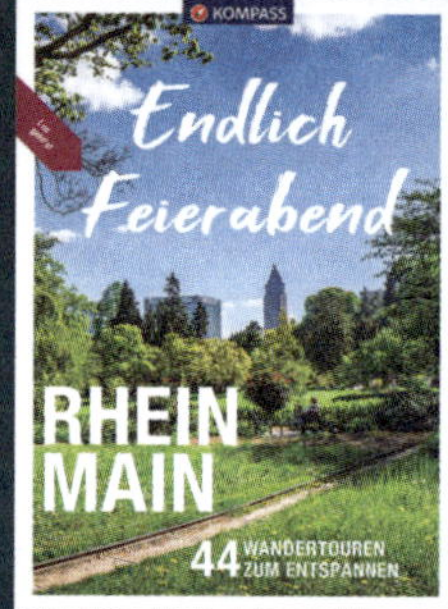

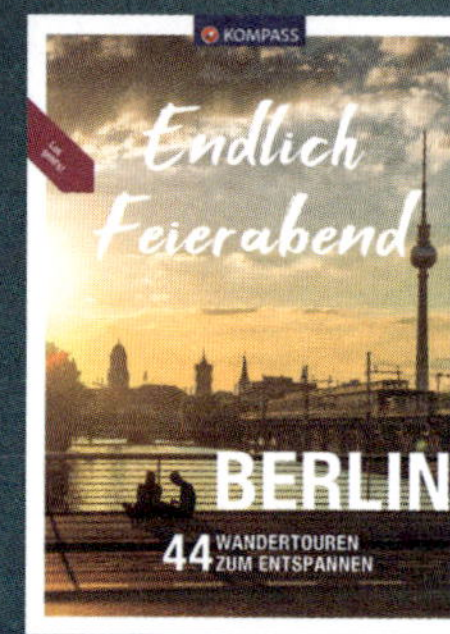

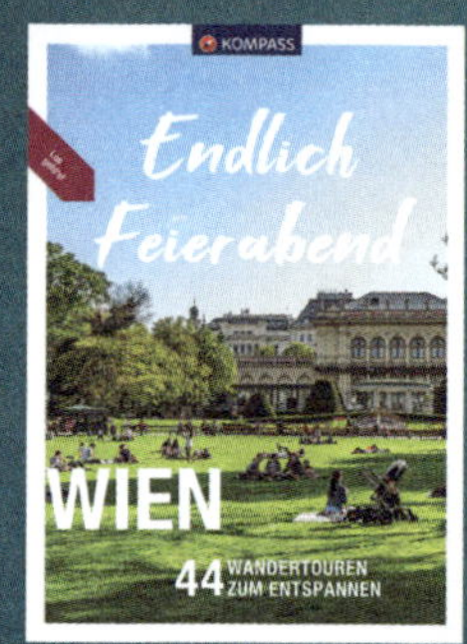

Endlich Erfrischung & Endlich Fahrtwind

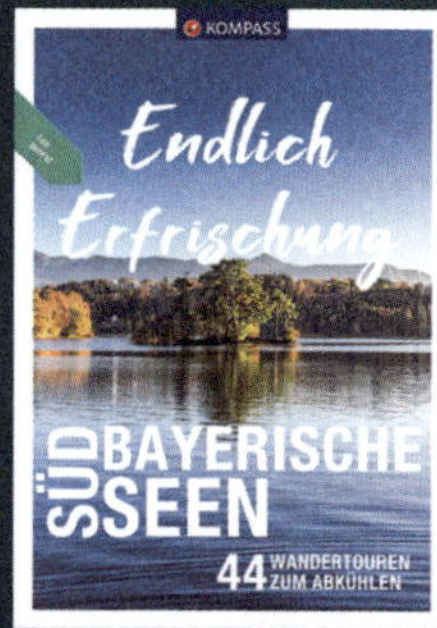

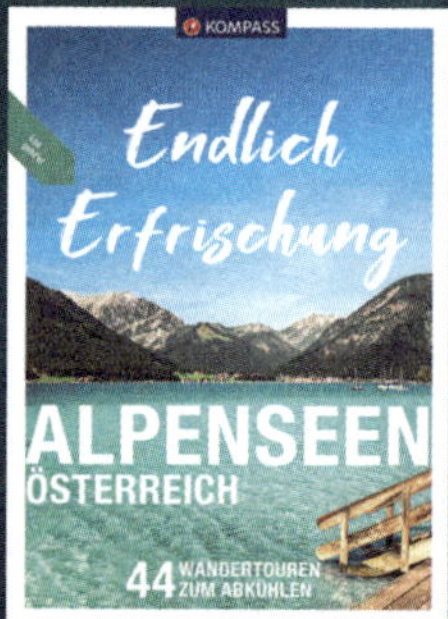

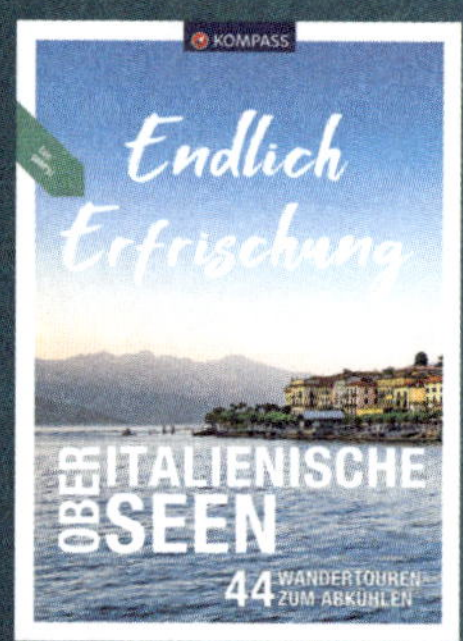

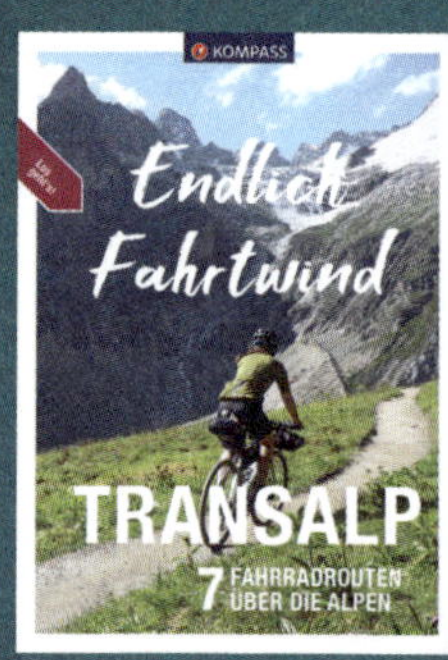

Endlich aufs Wasser & Endlich Sonne

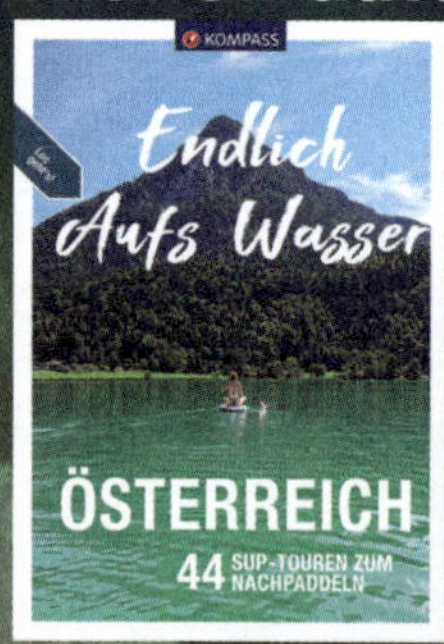

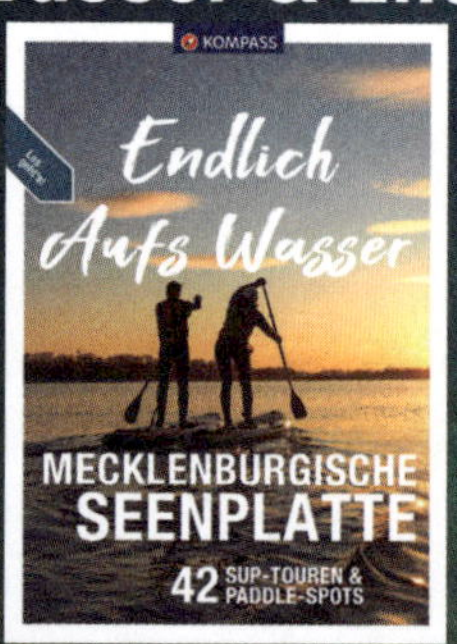

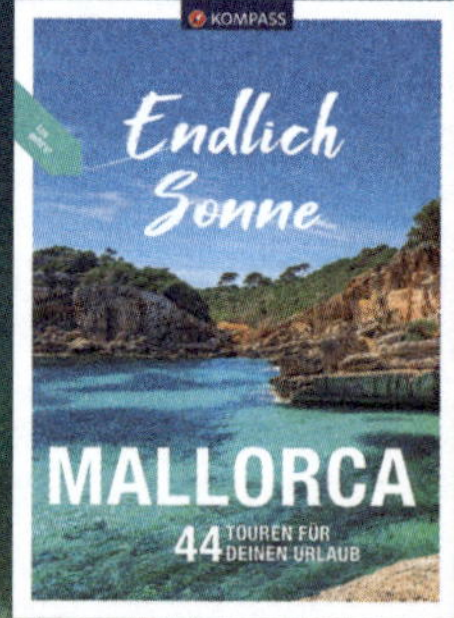

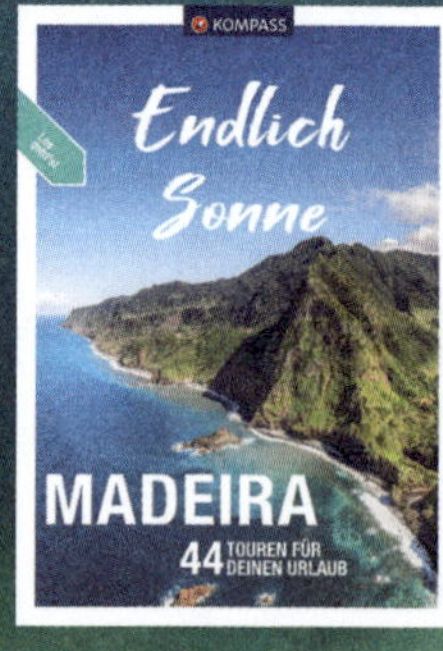

Tourenübersicht

Unser Highlight

Fernweg 3: Alpe Adria Trail

Tourenübersicht

Fernweg 5: BergeSeen Trail

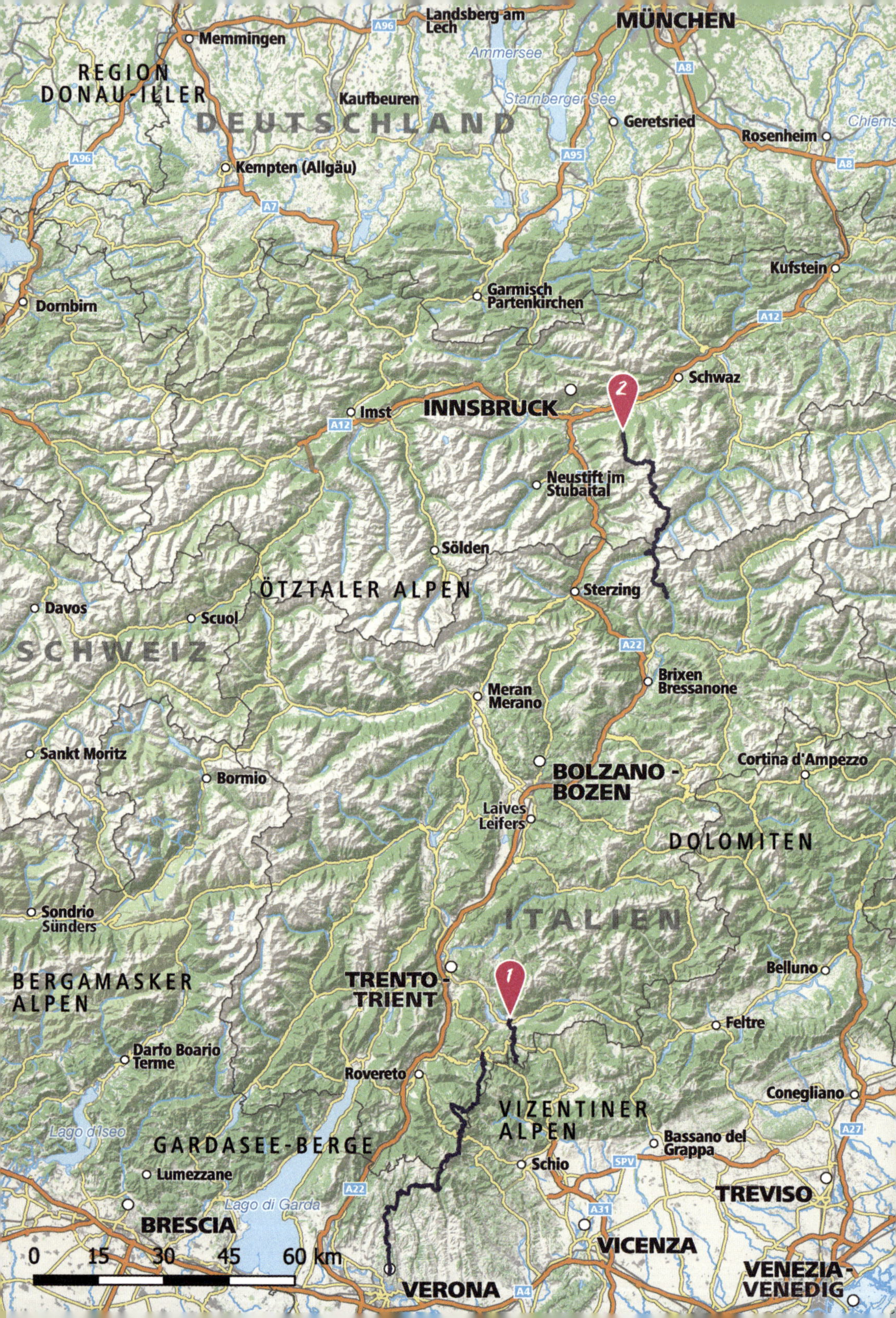

Landsberg am Lech
MÜNCHEN
Memmingen
REGION DONAU-ILLER
Ammersee
Kaufbeuren
Starnberger See
DEUTSCHLAND
Geretsried
Rosenheim
Chiems
Kempten (Allgäu)
Kufstein
Dornbirn
Garmisch Partenkirchen
Schwaz
INNSBRUCK
Imst
Neustift im Stubaital
Sölden
ÖTZTALER ALPEN
Sterzing
Davos
Scuol
SCHWEIZ
Brixen Bressanone
Meran Merano
Sankt Moritz
BOLZANO - BOZEN
Cortina d'Ampezzo
Bormio
Laives Leifers
DOLOMITEN
Sondrio Sünders
ITALIEN
Belluno
BERGAMASKER ALPEN
TRENTO - TRIENT
Feltre
Darfo Boario Terme
Rovereto
Conegliano
Lago d'Iseo
VIZENTINER ALPEN
GARDASEE-BERGE
Bassano del Grappa
Schio
Lumezzane
TREVISO
Lago di Garda
BRESCIA
VICENZA
0 15 30 45 60 km
VERONA
VENEZIA - VENEDIG

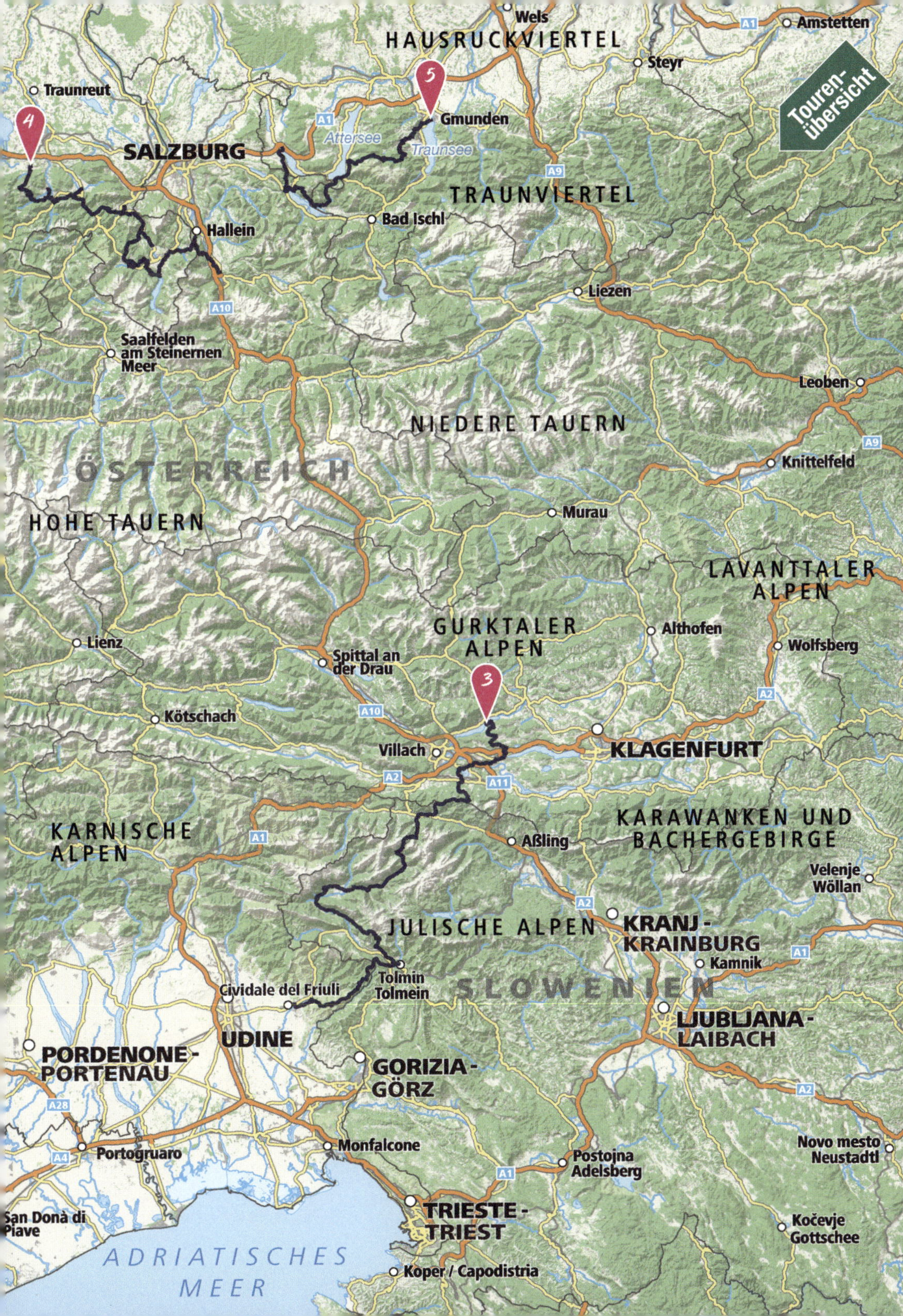

Touren-übersicht
Wels
Amstetten
HAUSRUCKVIERTEL
Steyr
Traunreut
SALZBURG
Gmunden
Attersee
Traunsee
TRAUNVIERTEL
Bad Ischl
Hallein
Liezen
Saalfelden am Steinernen Meer
Leoben
NIEDERE TAUERN
Knittelfeld
ÖSTERREICH
HOHE TAUERN
Murau
LAVANTTALER ALPEN
GURKTALER ALPEN
Althofen
Lienz
Spittal an der Drau
Wolfsberg
Kötschach
KLAGENFURT
Villach
KARAWANKEN UND BACHERGEBIRGE
KARNISCHE ALPEN
Aßling
Velenje Wöllan
JULISCHE ALPEN
KRANJ - KRAINBURG
Kamnik
Tolmin Tolmein
SLOWENIEN
Cividale del Friuli
LJUBLJANA - LAIBACH
UDINE
PORDENONE - PORTENAU
GORIZIA - GÖRZ
Portogruaro
Monfalcone
Postojna Adelsberg
Novo mesto Neustadtl
TRIESTE - TRIEST
San Donà di Piave
Kočevje Gottschee
ADRIATISCHES MEER
Koper / Capodistria

Endlich …

geht es los!

5 FERNWANDERWEGE FÜR DICH

Endlich raus und richtig abschalten und runterkommen. Den Alltag hinter sich lassen und von einem Tag in den nächsten leben. Dies versprechen Fernwanderungen und Mehrtagestouren. Der Weg ist das Ziel und der nächste Unterschlupf dient zur Vorbereitung auf den nächsten Tag – erholen, Kraft sammeln. Die Kombination aus Fernwanderwegen und den Alpen garantieren für Abenteuerfeeling und atemberaubende Ausblicke, Kilometer für Kilometer, Tag für Tag. Imposante Gebirgszüge, frische Bergluft, kristallklare Seen, saftige Almwiesen und beeindruckende Gipfel lassen den Blick gerne in die Ferne schweifen – aber Obacht vor Wurzeln, rutschigen Steinen und steilen Abhängen.

Die Alpen bieten ein Naturerlebnis der Extraklasse! Ob vorbei an Berg- und Hochgebirgsseen, die wie glitzernde Diamanten unter schroffen Gipfeln, in grüne Almwiesen oder in dichte Wälder eingebettet sind, über Wege durch blumenreiche Bergwiesen oder Pfade in schroffigen Steilhängen, die Etappen der in diesem Band vorgestellten Fernwanderwege führen an einigen Highlights vorbei.

Unser Buch „Endlich Weitwandern" stellt eine Auswahl von fünf Fernwanderwegen zusammen, die dich auf insgesamt 34 leichten, mittelschweren sowie anspruchsvollen Tagesetappen durch die Deutschen, Österreichischen, Italienischen und Slowenischen Alpen führen. Du kannst hier zwischen Fernwanderwegen zwischen fünf Tagesetappen bis hin zu neun Tagesetappen wählen. Die Startpunkte verteilen sich auf die Berge im Salzkammergut im Norden, den Gurktaler Alpen im Osten, den Vizentiner Alpen im Süden und den Tuxer Alpen im Westen.

Wir haben in diesem Weitwanderbuch die reizvollsten Fernwanderwege der Ostalpen zusammengetragen und wünschen dir damit unvergessliche Wandererlebnisse und aussichtsreiche Fernblicke.

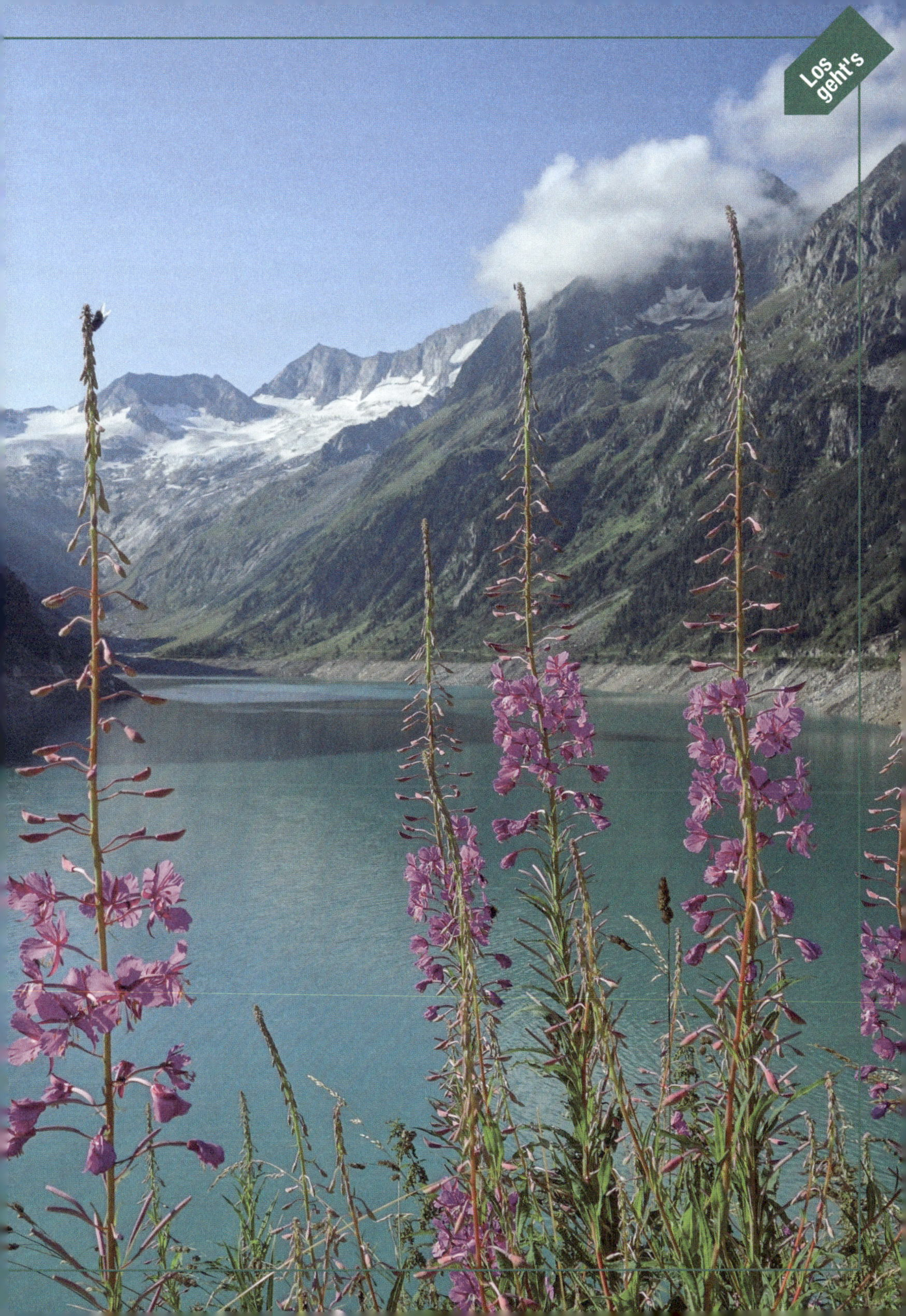

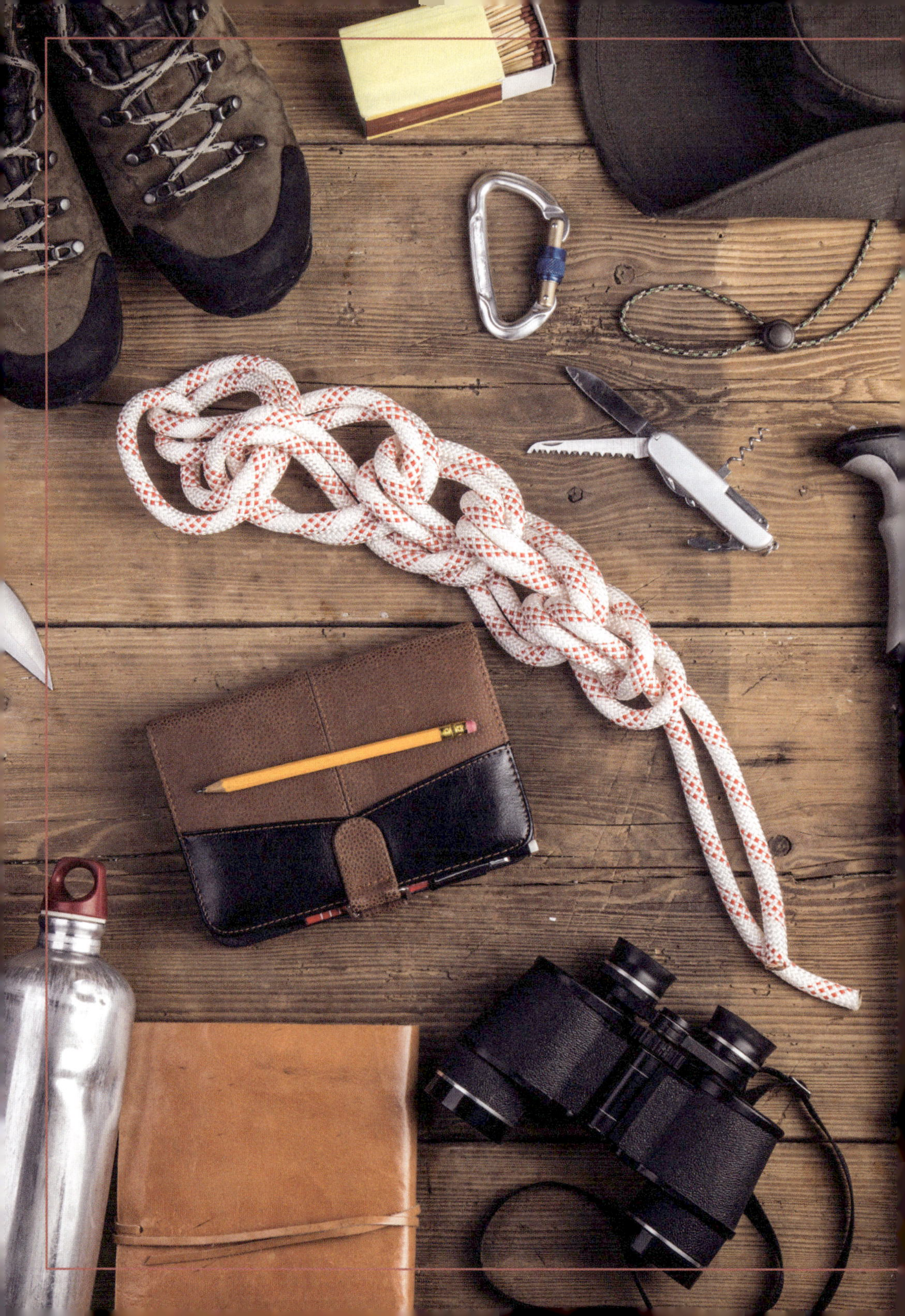

Endlich alle 7 Sachen zusammen

Pack-tipps

Deine Packliste

MATERIALCHECK

Bei den Wandertouren handelt es sich um leichte bis mittelschwere Wanderungen. Schwere Tagestouren sind jedoch nicht ausgeschlossen. Sei dir beim Packen bewusst, dass es sich um Mehrtagestouren handelt. Die Alpen sollten durch ihr alpines Gelände und teilweise ausgesetzten Wanderwege nicht unterschätzt werden. Die wichtigsten Utensilien haben wir dir hier noch einmal zusammengestellt:

- ○ Festes Schuhwerk mit griffiger Sohle
- ○ Wetterfeste & atmungsaktive Bekleidung
- ○ Erste-Hilfe-Set
- ○ Handy (für den Notruf)
- ○ Powerbank, Ladekabel & Wechselakkus
- ○ Wechselkleidung und Kulturbeutel
- ○ Hüttenschlafsack
- ○ Proviant und ausreichend Wasser (mind. 1,5 Liter!)
- ○ Gut sitzender Wanderrucksack
- ○ Teleskop- oder Faltstöcke
- ○ Sonnenschutz (Brille, Hut, Sonnencreme)
- ○ Kälteschutz (Handschuhe, Mütze, Halstuch)
- ○ Ausweis, Bargeld & EC-Karte
- ○ Stirnlampe & Wanderkarte

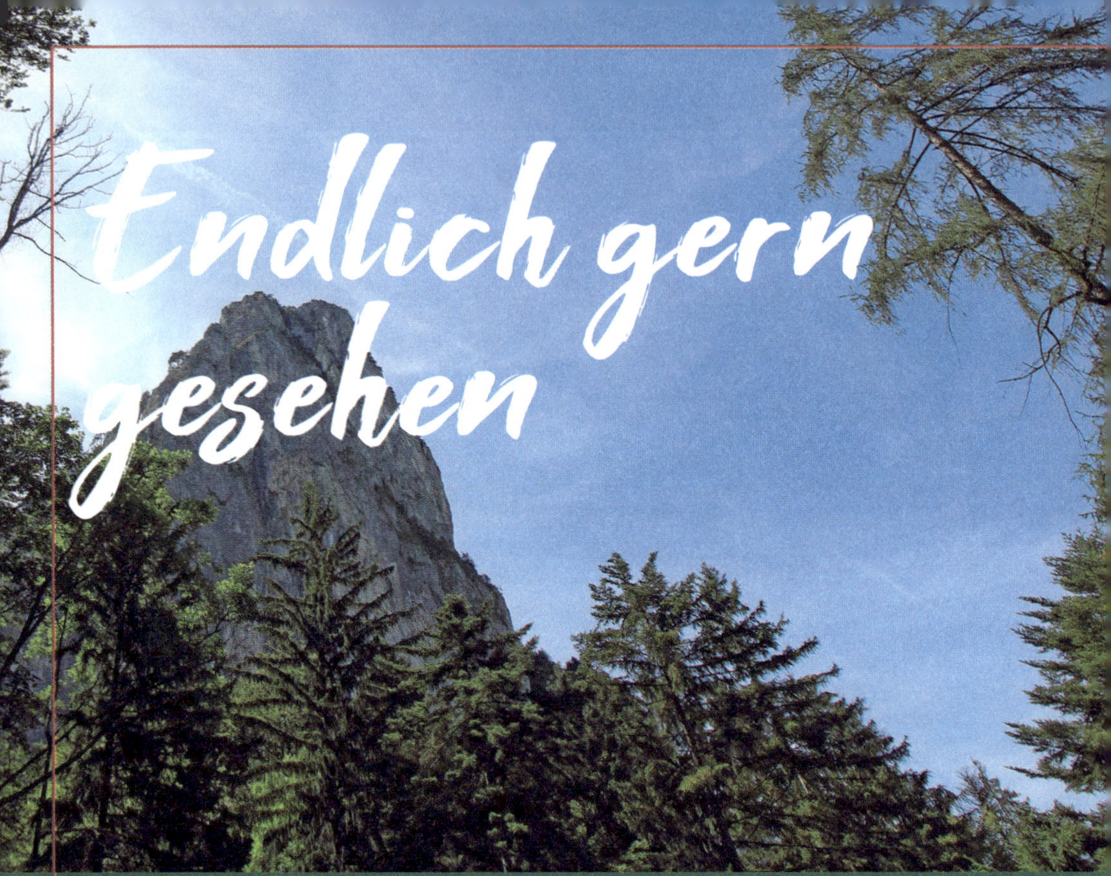

Verhaltenskodex

BEIM WANDERN

Immer mehr Menschen lassen sich von der Faszination des Wanderns in den Bann ziehen. So viele, dass man in immer mehr Regionen von „Overtourism" spricht und Ranger zur Überwachung einsetzt. Je mehr wir im Freien unterwegs sind, desto mehr Schaden trägt die Natur davon – außer wir gehen sanft mit der sensiblen Umgebung um. „Take nothing but pictures, leave nothing but footprints": Beherzige dieses Motto, dann steht deinem umweltschonenden Wandererlebnis nichts mehr im Weg. Um im Einklang mit der Umgebung unterwegs zu sein haben wir wichtige Tipps und einfache Grundregeln zusammengefasst.

Und das kannst du machen ...

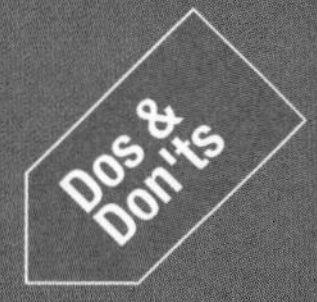

01 Befolge Bestimmungen: Informiere dich über Regelungen in Nationalparks und Schutzgebieten und halte dich an die Hinweise auf Informationstafeln.

02 Bewege dich auf sichtbaren Wegspuren: Durchquere keine Gebiete auf eigene Faust, sondern bleibe auf den festgelegten Routen. Respektiere Privatgrund und schließe Weidegatter.

03 Respektvoller Umgang untereinander: Begegne anderen Wanderern und Forstpersonal sowie Jägern und Landwirten stets freundlich und respektvoll, schließlich bist du Gast in dieser schönen Gegend.

04 Vermeide unnötigen Lärm: Achte auf Ruhezonen und bewege dich möglichst leise in der freien Natur.

05 Respektiere den Lebensraum der Tiere: Weiche Tieren unaufgeregt aus und halte Distanz bei Begegnungen.

06 Halte die Umwelt sauber: Hinterlasse keinen Abfall. Versuche dich bei Notdurft von Gewässern fernzuhalten und nimm Klopapier wieder mit ins Tal.

07 Pflücke und sammle keine Pflanzen: Achte darauf, Pflanzen möglichst unberührt zu lassen.

08 Mache kein offenes Feuer und campiere richtig: Nutze nur ausgewiesene Feuerstellen und beachte die aktuelle Waldbrandgefahr. Wenn du im Freien übernachtest, tu das nur an Plätzen, wo dies erlaubt ist.

Grundwissen

Wandern

SICHERHEIT UND BASICS

Wandern ist ein ideales Mittel, um einfach mal auszuspannen und den Alltag hinter sich zu lassen. Nur der eigenen Bewegung folgen, sich auf seine Schritte und den eigenen Rhythmus konzentrieren. Die Natur und ihre Schönheit genießen. Trotzdem gilt es einiges zu beachten, damit durch unvorhergesehene Ereignisse der Spaß nicht auf der Strecke bleibt.

Der richtige Einstieg: Voller Enthusiasmus aber ohne jegliche Erfahrungen gleich ins Hochgebirge zu starten sind ungünstige Voraussetzungen. Wenn der Körper die Anstrengung nicht gewöhnt ist, werden lange und anstrengende Mehrtagestouren schnell zur Qual und verderben jeglichen Spaß. So ist es ratsam, sich erst einmal kleinere Ziele in der näheren Umgebung zu suchen. Zwei bis drei Stunden reine Gehzeit oder 8 bis 12 Kilometer sind dabei vollkommen ausreichend.

Wettercheck: Gerade im Gebirge ist stabiles Wetter sehr wichtig. Sich bereits zwei bis drei Tage vorher zu informieren und am Abend vor der Tour oder bei Unsicherheit sogar morgens nochmal das Wetter abzuklären, kann oft böse Überraschungen vermeiden. Am besten informierst du dich bei lokalen Wetterdiensten, über das Bergwetter des Alpenvereins oder beim Hüttenwirt. Bei unsicheren Verhältnissen lieber die Tour absagen und auf einen anderen Tag verschieben.

Notruf bei Unfällen: Im Falle eines Unfalls haben Ruhe bewahren und überlegtes Handeln oberste Priorität. Erst einen Überblick über die Situation verschaffen, dann wird mit der europaweit gültigen Notrufnummer 112 ein Notruf abgesetzt. Funklöcher oder kein Handy erfordern das alpine Notsignal mittels Rufen, Pfiffen oder Licht: Alle zehn Sekunden eine Minute lang ein Signal, dann eine Minute Pause, dann wieder alle zehn Sekunden eine Minute lang ein Signal geben. Zudem sollten Erste-Hilfe-Maßnahmen durchgeführt werden, falls möglich.

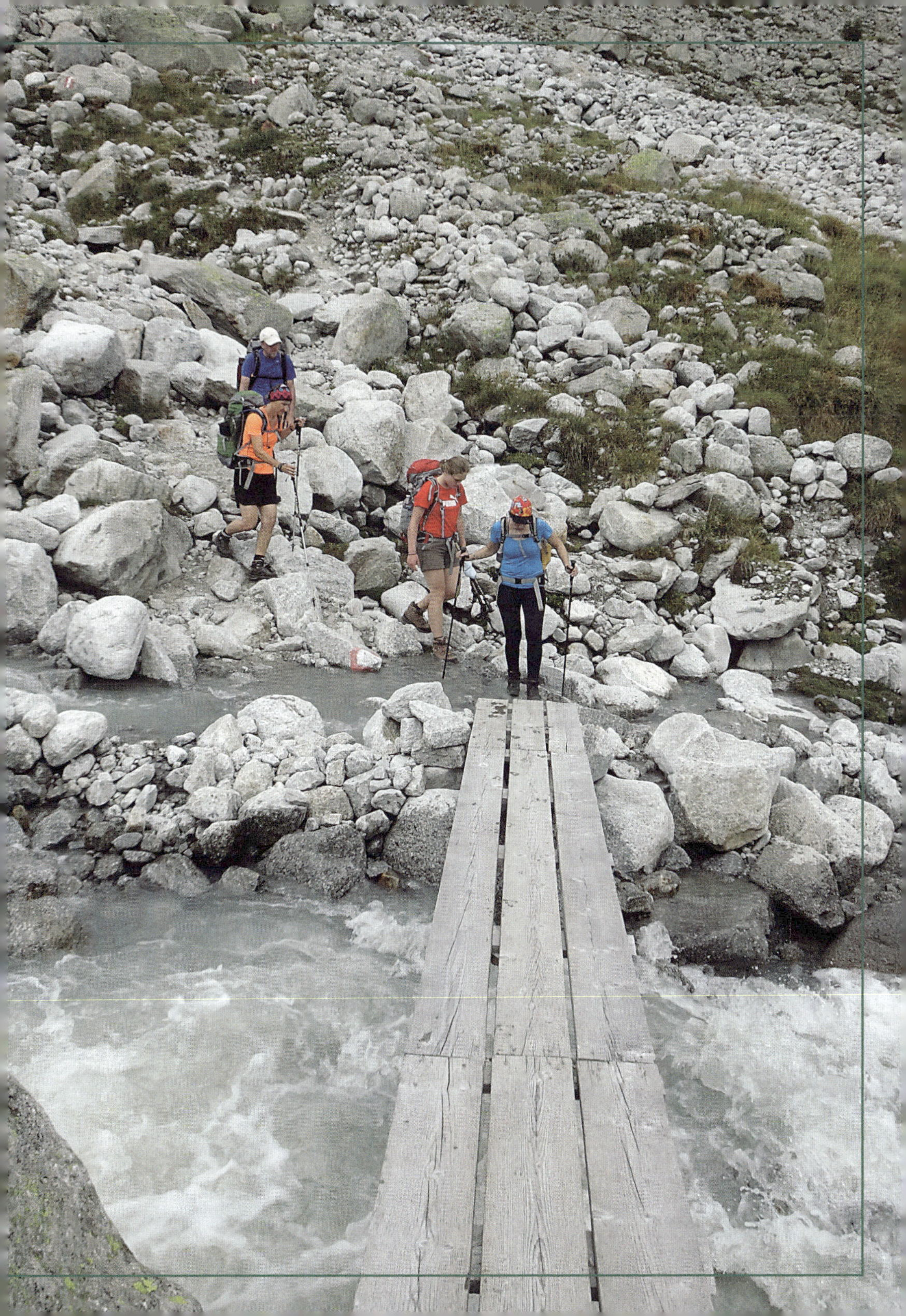

Grundwissen

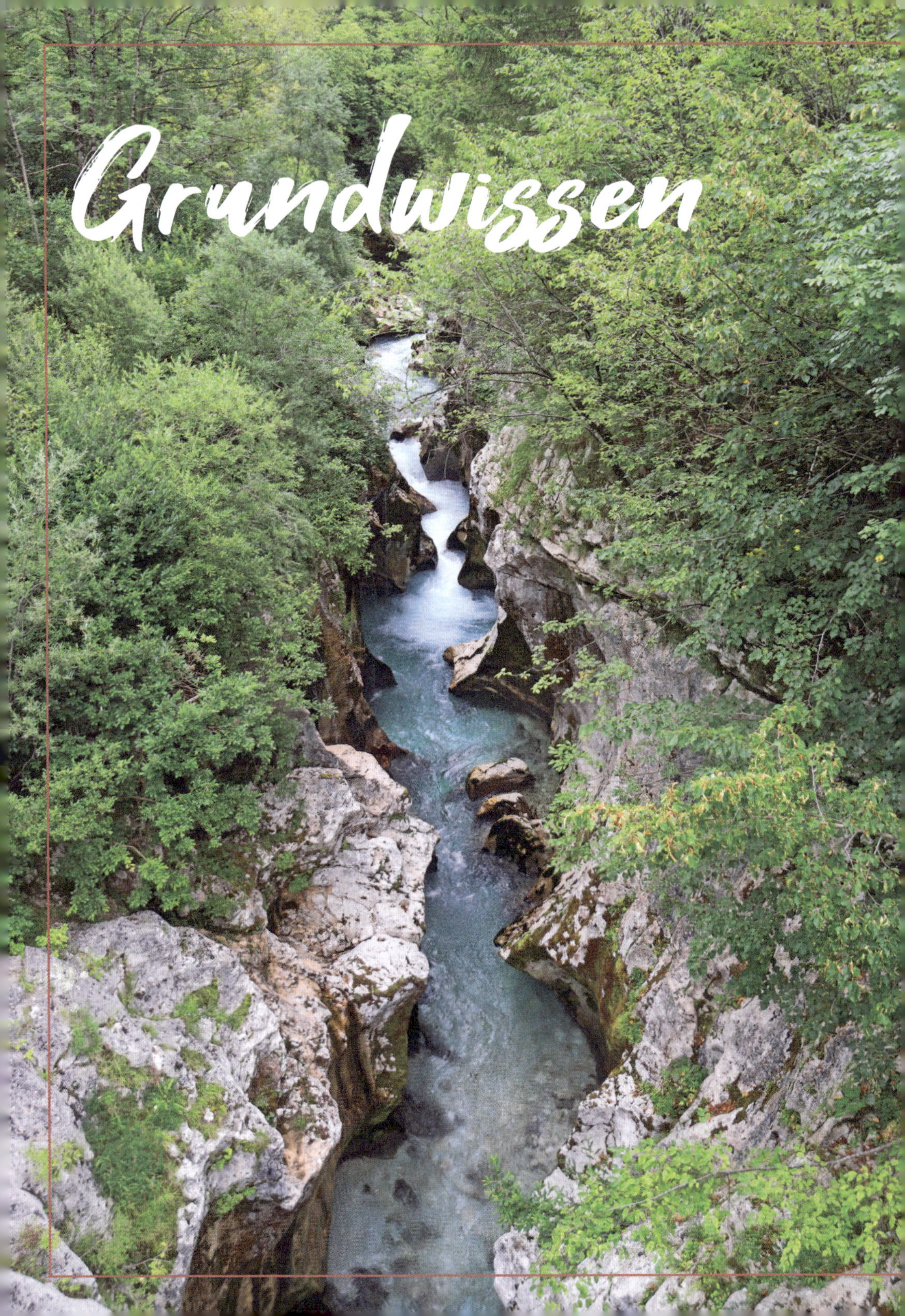

Wandern

TOUREN-1×1 & LEXIKON

Die Klassifizierung der Touren ist als Richtwert zu verstehen. Schätze dein Können und deine Kräfte realistisch ein und richte deine Tourenauswahl danach aus.

LEICHT: Meist gut markierte, breite Wanderwege ohne Gefahrenstellen, die stellenweise auch etwas steilere, wurzelige und felsige Passagen aufweisen können. Die Routen sind für Anfänger, Kinder sowie fitte, ältere Personen geeignet und setzen keine großartige Bergerfahrung voraus.

MITTEL: Anspruchsvollere Wege und Pfade mit teils unwegsamem Untergrund (steinig, wurzelig, verwachsen, rutschig), die meist gut markiert sind und phasenweise leicht ausgesetzte Abschnitte beinhalten können. Die Routen sind überwiegend länger und setzen Bergerfahrung und eine gute Grundkondition voraus.

SCHWER: Herausfordernde Touren, meist auf schmalen und steilen Steigen in alpinem Gelände. Stellenweise können kurze (durch Drahtseile versicherte) Kletter- und Kraxelpassagen vorkommen, bei denen die Hände zu Hilfe genommen werden müssen. Es ist mit längeren An- und Abstiegen zu rechnen. Langjährige Bergerfahrung, Trittsicherheit und Schwindelfreiheit sowie ausgezeichnete Kondition sind Grundvoraussetzung!

Gehzeiten: Die angeführten Zeitangaben verstehen sich als Richtwerte für die reine Gehzeit ohne Pausen und basieren auf folgenden Erfahrungswerten pro Stunde: Aufstieg 400 Höhenmeter, Abstieg 600 Höhenmeter, 4 km auf flacher Strecke.

Wandersaison: Grundsätzlich kannst du im Alpenraum von Mai bis Oktober wandern, im Hochgebirge von Juni bis September, wenn die Berghütten bewirtet sind. Besonders bei Minustemperaturen und Nässe ist auf die Wegverhältnisse zu achten. Jede Jahreszeit hat dabei ihren ganz eigenen Charme. Der Frühling besticht durch seine Blütenpracht und Schnee in höheren Lagen. Je nach Schneelage solltest du Etappen in die grauen Felszonen ab Mitte Juni in Angriff nehmen und Etappen auf über 3000 Meter ab Mitte Juli planen. Vor den ersten Regen- und Schneefällen im Oktober lassen sich die anspruchsvollsten Etappen unternehmen und werden mit weiten und klaren Bergpanoramen belohnt.
Informiere dich am besten in der Region über die aktuelle Begehbarkeit der Wege und die Öffnungszeiten der Zufahrtsstraßen und Berghütten um keine unerwarteten Überraschungen zu erleben.

FERNWEGE 01 – 05
BESCHREIBUNGEN

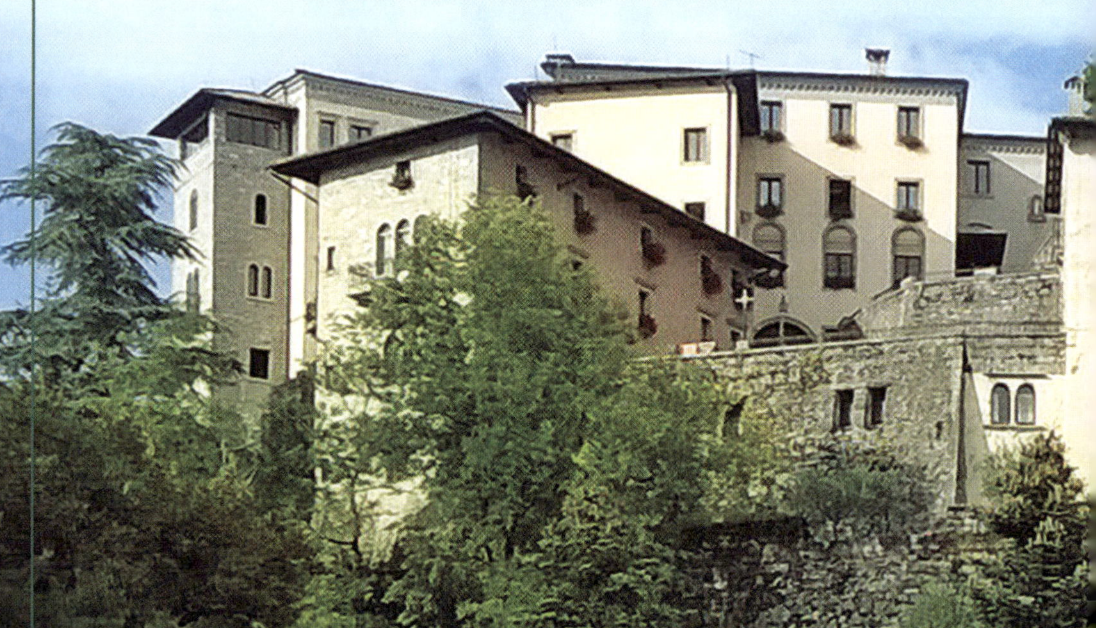

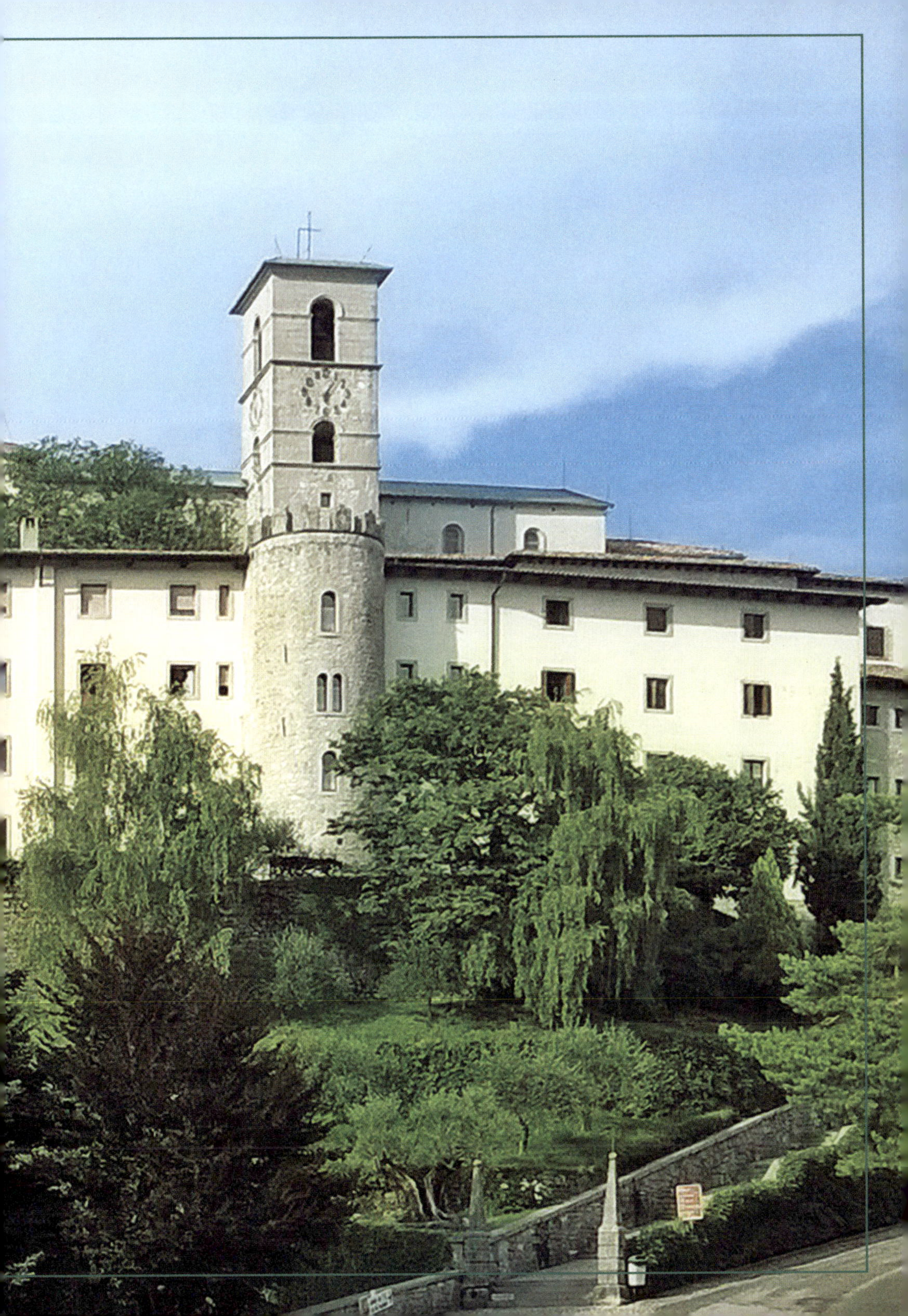

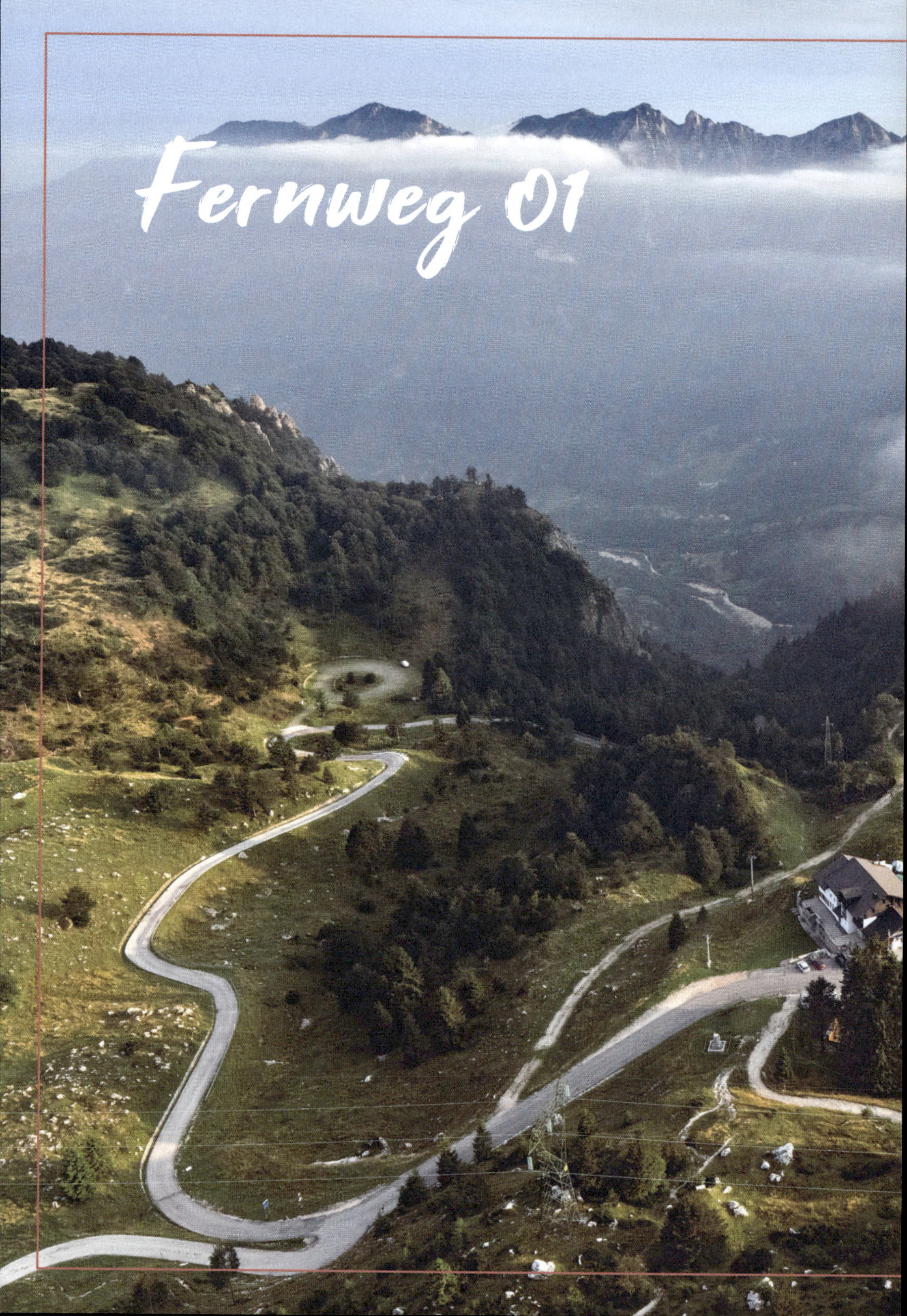

Fernweg 01

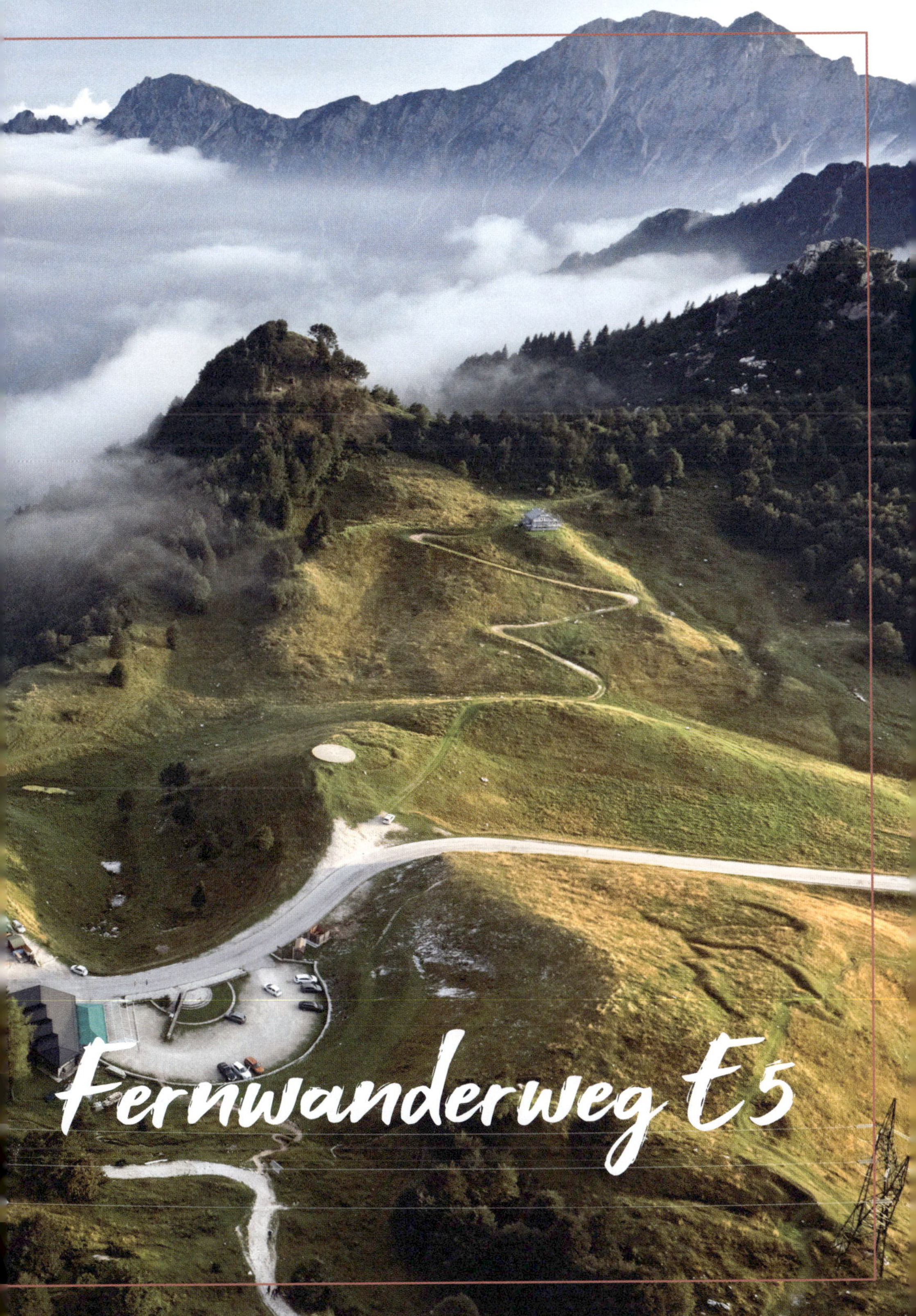

Fernwanderweg E5

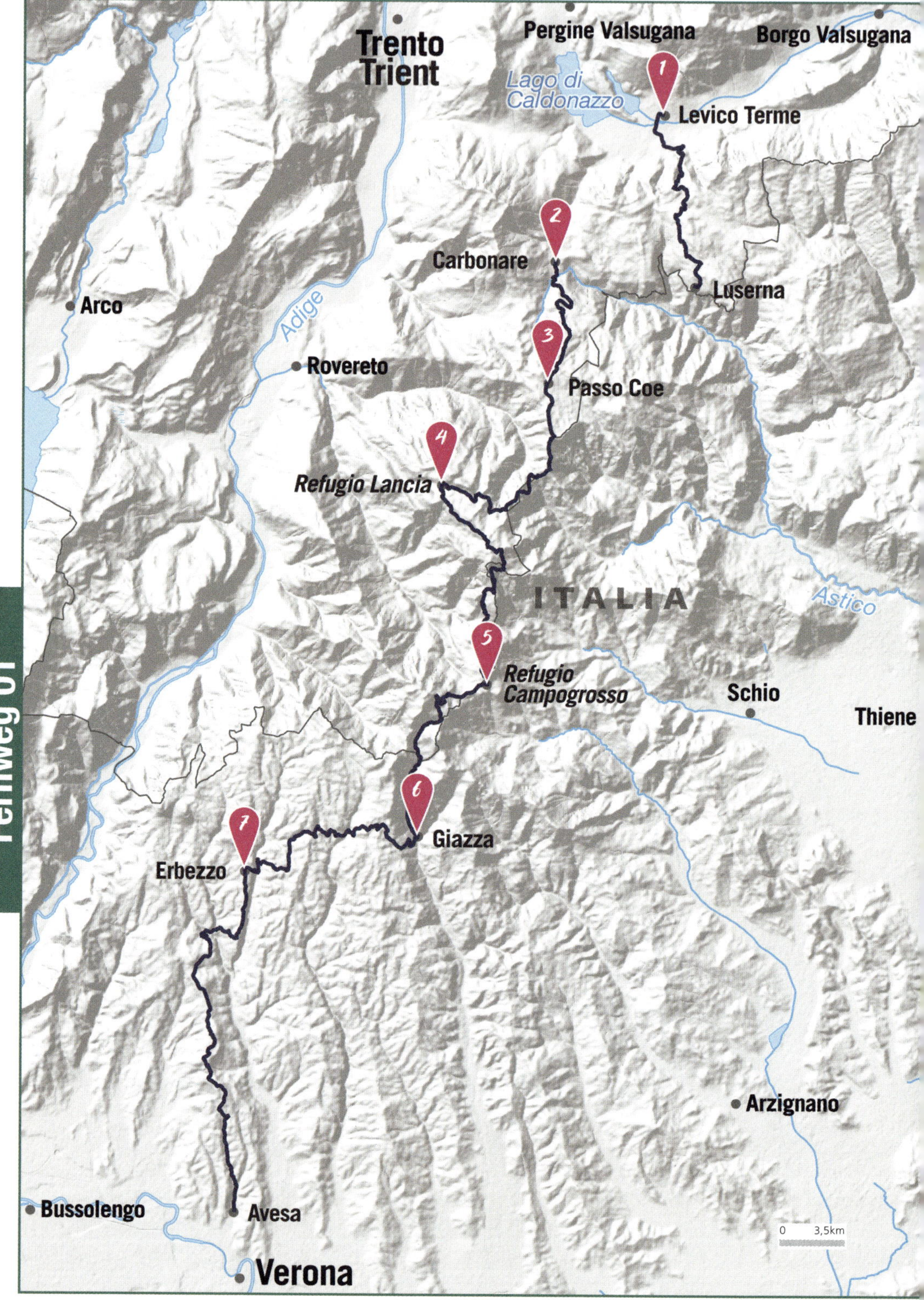
Trento
Trient
Pergine Valsugana
Borgo Valsugana
Lago di Caldonazzo
Levico Terme
Carbonare
Luserna
Arco
Adige
Roveretto
Passo Coe
Refugio Lancia
ITALIA
Astico
Refugio Campogrosso
Schio
Thiene
Giazza
Erbezzo
Arzignano
Bussolengo
Avesa
Verona
0
3,5km

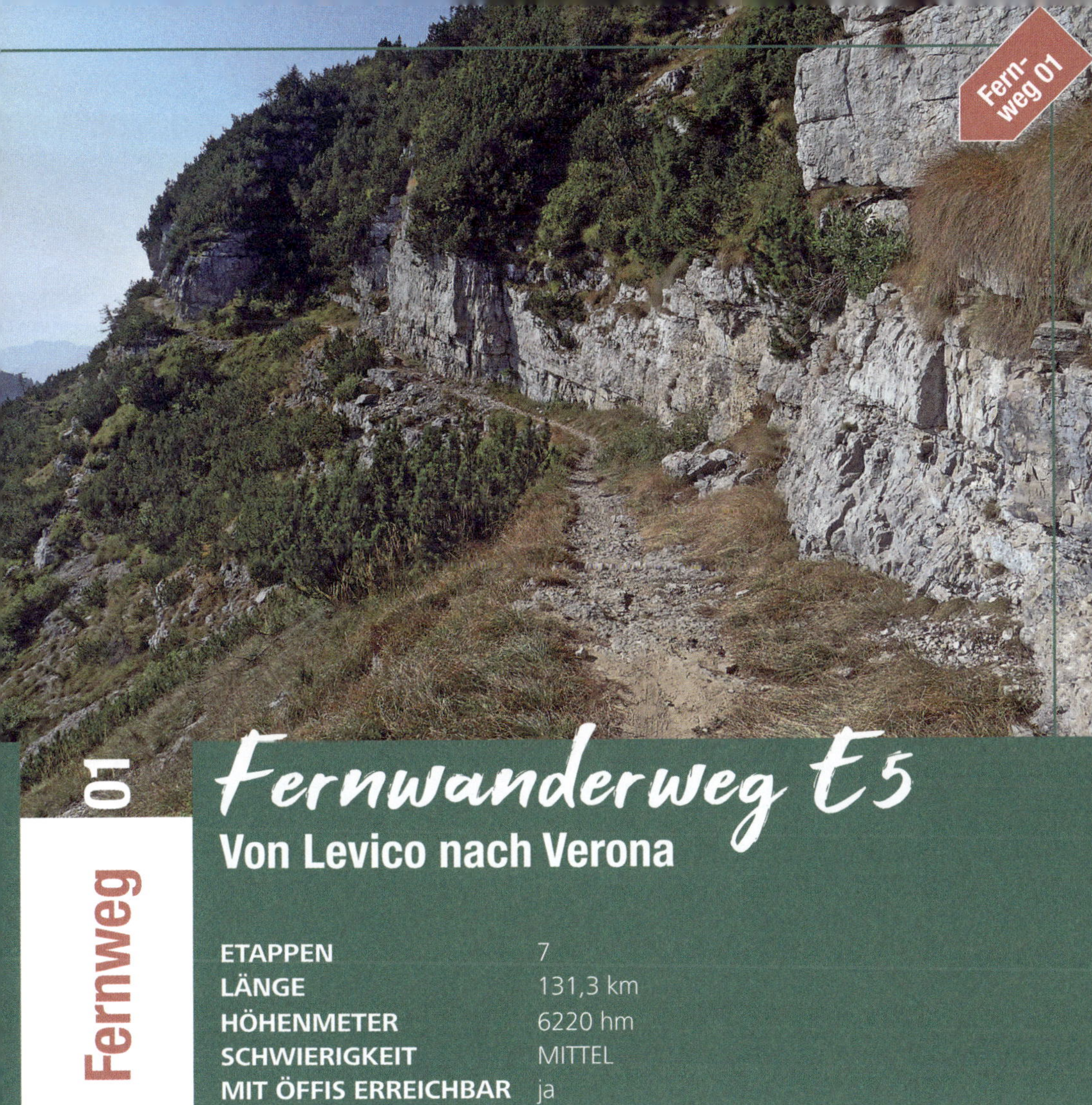

01 Fernweg

Fernwanderweg E5

Von Levico nach Verona

ETAPPEN	7
LÄNGE	131,3 km
HÖHENMETER	6220 hm
SCHWIERIGKEIT	MITTEL
MIT ÖFFIS ERREICHBAR	ja

Das erwartet dich ...

Auf sieben Etappen über den Europäischen Fernwanderweg E5 durch die Italienischen Alpen. Die Route führt über meist mittelschwere Etappen von Levico Terme bis kurz vor Verona hinaus aus den Bergen. Schwindelfreiheit und Trittsicherheit sind Voraussetzung. Die Etappen belohnen dafür mit prächtigen Ausblicken, wundervollen Bergpfaden und italienischem Charme.

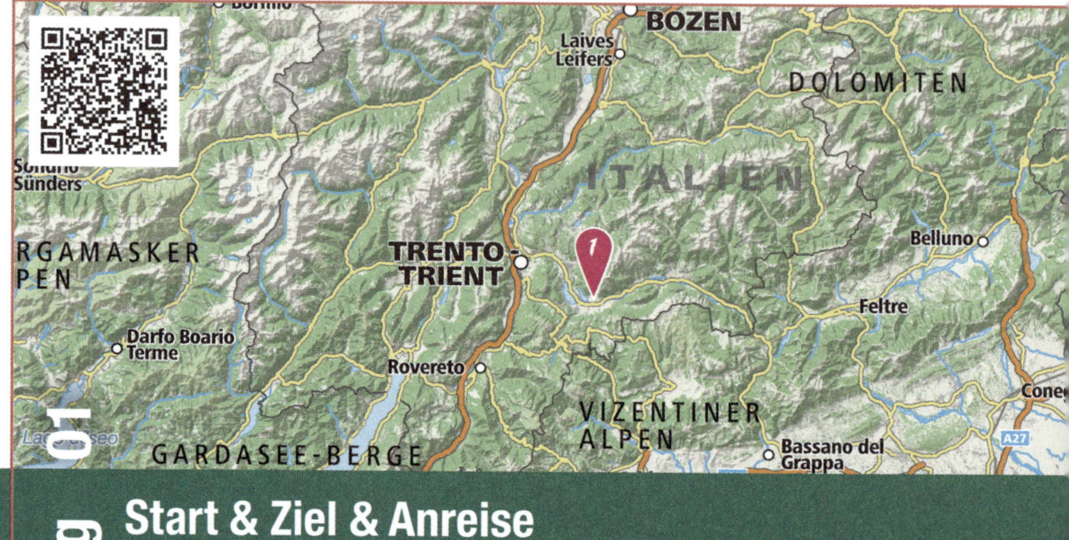

Fernweg

Start & Ziel & Anreise

Die Fernwanderung starten wir im Kurort Levcio Terme am Bahnhof. Mit dem Zug lässt sich dieser problemlos ab Trento erreichen. Für PKW-Anreisende stehen am Bahnhof Parkplätze zur Verfügung.

Der Zielort Avesa ist ein Vorort von Verona. Es besteht eine regelmäßige Busverbindung zwischen beiden Orten. Von dort aus kann die Rückreise geplant werden.

Tourenbeschreibung

Am 2. Juli 1972 wurde der E5 von Konstanz nach Verona zusammen mit dem E1 eröffnet. Ein von Anfang an angestrebtes Ziel war es dabei einen Weg zu schaffen, der mehrere einst verfeindete Völker verbindet und so ein Kennenlernen ermöglicht. Gegenseitige Ängste abzubauen sollte beim Erwandern durch die unterschiedlichen Gebiete und auf der kilometerlangen Strecke helfen. Ein Anstoß auch für die Wanderer, sich auf unbekannte Länder, Kulturen und Gegebenheiten einzulassen und offen auf sie zuzugehen. Wenn wir uns einmal aus der Komfortzone der allumsorgenden Ferienhotels gelöst haben erhalten wir eine einmalige Chance, sowohl Einheimische als auch Mitwanderer kennenzulernen. Nicht selten entstehen daraus langjährige Freundschaften.

Insgesamt streift der Fernwanderweg vier Länder und damit ganz unterschiedliche Natur- und Kulturlandschaften. Er macht uns nicht nur auf die Vielfalt des Alpenraumes aufmerksam, sondern vermittelt auch einen anschaulichen Einblick in das traditionelle Leben der Nordtiroler, Südtiroler und der Bergbauern des Trentin. An- und Abstiege über extrem steile Bergwiesen und uralte Bergbauernhöfe über dem Talboden lassen erahnen, wie arbeitsintensiv und voller Entbehrungen das Leben der Bergbauern damals und auch heute noch ist. Dieser Teil des E5 beschreibt die letzten Kilometer von Levico nach Verona. Er ist in sieben Etappen unterteilt und führt uns durch die südlichsten Regionen, durch die der E5 sich zieht.

Der Abschnitt von Levico nach Verona ist der geschichtsträchtigste Abschnitt des E5. Von Levico geht es rasch hinauf. Der Weg führt uns vorbei am Forte Cherle und vielen weiteren ehemaligen Stellungen aus dem Ersten Weltkrieg. Dann zieht uns schnell wieder die beeindruckende Berglandschaft in ihren Bann: die Wildheit der Bergnatur zwischen dem Passo Coe und dem Örtchen Giazza ist auffallend. Gams- und Steinbockherden sind keine Seltenheit. Die Carega-Gruppe ist die letzte ernste Hürde auf dem Weg in die Ebene. Der Blick von der Cima Carega ist überwältigend. Die letzten Hügel am Südrand der Alpen gestalten sich dann sehr lieblich und auch wärmer. Den Gardasee im Blick verlieren wir dem Ende zu an Höhe. In Avesa trennen uns nur noch wenige Kilometer von Verona und dem offiziellen Ende des E5.

Höhenprofil

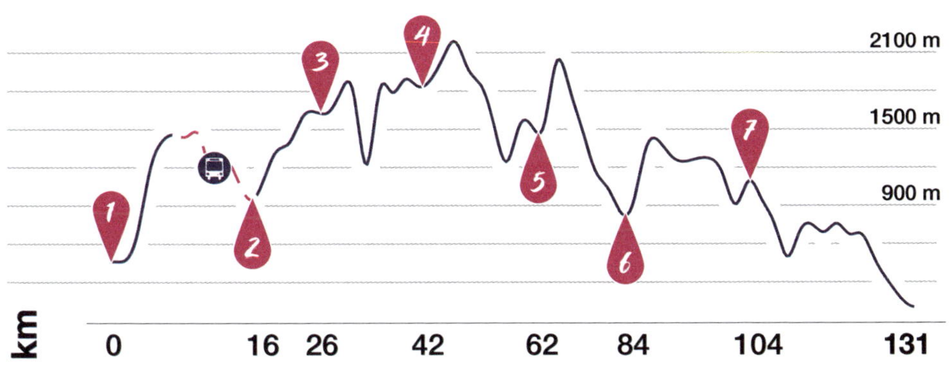

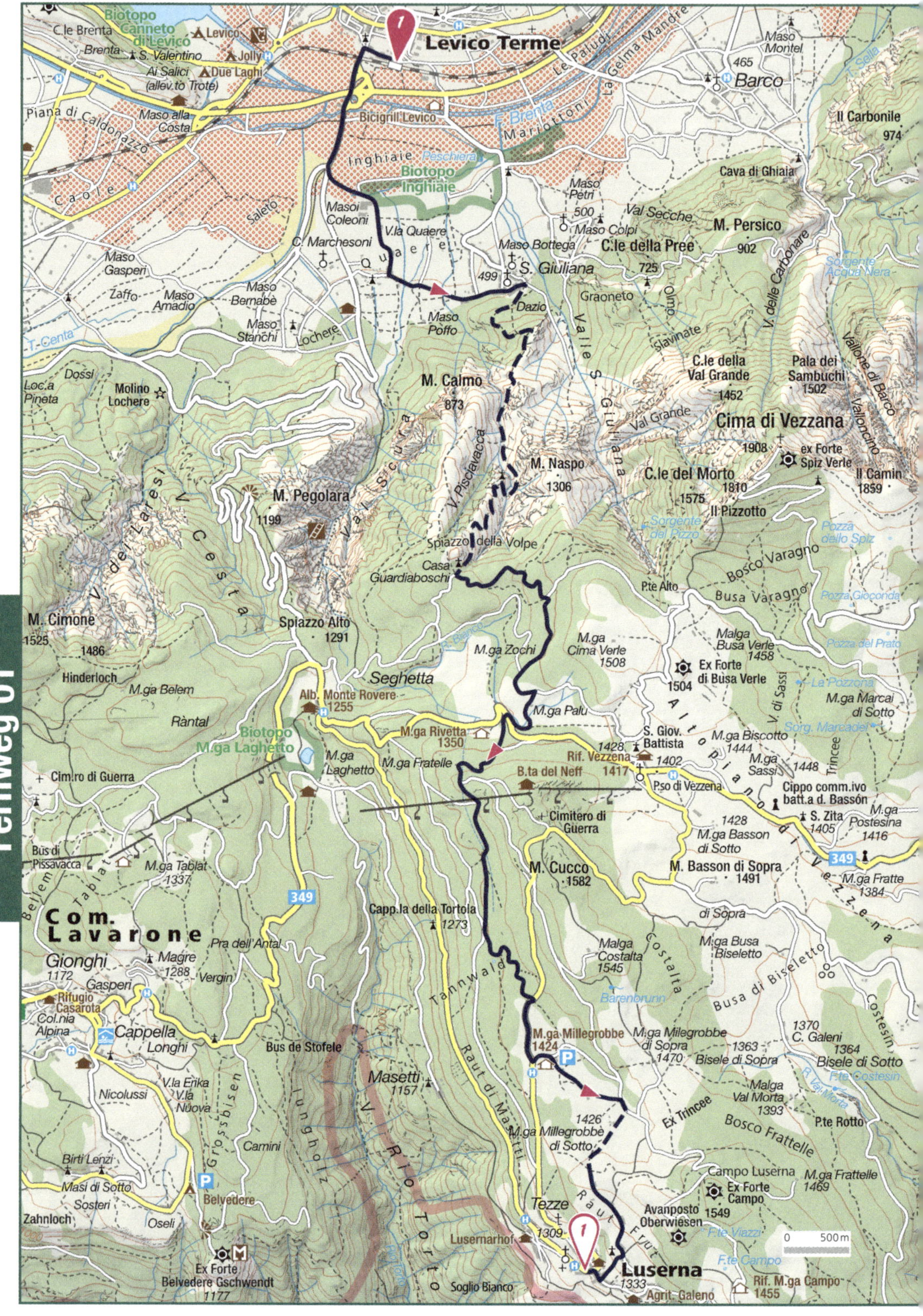
Levico Terme
1
Biotopo Canneto di Levico
C.le Brenta
Levico
Brenta
S. Valentino
Jolly
Ai Salici (allev.to Trote)
Due Laghi
Piana di Caldonazzo
Maso alla Costa
Bicigrill Levico
Inghiaie
Peschiera
Biotopo Inghiaie
F. Brenta
Mariottoni
Le Paludi
Gelma Mandre
Maso Montel
465
Barco
Il Carbonile
974
Cava di Ghiaia
Caoie
Saleto
Masoi Coleoni
V.la Quaere
Quaere
C. Marchesoni
Maso Gasperi
Zaffo
Maso Amadio
Maso Bernabè
Maso Stanchi
Lochere
Maso Petri
500
Maso Colpi
Val Secche
M. Persico
902
Maso Bottega
C.le della Pree
725
S. Giuliana
499
Dazio
Maso Poffo
Graoneto
Olmo
V. delle Carbonare
Sorgente Acqua Nera
T. Centa
Dossi
Loc.a Pineta
Molino Lochere
M. Calmo
873
Valle S. Giuliana
Slavinate
C.le della Val Grande
1452
Pala dei Sambuchi
1502
Vallone di Barco
Cima di Vezzana
Val Grande
1908
ex Forte Spiz Verle
Il Camin
1859
C.le del Morto
1810
1575
Il Pizzotto
M. Naspo
1306
V. Pisciavacca
Val Sicura
M. Pegolara
1199
V. dei Laresi
V. Cesta
Spiazzo della Volpe
Casa Guardiaboschi
Sorgente del Pizzo
Pozza dello Spiz
Bosco Varagno
Busa Varagno
P.te Alto
Pozza Gioconda
M. Cimone
1525
1486
Spiazzo Alto
1291
Hinderloch
M.ga Belem
M.ga Zochi
M.ga Cima Verle
1508
Malga Busa Verle
1458
Ex Forte di Busa Verle
1504
Pozza del Prato
La Pozzona
V. di Sassi
M.ga Marcai di Sotto
Seghetta
Alb. Monte Rovere
1255
Ràntal
M.ga Palu
Altopiano di Vezzena
Sorg. Marcadel
Biotopo M.ga Laghetto
M.ga Rivetta
1350
1428
S. Giov. Battista
M.ga Biscotto
1444
M.ga Laghetto
M.ga Fratelle
Rif. Vezzena
1417
1402
M.ga Sassi
1448
Trincee
B.ta del Neff
Pso di Vezzena
Cippo comm.ivo batt.a d. Bassón
Cim.ro di Guerra
Cimitero di Guerra
1428
M.ga Basson di Sotto
S. Zita
1405
M.ga Postesina
1416
Bus di Pissavacca
M.ga Tablat
1337
Tablat
Belem
M. Cucco
1582
M. Basson di Sopra
1491
349
M.ga Fratte
1384
di Sopra
Com. Lavarone
Capp.la della Tortola
1273
Malga Costalta
1545
Costalta
M.ga Busa Biseletto
Busa di Biseletto
Gionghi
1172
Magre
1288
Pra dell'Antal
Vergin
Tannwald
Bärenbrunn
Gasperi
Rifugio Casarota
Col.nia Alpina
Cappella
Longhi
Bus de Stofele
M.ga Millegrobbe
1424
M.ga Millegrobbe di Sopra
1470
1363
Bisele di Sopra
1370
C. Galeni
1364
Bisele di Sotto
Costesin
F.te Costesin
R. Val Morta
Nicolussi
V.la Erika
V.la Nuova
Masetti
1157
Raut di Masetti
Malga Val Morta
1393
P.te Rotto
Ex Trincee
Bosco Frattelle
Grossbisen
Lungholz
V. Rio Torto
1426
M.ga Millegrobbe di Sotto
Camini
Birti Lenzi
Masi di Sotto
Sosteri
Belvedere
Campo Luserna
M.ga Frattelle
1469
Ex Forte Campo
1549
Tezze
Raut Frut
Avanposto Oberwiesen
F.te Viazzi
0 500 m
Zahnloch
Oseli
1309
Lusernarhof
Luserna
1333
F.te Campo
Rif. M.ga Campo
1455
Ex Forte Belvedere Gschwendt
1177
Soglio Bianco
Agrit. Galeno

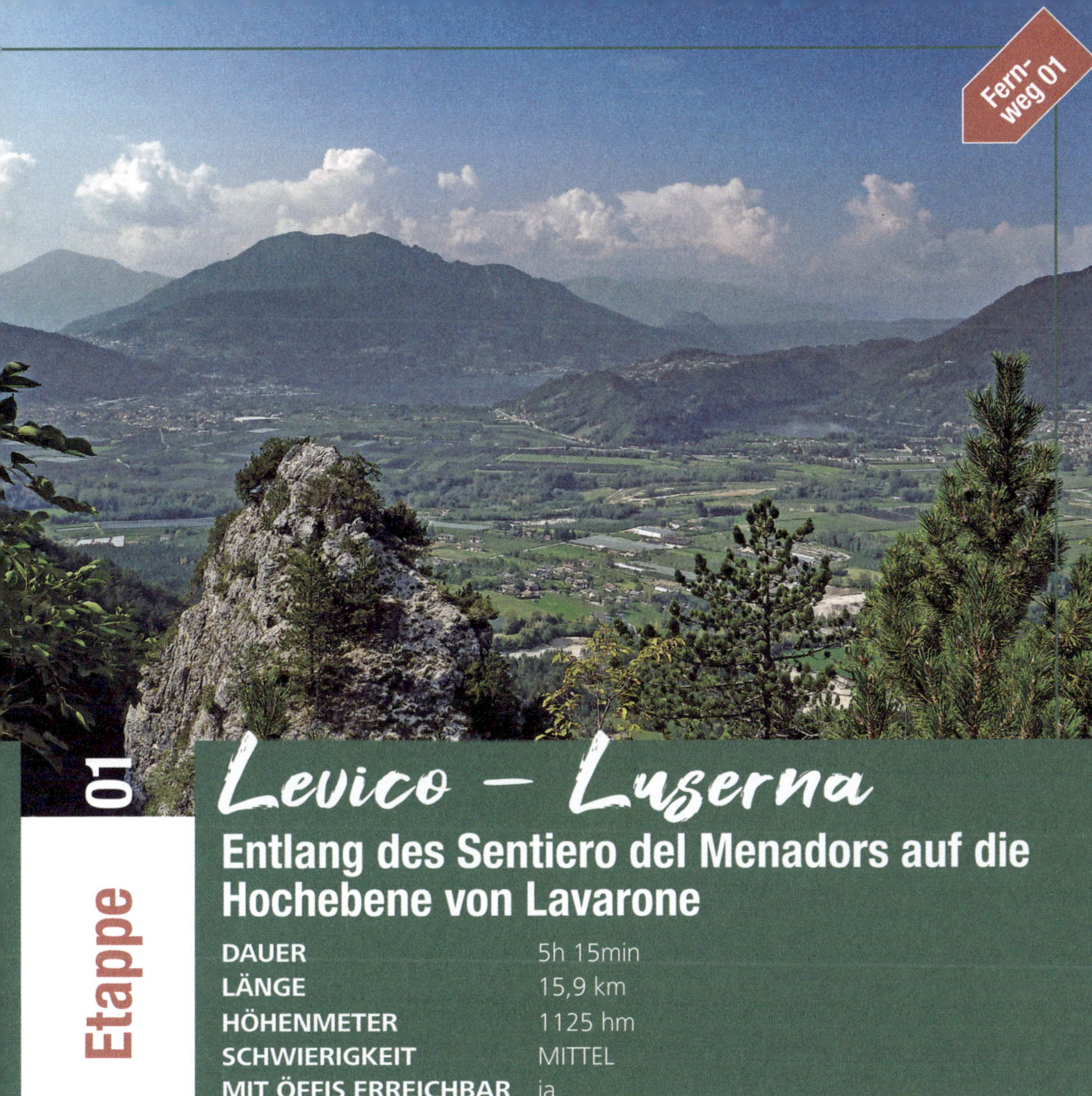

Etappe 01

Levico – Luserna

Entlang des Sentiero del Menadors auf die Hochebene von Lavarone

DAUER	5h 15min
LÄNGE	15,9 km
HÖHENMETER	1125 hm
SCHWIERIGKEIT	MITTEL
MIT ÖFFIS ERREICHBAR	ja

Das erwartet dich ...

Der Aufstieg erfolgt imposant durch ein felsiges, schroffes Tal hinter dem Monte Calmo. Die darauf folgende Höhenwanderung gestaltet sich als relativ einfach und entspannt. Im Anstieg gibt es ein paar kurze Stellen, die uns Trittsicherheit abverlangen. Ansonsten ist die Etappe nicht besonders schwer. Unterwegs erhalten wir immer wieder imposante Tiefblicke auf das Valsugana und seinen schönen Seen. Oben wird die Landschaft lieblich und sanft. Früh aufzubrechen lohnt sich heute.

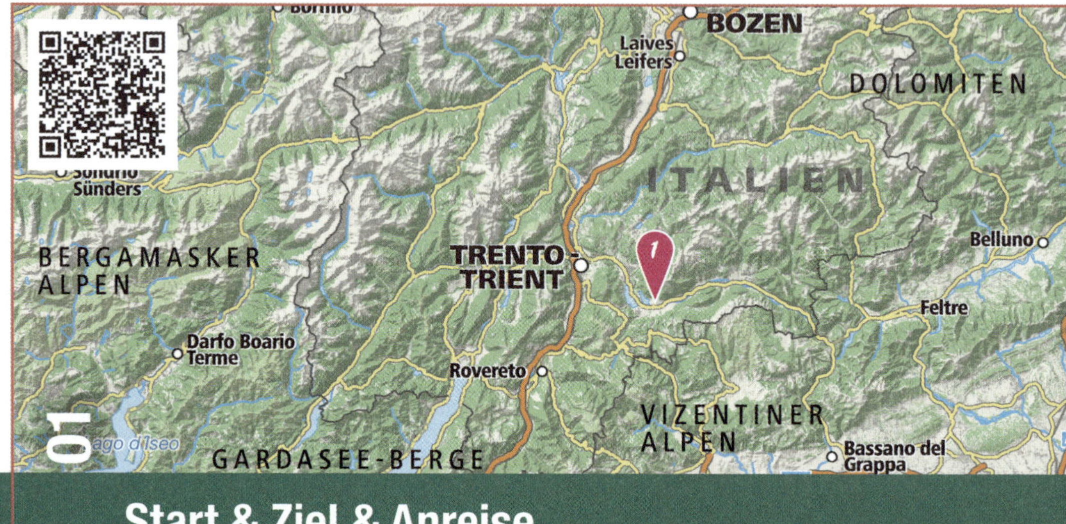

Etappe 01

Start & Ziel & Anreise

Die Wanderung startet am Bahnhof Levico Terme. Mit dem PKW erreichen wir die Therme über die Brennerautobahn. Bei der Ausfahrt Trento fahren wir weiter über die SS47 nach Levico. Parkplätze gibt es in der Nähe des Bahnhofes. Gute Zugverbindungen bestehen ab Trento.

Tourenbeschreibung

Vom Bahnhof Levico halten wir uns an der Sottoroveri links. Bei der ersten Gelegenheit biegen wir nochmals links ab Richtung Altipiani di Vezzana. Wir gehen entlang der Bahngleise über die SS47 und die Brenta. An der zweiten Kreuzung nach den Überführungen wenden wir uns nach links in die Via per Vezzena. In einer längeren Rechtsbiegung laufen wir auf den Monte Calmo zu, den wir links umgehen. In Quaere biegen wir an einer T-Kreuzung links ab und wandern auf der Straße bis nach Santa Giuliana. An Sportplatz und Kapelle vorbei nehmen wir bei der nächsten Kreuzung rechts die Via al Dazio. Sie führt uns durch den Ort hinauf bis zur Santa Giuliana. Hier biegen wir nach rechts auf das Schottersträßchen ein, den Sentiero del Menador. Steil geht es durch den Nadelwald hinauf mit schönen Blicken auf Levico.

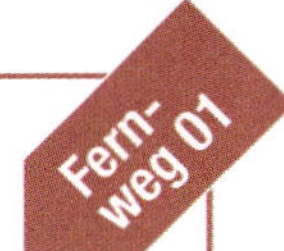

Etwa eine Stunde nach Aufbruch von Levico verjüngt sich der Weg. Linker Hand führt er als Bergweg weiter, um wenig später nach Süden in das vor uns liegende Tal hineinzuleiten. Anspruchsvoll wandern wir darauf durch steile Berghänge. Schließlich erreichen wir das Tal zwischen dem Monte Calmo und dem Monte Naspo. Der Weg flacht ab und lässt uns angenehm dahinwandern, vorbei an schroffen Kalkfelsen, Latschen, Silberdisteln und Alpenrosen. Über das Bachbett steigen wir auf die rechte Seite, wechseln aber kurz darauf wieder an das linke Ufer. Auf einer Höhe von 1000 Meter überqueren wir den Bach ein drittes Mal und lassen den Talboden im Aufstieg hinter uns. Etwas später passieren wir eine kleine Kapelle. Dann richtet sich der Weg mehr nach Südwesten und bringt uns steil bergauf durch immer waldreicheres Terrain. Nach einigen Serpentinen und einem Zaun erreichen wir die Baita Cangi.

Auf der Anhöhe haben wir das Ärgste hinter uns. Bei der Baita geht's nach links auf die Forststraße. Sie bringt uns kurvenreich in einer ausgedehnten Rechtskurve um den Hügel. Der Hauptweg führt uns bis zu einem Holzzaun und dahinter auf ein offenes Feld; den ersten Abzweig – Malga Palú – nehmen wir nach rechts unten. Über das Almgelände und an der Alm vorbei folgen wir der Schotterstraße durch Wiesen hinab. An der SS 349 queren wir nach links. Bei km 39 beginnt der Steig hinauf in den Wald. Kurze Zeit später treffen wir auf eine Skipiste. Wir steigen den ersten Hang nach oben und wandern oberhalb dieser Piste weglos bis zur Forststraße. Hier wenden wir uns nach rechts. An Höhe gewinnend kreuzen wir nochmal eine Skipiste. Wir bleiben auf dem Hauptweg geradeaus bis zu einer deutlichen Verzweigung. Hier halten wir uns rechts hinab, bis wir eine gelb-grüne Schranke erreichen. Dann wandern wir durch dichten Wald hinab, bis wir an den Wegpunkt Tambalt gelangen.

Dann steigen wir nochmals kurz auf; dafür zweigen wir links ab und folgen einigen Kehren bis zu einer Teerstraße. Wir folgen ihr geradeaus und bald in die offene Landschaft hinein. Linker Hand vor uns taucht die Malga Millegrobbe auf. An der Einfahrt der Malga zweigen wir links ab und gehen auf sie zu, um dann links an ihr vorbeizuwandern. Ein bequemer Schotterweg führt uns danach um die Hochfläche herum. Gut zehn Minuten hinter der Malga folgen wir einer Abzweigung nach rechts. 200 Meter später verlassen wir den Schotterweg und halten uns rechts auf einem Grasweg. Findlinge markieren seinen Verlauf. Etwas später erreichen wir eine Pferdekoppel und den Wegpunkt Sbant. Hier beginnt eine mit Steinen eingefasste, schmale Straße; sie führt nach Luserna. An einer kleinen Marienkapelle mit aufgesetzten Türmchen biegen wir nochmals rechts ab. Ein paar Stufen führen uns schließlich hinab ins hübsche Luserna.

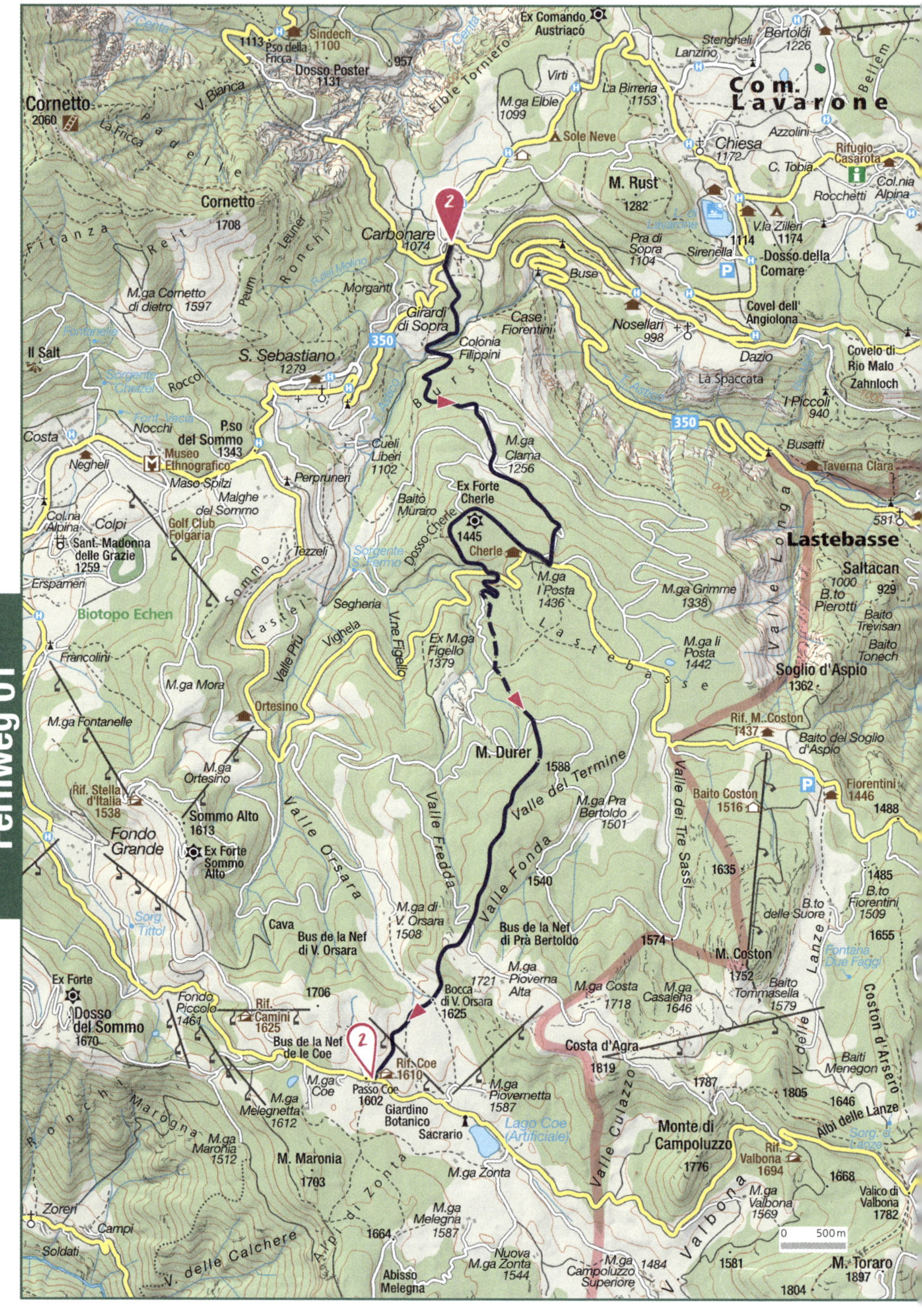

Ex Comando Austriaco
Pso della Fricca 1113
Sindech 1100
Dosso Poster 1131
957
Elble Torniero
Stengheli
Bertoldi 1226
Lanzino
Com. Lavarone
Virti
La Birreria 1153
M.ga Elble 1099
Cornetto 2060
La Fricca
V. Bianca
Padelle
Sole Neve
Chiesa 1172
Azzolini
Rifugio Casarota
C. Tobia
M. Rust 1282
Col.nia Alpina
Rocchetti
Cornetto 1708
Carbonare 1074
Fitanza
Reit
Leuner
Ronchi
Peum
Pra di Sopra 1104
Sirenella
V.la Zilleri 1174
Dosso della Comare
Buse
M.ga Cornetto di dietro 1597
Morganti
Girardi di Sopra
Case Fiorentini
Nosellari 998
Covel dell' Angiolona
350
Colonia Filippini
Il Salt
S. Sebastiano 1279
Dazio
Covelo di Rio Malo
Zahnloch
Roccol
La Spaccata
I Piccoli 940
Burs
Nocchi
Costa
P.so del Sommo 1343
Cueli Liberi 1102
M.ga Clama 1256
Busatti
Taverna Clara
Negheli
Museo Etnografico
Perpruneri
Maso Spilzi
Malghe del Sommo
Ex Forte Cherle
Baito Muraro
Col.na Alpina
Colpi
Golf Club Folgaria
581
Lastebasse
Sant. Madonna delle Grazie 1259
1445
Cherle
Dosso Cherle
Tezzeli
Sorgente S. Fermo
Saltacan 929
Erspamen
Sommo
M.ga I Posta 1436
1000
B.to Pierotti
M.ga Grimme 1338
Biotopo Echen
Segheria
Baito Trevisan
Lastel
Vighela
Ex M.ga Figello 1379
Lastebasse
M.ga li Posta 1442
Baito Tonech
Francolini
Valle Prà
V.ne Figello
Soglio d'Aspio 1362
Valle Longa
M.ga Mora
Ortesino
Rif. M. Coston 1437
M.ga Fontanelle
M. Durer
Baito del Soglio d'Aspio
1588
M.ga Ortesino
Valle del Termine
Baito Coston 1516
Fiorentini 1446
Rif. Stella d'Italia 1538
1488
Sommo Alto 1613
M.ga Pra Bertoldo 1501
Valle dei Tre Sassi
Fondo Grande
Ex Forte Sommo Alto
Valle Orsara
Valle Fredda
Valle Fonda
1635
1540
1485
B.to Fiorentini 1509
Sorg. Tittol
B.to delle Suore
M.ga di V. Orsara 1508
Cava
Bus de la Nef di V. Orsara
Bus de la Nef di Prà Bertoldo
1574
M. Coston 1752
1655
Fontana Due Faggi
Ex Forte
1721
M.ga Pioverna Alta
Bocca di V. Orsara 1625
Baito Tommasella 1579
1706
Dosso del Sommo 1670
Fondo Piccolo 1461
Rif. Camini 1625
M.ga Costa 1718
M.ga Casalena 1646
Coston d'Arsero
Costa d'Agra
Bus de la Nef de le Coe
Rif. Coe 1610
1819
Baiti Menegon
Passo Coe 1602
M.ga Coe
M.ga Piovernetta 1587
1787
1805
1646
M.ga Melegnetta 1612
Giardino Botanico
Sacrario
Lago Coe (Artificiale)
Valle Culazzo
Monte di Campoluzzo
Albi delle Lanze
Ronchi
Marogna
M.ga Maronia 1512
M. Maronia 1703
Rif. Valbona 1694
Sorg. d. Lanze
1776
1668
M.ga Zonta
Valico di Valbona 1782
Zorerl
Valbona
M.ga Valbona 1569
Campi
Arp di Zonta
1664
M.ga Melegna 1587
0 500 m
Soldati
V. delle Calchere
Nuova M.ga Zonta 1544
M.ga Campoluzzo Superiore
1484
V. Valbona
1581
M. Toraro 1897
Abisso Melegna
1804

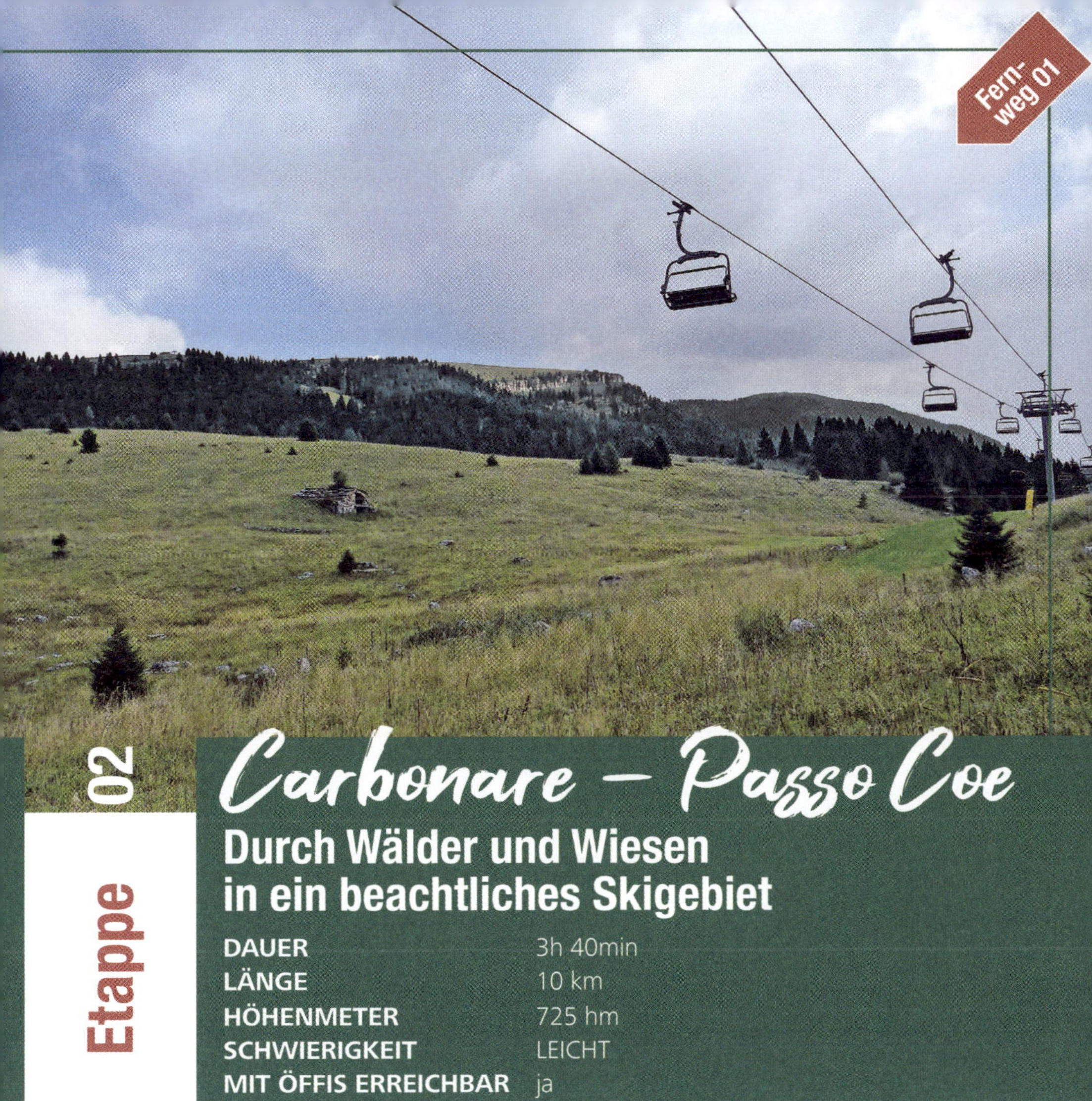

Fern-weg 01

Etappe 02

Carbonare – Passo Coe

Durch Wälder und Wiesen in ein beachtliches Skigebiet

DAUER	3h 40min
LÄNGE	10 km
HÖHENMETER	725 hm
SCHWIERIGKEIT	LEICHT
MIT ÖFFIS ERREICHBAR	ja

Das erwartet dich ...

Die Etappe führt relativ einfach über gut zu laufende Forststraßen und Waldwege. Ein angenehmer Wandertag also, bei dem wir die Strecke von Luserna nach Carbonare zunächst per Bus zurücklegen. Ein Tipp für Selbstversorger: Der Laden in Carbonare schließt von 12.30 bis 16 Uhr. Nach den Ruinen des Forte Cherle und dem damit verbundenen Hauch der Geschichte erwartet uns ein gemütlicher Aufstieg auf den Monte Durer.

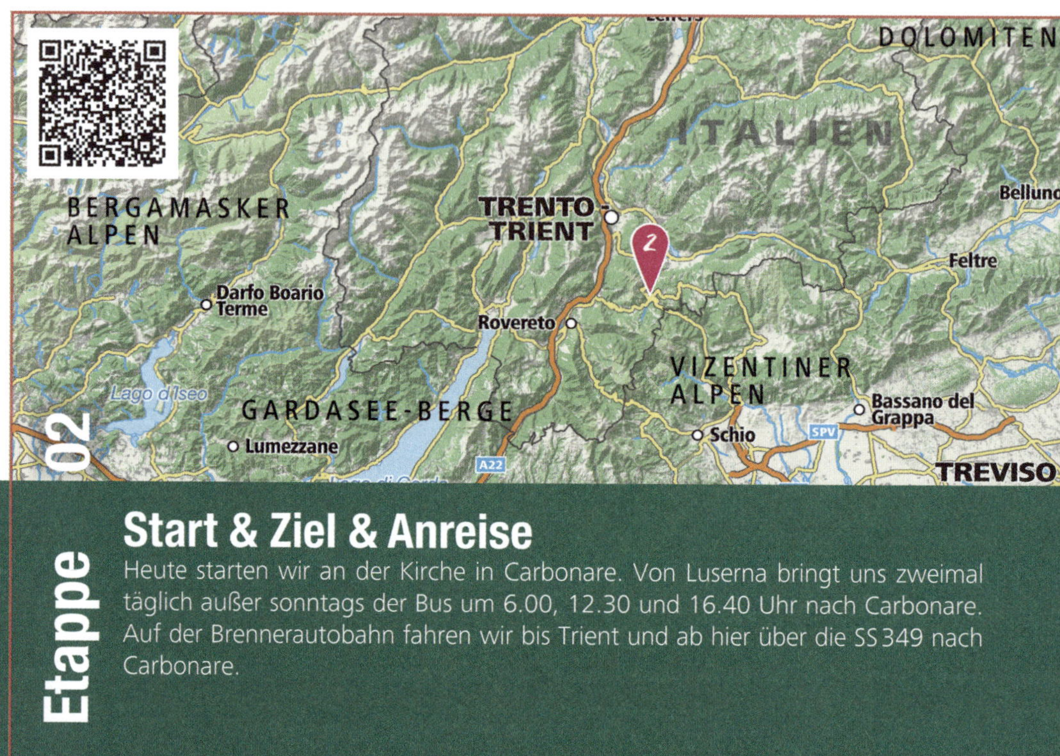

Etappe 02

Start & Ziel & Anreise

Heute starten wir an der Kirche in Carbonare. Von Luserna bringt uns zweimal täglich außer sonntags der Bus um 6.00, 12.30 und 16.40 Uhr nach Carbonare. Auf der Brennerautobahn fahren wir bis Trient und ab hier über die SS 349 nach Carbonare.

Tourenbeschreibung

Von der Kirche in Carbonare gehen wir die Straße Richtung Süden hinauf nach Folgaria. Nur kurze Zeit später biegen wir vor einem Brunnen links in die schmale Teerstraße nach Grotta di Lourdes ab. Wir passieren eine Kapelle und wandern um eine Rechtskurve. An der Verzeigung dahinter leitet uns ein Schotterweg nach links hinunter. Das bewaldete Tal des Astico liegt vor uns. Wir überqueren auf einer Steinbrücke den T. Astico, auf der gegenüberliegenden Seite geht's wieder bergauf. Gleich darauf überqueren wir geradeaus eine Wegkreuzung, mit der darauffolgenden Schotterstraße gewinnen wir dann rasch an Höhe. Gleichmäßig wandern wir so gut eine halbe Stunde dahin, dann lichtet sich der Wald und Wiesen begrenzen die Straße. Der Blick zurück zeigt uns noch einmal das schöne San Sebastiano. Der Weg flacht ab, und circa fünf Minuten hinter der ersten Wiese verlassen wir die Schotterstraße; weiß-rote Markierungen führen uns nach rechts in den Wald hinauf. Nach einem weiteren Waldstück passieren wir einen Teich,

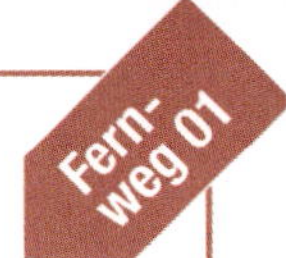

dann schlendern wir leicht nach links gerichtet über die Wiese und erreichen den Wegpunkt Malga Clama.

Ein Steig bringt uns hier geradeaus hinauf, schon bald mündet er in eine schmale Schotterstraße. Sie bringt uns nach links teilweise in steilem Anstieg in einer halben Stunde auf eine Anhöhe. Rechts zeigt sich uns das Albergo Forte Cherle: seine schöne Sonnenterrasse lädt zu einer Rast ein. Der Weiterweg führt uns am Albergo vorbei auf das Forte Cherle zu. Wir erblicken es schon von Weitem. Ein Wiesenweg bringt uns zu der gut erhaltenen Verteidigungsanlage aus dem Ersten Weltkrieg. Mit einer Taschenlampe können wir sogar die Innenräume erkunden. Dann umrunden wir das Fort gegen den Uhrzeigersinn. Am nördlichen Ende befindet sich ein schöner Picknickplatz mit einer sehr schönen Aussicht auf Carbonare und die benachbarten Dörfer des Altopiano di Lavarone.

Wir schlendern den Wanderweg hinab und gelangen über einen langen Linksbogen an eine Straße. Alte Steinstufen führen uns auf der gegenüberliegenden Seite empor zum alten Militärhospital aus Zeiten der österreichischen Monarchie. Hier finden wir jedoch nur noch Mauerreste vor. Auf der anderen Seite der Straße kommen wir zu einem schönen, angenehm ansteigenden Waldweg. Im Sommer sprießen in diesem Wald die Pilze. Schon bald gelangen wir an eine Schotterstraße, halten uns jedoch links weiter auf dem Pfad. Die Markierung ist ein wenig versteckt an einem Baum. Eine Viertelstunde später, nach einem etwas steileren Anstieg, stoßen wir an eine weitere Schotterstraße; wir überqueren sie und wandern eine weitere Waldstraße hinauf. Bald darauf erreichen wir den unscheinbaren Monte Durer. Durch Wald und über Wiesen erreichen wir einen Forstweg. Wir schlüpfen durch einen Durchlass im Zaun, folgen den Markierungen über die Wiese geradeaus hinauf und halten uns leicht rechts.

Auf einer Kuppe haben wir schon die ersten Rundblicke auf das Skigebiet des Passo Coe. Unser Weg fällt ziemlich abrupt und steil über die Felsen ab. Hier sollte man trittsicher sein und auf den Weg achten. Nach nur wenigen Metern Abstieg wird der Weg jedoch wieder angenehmer; am Zaun durchqueren wir das Gatter mit der interessanten Sperrvorrichtung und laufen nochmal kurz abwärts. Ausgedehnte Wiesenflächen begleiten uns nun auf unserem Weg geradeaus durch das Skigebiet bis zum Passo Coe.

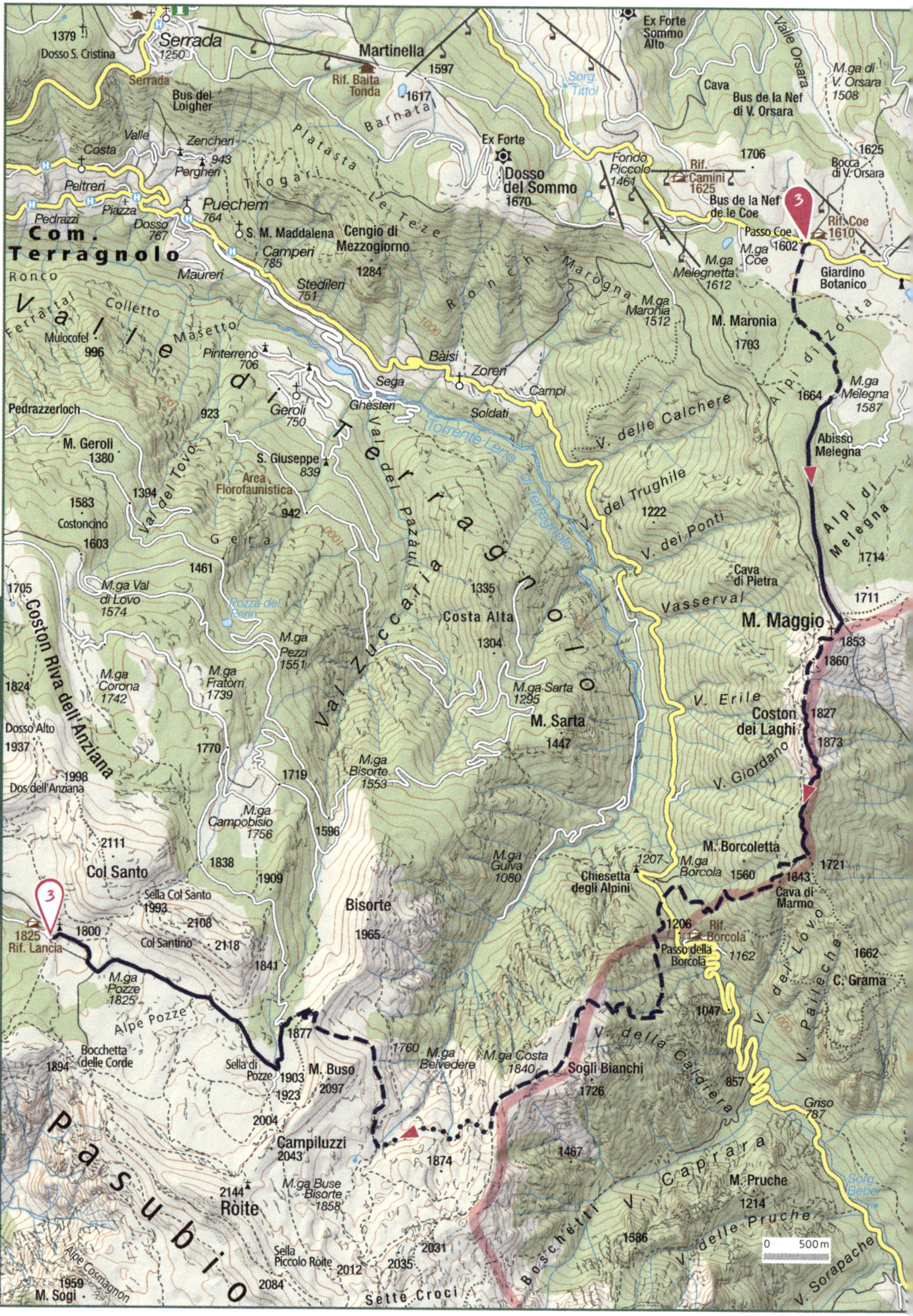

1379
Dosso S. Cristina
Serrada
1250
Serrada
Martinella
Rif. Baita Tonda
1597
1617
Barnatal
Ex Forte Sommo Alto
Sorg. Tittol
Valle Orsara
M.ga di V. Orsara
1508
Cava
Bus de la Nef di V. Orsara
Bus del Loigher
Valle
Costa
Zencheri
943
Pergheri
Platasta
Trogari
Le Teze
Ex Forte
Dosso del Sommo
1670
Fondo Piccolo
1461
Rif. Camini
1625
1706
1625
Bocca di V. Orsara
Peltreri
Pedrazzi
Piazza
Dosso
767
Puechem
764
S. M. Maddalena
Cengio di Mezzogiorno
Bus de la Nef de le Coe
Passo Coe
1602
Rif. Coe
1610
Com. Terragnolo
Camperi
785
1284
Ronchi
Marogna
M.ga Coe
M.ga Melegnetta
1612
Giardino Botanico
Ronco
Maureri
Stedileri
751
M.ga Maronia
1512
M. Maronia
1703
Alpi di Zonta
Valle di Terragnolo
Ferrartal
Colletto
Masetto
Mulocofel
996
Pinterreno
706
Bàisi
Zoreri
Sega
Campi
Ghesteri
Soldati
Geroli
750
M.ga Melegna
1587
1664
Pedrazzerloch
923
V. delle Calchere
Torrente Leno di Terragnolo
Val del Pazàul
Abisso Melegna
M. Geroli
1380
S. Giuseppe
839
Area Florofaunistica
1394
Val del Tovo
V. del Trughile
1222
Alpi di Melegna
1583
Costoncino
1603
942
Gera
V. dei Ponti
1714
1461
1705
M.ga Val di Lovo
1574
Pozza del Perin
1335
Cava di Pietra
1711
Vasserval
Coston Riva dell'Anziana
Costa Alta
M. Maggio
1853
M.ga Pezzi
1551
1304
1860
Val Nuccaria
1824
M.ga Corona
1742
M.ga Fratom
1739
M.ga Sarta
1295
V. Erile
Dosso Alto
1937
M. Sarta
1447
Coston dei Laghi
1827
1873
1770
1998
Dos dell'Anziana
1719
M.ga Bisorte
1553
V. Giordano
M.ga Campobisio
1756
1596
2111
Col Santo
1838
1909
M.ga Gulva
1080
M. Borcoletta
1207
Chiesetta degli Alpini
M.ga Borcola
1560
1843
1721
Cava di Marmo
Sella Col Santo
1993
Bisorte
1965
1825
Rif. Lancia
1800
2108
Col Santino
2118
1206
Rif. Borcola
Passo della Borcola
1162
1662
1841
C. Grama
M.ga Pozze
1825
Alpe Pozze
1877
1047
V. della Caldiera
V. del Lovo
V. Pailecha
1760
M.ga Belvedere
M.ga Costa
1840
Bocchetta delle Corde
1894
Sella di Pozze
1903
M. Buso
2097
Sogli Bianchi
1726
857
Griso
787
1923
2004
Campiluzzi
2043
1874
1467
V. Caprara
Pasubio
M. Pruche
1214
Sorg. Beber
2144
Roite
M.ga Buse Bisorte
1858
Boschetti
1586
V. delle Pruche
0 500 m
Sella Piccolo Roite
2031
2035
2012
Alpe Cosmagnon
1959
M. Sogi
2084
Sette Croci
V. Sorapache

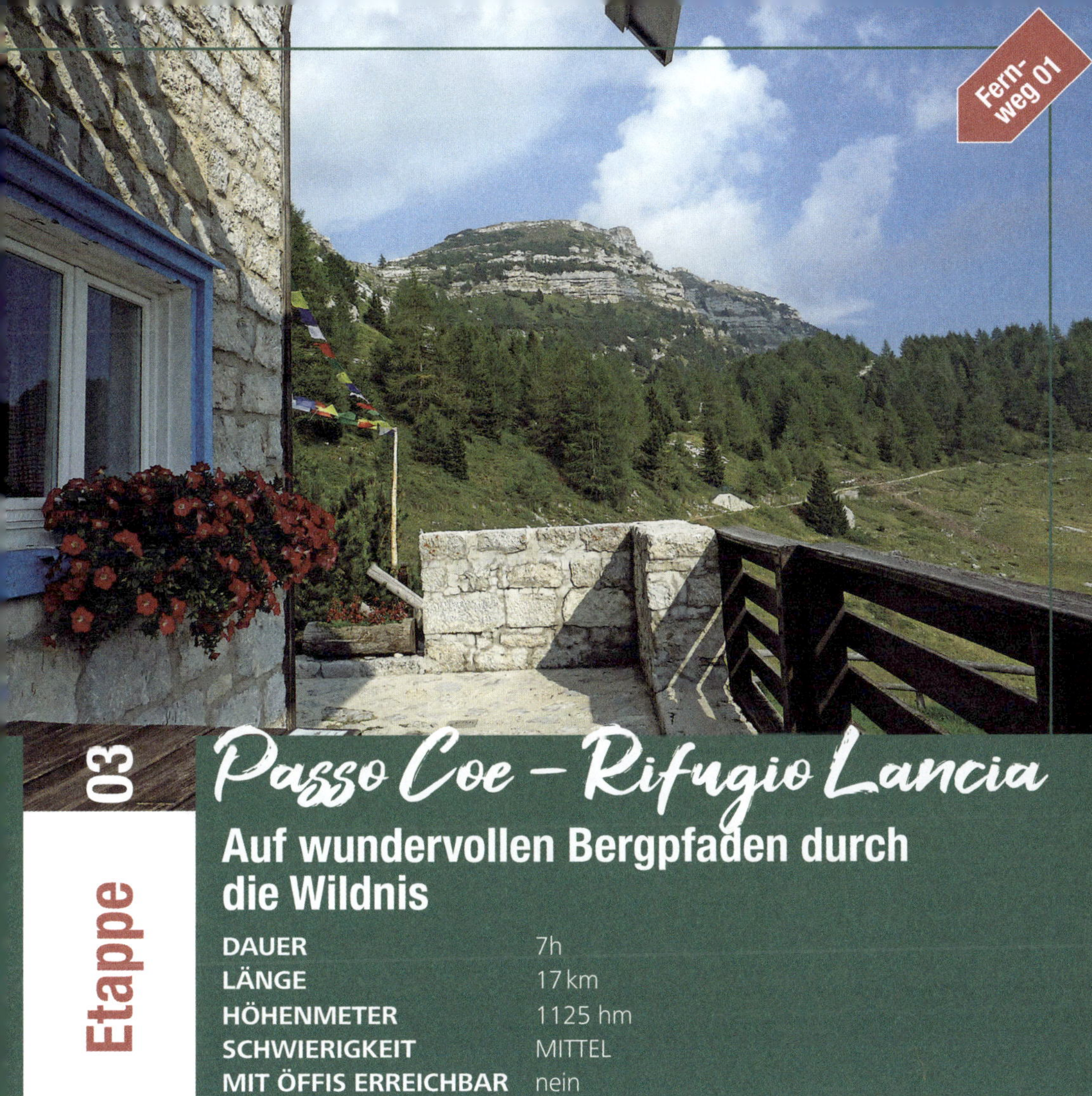

Fern-weg 01

Etappe 03

Passo Coe – Rifugio Lancia

Auf wundervollen Bergpfaden durch die Wildnis

DAUER	7h
LÄNGE	17 km
HÖHENMETER	1125 hm
SCHWIERIGKEIT	MITTEL
MIT ÖFFIS ERREICHBAR	nein

Das erwartet dich …

Die Etappe ist lang und wird durch stetiges Auf und Ab zeitweise etwas ermüdend. Die tollen Bergwege machen die Etappe jedoch ein wenig kurzweiliger. Südlich des Monte Maggio ist der Steig etwas ausgesetzt. Die meisten Abstiege sind steinig und steil. So sollten wir heute ein hohes Maß an Trittsicherheit an den Tag legen, auch Schwindelfreiheit ist angebracht. Unterwegs gibt es keine Einkehrmöglichkeit, daher unbedingt genügend zu trinken mitnehmen!

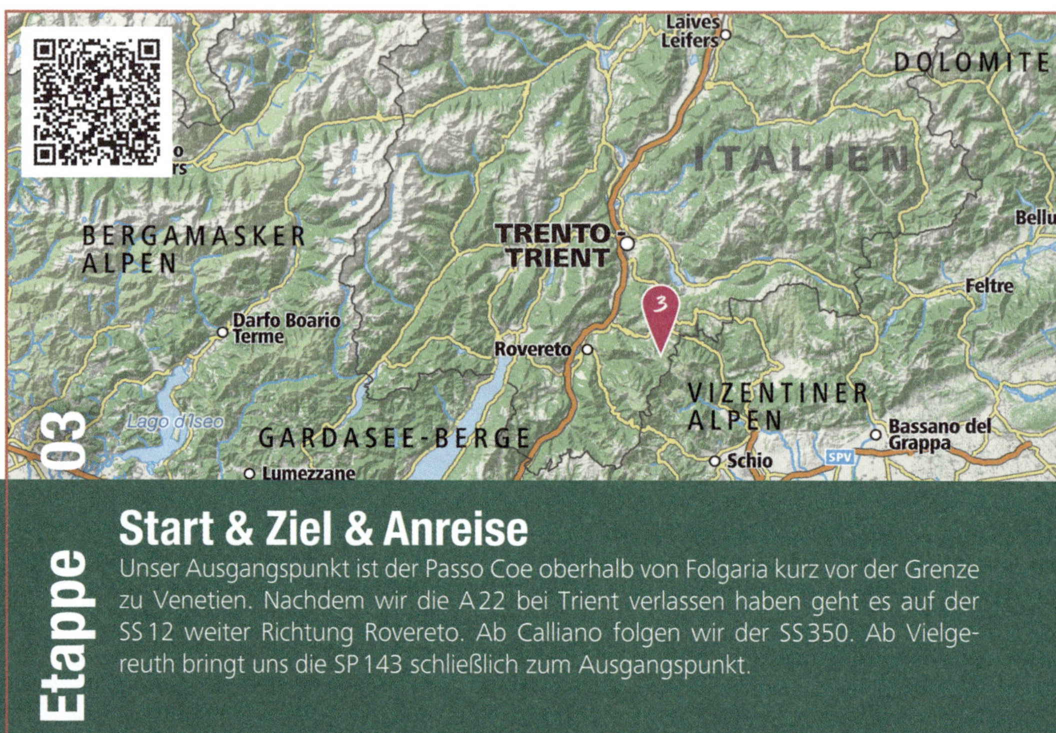

Etappe 03

Start & Ziel & Anreise

Unser Ausgangspunkt ist der Passo Coe oberhalb von Folgaria kurz vor der Grenze zu Venetien. Nachdem wir die A22 bei Trient verlassen haben geht es auf der SS 12 weiter Richtung Rovereto. Ab Calliano folgen wir der SS 350. Ab Vielgereuth bringt uns die SP 143 schließlich zum Ausgangspunkt.

Tourenbeschreibung

Vom Passo Coe unterhalb des Albergo Stua beginnen wir unsere heutige Etappe. Zunächst überqueren wir Richtung Süden ein paar Wiesen. 150 Meter hinter einem Zaun halten wir uns leicht links. Danach schlängelt sich der wurzelige Weg durch einen Nadelwald. Unvermittelt, doch noch etwas entfernt, taucht der Monte Maggio vor uns auf. Wir halten uns rechts und gelangen wenig später an einen Karrenweg. Er führt uns über eine halbe Stunde hinauf bis zum Wegpunkt Monte Maggio. Über ein paar letzte Stufen erklimmen wir den Gipfel. Er trägt ein mächtiges Kreuz und ist von ehemaligen Militärstellungen umgeben. In nordwestlicher Richtung genießen wir schöne Tiefblicke auf die Orte um Piazza und die schroffen Gipfel der Brenta. Südwärts bringt uns der Kamm entlang der Schützengräben, bis wir auf dem Hauptweg weiterwandern. Der wunderschöne Höhenweg bringt uns zum Coston dei Laghi. Etwa zwanzig Minuten nachdem wir den Monte Maggio verlassen haben stoßen wir auf auffällige Militäranlagen

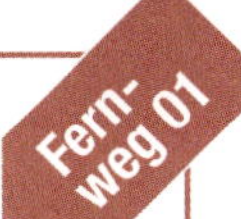

aus dem Ersten Weltkrieg. Hinter einem kleinen Stollen und mehreren Verteidigungsanlagen senkt sich unser Weg ein wenig ab. In der Folge führt er uns atemberaubend und ungefährlich an einem breiten Felsband entlang. Dahinter steigen wir steiler hinab zum Wegpunkt Borcoletta.

Wir biegen um eine Kurve und haben den Abstieg deutlich vor Augen. Knapp unterhalb des Passo della Borcola befindet sich das Kirchlein Chiesetta degli Alpini. Steile und steinige Kehren leiten uns bis zum Wald. Hier wird der Weg etwas besser. Nach einem ehemaligen Marmorsteinbruch gelangen wir an einen verrosteten Militärwagen. Die Waldstraße verbreitert sich und wir folgen ihr hinab zum Passo della Borcola. Nun folgt geradewegs der Anstieg auf der anderen Seite. Wir haben auch die Möglichkeit, circa 50 Meter nach rechts zu gehen, um dann beim ersten Abzweig wieder links aufzusteigen. Wie auch immer, uns erwartet nun ein Anstieg von gut 600 Höhenmetern. Über den Wiesenhang steigen wir auf den Wald zu. Hier bringen uns zahlreiche Kehren weiter hinauf. Unterwegs kommen wir an zwei Quellen vorbei, die jedoch nicht immer Wasser führen.

Der Weg durch den dichten Buchenwald ist anstrengend. Eine kurze Seilversicherung hilft uns besonders nach Regen und bei rutschigem Untergrund. Eine Stunde nachdem wir den Pass verlassen haben beginnt der Wald sich zu lichten. Durch Latschenwiesen wandern wir auf den Kamm zu. Kurz davor sticht der Schriftzug Acqua ins Auge. Hier knickt der Weg nach Süden und bringt uns zu den Schützengräben und geradeaus durch sie hindurch über die grasige Hochfläche hinauf. Hinter einem flachen Wegverlauf und einer kurzen Steigung erreichen wir die verfallenen Reste der Malga Costa.

Südlich vor uns sehen wir schon die Gipfel unserer nächsten Tagesetappe. Für heute steigen wir rechts an der Malga Costa vorbei auf den Sattel hinauf und überqueren seine grasige Fläche nach rechts. Anschließend steigen wir am Westhang südlich in das Kar hinab. Der Weg ist etwas steinig und felsig, aber gut begehbar. Dann umrunden wir zwei Geländekuppen teils mit steilen Gegenanstiegen. Anschließend überwinden wir noch ein paar Stufen im Fels und erreichen den Wegpunkt Sorgente. Falls man das Rifugio Lancia auslassen möchte zweigt man hier links direkt zum Rifugio Papa ab. Wir aber folgen dem schönen Steig nach rechts erst flach, dann wieder steiler ansteigend um den Monte Buso (2097 m) herum. Nordöstlich des Gipfels gelangen wir an einen kleinen Pass. Danach steigen wir auf unserem Steig zur steinigen Straße ab. Wir folgen ihr nach links zum Wegpunkt Sella delle Pozze und dort geht es wieder nach rechts. Hinter der letzten Geländekuppe wandern wir mit dem Karrenweg stetig leicht fallend an der südlichen Flanke des Col Santo (2111 m) hinunter zum Rifugio Lancia.

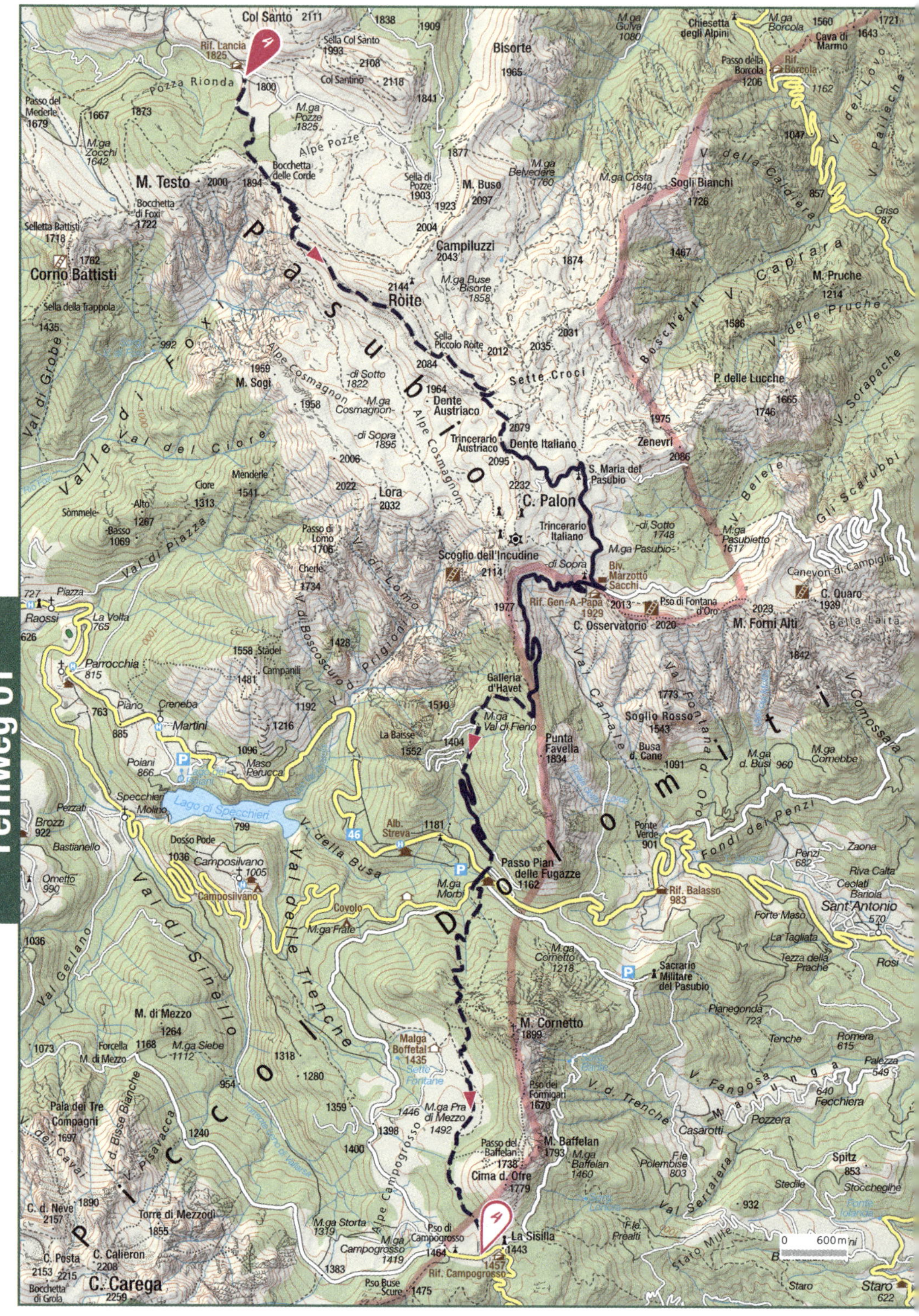
Col Santo 2111
1838
1909
Rif. Lancia 1825
Sella Col Santo 1993
2108
Col Santino 2118
Bisorte
1965
Pozza Rionda
1800
1841
Passo del Mederle 1679
1667
1873
M.ga Pozze 1825
Alpe Pozze
1877
M.ga Zocchi 1642
Bocchetta delle Corde
M. Testo
2000
1894
Sella di Pozze 1903
M. Buso 2097
M.ga Belvedere 1760
M.ga Costa 1840
Sogli Bianchi 1726
Bocchetta di Foxi 1722
1923
Selletta Battisti 1718
2004
1762
Corno Battisti
Campiluzzi 2043
1874
1467
2144
Roite
M.ga Buse Bisorte 1858
Sella della Trappola
1435
992
Sella Piccolo Roite 2012
2031
2035
1586
2084
Sette Croci
1959
M. Sogi
-di Sotto 1822
1964
Dente Austriaco
M.ga Cosmagnon
1958
P. delle Lucche
1665
1746
2079
Alpe Cosmagnon
-di Sopra 1895
Trincerario Austriaco
Dente Italiano
1975
Zenevri
2086
2006
2095
S. Maria del Pasubio
Menderle
1541
2022
Lora 2032
2232
C. Palon
Ciore 1313
-Alto 1267
Sòmmele
-Basso 1069
Passo di Lomo 1706
Trincerario Italiano
-di Sotto 1748
M.ga Pasubio
M.ga Pasubietto 1617
Scoglio dell'Incudine
Cherle 1734
2114
di Sopra
Biv. Marzotto Sacchi
Rif. Gen. A. Papa 1929
2013
Pso di Fontana d'Oro
C. Osservatorio 2020
Canevon di Campiglia
C. Quaro 1939
2023
M. Forni Alti
Piazza
727
Raossi
626
La Volta 765
1977
1428
Stàdel 1558
Parrocchia 815
Campanili
1481
Galleria d'Havet
1842
1773
Soglio Rosso 1543
763
Piano
Creneba
Martini
885
1192
1216
1510
M.ga Val di Fieno
Punta Favella 1834
La Baisse
1552
1404
Busa d. Cane
1091
M.ga d. Busi 960
M.ga Comebbe
Poiani 866
1096
Maso Perucca
Specchieri
Molino
Lago di Specchieri
Perzati
Brozzi 922
799
Alb. Streva
1181
Ponte Verde 901
Bastianello
Dosso Pode
1036
Camposilvano
1005
Passo Pian delle Fugazze 1162
M.ga Morbi
Penzi 682
Zaona
Ometto 990
Riva Calta
Ceolati
Bariola
Rif. Balasso 983
Sant'Antonio
570
Covolo
Forte Masò
M.ga Frate
La Tagliata
1036
Tezza della Prache
M.ga Cornetto 1218
Rosi
Sacrario Militare del Pasubio
Pianegonda 723
M. Cornetto 1899
M. di Mezzo
1264
1073
Forcella M. di Mezzo
1168
M.ga Siebe 1112
1318
Malga Boffetal 1435
Sette Fontane
Tenche
Romera 615
Palezza 549
954
1280
Pso dei Fornigari 1670
Pala dei Tre Compagni
1359
1446
M.ga Pra di Mezzo 1492
Fecchiera
Pozzera
1697
1240
1398
Casarotti
Passo del Baffelan 1738
M. Baffelan 1793
M.ga Baffelan 1460
1400
Spitz 853
Cima d. Ofre 1779
Fle Polembise 803
Stedile
Stocchegline
1890
C. d. Neve 2157
Torre di Mezzodì
932
M.ga Storta 1319
Pso di Campogrosso
M.ga Campogrosso 1419
La Sisilla
Fle Prealti
1855
C. Calieron 2208
C. Posta
2153
2215
1464
1443
1457
Rif. Campogrosso
1383
C. Carega 2259
Bocchetta di Grola
Pso Buse Scure 1475
Staro
Staro 622
0 600 m
Pasubio
Piccole Dolomiti
Val di Grobe
Valle di Fox
Val del Ciore
Val di Piazza
V. di Lomo
V. Prigioni
V. di Boscoscuro
V. della Busa
Val delle Trenche
Val di Sinello
Val Gerlano
V. d. Bisse Bianche
V. Pisavacca
Alpe Campogrosso
V. della Caldiera
V. Caprara
V. delle Pruche
Boschetti
V. Sorapache
V. Belele
Gli Scarubbi
Val Canale
Val Fontana d'Oro
V. Comossara
Fondi dei Penzi
V. Fangosa
Malunga
V. d. Trenche
Val Serratera
Staro Mille
V. del Lovo
V. Palleche
M.ga Gulva 1080
Chiesetta degli Alpini
M.ga Borcola
1560
1721
1643
Cava di Marmo
Passo della Borcola 1206
Rif. Borcola
1162
1047
857
Griso 787
M. Pruche 1214
46

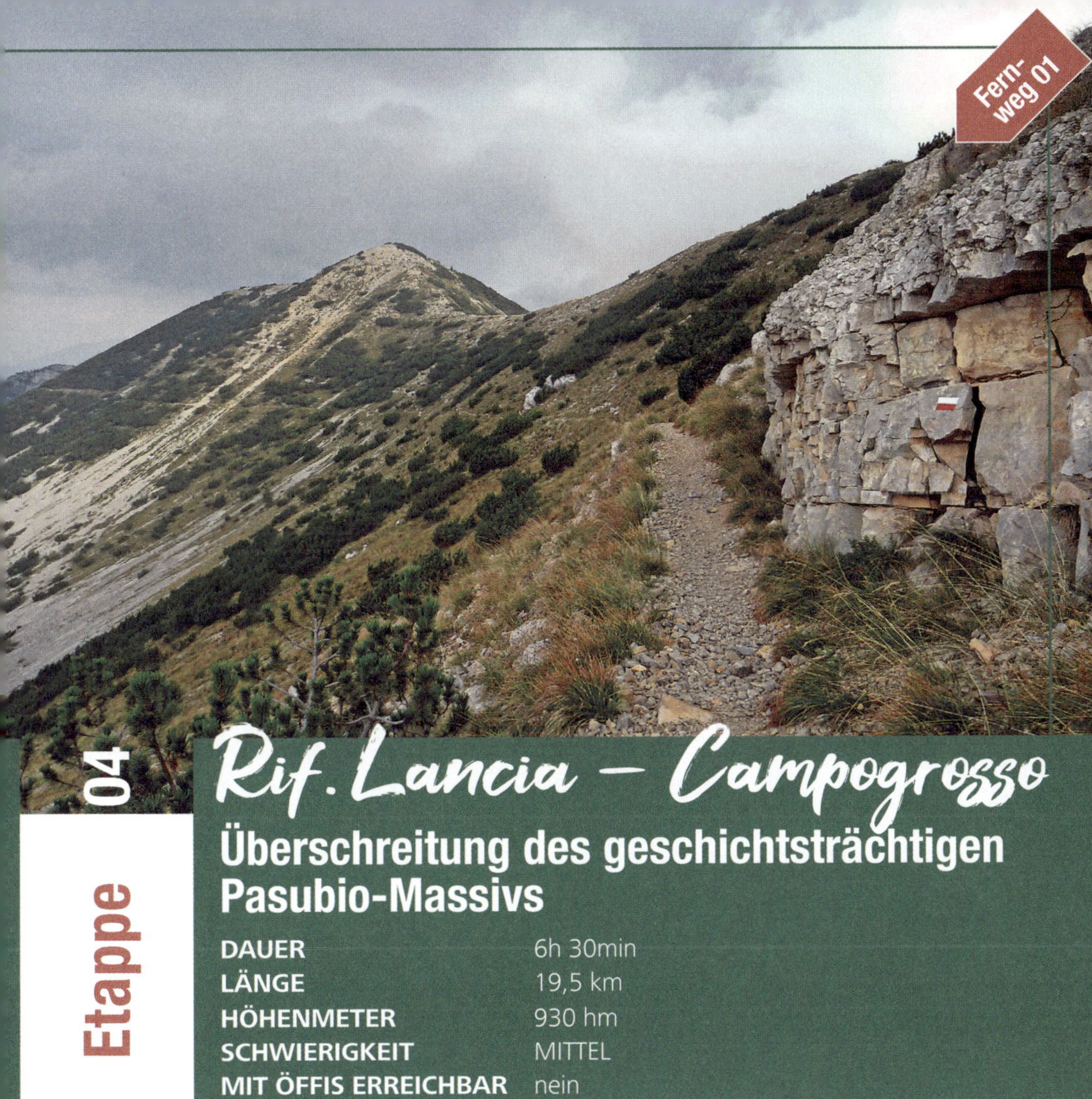

Etappe 04

Rif. Lancia – Campogrosso

Überschreitung des geschichtsträchtigen Pasubio-Massivs

DAUER	6h 30min
LÄNGE	19,5 km
HÖHENMETER	930 hm
SCHWIERIGKEIT	MITTEL
MIT ÖFFIS ERREICHBAR	nein

Das erwartet dich ...

Heute erwartet uns eine abwechslungsreiche Bergtour über gut begehbare Steige. Wir wandern dabei auf unschwierigen Wegen. Lediglich das letzte Stück zwischen dem Dente Austraiaco und Dente Italiano verlangt uns ein wenig Trittsicherheit ab. Die Abkürzungen vom Rifugio Papa hinunter sind auch teilweise sehr steil und steinig, Aufmerksamkeit ist auch hier geboten. Und auch heute begegnen wir zahlreichen Relikten, die uns an den grausamen Stellungskrieg der Winter 1916 bis 1918 erinnern.

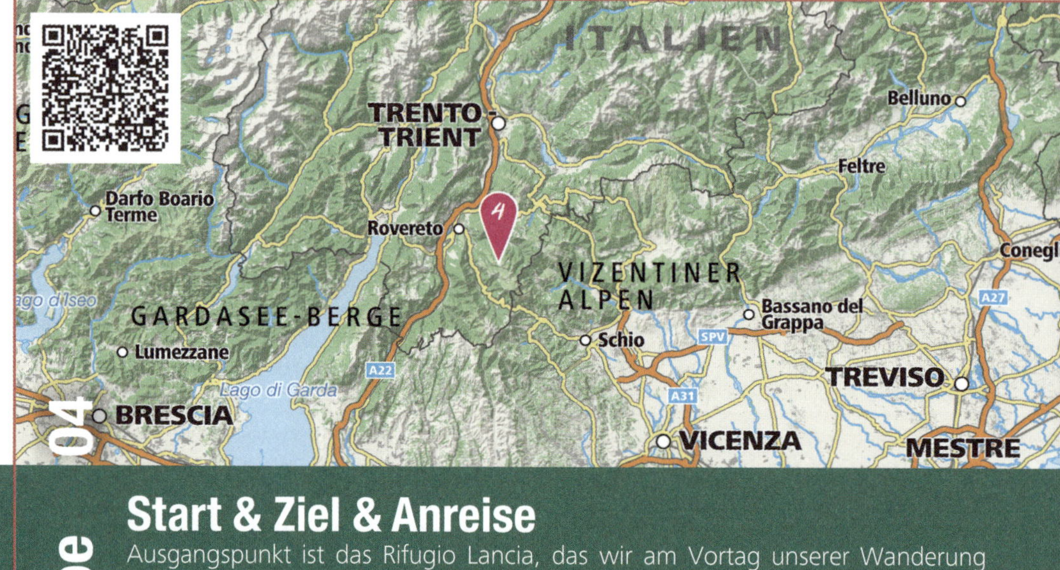

Etappe 04

Start & Ziel & Anreise

Ausgangspunkt ist das Rifugio Lancia, das wir am Vortag unserer Wanderung entlang des E5 erreicht haben.

Tourenbeschreibung

Unvorstellbar ist es für unsereins heute, was sich vor vielen Jahrzehnten auf den schroffen Spitzen des Monta Pasubio abgespielt hat: Die Soldaten lagerten hier oben und harrten fast zwei Jahre aus. Ohne Unterbrechung waren sie den Scharmützeln der Gegner ausgesetzt, ebenso wie den unbarmherzigen Bedingungen der Berge und ihrer wilden Natur. Vor allem in den Wintern 1916 bis 1918 starben hier Tausende von Soldaten durch Lawinen. Bis zum 13. März 1918 platzierten die Österreicher auf italienischer Seite die Stollen mit sage und schreibe 50 Tonnen Sprengstoff, um somit den Gegner mitsamt dem Berg in die Luft zu sprengen, was schließlich das Ende der Schlacht bedeutete. Mit diesem geschichtlichen Hintergrund kann unsere heutige Wanderung nicht geschichtsträchtiger sein. Die Überschreitung der beiden Felsen Dente Austriaco (österreichische Platte) und Dente Italiano erwartet uns mit zahlreichen Relikten aus dieser Zeit. Sie lassen uns

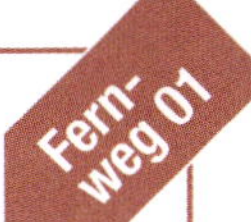

still werden, aber auch dankbar, dass wir solch grausame Zeiten nicht persönlich erleben mussten.

Vom Rifugio Lancia wandern wir auf dem Weg 102 Richtung Süden. Lärchenwald begleitet uns auf den Monte Testo, nach wenigen Hundert Metern halten wir uns beim ersten Abzweig südostwärts. Rasch gelangen wir auf das Joch und blicken zurück zum Rifugio Lancia. Kurz hinter dem Joch stoßen wir auf die Bocchetta delle Corde; hier wechseln wir auf den von links kommenden Wanderweg 105. Wir folgen ihm in Gehrichtung bis zur nächsten Weggabelung. Nach rechts steigt der Weg nun deutlich an. Über Serpentinen steigen wir durch den Latschenwald auf. Auf einer Höhe von 2000 Metern biegt der Hauptweg auf die Südflanke des Ròite ein. Nun wandern wir auf einem fantastischen Höhenweg, der den gesamten Hang vollkommen eben durchschneidet. Nach Süden hin genießen wir tolle Ausblicke auf die Carega-Gruppe, in der wir bei der nächsten Etappe auf eine wilde Natur stoßen.

Wir lassen einen Abzweig nach rechts unbeachtet und wandern nun stets den herrlichen Steig entlang. Bei den jetzt auftauchenden Relikten des Ersten Weltkrieges wechselt er bei Sella Piccolo Ròite auf die nördliche Bergflanke. Nur bei absoluter Schwindelfreiheit können wir uns nach weiteren 20 Metern auf das kleine Steiglein rechts hinaufwagen. Es führt sehr ausgesetzt und unmarkiert aber eindeutig geradewegs durch die ehemaligen österreichischen Stellungen. Oben passieren wir einen herabgestürzten Felsen und nach dem luftigen und ausgesetzten Grat können wir wieder auf den Hauptweg einbiegen. Bei unzureichender Trittsicherheit bleiben wir aber lieber auf dem Hauptweg und umgehen die schwierigen Stellen ein wenig unterhalb. Ein paar Minuten darauf haben wir den Hang hinter uns und steigen durch schottriges Terrain wieder bergan vorbei an einem Kreuz, das an die Geschehnisse des Ersten Weltkrieges erinnert. Dann halten wir uns rechts und erreichen kurz darauf den höchsten Punkt, den Dente Austriaco. Mit gemischten Gefühlen stehen wir nun hier oben, an der absolut vordersten Front.

Nun geht es rechter Hand an einem riesigen Schützengraben vorbei, dann rechts ein kurzes Stück auch sehr steil, hinunter auf ein Joch zu. Nach kurzer Zeit erreichen wir das Joch zwischen den beiden Platten – vor uns tut sich ein Trümmerhaufen auf – die Reste der Explosion aus dem Jahr 1918, als die Österreicher die Schlacht um den Berg mit Sprengstoff entschieden.

Wir steigen durch die Trümmer hinauf auf den Dente Italiano. Kurz darauf stehen wir auf der italienischen „Platte". Noch einmal markiert ein bizarres Kreuz die damaligen Ereignisse. Hinter dem Kreuz geht es einige Meter hinab und wir bemerken auf der linken Seite einen Stollen, der in den Berg führt. Auch hier ist eine Taschenlampe sinnvoll, wenn wir uns im Stollen ein wenig umsehen möchten. Danach halten wir uns südwärts bis zu einer Verzweigung. Der anspruchsvollere Weg

Fortsetzung Etappe 4

führt auf die Cima Palon, dann entlang des Grates zum Rifugio Papa. Der einfachere Weg lässt uns nach links auf den Weg 142 absteigen. Diese Variante bringt uns bald an eine Schotterstraße, die uns zur Kirche Santa Maria del Pasubio bringt. Noch vor der Kirche halten wir uns links, biegen aber beim kommenden Abzweig jedoch schon wieder rechts ab. Dann wandern wir auf der alten Militärstraße gut fünfzehn Minuten nach Süden. Die Straße, die nach rechts den Hang durchschneidet, bringt uns zum Rifugio Papa, das wie ein Schwalbennest in den Felsen thront. Unser Weg folgt weiter der spektakulären Militärstraße durch einen kurzen Tunnel hindurch. Dann steigen wir lange hinunter zum Pass ab, zwischendurch können wir die Serpentinen der Straße immer wieder über einen Steig abkürzen. Sie sind jedoch steinig und steil! Schließlich erreichen wir den Passo Plan della Fugazze.

Eine Bar und das Albergo Ristorante al Passo bieten uns eine Rast an. Die Straße bringt uns ein kurzes Stück Richtung Campogrosso. In der ersten Rechtskurve folgen wir jedoch schon einem sehr schmalen Steig nach links über die Wiese. Über mehrere Wiesen passieren wir die Malga Morbi. Nur wenig später nimmt uns dichter Wald auf. Wir überqueren einen Bach und folgen danach einem Waldweg, der in Serpentinen hinaufführt. Circa 75 Minuten nach dem Pass blicken wir mit tollen Ansichten zurück auf die Cima Palon. Ein schmales Wegstück müssen wir noch überwinden, dann stehen wir auf dem Sattel. Hier halten wir uns rechts. Absolut trittsichere und schwindelfreie Bergwanderer können hier auch die anspruchsvolle Überschreitung des Monte Cornetto (1899) und Monte Baffelan (1793) in Angriff nehmen.

Am Pass wechseln wir auf die Südseite, die Carega-Gruppe direkt vor Augen. Wir wandern an faszinierenden Felsen vorbei, erst kurz entlang eines breiteren Felsbandes, dann hinab zu den unten sichtbaren Weideflächen. Wir bewältigen ein bergiges Stück Weg, dann empfangen uns die ersten Wiesen der Malga Baffelan. Hier halten wir uns sofort links und wieder leicht hinauf. Über mit allerlei Vieh sehr belebte Weideflächen gelangen wir zu einem Fahrweg. Er führt uns nach links, nach wenigen Metern jedoch verlassen wir ihn bereits wieder nach rechts auf einen Steig. Er kürzt den Rechtsbogen ein wenig ab, kommt aber bald wieder auf den Weg zurück. Ihm folgen wir nun geradeaus. Wir befinden uns nun westlich der Cima d'Ofre. Der Wanderweg steigt nochmals kurz durch den Wald an. Dann gelangen wir schließlich auf den Passo di Campogrosso und zum Rifugio Campogrosse, das bereits in Venetien liegt.

Nachdenklich stimmendes Kreuz auf dem Dente Italiano

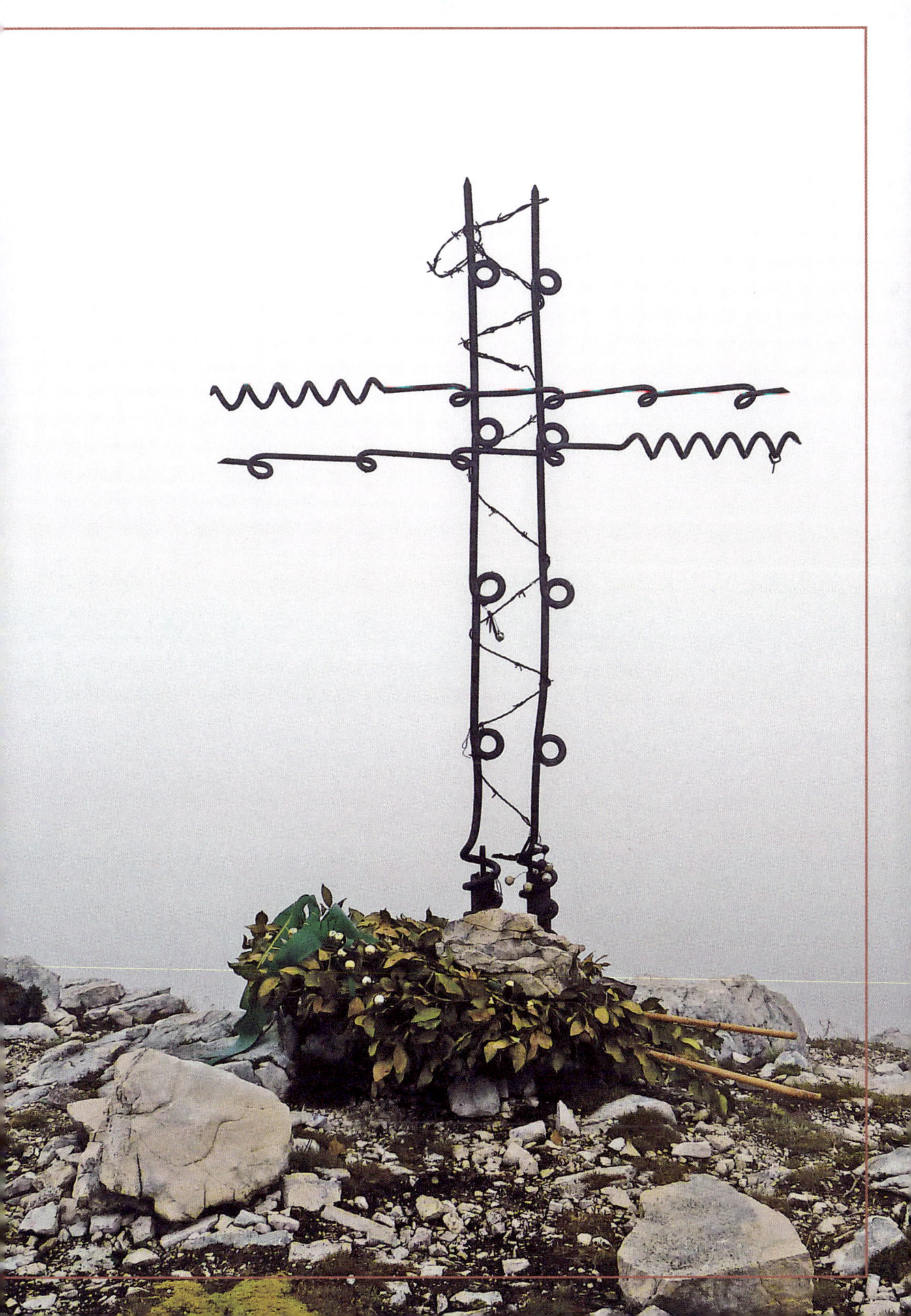

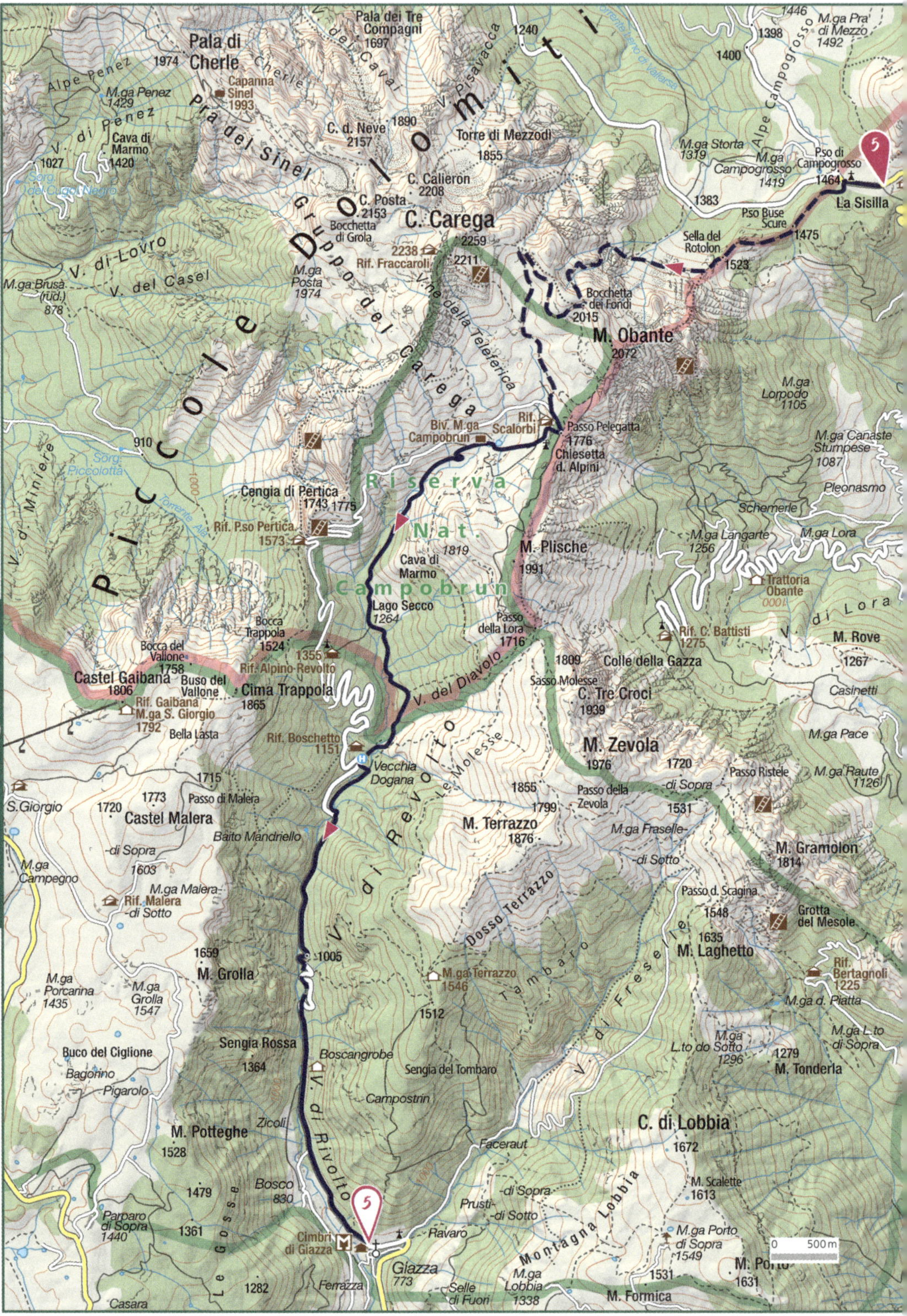

Piccole Dolomiti
Pala di Cherle
Capanna Sinel 1993
Pala dei Tre Compagni 1697
C. d. Neve 2157
Torre di Mezzodì 1855
C. Calieron 2208
C. Posta 2153
C. Carega
Bocchetta di Grola
Rif. Fraccaroli 2238
Gruppo del Carega
M.ga Posta 1974
Alpe Penez
M.ga Penez 1429
Cava di Marmo 1420
V. di Lovro
V. del Casel
M.ga Brusà (rud.) 878
Sorg. del Cuco Negro
M.ga Storta 1319
M.ga Campogrosso 1419
P.so di Campogrosso 1464
La Sisilla
M.ga Pra' di Mezzo 1492
Alpe Campogrosso
P.so Buse Scure 1475
Sella del Rotolon 1523
Bocchetta dei Fondi 2015
M. Obante 2072
Rif. Scalorbi
Passo Pelegatta 1776
Chiesetta d. Alpini
Biv. M.ga Campobrun
Riserva Nat. Campobrun
Cava di Marmo
Lago Secco 1264
Cengia di Pertica 1743
Rif. P.so Pertica 1573
Bocca Trappola 1524
Rif. Alpino-Revolto 1355
Bocca del Vallone 1758
Castel Gaibana 1806
Rif. Gaibana M.ga S. Giorgio 1792
Buso del Vallone
Cima Trappola 1865
Rif. Boschetto 1151
Vecchia Dogana
V. del Diavolo
Passo della Lora 1716
M. Plische 1991
M.ga Lorpodo 1105
M.ga Canaste Stumpese 1087
Pleonasmo
Schemerle
M.ga Langarte 1256
M.ga Lora
Trattoria Obante
Rif. C. Battisti 1275
V. di Lora
M. Rove 1267
Casinetti
Colle della Gazza
Sasso Molesse
C. Tre Croci 1939
M. Zevola 1976
M.ga Pace
Passo Ristele
M.ga Raute 1126
Passo della Zevola
M.ga Fraselle di Sopra
di Sotto
M. Terrazzo 1876
M. Gramolon 1814
Passo d. Scagina 1548
Grotta del Mesole
M. Laghetto 1635
Rif. Bertagnoli 1225
M.ga d. Piatta
M.ga L.to di Sopra
L.to do Sotto 1296
M. Tonderla 1279
Dosso Terrazzo
Tambaro
V. di Freselle
V. di Revolto
Le Molesse
S.Giorgio
Castel Malera 1773
Passo di Malera
Baito Mandriello
M.ga Campegno
M.ga Malera di Sopra 1603
Rif. Malera di Sotto
Bella Lasta
M. Grolla 1659
M.ga Porcarina 1435
M.ga Grolla 1547
M.ga Terrazzo 1546
Buco del Ciglione
Bagorino
Pigarolo
Sengia Rossa 1364
Boscangrobe
Sengia del Tombaro
Campostrin
M. Potteghe 1528
Zicoli
V. di Rivolto
Bosco 830
C. di Lobbia 1672
Faceraut
M. Scalette 1613
Prusti di Sopra
di Sotto
Montagna Lobbia
M.ga Porto di Sopra 1549
M. Porto 1631
M.ga Lobbia 1338
Selle di Fuori
M. Formica
Parparo di Sopra 1440
Le Gosse
Cimbri di Giazza
Giazza 773
Ravaro
Ferrazza
Casara

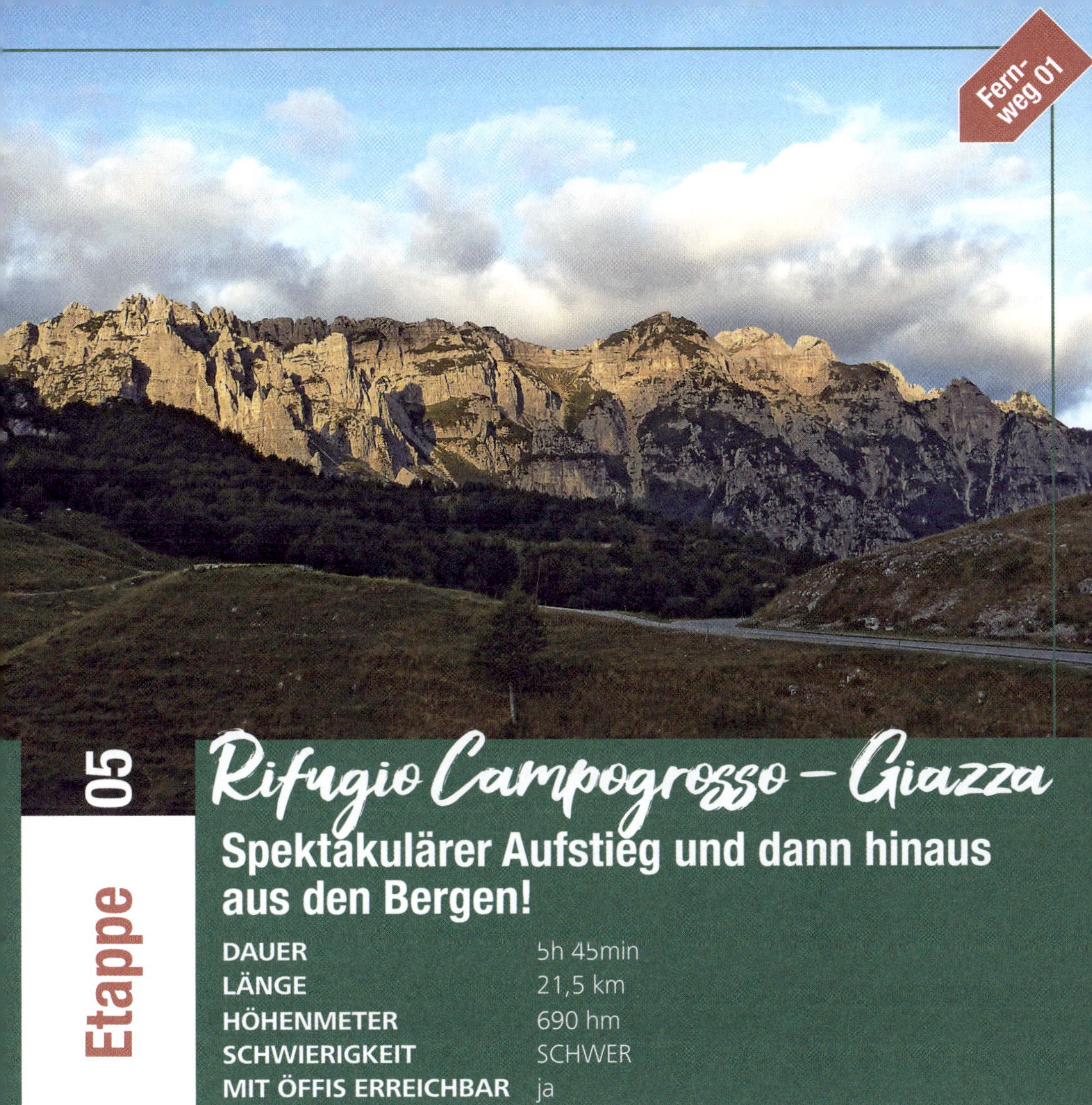

Fern-weg 01

Etappe 05

Rifugio Campogrosso – Giazza

Spektakulärer Aufstieg und dann hinaus aus den Bergen!

DAUER	5h 45min
LÄNGE	21,5 km
HÖHENMETER	690 hm
SCHWIERIGKEIT	SCHWER
MIT ÖFFIS ERREICHBAR	ja

Das erwartet dich ...

Diese technisch herausfordernde Etappe ist lang und erwartet uns mit einem anspruchsvollen Aufstieg durch ein steiles Kar. Teilweise ist es so rutschig und geröllig, dass wir die Hände zu Hilfe nehmen. Absolute Trittsicherheit ist hier Pflicht, Schwindelfreiheit kann nur von Vorteil sein. Nach dieser letzten, anstrengenden Überschreitung werden die Alpen jedoch dann immer sanfter.

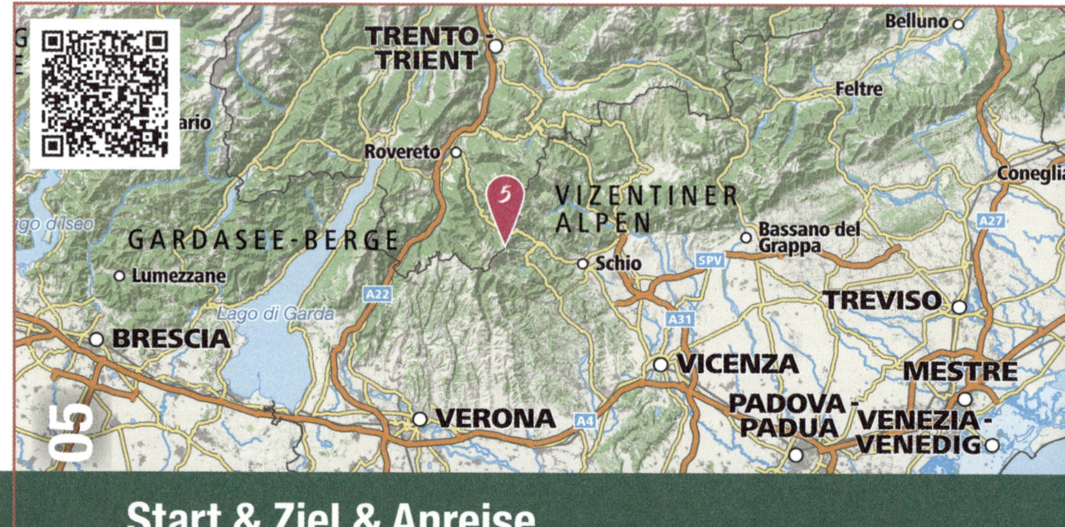

Etappe 05

Start & Ziel & Anreise

Wir beginnen den langen und anstrengenden Tag beim Rifugio Campogrosso. Busse fahren von und nach Rovereto.

Tourenbeschreibung

Die sogenannten Piccole Dolomiti, die Kleinen Dolomiten, werden gern mit den Felsbergen im Norden verglichen. Das Gelände rund um die Carega-Berggruppe mit Cima Carega (2259 m), Monte Obante (2072 m) und mehreren Nebengipfeln ist schroff, mit vielen Felsnadeln und Steilwänden. Diese Gruppe ist das wirklich letzte nennenswerte Gebirge, bevor die Landschaft nach Süden hier immer sanfter wird. Die nun folgende Überschreitung hat es in sich: Anspruchsvoll steigen wir in das extrem steile Kar empor, das wir über die Bocchetta dei Fondi überwinden. Hier ist es eine große Erleichterung, die Hände zu Hilfe zu nehmen. Aussichtsreich wandern wir danach zum Rifugio Scalorbi und weiter nach Giazza hinab.

Gleich vor dem Rifugio Campogrosso folgen wir der Passstraße Richtung Westen. Am ersten markierten Abzweig wenden wir uns nach links auf den Wanderweg 157. Er bringt uns zu einem Bildstock, dann über Wiesen und durch Wald stetig

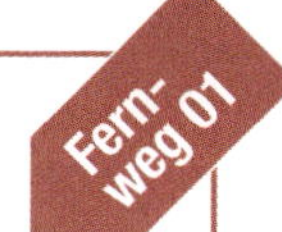

dem Carega-Massiv entgegen. Dabei steigen wir immer wieder kurz steil an. Der Hauptweg bringt uns nach knapp einer halben Stunde auf die kleine Anhöhe von Sella del Rotolon. Hier bietet sich uns ein erster toller Blick hinab auf die Ausläufer der Alpen nach Vicenza. Wir bewältigen ein weiteres kurzes, felsiges Stück Weg und lassen den Linksabzweig auf den Monte Obante unbeachtet. Unser Weg bringt uns geradewegs gut erkennbar unterhalb der steil abfallenden Felsen vorbei. Bei der Felsnadel weiter vorne biegen wir nach links oben ab. Erst noch eben gewinnt der Weg nach dem ersten Kar an Höhe. Dann steuern wir auf besagte Felsnadel zu.

Direkt vor ihr macht der Weg einen Linksknick; mental können wir uns schon mal auf das technisch schwierigste Stück einstellen: Über viele, kleine Serpentinen steigen wir durch das Kar direkt bergan. Konzentriert steigen wir Schritt für Schritt bergauf, um auf dem losen Schotter nicht immer wieder zurückzurutschen. Einen Felsen umgehen wir nach links; hier werden Teile des Weges bei starkem Regen immer wieder weggespült. Somit befinden wir uns gerade auf der besten Wegvariante. Hinter dem Felsen biegen wir um eine Rechtskurve und kommen wieder auf festeres Terrain. Der Blick zurück ist einmalig schön! Die Serpentinen führen bergan und leiten uns zum bereits sichtbaren Joch. An mehreren, felsigen Stellen nehmen wir die Hände zu Hilfe, es sind jedoch auch genügend gute Tritte vorhanden. Dann erreichen wir einen herrlichen Übergang, die Bocchetta dei Fondi. Zu unserer Linken liegt der Monte Obante (2072 m), unter uns zeigt sich das Rifugio Scalorbi und dahinter ragen der Monte Plische (1991 m) und die Cima Tre Croci (1993 m) auf. Vor uns erhebt sich nun nichts mehr über 2000 Meter – bis zum Appenin. Der Blick zurück erinnert uns an die letzten Tage und an den Weg, den wir hinter uns gebracht haben.

Jetzt gibt es mehrere Möglichkeiten: Wenn wir auf dem E5 bleiben möchten, steigen wir ein paar Kehren hinab, um bei nächster Gelegenheit auf dem gut sichtbaren Abzweig rechts abzubiegen. Ein schöner Weg leitet uns über Almflächen Richtung Cima Carega. Das herrliche Hochtal ist Heimat von Dutzenden von Steinböcken und Gämsen. Eine Viertelstunde später erreichen wir die Verzweigung Bocchetta Mosca auf 2029 m. Hier treffen sich vier Wanderwege. Unser E5 bringt uns spitz nach links talauswärts und in einer halben Stunde wieder retour zum Rifugio Scalorbi.

Ein anderer, spannender Weg setzt sich ab der Bocchetta dei Fondi fort: Ein in den Fels geschlagener Steig, der nur absolut trittsicheren und schwindelfreien Wanderern vorbehalten ist. Er führt unterhalb der Cima Mosca (2138 m) zur Bocchetta Mosca (Dauerhaft geschlossen). Die anspruchsvollen Stellen befinden sich jeweils zu Anfang und am Ende des Steiges. Bei Nässe sollten wir den Weg nicht

Fortsetzung Etappe 5

begehen, da er dann extrem rutschig wird. Eine andere Gefahr droht hier durch Steinschlag, der vom Wild ausgelöst werden kann.

Sollten wir vom Aufstieg bereits besonders müde sein, haben wir auch die Möglichkeit, ab der Boccetta dei Fondi direkt zum Rifugio Scalorbi abzusteigen. Dabei lohnt sich ein Abstecher auf den Gipfel der Cima Carega. Recht unschwierig ist sie über den Weg 157 über Grasflächen zu erreichen. Er führt erst nach Nordwesten, knickt dann nach Südwesten ab und erreicht nach 40 Minuten das Rifugio Fraccaroli. Ab hier erreichen wir den Gipfel in nur wenigen Minuten.

Im Rifugio Scalorbi bietet sich noch eine Rast an, bevor wir mit dem langen Marsch aus den Bergen hinaus beginnen. Ein Wanderweg bringt uns zunächst zum unteren, sichtbaren Tümpel. Bei Nässe wählen wir den Güterweg talauswärts. Links am kleinen See vorbei wandern wir mit schönen Blicken auf das sanfte Tal dahin. Zwanzig Minuten später erreichen wir eine Geländestufe; nun wird der Steig noch einmal ein wenig alpiner. Spektakulär zieht er sich links am Felsen empor, zwar etwas ausgesetzt, aber dennoch gut zu gehen. Auch hier gilt Vorsicht bei Nässe! Eine Viertelstunde später wird das Gelände milder: Durch Latschen geht es bald in den Wald. Unten steigen wir nochmals kurz an bis zu einer Verzweigung; der rechte Weg führt zum Rifugio Alpino Revolto. Wir halten uns jedoch links auf einem wunderschönen Wegabschnitt, der sich leicht abwärts am Hang entlangzieht.

Wir wandern am Abzweig zum Passo della Lora vorbei und folgen geradewegs beziehungsweise leicht links den Markierungen. Nur wenig später nehmen wir einen Weg von rechts auf und wandern durch einen schönen Buchenwald hinab. Letztlich steigen wir über ein paar Serpentinen zum Bach hinunter. Bei einer schönen Holzbrücke befindet sich ein Picknickplatz und nach Überquerung des Baches folgen wir dann einem schön angelegten Betonstreifen talauswärts. Er mündet in die Straße und einige Meter weiter sehen wir schon das alte Zollhaus, die Vecchia Dogana.

An der südwestlichen Hausmauer befindet sich ein schöner Brunnen. Direkt dahinter steigen wir abseits der Straße durch einen Durchlass im Zaun und über einen steilen Wanderpfad wieder hinunter zum Bach. Wir überqueren ihn mittels einer Steinstufe – Achtung, bei hohem Wasserstand ist dies nicht möglich, dann müssen wir auf der Straße bleiben. Auf der gegenüberliegenden Bachseite halten wir uns rechts und an einer Holzschranke laufen wir rechts vorbei. Ein Grillplatz nach dem anderen zeugt von der Beliebtheit des Tales bei den Einheimischen. Ein Schotterweg bringt uns wieder zur Teerstraße, der wir in Gehrichtung folgen.

Eine Viertelstunde später passieren wir einen Telegrafenmast, auf dem winzig klein die Markierung des E5 angebracht ist. Kurz darauf kürzen wir die Straße nach rechts über einen steinigen Weg ab. Hier unterschreiten wir die 1000-m-Grenze. Zwei weitere Male schneiden wir so die Kehren der Straße ab, dann erreichen wir Giazza.

Direkt an der Hauptstraße liegt das Albergo Belvedere. Das etwas tiefer liegende Zentrum erreichen wir über einen schmalen, asphaltierten Weg. Er zweigt wenige Meter nach der Ortstafel nach rechts ab.

Die Ortschaft Giazza

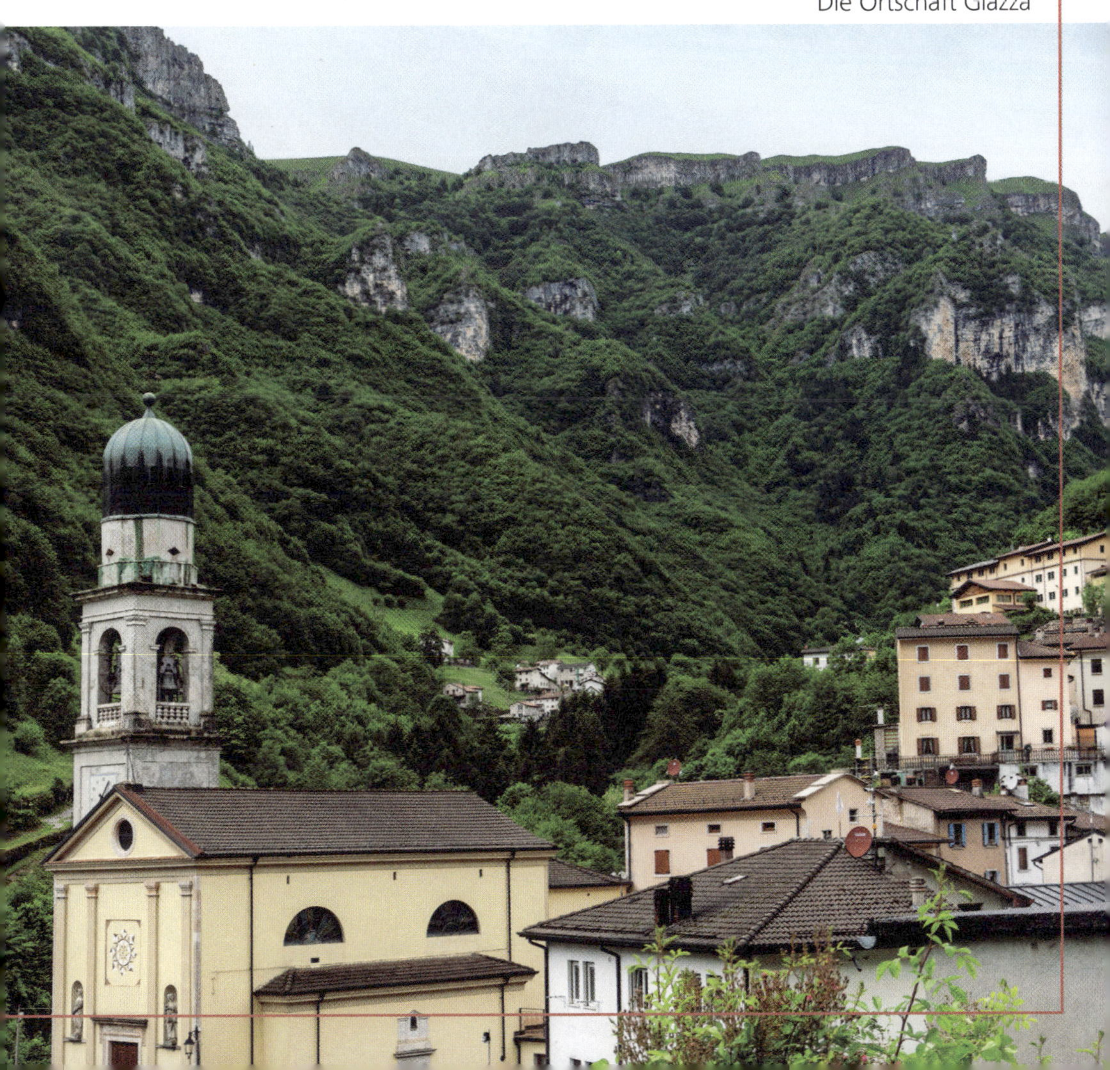

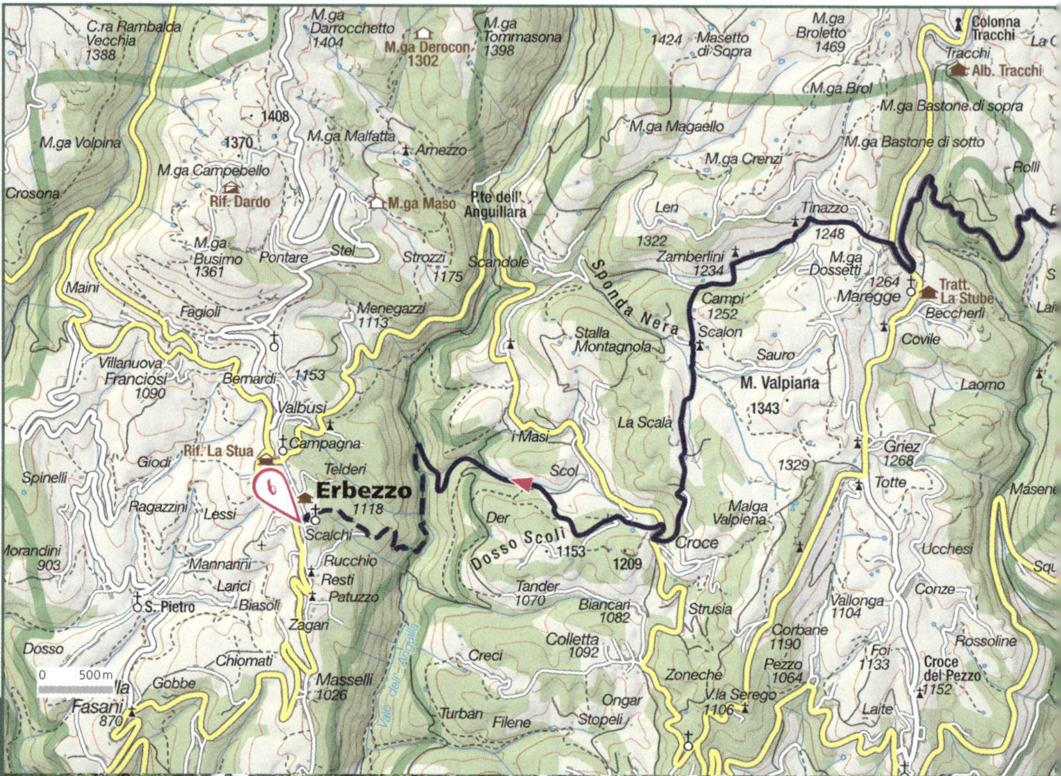
C.ra Rambalda Vecchia 1388
M.ga Darrocchetto 1404
M.ga Derocon 1302
M.ga Tommasona 1398
1424
Masetto di Sopra
M.ga Broletto 1469
Colonna Tracchi
Tracchi
Alb. Tracchi
M.ga Brol
M.ga Bastone di sopra
M.ga Bastone di sotto
Rolli
1408
1370
M.ga Volpina
M.ga Malfatta
Arnezzo
M.ga Magaello
M.ga Crenzi
M.ga Campebello
Rif. Dardo
Crosona
M.ga Maso
P.te dell' Anguillara
Len
Tinazzo
1248
1322
Zamberlini 1234
M.ga Dossetti
1264
Maregge
Tratt. La Stube
Beccherli
M.ga Busimo 1361
Pontare
Stel
Strozzi 1175
Scandole
Sponda Nera
Campi 1252
Scalon
Maini
Fagioli
Menegazzi 1113
Stalla Montagnola
Sauro
Covile
Villanuova
Franciosi 1090
Bernardi
1153
M. Valpiana
1343
Laorno
Valbusi
La Scala
Campagna
I Masi
Griez 1268
Rif. La Stua
Giodi
Telderi
1329
Spinelli
Erbezzo 1118
Scol
Totte
Ragazzini
Lessi
Scalchi
Der
Dosso Scoli
Malga Valpiana
Croce
Ucchesi
Morandini 903
Mannarini
Rucchio
1153
1209
Larici
Resti
Patuzzo
Tander 1070
Conze
S. Pietro
Biasoli
Zagari
Biancari 1082
Strusia
Vallonga 1104
Colletta 1092
Corbane 1190
Rossoline
Dosso
Chiomati
Creci
Foi 1133
Pezzo 1064
Croce del Pezzo 1152
0 500 m
Gobbe
Masselli 1026
Zoneche
Fasani 870
Ongar
V.la Serego 1106
Laite
Turban
Filene
Stopeli
Vajo dell' Anguilla

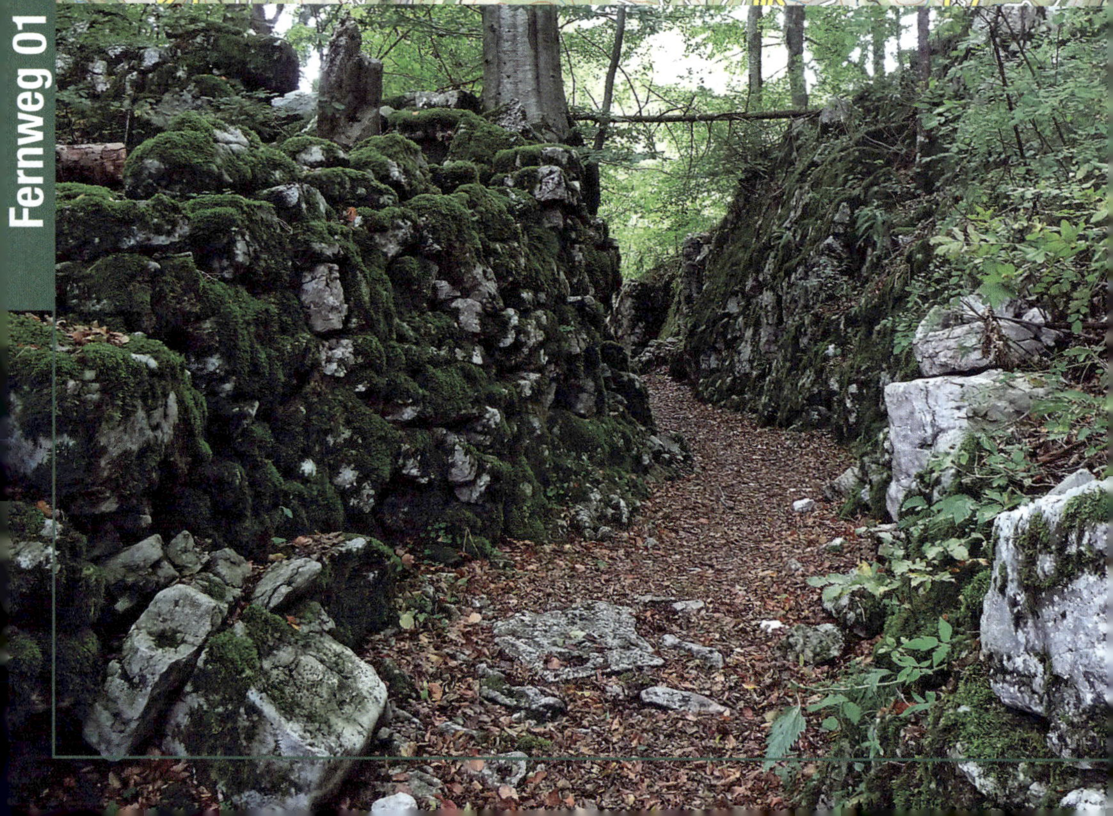

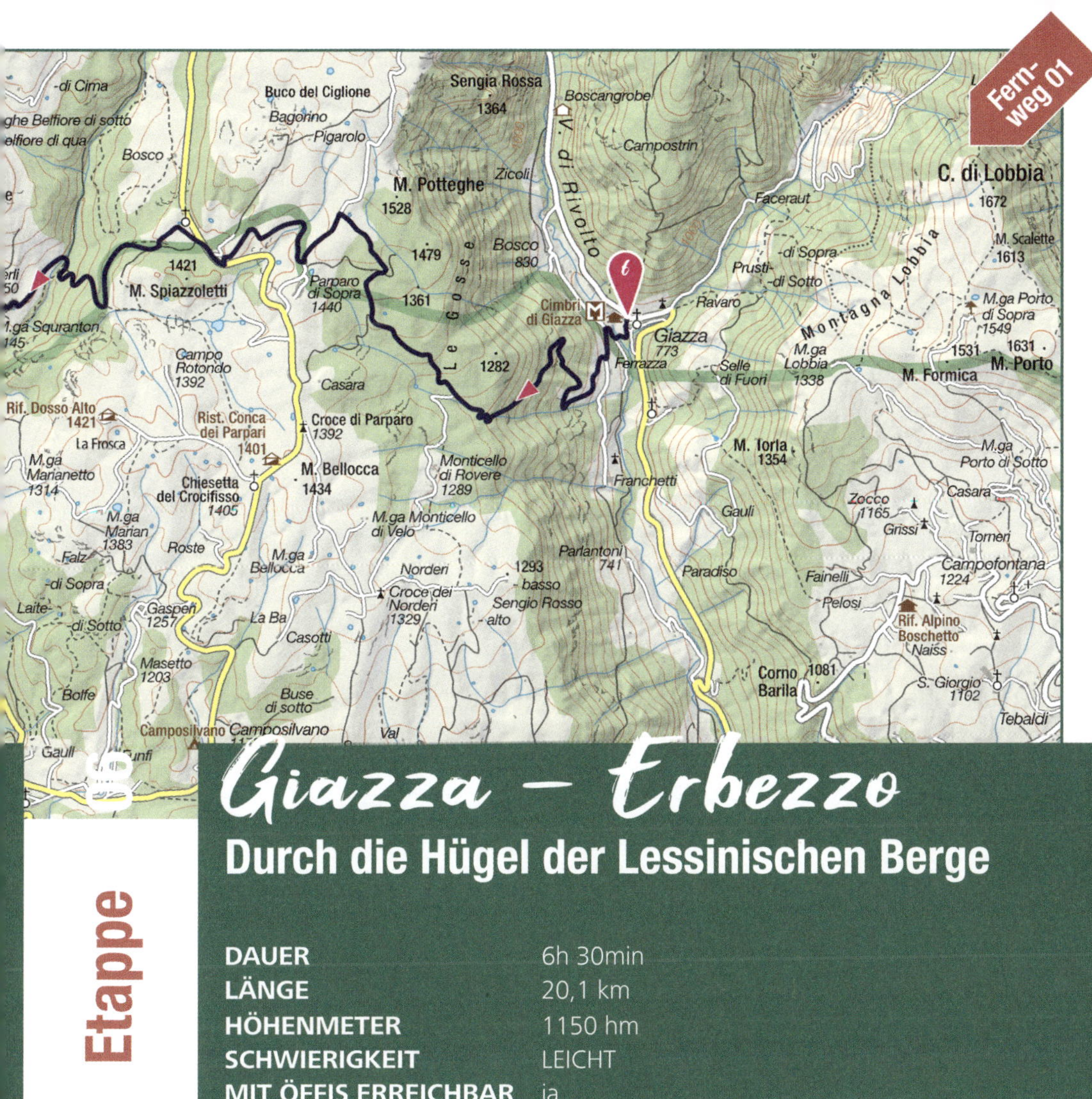

Etappe 06

Giazza – Erbezzo

Durch die Hügel der Lessinischen Berge

DAUER	6h 30min
LÄNGE	20,1 km
HÖHENMETER	1150 hm
SCHWIERIGKEIT	LEICHT
MIT ÖFFIS ERREICHBAR	ja

Das erwartet dich ...

Die heutige Strecke ist – wie schon die vorherige Etappe – sehr lang. Das lange, andauernde Auf und Ab erfordert Ausdauer. Dafür verläuft die Route auf recht einfachen Wegen. Nur manchmal wird es aufgrund vieler Steine etwas mühsam. In der Lessinischen Hügellandschaft erwarten uns weite Almflächen und immer wieder schönen Blicke in die Ferne.

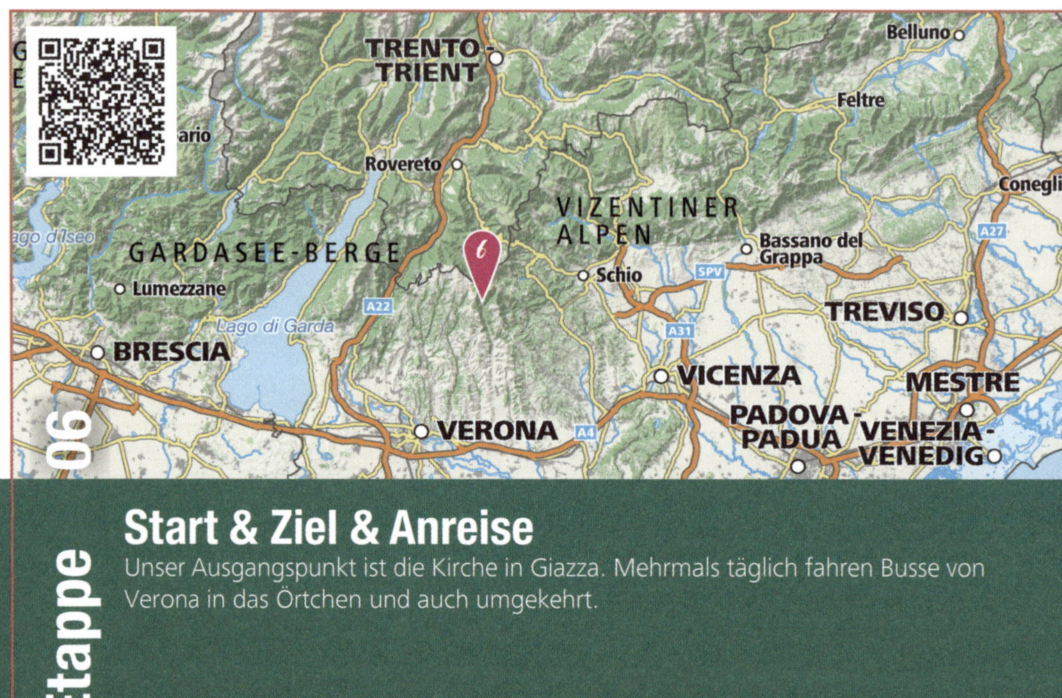

Etappe 06

Start & Ziel & Anreise

Unser Ausgangspunkt ist die Kirche in Giazza. Mehrmals täglich fahren Busse von Verona in das Örtchen und auch umgekehrt.

Tourenbeschreibung

Die Ausläufer der Lessinischen Berge sind auf den ersten Blick sanft und lieblich, doch das Voranschreiten unseres Weges lässt uns immer wieder staunen: Das Auf und Ab kann sich in die Länge ziehen. Unsere Ausdauer wird jedoch mit einer sanften, ganz anderen Landschaft als zuvor und immer wieder mit schönen Blicken belohnt. Kurz vor Croce rückt Erbezzo auf dem gegenüberliegenden Bergkamm in unser Blickfeld. Doch vorher wartet das tiefe Tal des Anguilla auf uns.

So starten wir auf dem Platz vor der Kirche von Giazza. Der Holzpfahl mit Wegweisern vor der Osteria Ljetzan hält schon ein paar Wegweiser für uns bereit: Er weist uns auf das gepflasterte Weglein zum Bach Illasi hinab. Auf der anderen Seite setzt sich der Weg fort. Er biegt rechts ab und steigt zu einer Kreuzung an; hier halten wir uns links und folgen der Betonpiste nach Ferrazza hinauf. Nur ein paar Meter vor Ende dieser Piste wechseln wir nach rechts auf einen herrlichen

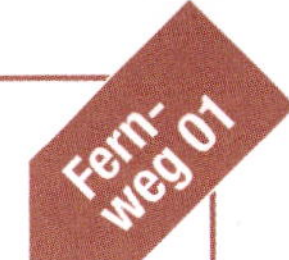

Karrenweg. Er begleitet uns nicht alllzu steil über Serpentinen den Hang hinauf. Der schattige Wald empfängt uns und begleitet uns bis zu einem kleinen Tunnel, danach geht es an Felsabbrüchen vorbei. Gut eineinhalb Stunden später haben wir die Anhöhe auf 1200 Meter erreicht. Bei der folgenden Gabelung halten wir uns geradeaus und weiter durch den dichten Wald bergwärts. Alle darauffolgenden Kreuzungen passieren wir geradeaus, bis wir an eine offene Wiese gelangen. Dahinter, an der T-Kreuzung, biegen wir links ein. Nur kurze Zeit später verlassen wir den Wald und wandern über offenes Feld bis zum Wegkreuz beim Monte Potteghe.

Die Landschaft hat sich verändert: Sie erinnert uns an die offenen Flächen auf dem Passo Coe. Die sanft geschwungenen Grasflächen ziehen sich den Hang hinauf. In südwestlicher Richtung öffnet sich uns ein weiter Blick. Wir halten uns links und wandern auf einer Schotterstraße bis zu einem kleinen Weiher. Er liegt linker Hand des Gehöftes Parparo di Sopra. Nun halten wir uns rechts; ein vollständig von Gras zugewachsener Weg bringt uns über die Wiese nach Norden. Dann geht es in einem längeren Linksbogen hinab zur Straße, an der wir nur wenige Meter nach rechts laufen. Denn schon bei nächster Gelegenheit biegen wir wieder links ab. Der Weg führt geradewegs an ein stattliches Landhaus, die ehemalige Osteria degli Spiazzoi vorbei. An ihrem Ende biegen wir links ein und folgen einem schmalen Wiesenpfad hinab. Ein wenig Aufmerksamkeit ist angebracht, denn die Markierungen sind schon ein wenig verblasst. Anschließend kommen wir zu einem breiten Waldweg. Zunächst wandern wir flach am Westhang des Monte Spiazzoletti entlang. Bei der Gabelung auf der Lichtung halten wir uns auf dem rechten Weg, der an der großen Eiche vorbeiführt. Recht steinig und somit ein wenig beschwerlich geht es nun hinab in das kleine Tal Vaio di Squaranton.

Unten wandern wir talauswärts und links über die Wiese. Auf der rechten Talseite steigen wir leicht hinauf, passieren nach einem Gatter einen kleinen Weiher und im Anschluss nochmal ein Gatter. Dann bringt uns die Forststraße in angenehmen Anstieg zum freundlichen, kleinen Weiler Merli. Hier folgen wir der Kehre nach Westen: An der Kirche Sant'Anna und dem Gehöft Brutti vorbei gelangen wir schließlich zu einer asphaltierten Straße. Wir biegen rechts ein und folgen der geteerten Straße für circa 300 Meter. In einer Rechtskurve schicken uns die Markierungen auf einen Wanderweg; wir übersteigen einen Zaun und laufen den kleinen Hügel empor. Hinter den Masten halten wir uns links und weiter hinauf. Bald kommen wir zur Anhöhe, die wir geradeaus durch den Durchlass erreichen. Auf der anderen Seite empfängt uns ein hübsch in Steinplatten gefasster Weg. Wir bleiben am Talgrund und gelangen kurz darauf zum Gehöft Tinazzo. Das erste Haus umgehen wir auf der linken Seite, dann folgen wir der Schotterstraße. 200 Meter später biegen wir rechts ab; der schnurgerade verlaufende Alleenweg begleitet uns in den pittoresken Weiler Zamberlini.

Fortsetzung Etappe 6

Nun halten wir uns bei der ersten Gelegenheit links und wechseln die Talseite. An der Gabelung hinter einem Gatter halten wir uns noch einmal links und steigen nun auf einem mit hübschen Steinen eingefassten Weg an. Ein Hohlweg führt uns auf die andere Seite des Hügels. Bei einer Kapelle zweigen wir links auf einen Fahrweg ab. Durch recht abgelegenes, einsames Gebiet wandern wir nun Richtung Süden auf und ab. Dabei passieren wir La Scala, halten uns aber stets weiter geradeaus. Hinter einer Kuppe erblicken wir rechter Hand Erbezzo und den Monte Baldo sowie das südliche Ende des Lago di Garda. Einhundert Meter später biegen wir in einer Linkskurve rechts ab. Ein auffallend breiter Grasweg beschreibt erst einige Serpentinen und bringt uns dann schon nach Croce.

Gegenüber des Albergo Croce setzt sich unser Weg fort. Es geht über die Straße hinüber, dann weisen uns die Markierungen auf den abwärtsführenden Wanderweg. Schon bald erreichen wir den Weiler Lesi. Hier halten wir uns anfangs links, dann geradeaus. Flach zieht sich der Weg durch den Hang, taucht schließlich in den Wald ein und führt uns dann ins Tal hinunter. An einer Wegkreuzung bleiben wir geradeaus.

So gelangen wir schließlich nach mehreren Kehren in den Talgrund des Vaio dell'Anguilla. Hier wandern wir auf dem Weglein gut eine Viertelstunde aus dem Tal hinaus. Bei Bivio Scalchi (840 m) wechseln wir auf einen schmalen Pfad nach rechts (Weg 13D). Nach dem einstigen Bachbett halten wir uns wieder rechts. Zu guter Letzt steigen wir ein wenig mühsam, doch auf schönem Weg, hinauf nach Erbezzo. Der hübsche Steig gewinnt rasch an Höhe und bringt uns an die Contrada Scalchi. Hier halten wir uns rechts, dann links oberhalb des Zaunes. Am Ende der Wiese geht es noch einmal nach rechts unter dem Baum hindurch. Eine Viertelstunde später stehen wir auf dem Kirchplatz von Erbezzo.

Die Kirche von Erbezzo

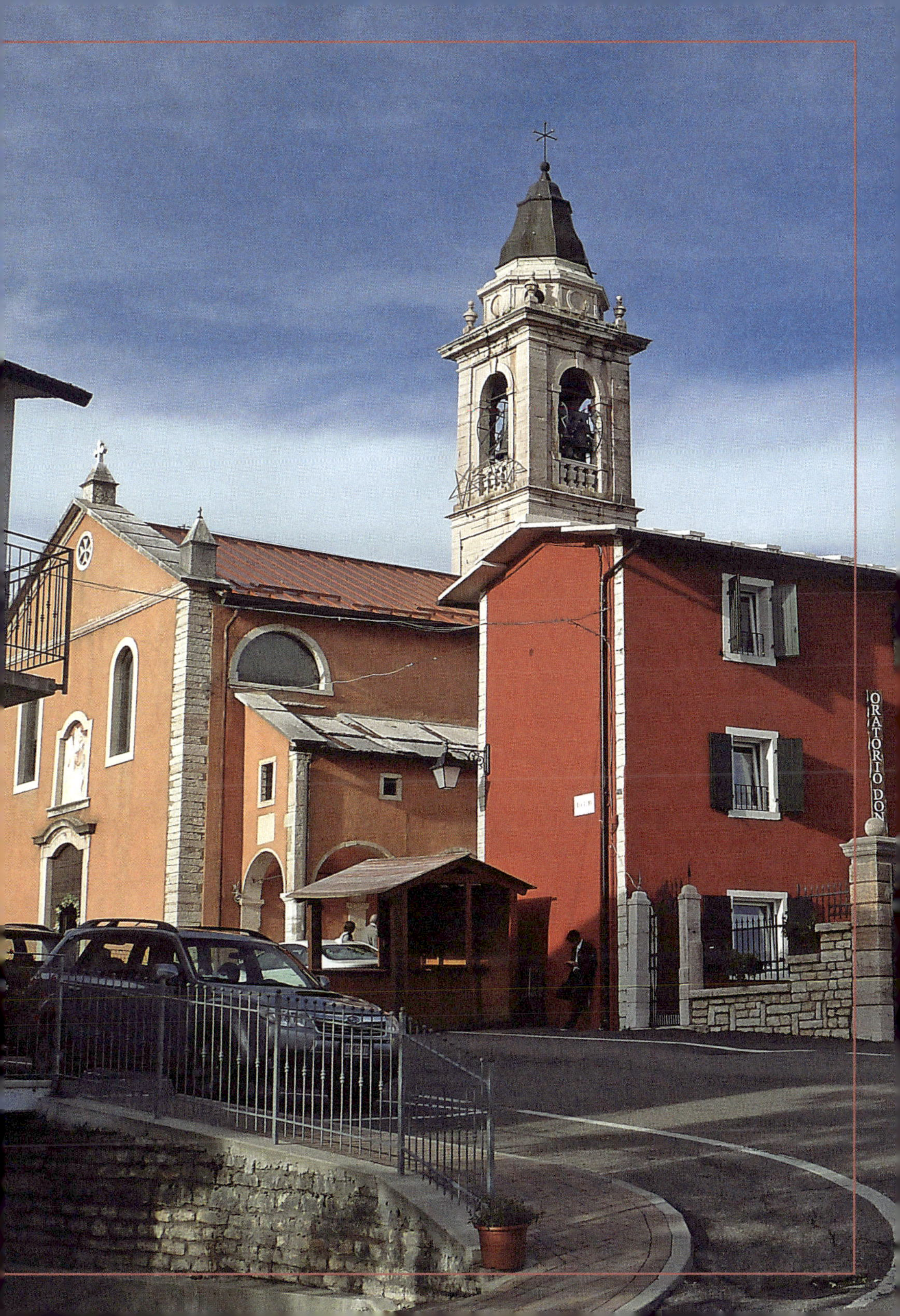
ORATORIO DON

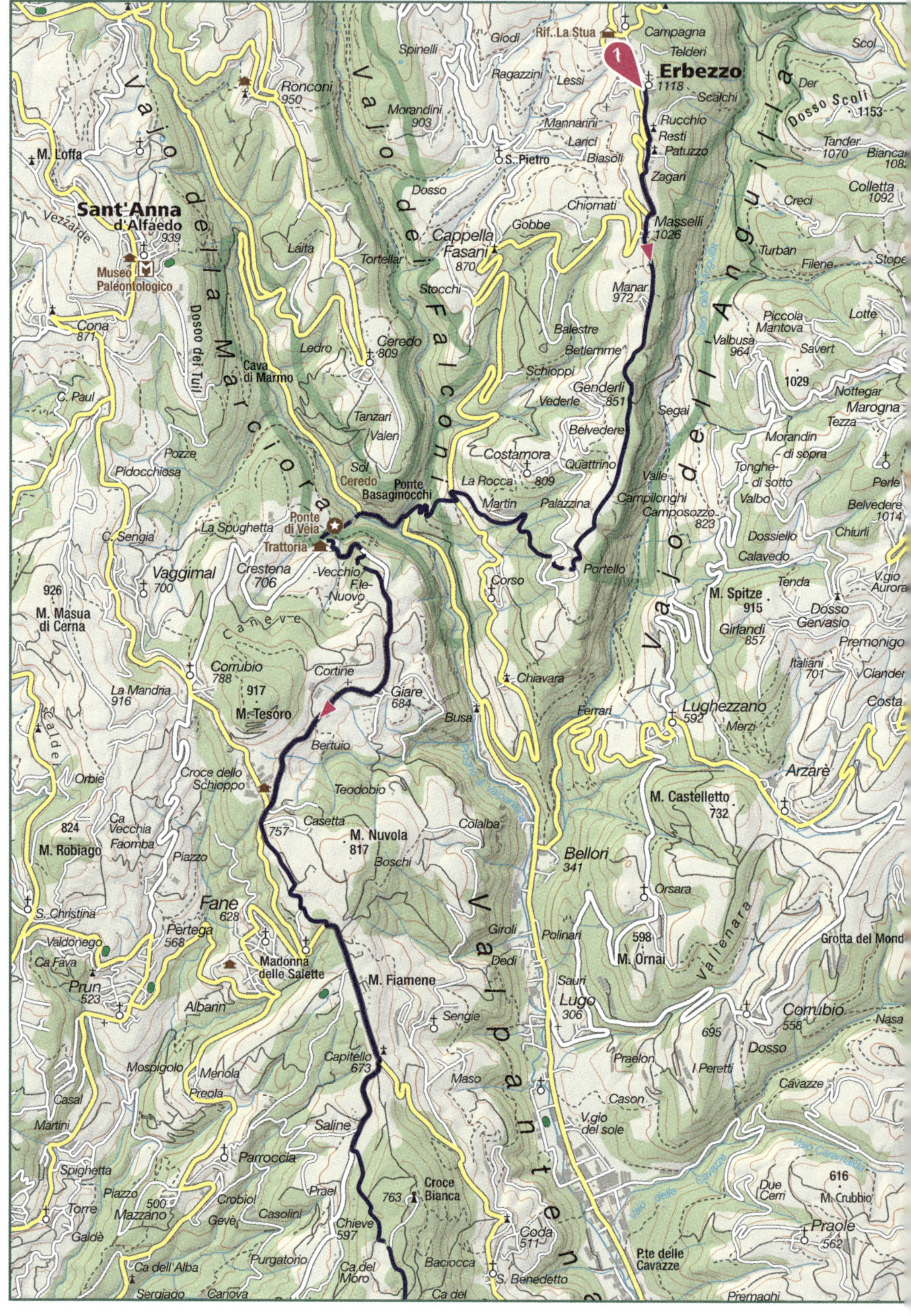

Erbezzo
1118
Rif. La Stua
Campagna
Telderi
Scalchi
Rucchio
Resti
Patuzzo
Zagari
Masselli
1026
Manar
972
Giodi
Spinelli
Ragazzini
Lessi
Mannarini
Larici
Biasoli
S. Pietro
Chiomati
Gobbe
Morandini
903
Ronconi
950
M. Loffa
Sant'Anna
d'Alfaedo
939
Vezzarde
Museo
Paleontologico
Cona
871
Dosso dei Tuil
Vajo della Marciora
Vajo dei Falconi
Vajo dell'Anguilla
Valpantena
Dosso
Laita
Tortellar
Cappella
Fasani
870
Stocchi
Ledro
Ceredo
809
Cava
di Marmo
C. Paul
Tanzari
Valen
Sol
Ceredo
Ponte
Basaginocchi
Pozze
Pidocchiosa
La Spughetta
Ponte
di Veia
Trattoria
C. Sengia
Crestena
706
Vecchio
F.le
Nuovo
Vaggimal
700
926
M. Masua
di Cerna
Caneve
Corrubio
788
917
M. Tesoro
La Mandria
916
Cortine
Giare
684
Busa
Bertuio
Croce dello
Schioppo
Orbie
Teodobio
Casetta
757
M. Nuvola
817
Boschi
Colalba
824
M. Robiago
Ca
Vecchia
Faomba
Piazzo
Fane
628
Pertega
568
S. Christina
Valdonego
Ca Fava
Prun
523
Madonna
delle Salette
M. Fiamene
Albarin
Sengie
Mospigolo
Menola
Preola
Capitello
673
Maso
Casal
Martini
Saline
Parroccia
Spighetta
Piazzo
500
Mazzano
Torre
Galdè
Crobiol
Gevè
Casolini
Prael
763
Croce
Bianca
Chieve
597
Purgatorio
Ca dell'Alba
Ca del
Moro
Baciocca
Sergiago
Canova
Ca del
Coda
511
S. Benedetto
Balestre
Betlemme
Schioppi
Vederle
Genderli
851
Belvedere
Costamora
809
Quattrino
La Rocca
Martin
Palazzina
Corso
Portello
Chiavara
Ferrari
Valle
Campilonghi
Camposozzo
823
Segai
Lughezzano
592
Merzi
M. Castelletto
732
Arzarè
Bellori
341
Orsara
598
M. Ornai
Vallenara
Giroli
Polinari
Dedi
Sauri
Lugo
306
695
Corrubio
558
Dosso
Praelon
I Peretti
Cason
V.gio
del sole
Cavazze
Vajo delle Cavazze
Vajo Garamadia
616
M. Crubbio
Due
Cerri
Praole
562
P.te delle
Cavazze
Premaghi
Nasa
Grotta del Mond
Scol
Der
Dosso Scoli
1153
Tander
1070
Bianca
108
Colletta
1092
Creci
Turban
Filene
Stope
Piccola
Mantova
Valbusa
964
Savert
Lotte
1029
Nottegar
Marogna
Tezza
Morandin
di sopra
Tonghe
di sotto
Valbo
Perle
Belvedere
1014
Chiurli
Dossiello
Calavedo
Tenda
M. Spitze
915
V.gio
Aurora
Dosso
Gervasio
Girlandi
857
Premonigo
Italiani
701
Ciander
Costa

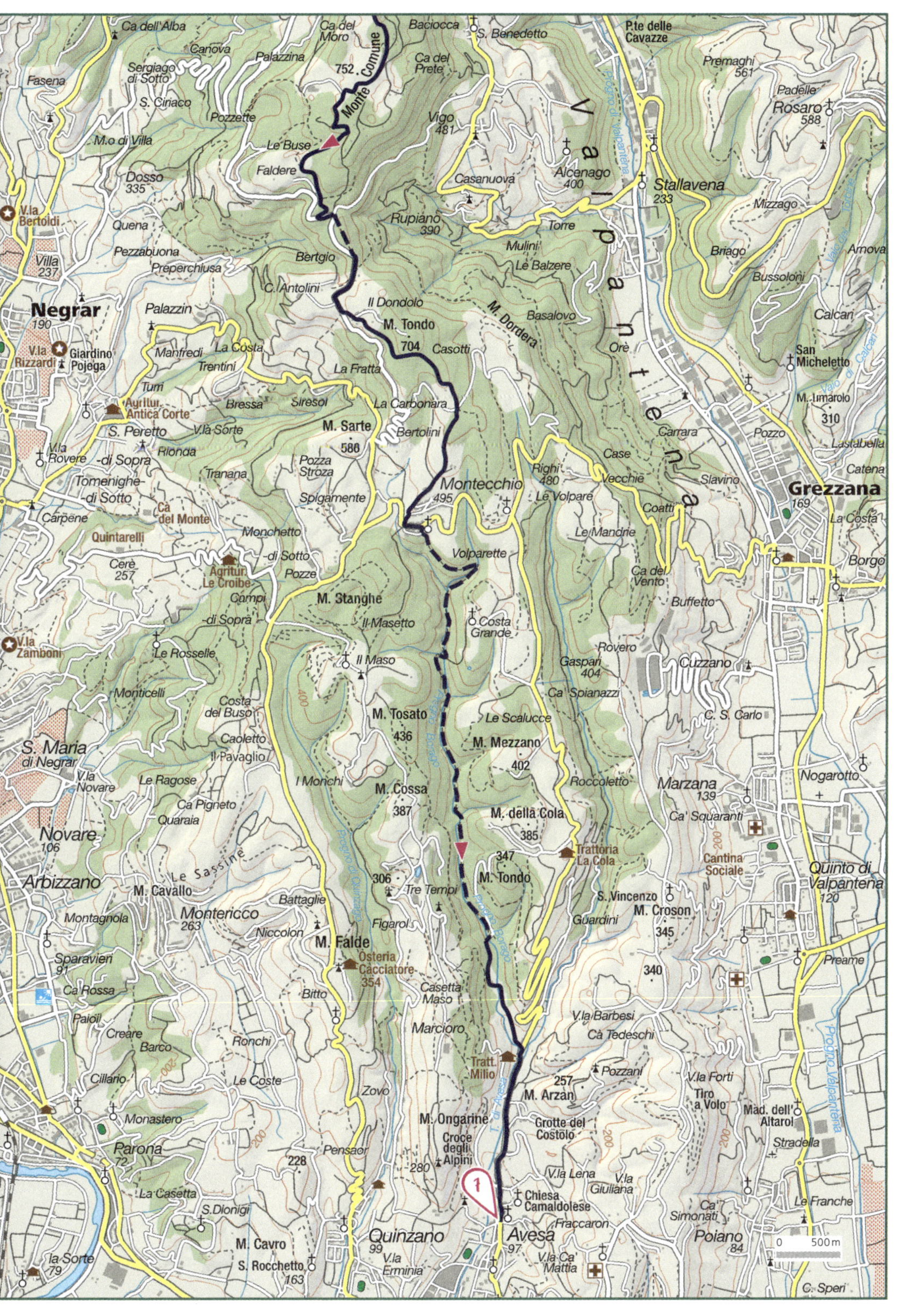

Ca dell'Alba
Ca del Moro
Monte Comune
752
Baciocca
S. Benedetto
P.te delle Cavazze
Canova
Palazzina
Ca del Prete
Premaghi
561
Sergiago di Sotto
Fasena
S. Ciriaco
Pozzette
Vigo
481
Padelle
Rosaro
588
Valpantena
M.o di Villa
Le Buse
Faldere
Alcenago
400
Dosso
335
Casanuova
Stallavena
233
V.la Bertoldi
Quena
Rupiano
390
Torre
Mizzago
Pezzabuona
Mulini
Briago
Amova
Villa
237
Preperchiusa
Bertgio
Le Balzere
Bussoloni
C. Antolini
Negrar
190
Palazzin
Il Dondolo
M. Dordera
Basalovo
Calcari
M. Tondo
704
V.la Rizzardi
Giardino Pojega
Manfredi
La Costa
Casotti
Orè
San Micheletto
Trentini
La Fratta
Turri
Agritur. Antica Corte
Bressa
Siresol
La Carbonara
M. Imarolo
310
S. Peretto
V.la Sorte
M. Sarte
Bertolini
Carrara
Pozzo
V.la Rovere
-di Sopra
Rionda
586
Lastabella
Pozza Stroza
Case
Tomenighe-di Sotto
Tranana
Righi
480
Vecchie
Slavino
Catena
Montecchio
495
Carpene
Cà del Monte
Spigamente
Le Volpare
Grezzana
169
Coatti
La Costa
Quintarelli
Monchetto
Le Mandrie
-di Sotto
Volparette
Borgo
Cerè
257
Agritur. Le Croibe
Pozze
Ca del Vento
Campi
M. Stanghe
Buffetto
-di Sopra
Costa Grande
V.la Zamboni
Il Masetto
Rovero
Le Rosselle
Il Maso
Gaspari
404
Cuzzano
Monticelli
Costa del Buso
Ca' Spianazzi
M. Tosato
436
Le Scalucce
C. S. Carlo
S. Maria di Negrar
Caoletto
M. Mezzano
Il Pavaglio
402
V.la Novare
Le Ragose
I Monchi
M. Cossa
Roccoletto
Marzana
139
Nogarotto
Ca Pigneto
387
Quaraia
M. della Cola
Ca' Squaranti
385
Novare
106
Trattoria La Cola
Cantina Sociale
347
M. Tondo
Quinto di Valpantena
120
Le Sassine
Arbizzano
M. Cavallo
306
Tre Tempi
S. Vincenzo
Battaglie
M. Croson
Montericco
263
Guardini
Montagnola
Niccolon
Figarol
345
M. Falde
Sparavieri
91
Osteria Cacciatore
354
Preame
340
Ca Rossa
Bitto
Casetta Maso
Paioli
V.la Barbesi
Creare
Cà Tedeschi
Marcioro
Barco
Ronchi
Tratt. Milio
Pozzani
Cillario
Le Coste
257
V.la Forti
M. Arzan
Tiro a Volo
Mad. dell' Altarol
Zovo
Monastero
M. Ongarine
Grotte del Costolo
Parona
72
Croce degli Alpini
Stradella
Pensaor
228
280
V.la Lena
V.la Giuliana
La Casetta
Chiesa Camaldolese
Le Franche
S. Dionigi
Ca' Simonati
Fraccaron
M. Cavro
Quinzano
99
Avesa
97
Poiano
84
0 500 m
la Sorte
79
S. Rocchetto
163
V.la Erminia
V.la Ca' Mattia
C. Speri
Progno di Valpantena
Progno di Quinzano
Progno Borago

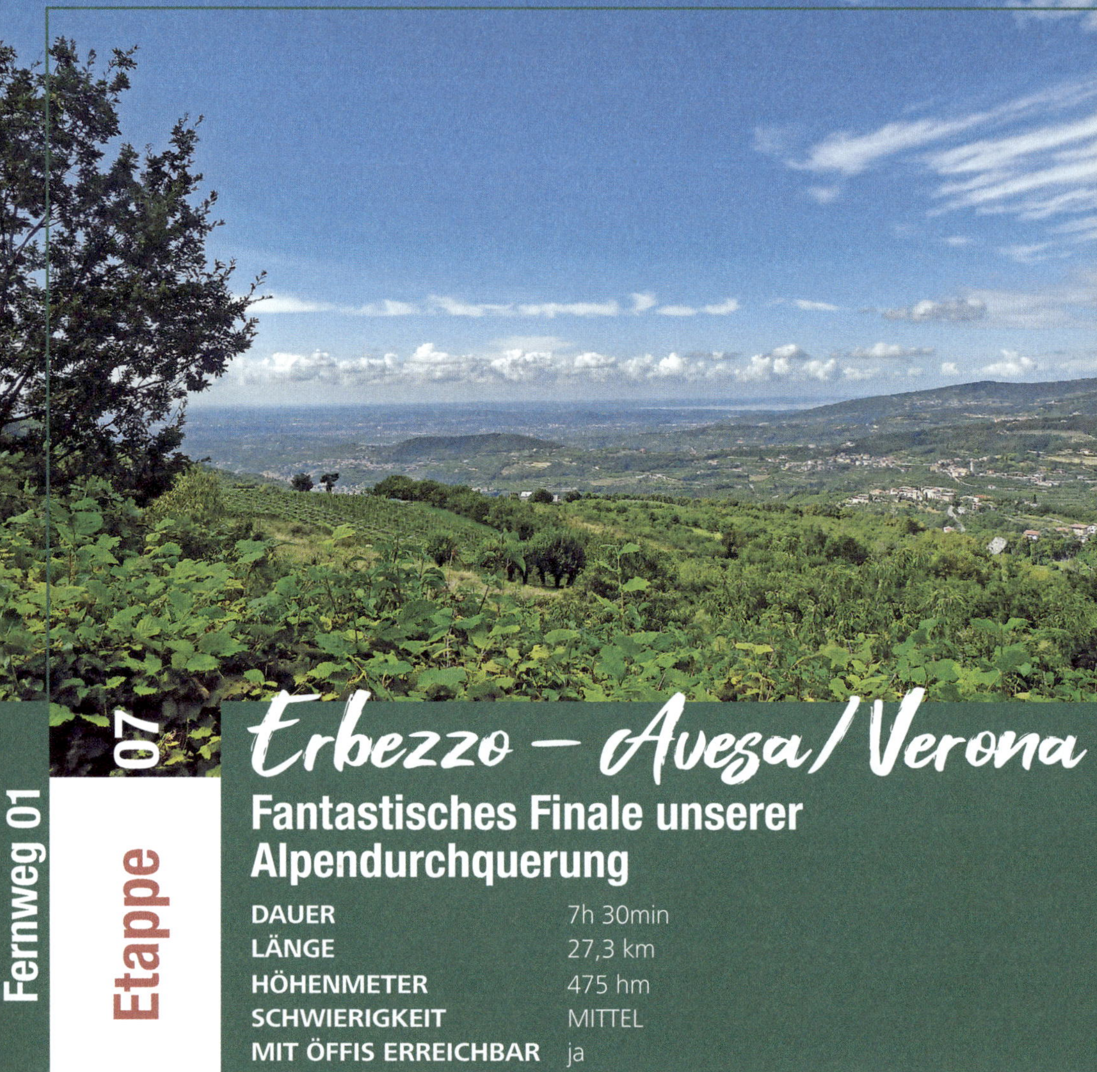

Fernweg 01

Etappe 07

Erbezzo – Avesa/Verona

Fantastisches Finale unserer Alpendurchquerung

DAUER	7h 30min
LÄNGE	27,3 km
HÖHENMETER	475 hm
SCHWIERIGKEIT	MITTEL
MIT ÖFFIS ERREICHBAR	ja

Das erwartet dich ...

Die Schlussetappe unseres Weitwanderweges ist extrem lang. Bis Montecchio führt die Wanderung über einfache und gut begehbare Wege. Der Abstieg ins Val Borago hat es bei Nässe in sich und kann dann tatsächlich auch sehr gefährlich werden, denn hier wandern wir über rutschigen Lehmboden, der direkt oberhalb des Abgrundes entlangführt. So ist es ratsam, das letzte Wegstück auf der Straße zu wandern.

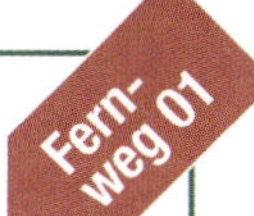

Tourenbeschreibung

Das letzte Wegstück des E5 hält einige angenehme Überraschungen bereit. Neben den herrlichen Ausblicken über die Ausläufer der Alpen und die schier endlose Poebene erwartet uns eine spannende und seltsame Vegetation in einem verzaubert wirkenden Tal. Am gigantischen Felsbogen Ponte die Veia sprudeln mehrere kleine Wasserfälle. Es geht nochmal auf über 700 Meter Höhe hinauf, bevor wir schließlich über sanfte Hügel nach Süden wandern. Immer wieder rücken dabei der Monte Baldo sowie das südliche Ende des Gardasees in unser Blickfeld. Hinter einem anstrengenden, steinigen Teilstück genießen wir im hübschen Örtchen Montecchio eine kleine Rast in der kulinarisch herausragenden Trattoria. Bei trockener Wetterlage wagen wir uns an die anspruchsvolle Durchquerung der Schlucht. Ein ausgesetzter Steig bringt uns dabei knapp oberhalb der Felskante entlang, bevor wir ins Tal Boraga hinabsteigen. Der Bach begleitet uns südwärts, eine Steilstufe überwinden wir dabei mühelos. Sobald die Schlucht sich öffnet gelangen wir auch an die Straße, an der uns eine offizielle Tafel das Ende des E5 kundtut.

Der kleine Kirchplatz von Erbezzo mit seinem Café bildet den Startpunkt der heutige, letzten Etappe. Wir gehen zuerst gut 100 Meter südwärts. An der Einbahntafel folgen wir dem Sträßchen hinab. So gut wie verkehrsfrei bringt es uns aus Erbezzo hinaus, dabei tangiert es immer wieder die Hauptstraße. Eben dieser folgen wir dann nach Resti für wenige Meter, halten uns in der Rechtskehre dann aber wieder geradeaus Richtung Süden. Nach Zagari bleiben wir für 350 Meter dann ebenfalls auf der Straße und biegen mitten in der Rechtskure auf einen schmalen Teerweg ab, der infolgedessen weiter geradeaus nach Süden führt. Er geht etwas später in eine Schotterstraße über, die uns über den Kamm hoch über dem Vaio dell'Anguilla dahinführt. Dabei begleiten uns die letzten Blicke auf die Alpenhügel und die Poebene dahinter. Auch ein Bogen im Fels sticht uns ins Auge; wir werden ihn später passieren.

Gut eine Stunde nach Beginn der heutigen Tour erreichen wir den schönen Weiler Portello. Der Weg biegt hier kurz nach rechts, dann bringt er uns nach links zwischen den Häusern hindurch. Sanft ansteigend gehen wir geradeaus, vor einem Zaun biegen wir dann rechts ab und wandern über die Wiese hinab. Wir passieren einen Masten und halten uns am Beginn des Waldes leicht rechts. Ein schmaler Steig bringt uns an eine Teerstraße. Wir überqueren sie, laufen weiter hinab und biegen in die folgende Teerstraße rechts ein. Angenehm bringt uns das Sträßlein durch den Wald bergab. An der Straße nach Erbezzo halten wir uns kurz links, am ersten Gehöft zweigen wir dann rechts ab. Wir wandern durch den Hof

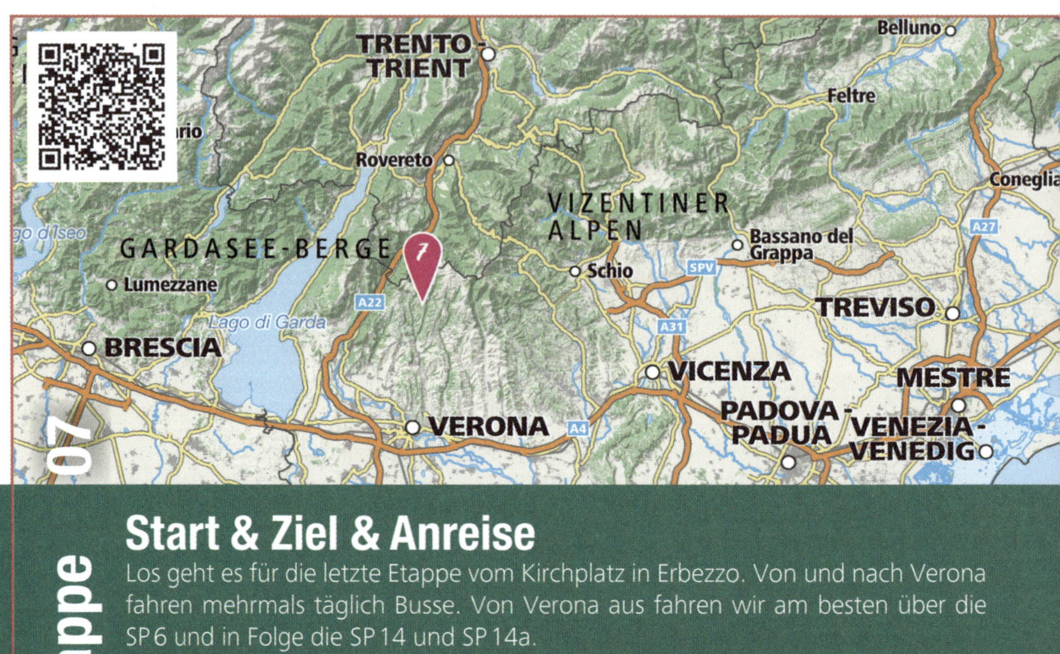

Etappe 07

Start & Ziel & Anreise

Los geht es für die letzte Etappe vom Kirchplatz in Erbezzo. Von und nach Verona fahren mehrmals täglich Busse. Von Verona aus fahren wir am besten über die SP 6 und in Folge die SP 14 und SP 14a.

und auf deutlich erkennbarem Weg geradeaus weiter. Steinig und in Serpentinen geht es dann auf einem Waldweg hinab an einen Punkt, an dem sich die Täler Vajo die Falconi und Vajo della Marciora treffen und uns mit ihrer spektakulären Landschaft in den Bann ziehen.

An der Straße halten wir uns rechts bis zur ersten Rechtskurve. Hier zweigen wir auf den nach links führenden Wanderpfad ab. Er bringt uns zum Bach hinab und zugleich in eine andere Welt. Der feuchte Talkessel bietet tropische Bedingungen – allerlei Farne sprießen um uns herum, die Äste der Bäume sind moosbedeckt. Wir fühlen uns wie im Märchen. Wir gehen den Bach entlang aufwärts und dann nach links, wo er sich in Form vieler, kleiner Wasserfälle den Felsen hinabstürzt. Auf der rechten Seite des Baches steigen wir steil hinauf bis zum wunderschönen Felsbogen Ponte di Veia. Der imposante Steinbogen ist ca. 20 Meter hoch und überspannt gut 30 Meter weit das Tal. Wir wandern unter ihm hindurch und folgen den Stufen zur Trattoria Ponte di Veia hinauf.

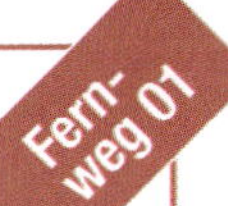

Links über den Parkplatz gelangen wir zur Straße Richtung Verona. Wir folgen ihr ein paar Hundert Meter, bis rechts eine Steinstraße abzweigt. Hier kürzen wir die Straße ein wenig ab und steigen über ein paar lang gezogene Kurven den Hügel hinauf. Dann folgen wir der Straße wieder nach rechts, passieren einen Steinbruch, die Ortschaft Giare und einen Friedhof. Im Ort Schioppo verlassen wir am höchsten Punkt die Teerstraße. Hier, wo von rechts die Straße von Sant'Anna einmündet, halten wir uns halb links auf dem parallel zur Fahrstraße verlaufenden Feldweg. An einem dreifachen Wegkreuz halten wir uns rechts. Am darauffolgenden Gehöft geht es nochmals rechts und danach links. Der Weg endet schließlich an der Via Tormini. Wir folgen ihr nach links für knapp 1,2 km. Leicht bergab halten wir nun auf den Hügel Croce Bianca zu.

Nach einer längeren Geraden knickt die Straße nach links. Hier befindet sich auch die kleine Kapelle Fiammene. Wir halten uns vor ihr auf die kleine Teerstraße nach rechts. Einen halben Kilometer später passieren wir die Siedlung Saline. Hinter den letzten Häusern zweigen wir auf die steil nach links oben führende Betonstraße ab. Hier öffnet sich sehr schön der Blick auf den Gardasee. Bald wandern wir auf einem Schotterweg weiter. Oben angelangt halten wir uns auf dem schmäleren geradeaus führenden Wanderweg. An den folgenden beiden Abzweigungen halten wir uns stets links und gelangen über steiniges Terrain an eine breitere Straße, der wir nach rechts folgen. Sie führt uns geradewegs durch die Siedlung Monte Commune hindurch. Hier bleiben wir geradeaus auf der asphaltierten Straße. Gut zwanzig Minuten geht es nun leicht abwärts dahin. Immer wieder passieren wir dabei den Wald und offene Weideflächen. An der 20km/h-Tafel kürzen wir eine Kehre nach links ab. Einige Minuten danach stehen wir an einer größeren Wegkreuzung.

Hier bleiben wir zunächst geradeaus auf der Teerstraße nach Süden. Nur 50 Meter später biegen wir links auf einen Pfad ab. Er sieht relativ verwachsen aus, ist jedoch gut begehbar. Er bringt uns über eine Geländekuppe bis an eine Straße, die nun leicht ansteigt. Am Ende einer Linkskurve ist der höchste Punkt erreicht. Hier halten wir uns links auf eine schmale Teerstraße. Wir steigen noch einmal zu einem auffälligen Kirschbaum vor einer Einfahrt auf. Hier halten wir uns rechts, vor der Einfahrt wieder rechts auf den Karrenweg. Noch immer leicht ansteigend führt er uns steinig um den Monte Tondo (704 m) herum. Wir passieren ein paar schöne Kastanienbäume und erreichen eine kleine Weidefläche mit einem Birkenwäldchen dahinter. Am Ende dieser Weide führt der Weg nach rechts hinab. Der steinige Abstieg erfordert unsere volle Konzentration. Vor einem offenen Feld halten wir uns links und steigen bei den letzten Bäumen weiter bergab. Schließlich erreichen wir die ersten Häuser von Montecchio. Wir wandern die asphaltierte Straße hinab bis zu ihrem Ende an der SP34b. Nach links geht es zum Kirchplatz von Montecchio. Nach einer verdienten Pause in der Trattoria Antica gibt es nun zwei Möglichkeiten für das allerletzte Wegstück: Die Wanderung durch das Boragotal sollten wir nur

Fortsetzung Etappe 7

bei absoluter Trittsicherheit, Schwindelfreiheit und trockenen Bedingungen angehen. Bei Nässe ist dieser Weg gefährlich!

Die sichere Variante: Sie führt uns links an der Kirche vorbei. Über die Via Don Tacchella lassen wir den Ort hinter uns. Nach mehreren Kurven kürzen wir rechts ab oder zweigen bei der ersten Kreuzung nach rechts ab. Wir bleiben immer auf der Hauptstraße. An der Trattoria La Cola haben wir die Möglichkeit nach links und später auf einem Feldweg wiederum die Straße etwas abzukürzen. Nach circa 1¼ Stunden stehen wir an der Stelle, an der rechts das Boragotal einmündet. Hier weist eine Tafel auf das offizielle Ende des E5 hin.

Die aufregendere Variante: Nach der Trattoria Antica biegen wir rechts ein. Hinter ein paar Häusern halten wir uns wiederum links. Die Route bringt uns entlang des Waldrandes, über einige Felder und an Olivenbäumen vorbei. Schließlich führt sie abwärts in den lichten Wald in einem längeren Linksbogen. Unweit des Baches steigen wir steil auf den rutschigen Felsen hinab, überqueren den Borago und wandern auf der anderen Seite steil und glitschig weiter. Oben leitet uns der Weg in südliche Richtung. Am Anfang noch mit Geländern gesichert führt er uns nur ein bis zwei Meter oberhalb der Felsklippe entlang. Der Untergrund ist lehmig, das macht den Weg bei Nässe extrem rutschig! Doch auch bei Trockenheit ist er nicht ohne. Sobald der Weg einen größeren Abstand zur Kante gewinnt, steigen wir rechts steil und rutschig ins Tal hinunter. Wir folgen dem Bachbett nach Süden auf beeindruckendem, wenn auch steinigem Weg. Nach einer Viertelstunde zweigen wir in einer Linkskurve nach rechts auf einen Pfad ab. Er umgeht eine Steilstufe des Baches. Hier steigen wir kurz rechts an, halten uns nach wenigen Minuten links und wenden uns wieder nach unten. Der darauffolgende, spektakuläre Abstieg führt über mehrere Stahltreppen mit schmalen Stufen. So erreichen wir unterhalb der Steilstufe wieder das Bachbett. Das schwierigste Stück ist geschafft. Wir wandern weiter entlang des Bachbettes Richtung Süden. Auch hier finden wir besonderen Bewuchs mit märchenhafter Atmosphäre vor. Auf Steinen und nach unzähligen Überquerungen des Baches nähern wir uns dem Talausgang. Nach einem umgefallenen Baum halten wir uns links. Schließlich weitet sich das Tal und wir erreichen einen Schotterweg. Ihm folgen wir bis zu seinem Ende an der Hauptstraße. Hier endet der E5 mit einem offiziellen Schild. Wir folgen der Straße noch gut zwanzig Minuten nach Süden, dann erreichen wir Avesa, einen Vorort von Verona. Von hier aus fahren regelmäßig Busse nach Verona.

Castel San Pietro in Verona

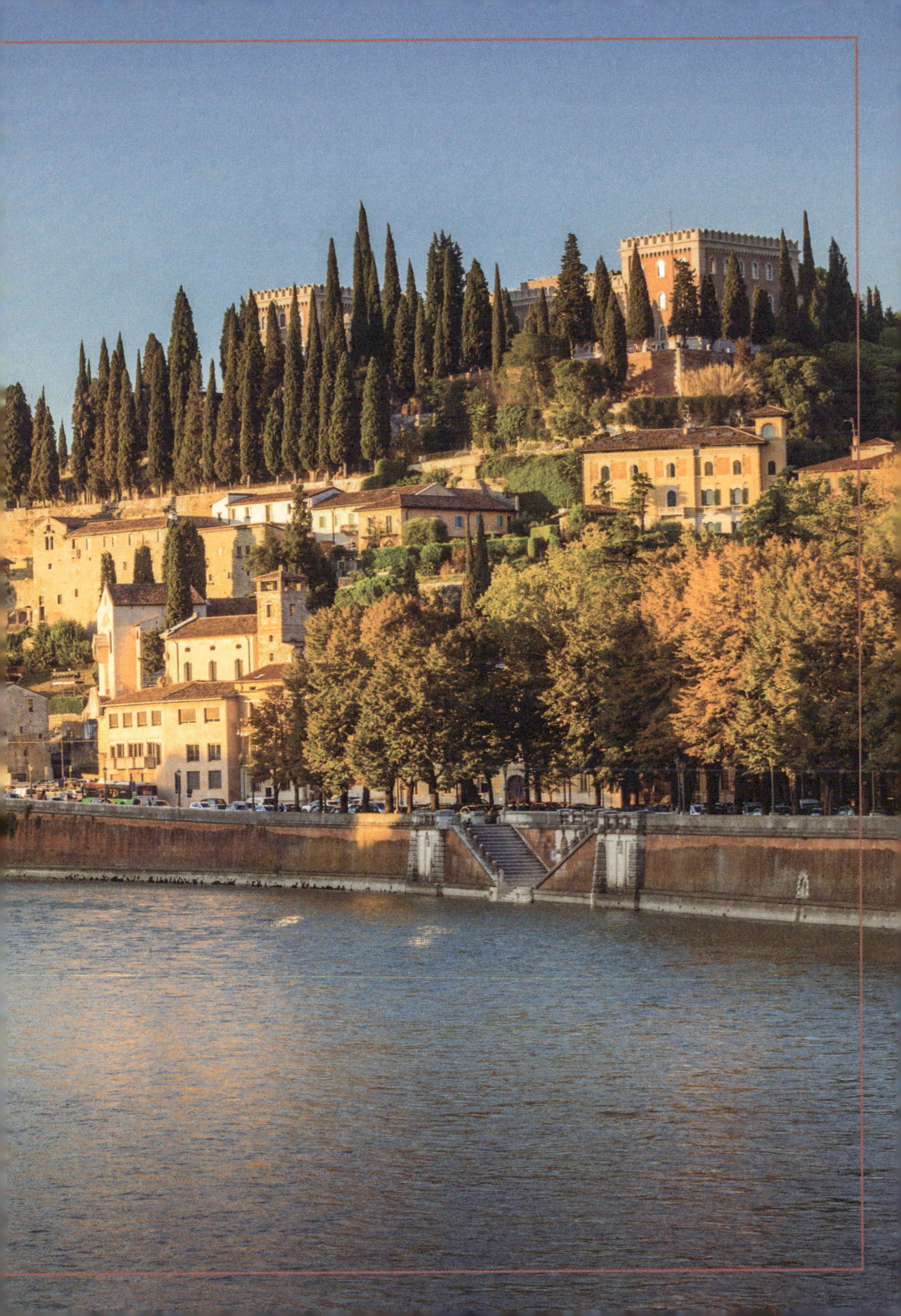

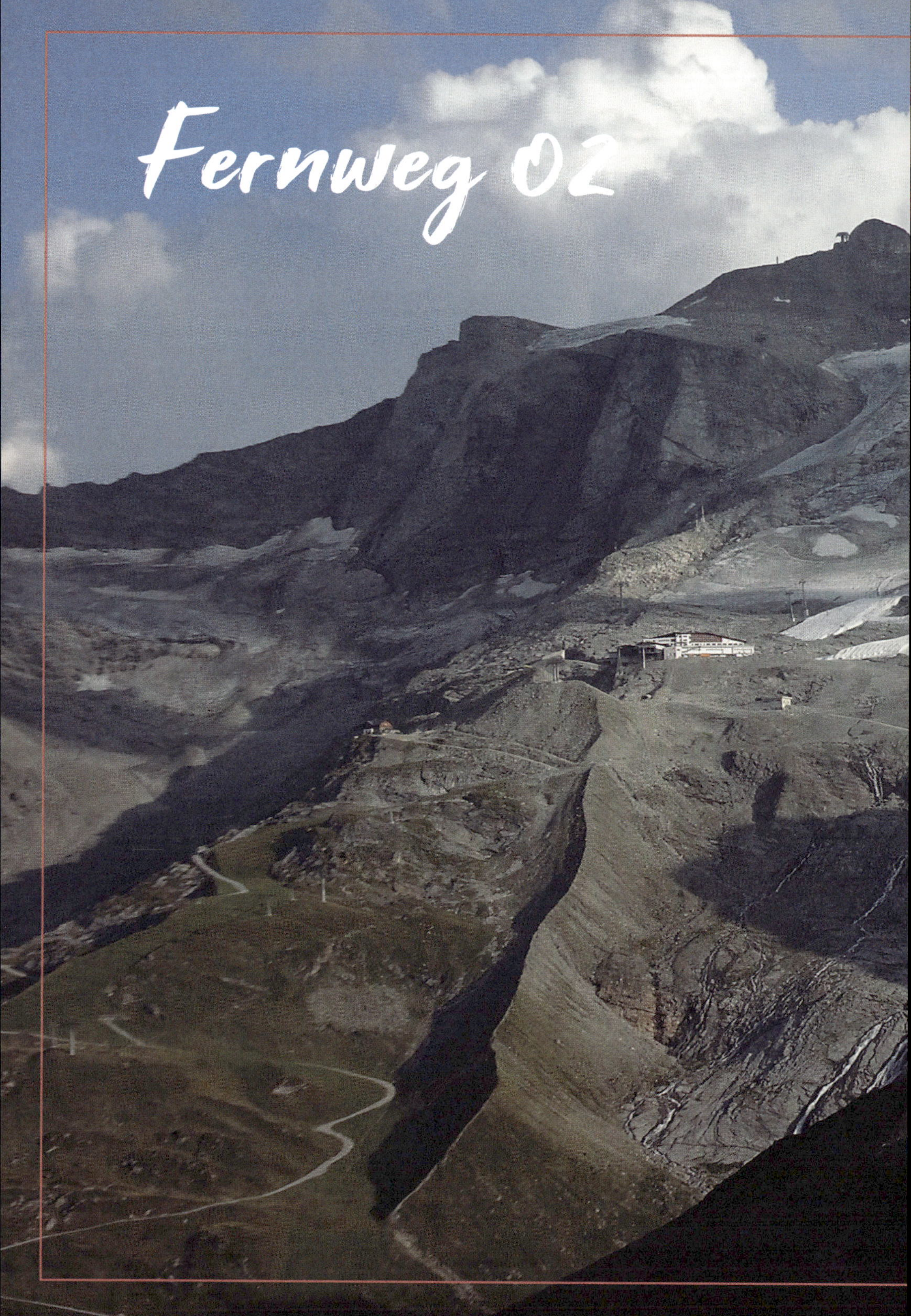
Fernweg 02

München – Venedig

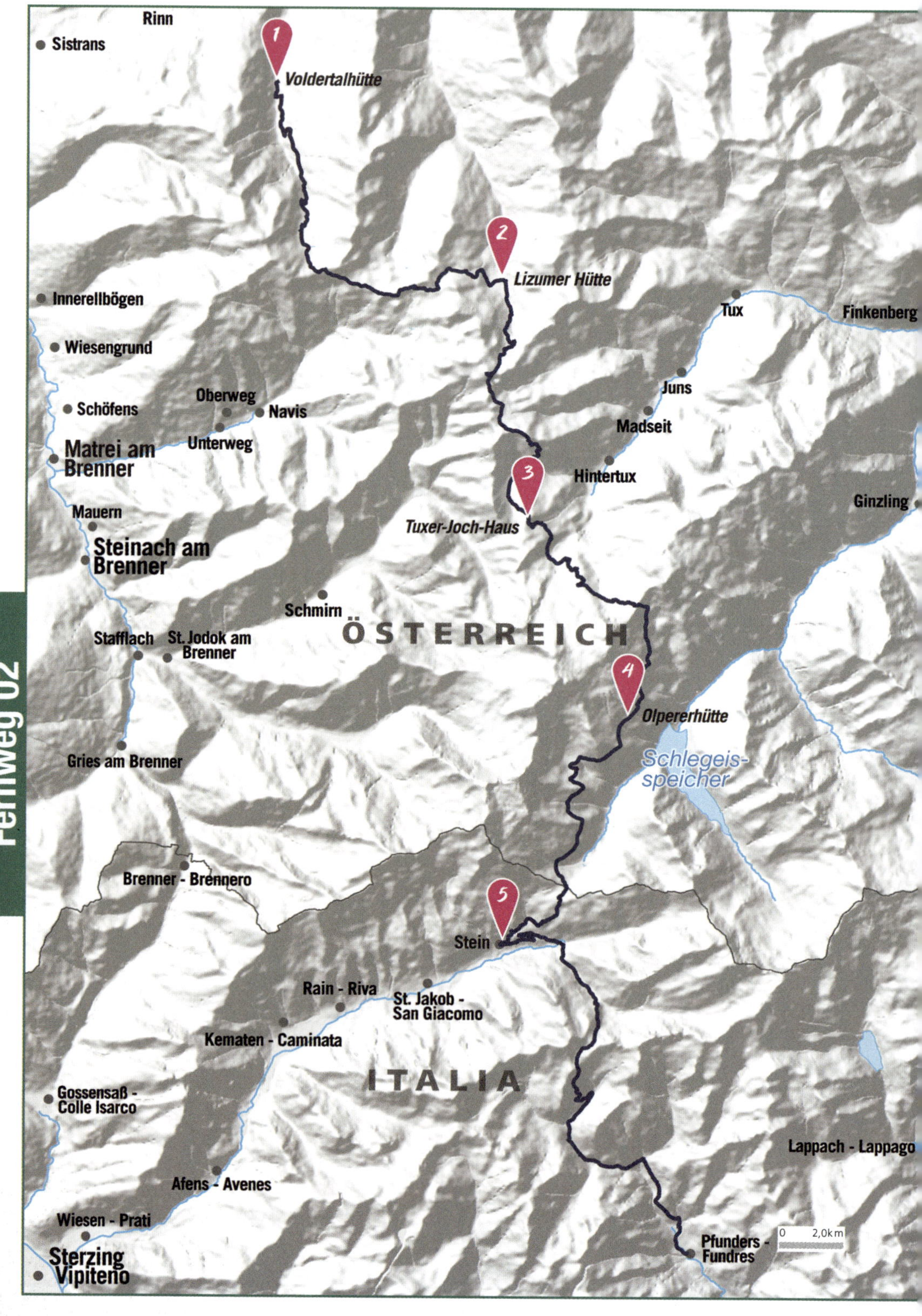
Rinn
Sistrans
1
Voldertalhütte
2
Lizumer Hütte
Innerellbögen
Tux
Finkenberg
Wiesengrund
Juns
Oberweg
Schöfens
Navis
Madseit
Unterweg
Matrei am Brenner
3
Hintertux
Mauern
Ginzling
Tuxer-Joch-Haus
Steinach am Brenner
Schmirn
ÖSTERREICH
Stafflach
St. Jodok am Brenner
4
Olpererhütte
Schlegeis-speicher
Gries am Brenner
Brenner - Brennero
5
Stein
Rain - Riva
St. Jakob - San Giacomo
Kematen - Caminata
ITALIA
Gossensaß - Colle Isarco
Lappach - Lappago
Afens - Avenes
Wiesen - Prati
Pfunders - Fundres
0
2,0km
Sterzing Vipiteno

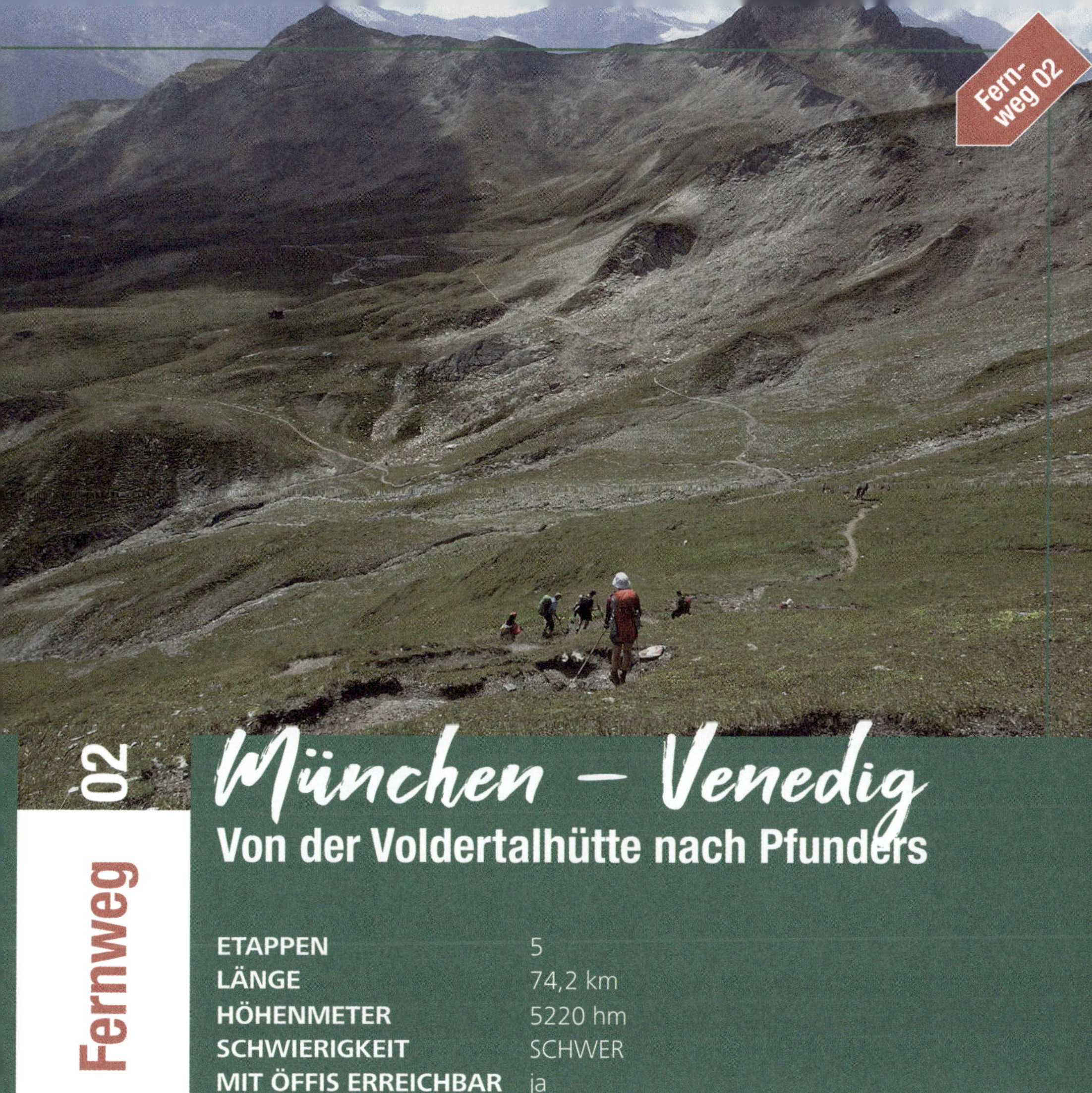

Fernweg 02

München – Venedig

Von der Voldertalhütte nach Pfunders

ETAPPEN	5
LÄNGE	74,2 km
HÖHENMETER	5220 hm
SCHWIERIGKEIT	SCHWER
MIT ÖFFIS ERREICHBAR	ja

Das erwartet dich ...

Die fünf folgenden Etappen führen uns von den Tuxer Alpen nach Südtirol in den italienischen Teil der Zillertaler Alpen mit dem Hochfeiler, 3509 m, als höchsten Gipfel. Die Wanderung führt uns über steile Anstiege und felsiges Gelände und wird daher als schwer eingestuft. Trittsicherheit wird hier vorausgesetzt. Landschaftlich überzeugt die Tour mit Blicken auf die Tuxer Gletscher und dem Schlegeisspeicher.

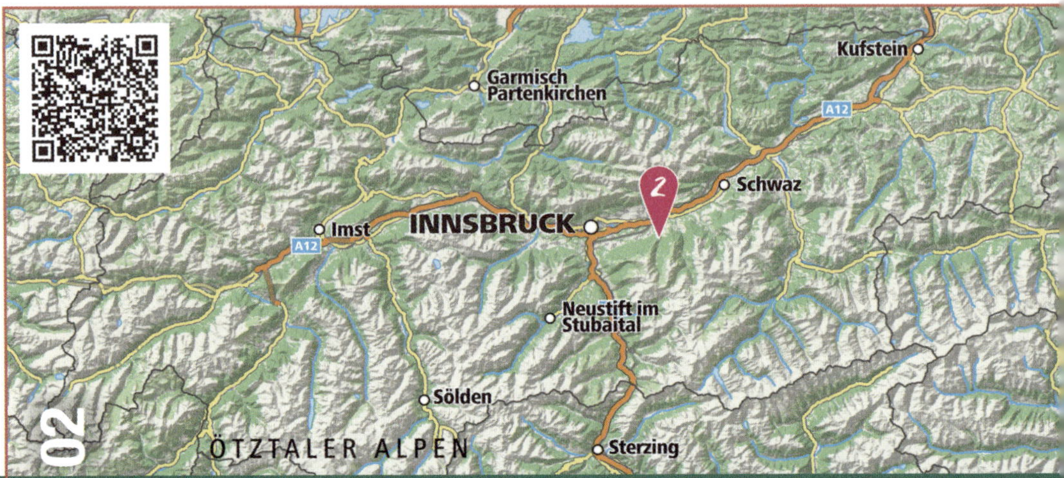

Fernweg 02

Start & Ziel & Anreise

Wir beginnen den Fernwanderweg München–Venedig ab der Voldertalhütte. Am einfachsten reisen wir dazu zum Bahnhof Hall in Tirol, nehmen dort den Postbus nach Tulfes und wandern dann zur Voldertalhütte. Alternativ kann die Glungezerbahn genutzt werden.

Ab dem Zielort in Pfunders fährt ein Bus aus dem Tal hinaus nach Sterzing. Ab Sterzing kann dann die Abreise geplant werden.

Tourenbeschreibung

Der leidenschaftliche Bergwanderer Ludwig Graßler berichtete erstmals von seinem Traumpfad von München nach Venedig. Diese Routenführung hat sich inzwischen zu einem der beliebtesten Weitwanderwege in Europa entwickelt. Auf der gesamten Strecke werden über 550 Kilometer zurückgelegt und mehr als 20.000 Höhenmeter bewältigt. Von der Münchner Schotterebene geht es nach einer dreiwöchigen Bergetappe in die Poebene. Drei Ländern begegnen wir auf der Route, und mit ihnen ganz unterschiedlichen Natur-und Kulturlandschaften. Auf dem Weg vom Bayerischen Voralpenland zur Adria lernen wir die Vielfalt des Alpenraumes kennen und erhalten zugleich einen tiefen Einblick in das Leben der bayerischen, Nordtiroler, Südtiroler und Trentiner Bergbauern. Erst wer selbst einmal über steile Bergwiesen absteigen musste oder an uralten Bauernhöfen vorbeigewandert ist, kann ein wenig nachempfinden, wie arbeitsin-

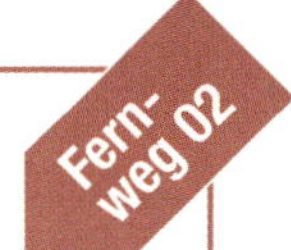

tensiv und karg das Leben der Bergbauern einst war und auch heute noch teilweise ist.

Um aus dem Inntal auf die Lizumer Hütte zu gelangen gibt es verschiedene Möglichkeiten. Durch das Wattental führt bald ein schöner Zirbenweg zur Lizumer Hütte, oder aber urig und einsam erreichen wir sie auch über das Voldertal, das am Naviser Jöchl endet. Eine alpine Variante verläuft über dem Kamm zwischen dem Glungezer zum Naviser Jöchl: 6 Gipfel über 2600 Meter in 6 Stunden – ein Unterfangen, das nur Bergwanderer mit alpiner Erfahrung in Angriff nehmen sollten.

Am Fuße von Olperer und Gefrorene-Wand-Spitzen geht's dann weiter zum Tuxer-Joch-Haus. Leider ist vom einst eindrucksvollen Tuxer Ferner nicht mehr viel übrig geblieben. Ein früher Aufbruch ist am nächsten Tag ratsam, denn beim Spannagelhaus erwartet uns ein riesiges Höhlensystem in einer Marmorader, das wir in einer Führung erkunden können. Eine seilversicherte Passage ab der Friesenberghütte stellt die Schlüsselstelle des Weges dar. Die Begehbarkeit hängt von den Schneemengen des vergangenen Winters ab. Sobald wir den Tuxer Kamm überschritten haben, tut sich der Talschluss des Zillertals vor uns auf. Mit traumhaften Panoramen marschieren wir weiter zum Olpererhaus und am folgenden Tag über kunstvolle Steinwege zum Pfitscher Joch. Am letzten Tag erwartet uns das Pustertal mit ersten Blicken auf die nördlichen Dolomiten.

Höhenprofil

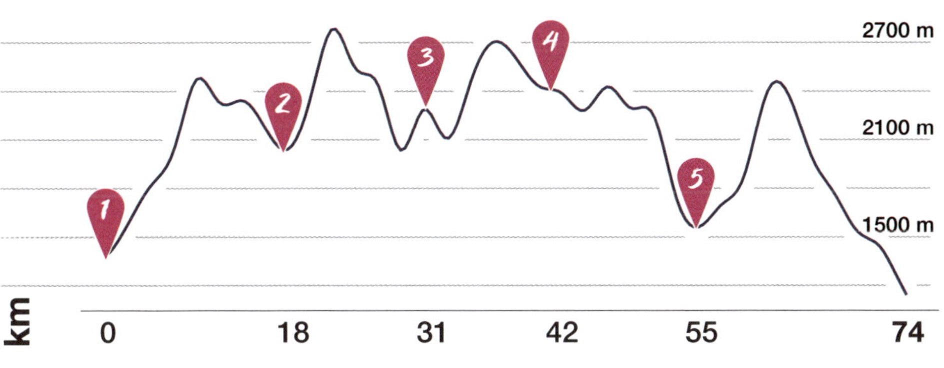

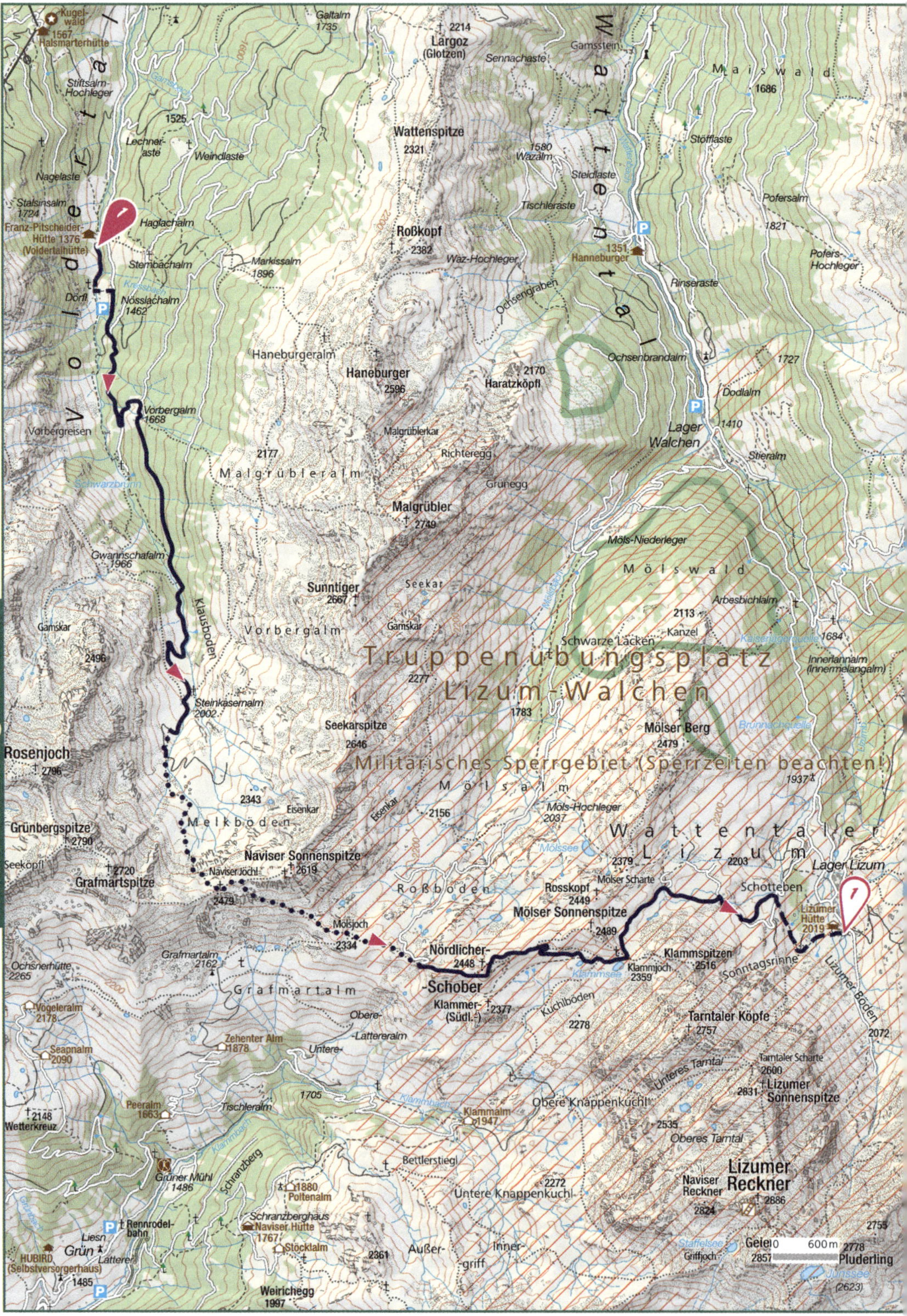

Kugelwald
1567 Halsmarterhütte
Galtalm 1735
2214 Largoz (Glotzen)
Sennachaste
Gamsstein
Maiswald
1686
Stiftsalm-Hochleger
1525
Wattenspitze 2321
Stöfflaste
Lechneraste
Weindlaste
1580 Wazalm
Steidlaste
Nagelaste
Stalsinsalm 1724
Franz-Pitscheider-Hütte 1376 (Voldertalhütte)
Haglachalm
Tischleraste
Pofersalm
Roßkopf 2382
1821
Pofers-Hochleger
1351 Hanneburger
Sternbachalm
Markissalm 1896
Waz-Hochleger
Rinseraste
Dörfl
Nösslachalm 1462
Ochsengraben
Voldertal
Wattental
Haneburgeralm
Haneburger 2596
2170 Haratzköpfl
Ochsenbrandalm
1727
Dodlalm
Vorbergalm 1668
Vorbergreisen
Malgrüblerkar
Lager Walchen
1410
Richteregg
Stieralm
2177
Malgrübleralm
Grünegg
Schwarzbrunn
Malgrübler 2749
Möls-Niederleger
Mölswald
Gwannschafalm 1966
Seekar
Sunntiger 2667
Arbesbichlalm
Klausboden
2113
Kanzel
Gamskar
Gamskar
2496
Vorbergalm
Schwarze Lacken
1684
Truppenübungsplatz Lizum-Walchen
Innerlannalm (Innermelangalm)
2277
1783
Steinkasernalm 2002
Seekarspitze 2646
Mölser Berg 2479
Brunnachquelle
Rosenjoch 2796
Militärisches Sperrgebiet (Sperrzeiten beachten!)
1937
Mölsalm
2343
Eisenkar
Eisenkar
2156
Möls-Hochleger 2037
Melkböden
Grünbergspitze 2790
Wattentaler Lizum
Mölssee
2379
2203
Naviser Sonnenspitze 2619
Naviser Jöchl
Seeköpfl
2720 Grafmartspitze
Mölser Scharte
Lager Lizum
2479
Roßboden
Rosskopf 2449
Schotteben
Mölser Sonnenspitze 2489
Lizumer Hütte 2019
Mölsjoch 2334
Nördlicher-Schober 2448
Klammjoch 2359
Klammspitzen 2516
Sonntagsrinne
Grafmartalm 2162
Klammsee
Ochsnerhütte 2265
Lizumer Böden
Grafmartalm
Klammer-(Südl.-) 2377
Kuchlböden
Vogeleralm 2178
Tarntaler Köpfe 2757
2072
Obere-Lattereralm
2278
Zehenter Alm 1878
Untere-
Unteres Tarntal
Tarntaler Scharte 2600
Seapnalm 2090
2831 Lizumer Sonnenspitze
1705
Obere Knappenkuchl
Peeralm 1663
Tischleralm
Klammbach
Klammalm 1947
2148 Wetterkreuz
2535
Oberes Tarntal
Klammbach
Grüner Mühl 1486
Schranzberg
Bettlerstiegl
Lizumer Reckner
2272 Untere Knappenkuchl
Naviser Reckner 2824
2886
1880 Poltenalm
Rennrodelbahn
Schranzberghaus Naviser Hütte 1767
2755
Liesn
Grün
Latterer
Stöcklalm
2361
Außer-
Inner-
-griff
Staffelsee
Geier 2857
Griffjoch
2778 Pluderling
Junssee (2623)
HUBIRD (Selbstversorgerhaus)
1485
Weirichegg 1997
0 600 m

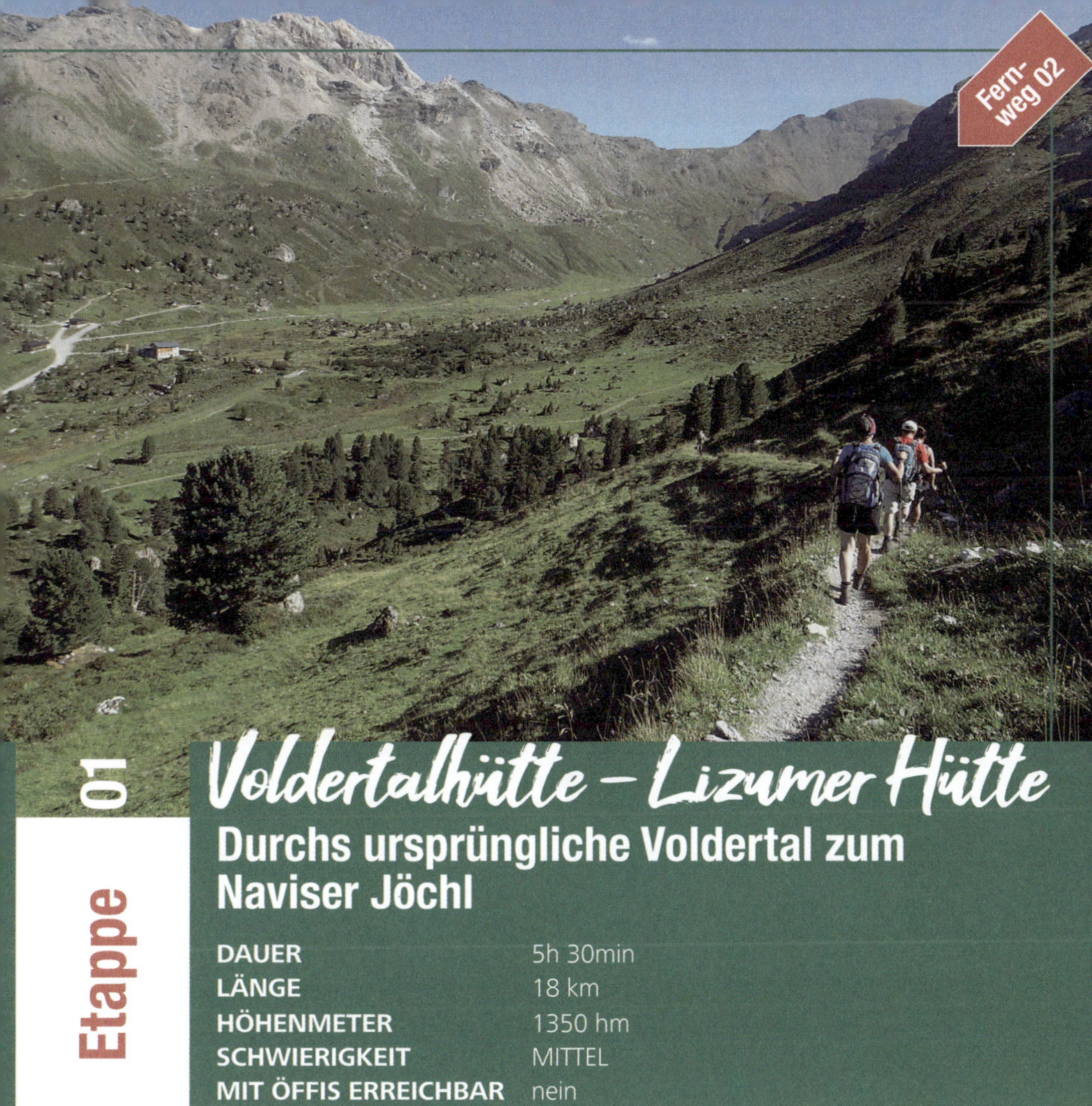

Etappe 01

Voldertalhütte – Lizumer Hütte

Durchs ursprüngliche Voldertal zum Naviser Jöchl

DAUER	5h 30min
LÄNGE	18 km
HÖHENMETER	1350 hm
SCHWIERIGKEIT	MITTEL
MIT ÖFFIS ERREICHBAR	nein

Das erwartet dich ...

Diese aussichtsreiche Etappe bringt uns über gut markierte Wanderwege und ohne größere Schwierigkeiten zur Lizumer Hütte. Im militärischen Sperrgebiet laufen wir über Schotterstraßen. Das Voldertal ist noch sehr ursprünglich. Bei der Steinkasernalm können wir ein „Almdorf" besuchen. Ab dem Naviser Jöchl bieten sich bei guter Fernsicht herrliche Blicke auf den Tuxer Kamm, den wir in den kommenden Tagen überschreiten werden.

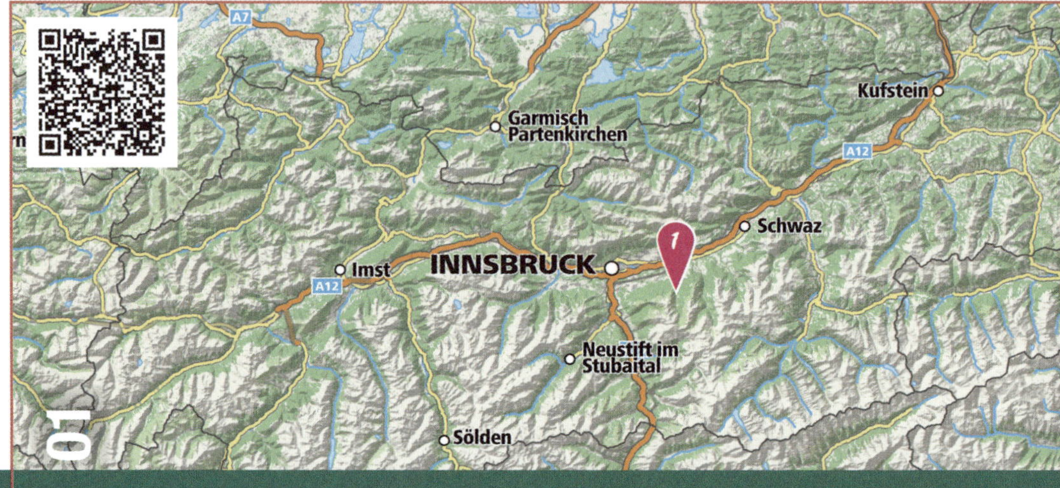

Etappe 01

Start & Ziel & Anreise

Ausgangspunkt der heutigen Etappe ist die Voldertalhütte. Von Hall in Tirol fährt der Postbus nach Tulfes. Dann geht es zu Fuß über die Windegg-Stiftsalm zur Voldertalhütte. Alternativ können wir mit der Glungezerbahn von Tulfes bis zur Mittelstation Halsmarter fahren und anschließend leicht talabwärts in circa 45 Minuten zur Voldertalhütte wandern.

Tourenbeschreibung

Die erste Etappe auf dem Teilstück von München nach Venedig beginnt an der Vordertalhütte. Hier queren wir den Vordertalbach. Dann halten wir uns nach rechts auf den Wirtschaftsweg, er begleitet den Bach ins Dörfl (1402 m). Hinter dem Haus mit der Nr. 22 überqueren wir den Bach, dann folgen wir einem Wiesenweg zu zwei Häusern hinauf. Wir gehen zwischen ihnen durch und gelangen an eine Fahrstraße. Wir folgen dem Straßenverlauf nach rechts (Weg 331). An einer Gabelung behalten wir die Richtung zum Naviser Jöchl und Steinkasern bei. Bei einer Linkskehre erwartet uns nochmals eine Verzweigung. Hier führt uns eine Fahrstraße nach links hinauf zu den Hütten der Vorbergalm. Nur kurze Zeit später erreichen wir den Klausboden (1821 m). Hier finden wir am Volderbach ein paar schöne Möglichkeiten zum Rasten. Bald darauf erblicken wir die ersten Häuser der Steinkasernalm.

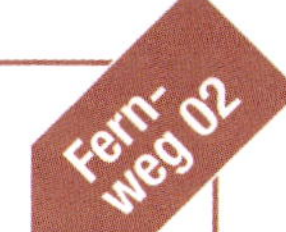

An einer Weggabelung treffen wir auf den von links kommenden Weg von der Gwannschafalm. Dieser Weg ergibt eine gute Schlechtwettervariante über das Tulfeinjöchl ins Voldertal. Ein wenig steiler steigen wir jetzt zur Steinkasernalm empor. Sie mutet schon fast wie ein Almdorf an. Von hier aus haben wir herrliche Blicke auf das Karwendel. In einem Brunnen finden wir Getränke für durstige Wanderer. Der Weiterweg eröffnet den Blick auf das Naviser Jöchl, zu dem wir noch 480 Höhenmeter aufsteigen müssen. Der Blick zurück zur Steinkasernalm und auf die Kalkberge des Karwendels lohnen! Am Melkboden angekommen verlassen wir die Almstraße nach links auf einen Karrenweg. Über Almwiesen steigen wir einen steinigen Bergpfad empor zum Naviser Jöchl. Ein grandioser Blick belohnt uns für den anstrengenden, steilen Aufstieg: Die Zillertaler Alpen und die Tuxer Gletscher zwischen Olperer (rechts) und den Gefrorenen-Wand-Spitzen (links) bieten ein herrliches Panorama. Zwischen den Spitzen und dem weiter links liegenden Hohen Riffler befindet sich der tiefste Punkt – die Friesenbergscharte.

Wir richten uns nun nach den Schildern Richtung Lizumer Hütte/Via Alpina. Kurz darauf werden wir darauf aufmerksam gemacht, dass wir militärisches Sperrgebiet erreicht haben. Falls wir gut in der Zeit liegen, sollten wir einen Abstecher über die Naviser Sonnenspitze (2620 m) in Erwägung ziehen. Bei gutem Wetter bietet der Gipfel ein tolles Panorama. Für diesen Ausflug halten wir uns bei der kommenden Gabelung auf dem Pfad nach links. Über grobes Blockwerk steigen wir zum Gipfelkreuz hinauf. Nach einer schönen Rast mit herrlichen Rundumblicken steigen wir denselben Weg wieder hinab und wechseln dann nach links auf den Hauptweg.

Ein steiniger Pfad begleitet uns nun sachte abwärts zum Mölsjoch (2334 m). Die Aussicht, die sich uns dabei bietet, ist fantastisch. Weiter geht es dann hinab in eine Mulde, dem Ebene Joch. Schließlich gelangen wir an eine Militärstraße, der wir bergwärts nach rechts folgen. Nach einem Militärposten bleiben wir auf der Militärstraße, kürzen jedoch zweimal über einen Pfad ab. Wir kommen beim Klammsee vorbei (links steht ein rotes Gebäude) und stehen bald darauf auf dem Klammjoch. Von nun an wandern wir stetig abwärts. Weiterhin auf der Fahrstraße, ignorieren wir die Straßen, die von links einmünden. Bald schon erhaschen wir erste Blicke auf das Tagesziel, die Lizumer Hütte. Wir wandern an den Gebäuden der Schottebenalm vorbei und folgen der Straße eine weitere Viertelstunde. Dann zweigt linker Hand der Pfad zur Lizumer Hütte ab. Er führt uns mit Blick auf die Schutzhütte und der dahinterliegenden Kalkwand hinunter. Links unterhalb zeigen sich die Kasernen des Lagers Lizum. Nach einer letzten Brücke über den Lizumer Bach erreichen wir die Lizumer Hütte, die idyllisch an einem kleinen See liegt.

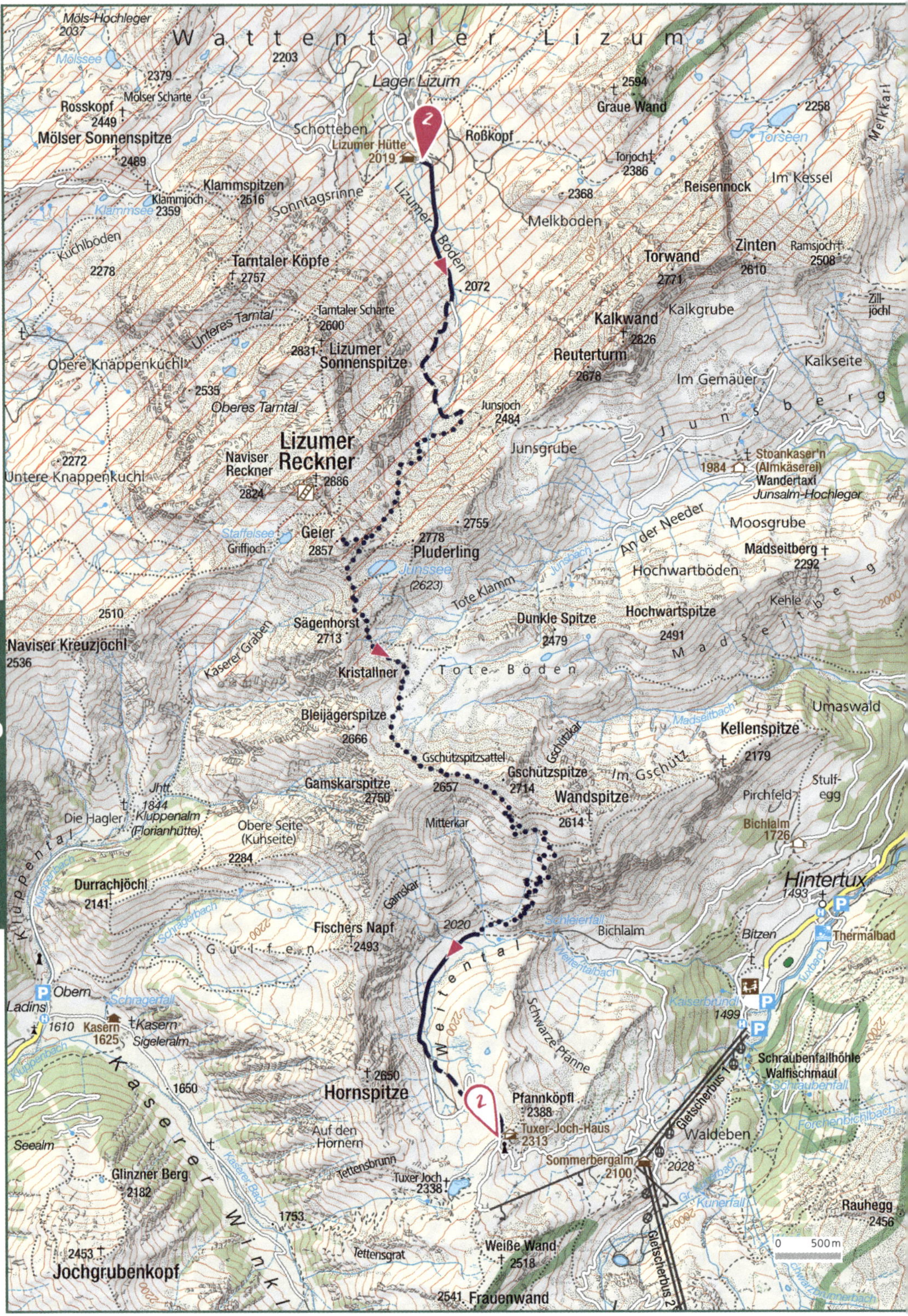

Fernweg 02

Wattentaler Lizum
Möls-Hochleger
2037
Mölssee
2203
2379
Mölser Scharte
Lager Lizum
2594
Graue Wand
2258
Rosskopf
2449
Mölser Sonnenspitze
2489
Schotteben
Lizumer Hütte
2019
Roßkopf
Torjoch
2386
Torsee
Melkkarl
Klammspitzen
2516
Klammjoch
2359
Klammsee
Sonntagsrinne
Lizumer Böden
2368
Reisenkock
Im Kessel
Melkboden
Kuchlböden
2278
Tarntaler Köpfe
2757
2072
Torwand
2771
Zinten
2610
Ramsjoch
2508
Zilljöchl
Unteres Tarntal
Tarntaler Scharte
2600
Kalkwand
2826
Kalkgrube
2831
Lizumer Sonnenspitze
Reuterturm
2678
Kalkseite
Obere Knappenkuchl
2535
Oberes Tarntal
Im Gemäuer
Junsjoch
2484
Junsberg
Lizumer Reckner
Naviser Reckner
2886
2824
2272
Untere Knappenkuchl
Junsgrube
Stoankaser'n (Almkäserei)
1984
Wandertaxi
Junsalm-Hochleger
Staffelsee
Griffjoch
Geier
2857
2755
2778
Pluderling
Junssee
(2623)
An der Needer
Moosgrube
Madseitberg
2292
Hochwartböden
Tote Klamm
Junsbach
2510
Sägenhorst
2713
Dunkle Spitze
2479
Hochwartspitze
2491
Kehle
Madseitberg
Naviser Kreuzjöchl
2536
Kaserer Graben
Kristallner
Tote Böden
Bleijägerspitze
2666
Madseitbach
Umaswald
Kellenspitze
2179
Gschützspitzsattel
Gschützkar
Gschützspitze
2714
Im Gschütz
Gamskarspitze
2750
2657
Wandspitze
2614
Pirchfeld
Stufegg
Jhtt.
1844
Kluppenalm (Florianhütte)
Die Hagler
Obere Seite (Kuhseite)
2284
Mitterkar
Bichlalm
1726
Kluppental
Durrachjöchl
2141
Gamskar
Hintertux
1493
Schragerbach
Gulfen
Fischers Napf
2493
2020
Schleierfall
Bichlalm
Thermalbad
Bitzen
Weitental
Weitentalbach
Tuxbach
Obern
Ladins
1610
Kasern
1625
Kasern
Sigeleralm
Schragerfall
Kaiserbründl
1499
Kluppenbach
Schwarze Pfanne
Schraubenfallhöhle
Walfischmaul
Schraubenfall
2650
Hornspitze
1650
Kaserer Winkl
Pfannköpfl
2388
Forchenbichlbach
Seealm
Auf den Hörnern
Tuxer-Joch-Haus
2313
Gletscherbus 1
Waldeben
Tettensbrunn
Sommerbergalm
2100
2028
Glinzner Berg
2182
Tuxer Joch
2338
Kaserer Bach
Kunerfall
1753
Rauhegg
2456
Gletscherbus 2
2453
Jochgrubenkopf
Tettensgrat
Weiße Wand
2518
0 500 m
2541
Frauenwand
Schwarzbrunnerbach

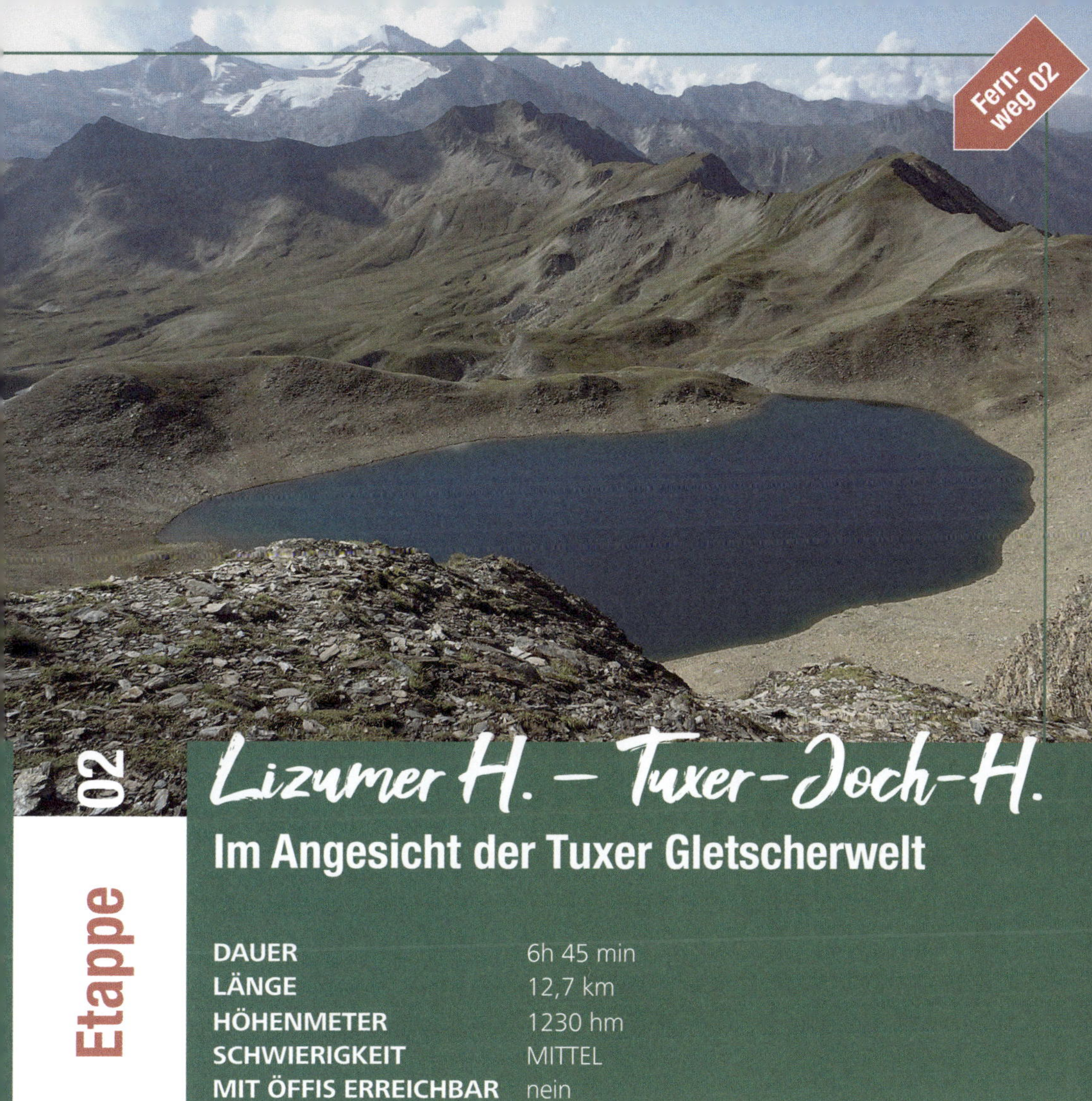

Fern-weg 02

Etappe 02

Lizumer H. – Tuxer-Joch-H.

Im Angesicht der Tuxer Gletscherwelt

DAUER	6h 45 min
LÄNGE	12,7 km
HÖHENMETER	1230 hm
SCHWIERIGKEIT	MITTEL
MIT ÖFFIS ERREICHBAR	nein

Das erwartet dich ...

Die heutige Etappe führt lang und anstrengend über zwei Jöcher. Der Abstieg vom Gschützspitzsattel zum Schleierwasserfall ist sehr steil und verläuft über einen stark ausgewaschenen Weg. Die Route ist sehr einsam, dafür aber auch extrem aussichtsreich mit Blicken auf den Alpenhauptkamm. Der Aufstieg zum Geierjoch leitet über eine neue Wegführung. Oben auf dem Joch sind die Gletscher dann zum Greifen nah. Vor dem Schlussanstieg lädt ein hübscher Wasserfall zu einer letzten Rast ein.

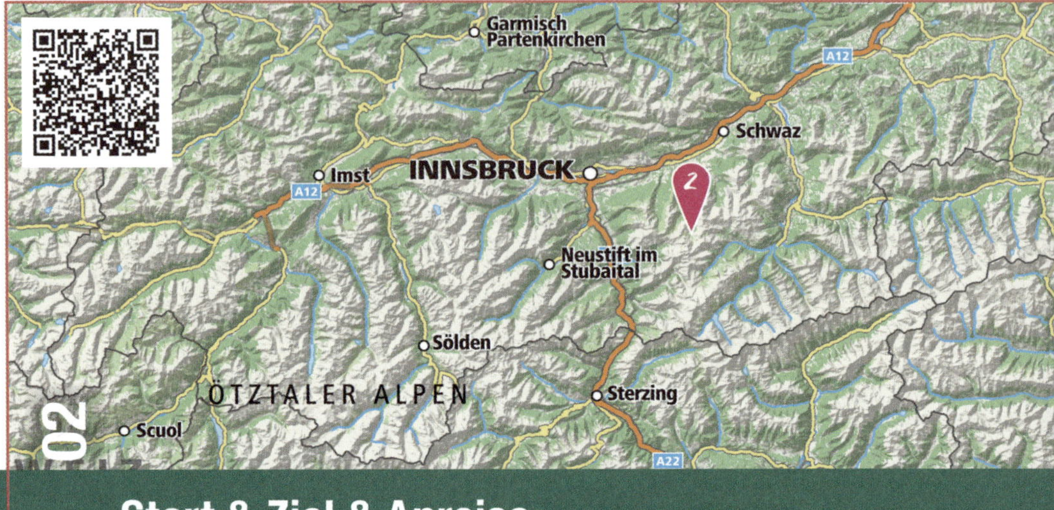

Etappe 02

Start & Ziel & Anreise

Ausganspunkt ist die Lizumer Hütte. Über die A 12 fahren wir über die Ausfahrt Wattens bis ins Wattental. Parkmöglichkeiten gibt es beim Lager Walchen. Der nächstgelegene Bahnhof ist Fritzens-Wattens. Von hier aus muss man mit dem Taxi zum Parkplatz fahren. Vom Parkplatz steigen wir über den Lizumer Zirbenweg in zwei Stunden zur Hütte auf.

Tourenbeschreibung

Von der Lizumer Hütte wandern wir zuerst einmal gemütlich am Talboden entlang nach Süden zum Talschluss des Wattentals. Der Wanderweg 323 bringt uns zu einer Weggabelung, an der wir uns rechts Richtung Geier halten. Unserer Route führt nun durch zunehmend steinigeres Gelände steil über die Bergwiesen hinauf. Nicht zu vergessen der Blick zurück: Eindrucksvoll zeigt sich das Karwendelgebirge am Horizont, ebenso wie die wassergefüllten Krater an der Fahrstraße. Vis à Vis der Wände des Lizumer Reckners (2886 m) und der Lizumer Sonnenspitze (2831 m) steigen wir über gut markierte Wege hinauf. An den Schutthängen auf der Ostseite des Lizumer Reckners queren wir die ausgedehnten Blockfelder auf gut ausgetretenen Pfaden. In Kehren wandern wir eine Felsrippe hinauf und rechts an ihr vorbei in einen Sattel. Danach kommen wir zu einem haushohen Felsen. Nun schieben sich Geierjoch und Pluderlingssattel vor uns, die wir in einem steilen und anstrengenden Anstieg erklimmen.

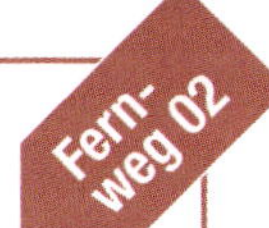

Endlich erreichen wir das Geierjoch sowie den Pluderlingsattel. Belohnt werden wir nun mit einem eindrucksvollen Blick auf die Tauern im Osten, den Tuxer Alpen mit dem Tuxer Ferner im Süden, den Ötztaler Gletschergipfeln im Westen und den in grün-blau schimmernden Junssee. Nun sehen wir auch den weiteren Weg zum Gschützspitzsattel fast vollständig vor uns. Auch bietet sich von hier aus ein kurzer Abstecher auf den Geier (2857 m). Der Gipfel liegt nur 100 Höhenmeter weiter oben und ist über den Weg Nr. 325 zu erreichen. An interessanten Felsformationen vorbei bietet sich von oben ein Panoramablick in alle Himmelsrichtungen.

Wieder zurück am Joch folgen wir den gelben Wegweisern westwärts. Dafür steigen wir durch die steilen, von Schutthalden durchzogenen Südwände des Geiers in einem Rechtsbogen hinab zum Sattel. Nach einem kurzen Grat steigen wir links davon über karge Bergwiesen zu einer Weggabelung hinab. Hier wandern wir geradeaus weiter Richtung Tuxer-Joch-Haus. Oberhalb der sogenannten Toten Böden gehen wir am rechten Hang entlang. Nach und nach erklimmen wir dann den Gschützspitzsattel zwischen Gamskarspitze (2750 m) und Gschützspitze (2714 m). Nach Süden hin leuchtet der Tuxer Ferner, davor erkennen wir schon das Tuxer-Joch-Haus und den Zustieg über das Weitental.

Wir machen uns nun an den anstrengenden Abstieg vom Sattel hinab. Die Aussicht ist fantastisch, der anstrengende Abstieg erfordert jedoch auch Konzentration. Er führt uns zunächst höhenparallel unterhalb der Gschützspitze den steilen, grasbewachsenen Südhang entlang. An einer Weggabelung fällt der Weg dann in zahlreichen Kehren über die Wiesenhänge ins Weitental ab. Über weite Strecken ist der Pfad tief ausgewaschen und erfordert, dass wir über weite Teile links und rechts des ausgewaschenen Pfades entlangbalancieren, was auf Dauer sehr mühsam werden kann. Schließlich erreichen wir den eindrucksvollen, kühlenden Wasserfall. Hier ist es mit der Einsamkeit vorbei – der Wasserfall ist ein beliebtes Ziel für Tagesgäste.

Ein breiter Wanderweg bringt uns nun durch das Weitental rechts hinauf zum Tuxer-Joch-Haus. Auf halber Strecke können wir nach links auf einen Pfad wechseln. Er quert den Bach und zieht sich dann am linken Berghang hinauf zur Fahrstraße, überquert sie und mündet kurz darauf wieder in die Fahrstraße. Nun gehen wir nun noch ein paar Meter zum Tuxer-Joch-Haus, das hübsch auf einem Sattel unterhalb des Pfannköpfls (2388 m) liegt. Die Schutzhütte wird von einer sehr sympathischen Pächterfamilie geführt. Die Südseite des riesigen Wintergartens ist zum Tuxer Ferner hin geöffnet. Gerade am Abend lassen sich von hier aus die Murmeltiere beobachten.

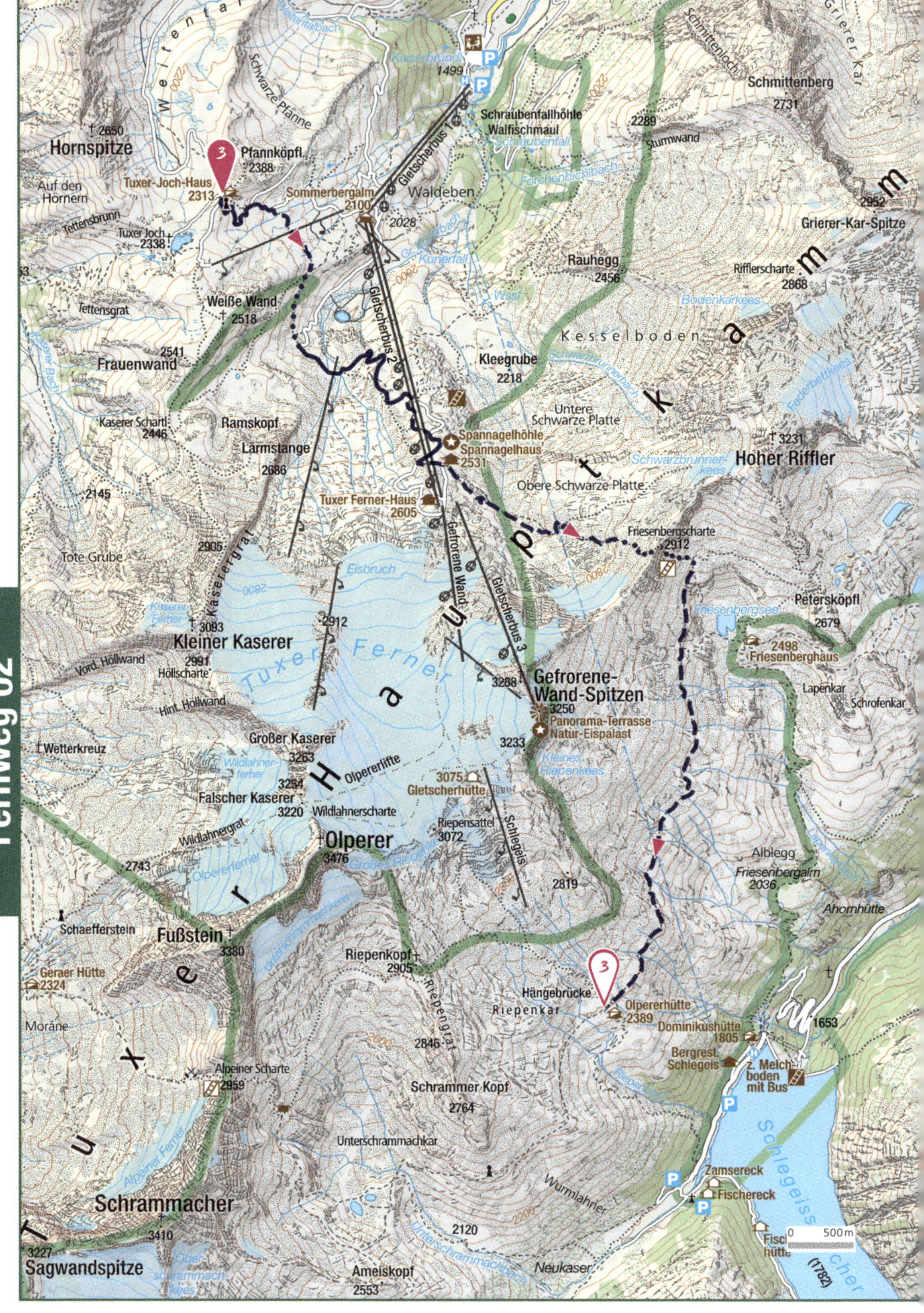
Weitental
Schwarze Pfanne
Kaiserbrunn
1499
Schraubenfallhöhle
Walfischmaul
Schraubenfall
Schmittenloch
Schmittenberg
2731
Grierer Kar
2650
Hornspitze
Pfannköpfl
2388
Tuxer-Joch-Haus
2313
Auf den Hörnern
Tettensbrunn
Tuxer Joch
2338
Sommerbergalm
2100
Gletscherbus 1
Waldeben
2028
Forchenbichlbach
2289
Sturmwand
2952
Grierer-Kar-Spitze
Kunerfall
Rauhegg
2456
Rifflerscharte
2868
Weiße Wand
2518
Tettensgrat
Gletscherbus 2
Bodenkarkees
Kesselboden
2541
Frauenwand
Kleegrube
2218
Schwarzbrunnerbach
Federbettkees
Kaserer Schartl
2446
Ramskopf
Lärmstange
2686
Untere Schwarze Platte
Spannagelhöhle
Spannagelhaus
2531
3231
Hoher Riffler
Schwarzbrunnerkees
2145
Obere Schwarze Platte
Tuxer Ferner-Haus
2605
Friesenbergscharte
2912
Tote Grube
2905
Kasererrgrat
Eisbruch
Gefrorene Wand
Gletscherbus 3
Kaserer Ferner
3093
Kleiner Kaserer
2912
Friesenbergsee
Peterköpfl
2679
2498
Friesenberghaus
Vord. Höllwand
2991
Höllscharte
Tuxer Ferner
3288
Gefrorene-Wand-Spitzen
3250
Panorama-Terrasse
Natur-Eispalast
Lapenkar
Schrofenkar
Hint. Höllwand
Wetterkreuz
Großer Kaserer
3263
3233
Hauptkamm
Wildlahnerferner
Olpererlifte
Kleines Riepenkees
3254
Falscher Kaserer
3220
Wildlahnerscharte
3075
Gletscherhütte
Riepensattel
3072
Schlegeis
Wildlahnergrat
Olperer
3476
Olpererferner
Großes Riepenkees
Albiegg
Friesenbergalm
2036
2743
2819
Ahornhütte
Schaefferstein
Fußstein
3380
Riepenkopf
2905
Geraer Hütte
2324
Hängebrücke
Riepenkar
Riepengrat
Olpererhütte
2389
1653
Moräne
2846
Dominikushütte
1805
Bergrest. Schlegeis
z. Melchboden mit Bus
Alpeiner Scharte
2959
Schrammer Kopf
2764
Unterschrammachkar
Tuxer Kamm
Alpeiner Ferner
Zamsereck
Fischereck
Wurmlahner
Schrammacher
3410
2120
Schlegeisspeicher
0
500 m
3227
Sagwandspitze
Oberschrammachkees
Unterschrammachbach
Ameiskopf
2553
Neukaser
(1782)

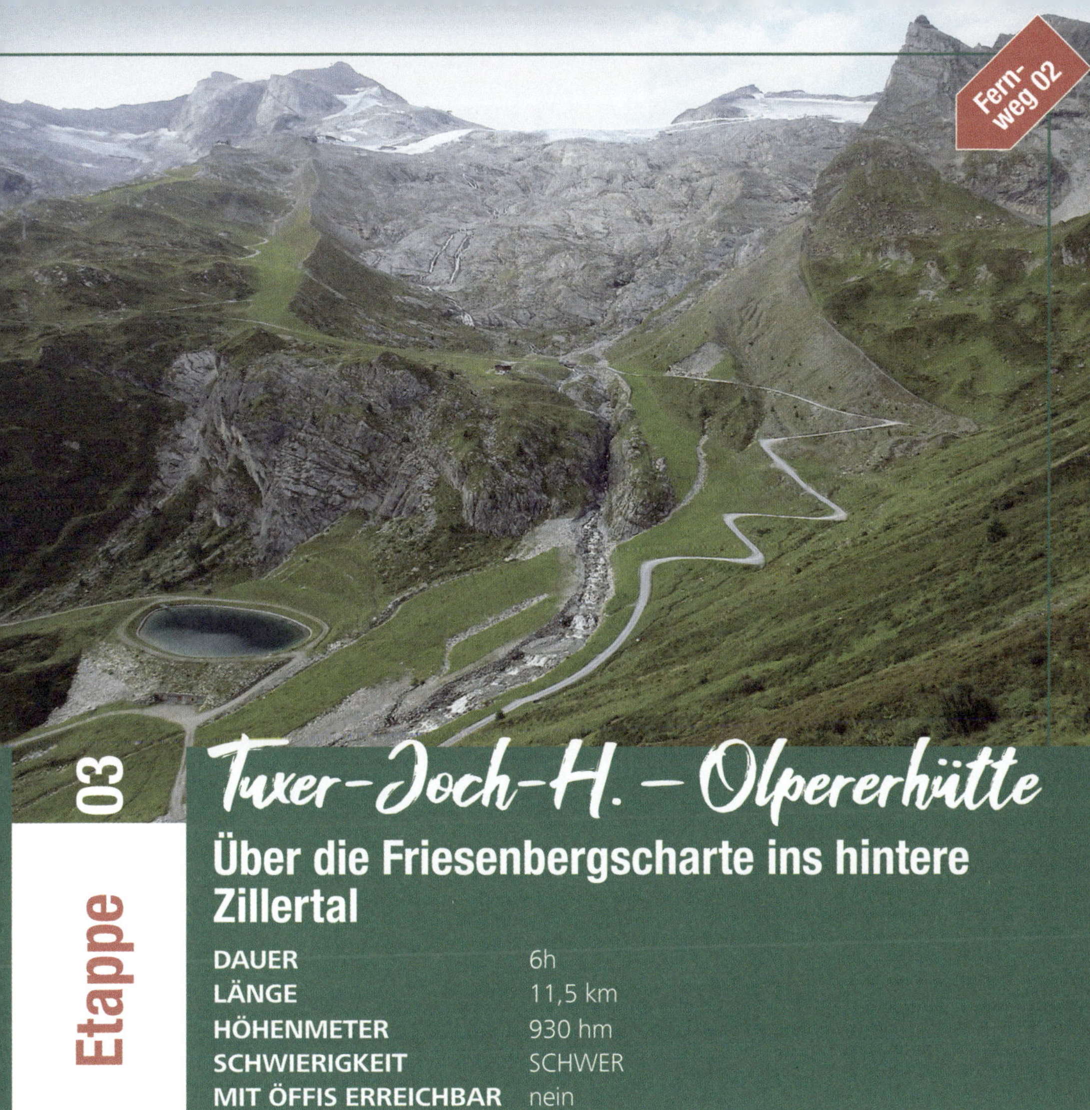

Fern-weg 02

Etappe 03

Tuxer-Joch-H. – Olpererhütte

Über die Friesenbergscharte ins hintere Zillertal

DAUER	6h
LÄNGE	11,5 km
HÖHENMETER	930 hm
SCHWIERIGKEIT	SCHWER
MIT ÖFFIS ERREICHBAR	nein

Das erwartet dich ...

Der Anstieg zur Friesenbergscharte ist sehr anstrengend und führt teils über blockiges Gelände. Der Abstieg von der Scharte ähnelt einem Klettersteig: Er ist seilversichert und setzt neben Trittsicherheit auch Schwindelfreiheit voraus. Bei Nebel oder Schneelage ist die Orientierung kaum mehr möglich, daher sollten wir uns nur bei wirklich gutem Wetter an die Überschreitung wagen. Auch Nässe macht den Abstieg gefährlich, deshalb unbedingt vorher beim Hüttenwirt über die Verhältnisse erkundigen. Insgesamt erwartet uns ein Tag mit landschaftlichen Hochgenüssen.

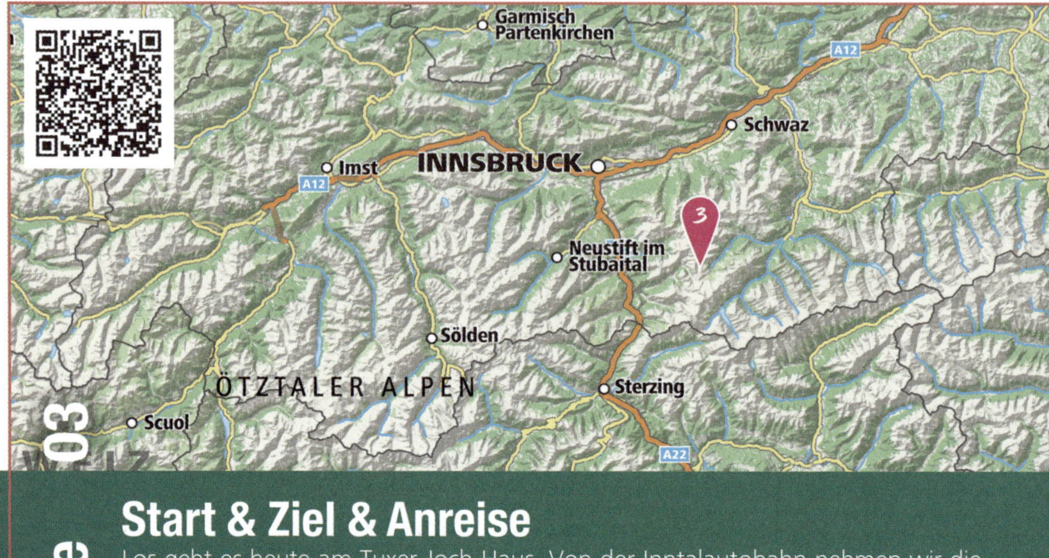

Etappe 03

Start & Ziel & Anreise

Los geht es heute am Tuxer-Joch-Haus. Von der Inntalautobahn nehmen wir die Ausfahrt ins Zillertal. Nun halten wir uns stets an die Beschilderung Hintertux. Auf dem Parkplatz der Hintertuxer Gletscherbahnen kann man sein Auto parken. Der Aufstieg erfolgt durch das Weintal oder die Waldeben.

Tourenbeschreibung

Vom Tuxer-Joch-Haus schlagen wir den Weg Nr. 326 Richtung Spannagelhaus ein. Über die Wiesen geht es hinab zur Fahrstraße, der wir kurz folgen. Dann zweigt rechter Hand ein Bergpfad mit der Weg-Nr. 326/325 ab und leitet uns ohne allzu große Höhenverluste am Hang entlang. An der Zufahrtsstraße des Spannagelhauses erhaschen wir dann schöne Blicke auf den Ferner. Wir kommen zu einem seilversicherten, felsigen Abschnitt mit Wasserrinne, dann erreichen wir am Ende des linken Moränenzuges die Fahrstraße. Wir halten uns rechts bergauf, den Gletscherbus-Lift im Visier. Unterhalb der Seile wechseln wir auf einen sehr schönen Pfad hinauf zum Spannagelhaus.

Parallel zu diesem Pfad zieht sich die östliche Moräne zum Tuxer-Ferner-Haus empor. Noch einmal begegnen wir dem Fahrweg; wir folgen ihm ein kurzes Stück nach rechts, bis wir schließlich links auf den Schlussanstieg zur Hütte abzweigen.

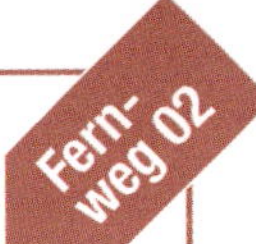

Unterhalb der Schutzhütte liegt die Spannagelhöhle. Sie ist eine Marmorschauhöhle, die zur Besichtigung geöffnet ist. Hinter dem Haus zeigt uns schon ein Wegschild die Richtung zum Friesenberghaus. Der Weg 528 bringt uns durch riesige Geröllfelder und Blockwerk zur Scharte. Der Aufstieg ist zwar ermüdend, technisch aber einfach. Bei Neuschnee oder schlechten Sichtverhältnissen sollten wir jedoch einen alternativen Aufstieg in Erwägung ziehen!

Sollte der Weg zur Friesenbergscharte aus genannten Gründen nicht begehbar sein und die Überschreitung unmöglich machen, ist es möglich, alternativ nach Hintertux abzusteigen oder bequem mit der Sommerbergbahn dorthin abzufahren. Von Hintertux fährt dann der Postbus nach Mayrhofen (VVT-Linie 4104). Hier nimmt man dann den Postbus nach Ginzling/Schlegeisspeicher (VVT-Linie 4102). Der Hüttenwirt des Tuxer-Joch-Hauses ist auch Bergführer und kann die Verhältnisse sehr gut beurteilen, daher unbedingt bei unsicheren Verhältnissen vorher bei ihm nachfragen!

Der Weg fällt kurzzeitig zu einer stabilen Metallbrücke über einen Gletscherbach ab. Dann steigt er langsam am linken Hang wieder empor. Dabei blicken wir auf die traurigen Eisreste und hören das Poltern der Steine, die über das Blankeis ins Tal stürzen. Wir umrunden einen kleinen Hügel und wandern dann über grobes Blockwerk nach Osten. Der Schlussanstieg führt uns südostwärts hinauf zur Friesenbergscharte mit ihrem nur einen Meter breiten Durchlass. Oben ist kaum Platz zum Rasten. Einen Moment gönnen wir uns dennoch, um den Blick auf das Friesenberghaus und die Bergkette mit Großem Möseler (3478 m) und dem Hochfeiler (3509 m) zu genießen. Rechts daneben funkelt der Schlegeisspeicher.

Nun nehmen wir den schwierigsten Teil der Etappe in Angriff. Dabei handelt es sich um eine kurze, klettersteigähnliche Passage mit Klammern und Griffen entlang des Hohen Rifflers Richtung Osten. Nach einer großen Stufe überwinden wir mit Hilfe eines Seils glatte Felsabschnitte. Nach dieser seilversicherten Passage geht's über Geröllfelder zu einer Weggabelung. Zum Friesenberghaus steigt man von hier aus in einer Stunde ab. Um zur Olpererhütte zu gelangen schlagen wir den rechten Weg ein. Er bringt uns in sanftem Auf und Ab und über grobes Blockwerk nach Süden. Der Berliner Höhenweg führt ohne merkliche Höhenunterschiede auf einem herrlichen Bergweg zur Hütte. Unterwegs genießen wir die grandiosen Blicke auf den Schlegeisees, den Großen Möseler und den Hochfeiler. Das Ende zieht sich ein wenig in die Länge, der Schlegeisspeicher rückt dafür immer näher. Erst hinter der letzten Kurve erblicken wir die Schutzhütte. Vorher queren wir eine Hängebrücke. Ein paar letzte Stufen bringen uns dann zur modernen Olpererhütte. Hier tummeln sich nicht nur Fernwanderer und Tagestouristen, sondern auch tierische Bewohner wie Hühner und Ziegen.

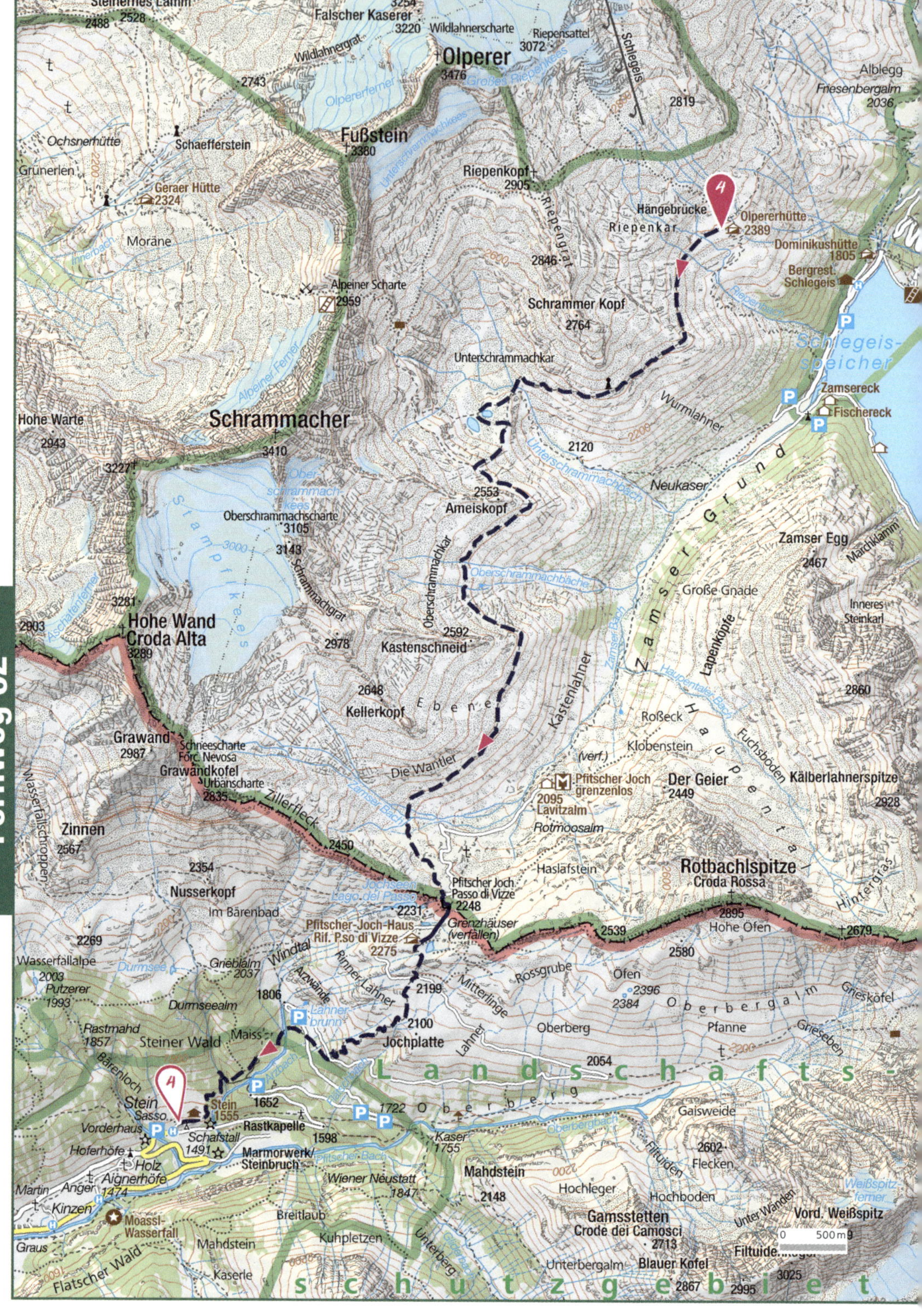
Steinernes Lamm
2488
2528
3254
Falscher Kaserer
3220
Wildlahnerscharte
Riepensattel
3072
Wildlahnergrat
Olperer
3476
Großer Riepenkees
Schlegeis
Albleg
Friesenbergalm
2036
2743
Olpererferner
2819
Ochsnerhütte
Schaefferstein
Fußstein
3380
Unterschrammachkees
Grünerlen
Geraer Hütte
2324
Riepenkopf
2905
Riepengrat
Hängebrücke
Riepenkar
Olpererhütte
2389
Moräne
Innerbach
2846
Dominikushütte
1805
Bergrest.
Schlegeis
Alpeiner Scharte
2959
Schrammer Kopf
2764
Riepenbach
Schlegeis-
speicher
Unterschrammachkar
Alpeiner Ferner
Wurmlahner
Zamsereck
Fischereck
Hohe Warte
2943
Schrammacher
3410
2120
3227
Unterschrammachbach
Neukaser
Ober-
schrammach-
kees
2553
Ameiskopf
Zamser Grund
Stampflkees
Oberschrammachscharte
3105
3143
Schrammachgrat
Zamser Egg
2467
Oberschrammachkar
Oberschrammachbach
Große Gnade
Innerer
Steinkarl
Aschaterferner
3281
2903
Hohe Wand
Croda Alta
3289
2978
2592
Kastenschneid
Zamser Bach
Lapenköpfe
2648
Kellerkopf
Ebene
Kästenlahner
2860
Haupentaler Bach
Roßeck
Grawand
2987
Schneescharte
Forc. Nevosa
Grawandkofel
Urbanscharte
2835
Die Wantler
Klobenstein
(verf.)
Pfitscher Joch
grenzenlos
2095
Lavitzalm
Der Geier
2449
Fuchsboden
Haupental
Kälberlahnerspitze
2928
Wasserfallschroppen
Zinnen
2567
Zillerfleck
2450
Zamser Bach
Rotmoosalm
Haslafstein
Rotbachlspitze
Croda Rossa
2354
Nusserkopf
Im Bärenbad
Jochsee
Lago del Passo
2231
Pfitscher Joch
Passo di Vizze
2248
2895
Hohe Öfen
Hintergras
2269
Pfitscher-Joch-Haus
Rif. P.so di Vizze
2275
Grenzhäuser
(verfallen)
2539
2580
2679
Wasserfallalpe
Dürrnsee
Grießlalm
2037
Windtal
Arzwände
Rinner Lahner
Rossgrube
Öfen
2396
2384
Gliesköfel
2003
Putzerer
1993
1806
2199
Mitterlinge
Oberbergalm
Dürrnseealm
Lahnerbrunn
Pfanne
Rastmahd
1857
Steiner Wald
Maiss
2100
Jochplatte
Lahner
Oberberg
Griesseben
Bärenloch
2054
Landschaftsschutzgebiet
Stein
Sasso
Stein
1555
1652
Arzbach
1722
Oberberg
Gaisweide
Vorderhaus
Rastkapelle
Schafstall
1491
1598
Kaser
1755
Oberbergbach
2602
Flecken
Hoferhöfe
Holz
Marmorwerk/
Steinbruch
Pfitscher Bach
Martin
Anger
Aignerhöfe
1474
Wiener Neustadt
1847
Mahdstein
2148
Fitluiden
Hochleger
Hochboden
Weißspitzferner
Kinzen
Moassl-
Wasserfall
Breitlaub
Unter Wänden
Vord. Weißspitz
Gamsstetten
Crode dei Camosci
2713
Graus
Mahdstein
Kuhpletzen
Unterberg
Filtuide
0
500 m
Flatscher Wald
Kaserle
Unterbergalm
Blauer Kofel
2867
2995
3025

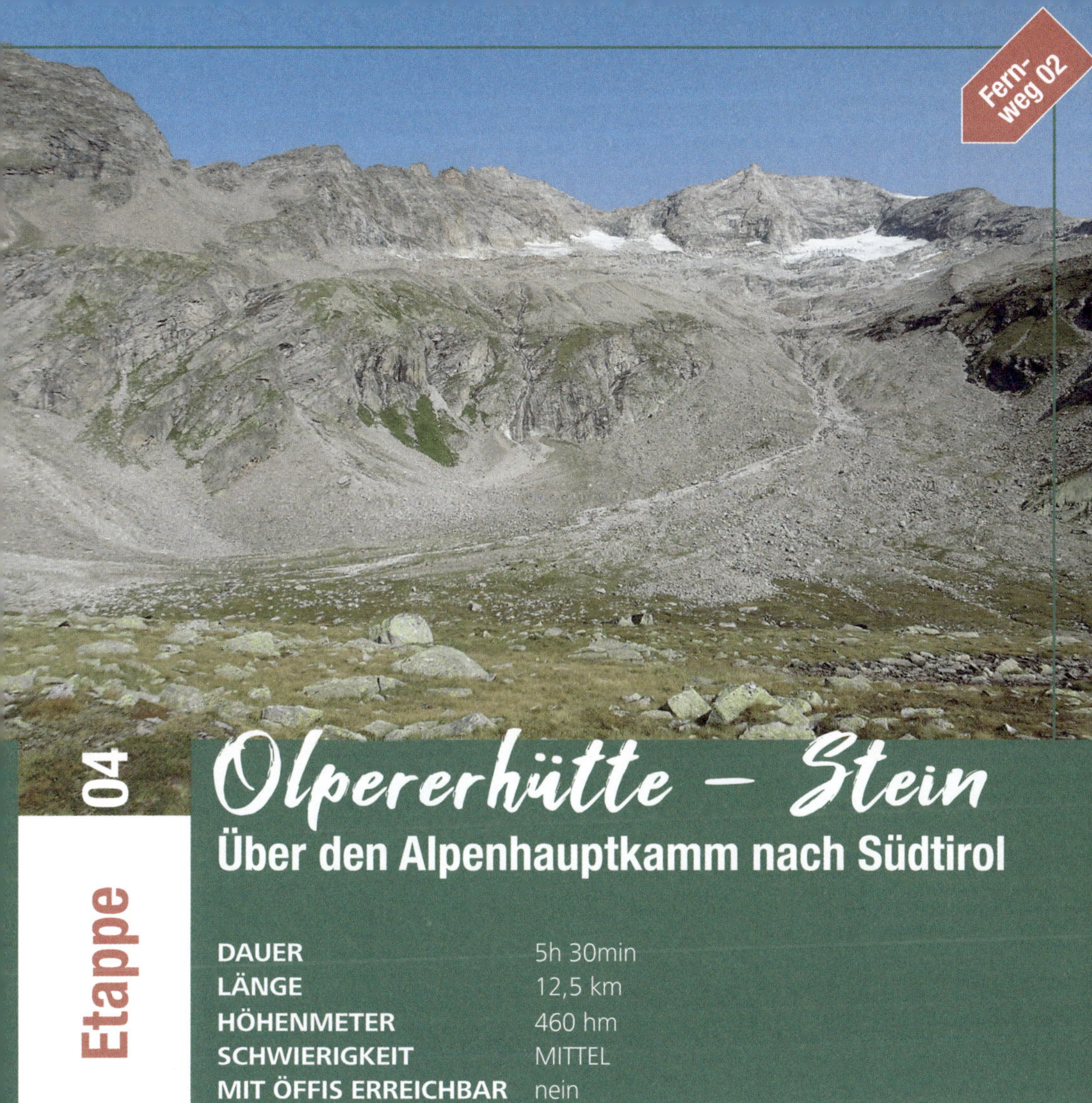

Fern-weg 02

Etappe 04

Olpererhütte – Stein

Über den Alpenhauptkamm nach Südtirol

DAUER	5h 30min
LÄNGE	12,5 km
HÖHENMETER	460 hm
SCHWIERIGKEIT	MITTEL
MIT ÖFFIS ERREICHBAR	nein

Das erwartet dich …

Obwohl der Weg über das Pfitscher Joch landschaftlich sehr schön ist, verlangt er uns doch einiges an Energie ab. Bis zum Zamser Bach führt er fast ausschließlich über grobes Blockwerk, das Trittsicherheit und eine gute Balance erfordert. Vom Joch geht es dann weiter über steile Bergwiesen und Hochwald dem Tal entgegen zum kleinen Weiler Stein im oberen Pfitscher Tal.

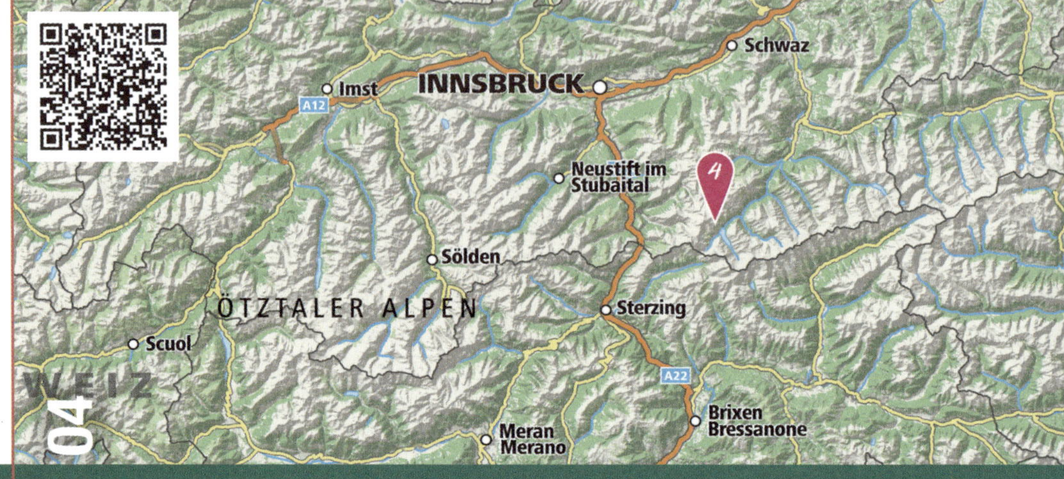

Etappe 04

Start & Ziel & Anreise

Los geht es bei der Olpererhütte. Mit der Zillertalbahn fahren wir nach Mayrhofen und von dort aus weiter mit dem Bus zum Schlegeisspeicher. Mit dem PKW nehmen wir von der Inntalautobahn die Ausfahrt Wiesing/Zillertal, dann weiter über die Zillertaler Bundesstraße 169 nach Mayrhofen. Von dort Richtung Ginzling, Schlegeisspeicher. Für PKWs wird ab Breitlahner Straßenmaut erhoben.

Tourenbeschreibung

Heute nimmt uns das milde Klima Südtirols in die Arme. Südlich der Hohen Wand geht es auf eiem Teil der schönen Peter-Habeler-Runde zum Pfitscher Joch. Es verläuft über die Staatsgrenze, bietet herrliche Blicke in alle Richtungen und der Weg selbst ist dabei auch noch extrem abwechslungsreich. Höhenparallel unterhalb der Südostwände von Olperer, Schrammacher und Hoher Wand geht es dahin, bis wir den wilden Zamser Bach queren. Am Pfitscher-Joch-Haus können wir uns dann eine Pause genehmigen, bevor wir 700 Höhenmeter zum bereits auf Südtiroler Seite befindlichen Weiler Stein absteigen.

Die Peter-Habeler-Runde bringt uns von der Olpererhütte zunächst nach Südwesten. Dabei halten wir uns an die Markierung Nr. 502. Am Fuße des Olperers führt der Weg zu einem Wasserfall; eine spektakulär angelegte Steintreppe leitet uns zu einem kleinen Sattel hinauf. Danach steigen wir nordwestwärts ins Unterschram-

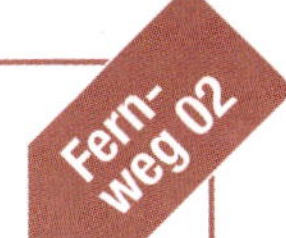

machkar ab. Wir überqueren den gleichnamigen Bach über eine Brücke und gelangen zu einer Wegkreuzung. Wir wandern nochmals gut 100 Meter steil hinauf und gelangen zu einer weiteren Weggabel: Nach Norden zweigt der Weg zur Alpeiner Scharte und Geraer Hütte ab. Wir wenden uns nach rechts und kehren dem Olperer nun endgültig den Rücken zu. Ohne Höhenunterschied umrunden wir den Ameiskopf (2553 m). Auf unserem Weg ins Oberschrammachkar kommen wir an einem großen Steinmännchen vorbei; das Kar selbst gehen wir aus.

Schließlich müssen wir den Oberschrammachbach überqueren. Das ist nicht so einfach, vor allem wenn er viel Wasser führt. Die Markierungen leiten uns bachaufwärts. Mittels einiger Steine gelangen wir ans andere Ufer. Nun ist Aufmerksamkeit geboten: Wir müssen unbedingt dem Wegweiser bergauf folgen! Im Sommer 2018 stürzten innerhalb weniger Wochen drei Bergsteiger bei der direkten Bachüberquerung tödlich ab. Der Umweg beträgt lediglich 130 Meter mehr. Nach dem Bach umrunden wir den Kastenschneid, den eindrucksvollen Hochfeiler im Blick. Der Weg schwenkt nach Süden beziehungsweise. Südwesten (Steinmännchen) und offenbart einen schönen Blick zurück über den Zamser Grund zum Schlegeisspeicher. Jetzt geht es auf in die Südtiroler Berge. Über letzte Blockfelder steigen wir zügig zum Zamser Bach ab. Wir tun gut daran, so zeitig wie möglich am Bach zu sein: Mit Sonnenhöchststand führt der Bach meist so viel Wasser mit sich, dass es links an der Brücke vorbeifließt und sich somit der Weg hinauf auf die Brücke als schwierig gestalten kann. Wir schlendern über ein paar Wiesen zur Straße zum Pfitscher Joch. Dann überqueren wir die Staatsgrenze und finden uns nur wenig später vor dem Pfitscher-Joch-Haus wieder.

Nach einer Rast machen wir uns an den Abstieg nach Stein. Dieser beginnt unterhalb der Schutzhütte und folgt der Markierung Nr. 3. Er führt am Jochsee vorbei und zwischen den Felsen hindurch steil hinab zu einem Schotterweg. Wir überqueren ihn und steigen über saftige Bergwiesen hinab in den Bergwald. Ab jetzt kreuzen wir noch zweimal die schottrige Fahrstraße und gelangen durch den schönen Wald an den Arzbach; über eine Brücke queren wir ihn. Weniger steil geht's nun durch den Wald Richtung Südwesten, bis wir über Wiesen den Weiler Stein erreichen.

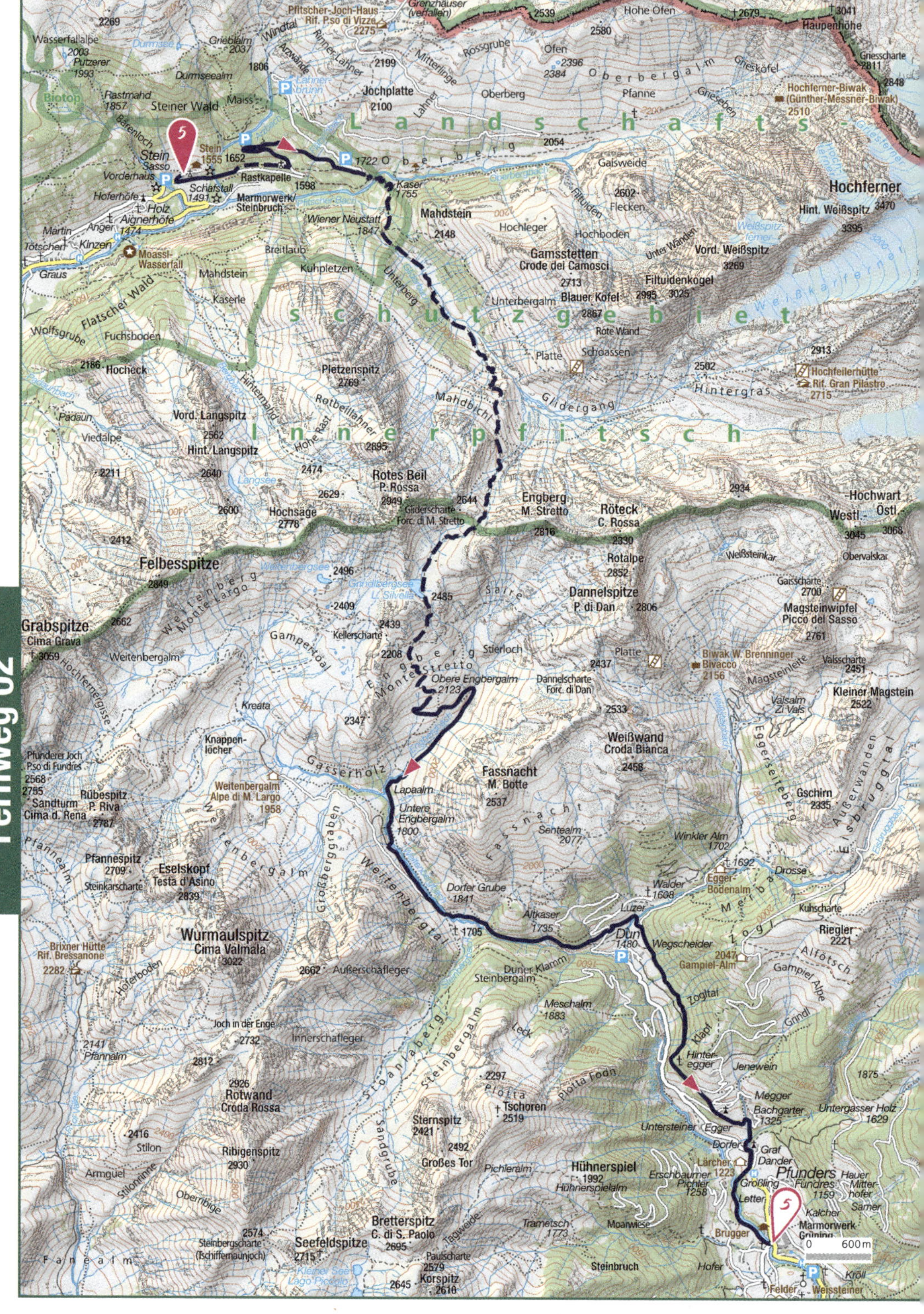

Pfitscher-Joch-Haus
Rif. P.so di Vizze
2275
Grenzhäuser (verfallen)
Hohe Ofen
Haupenhöhe
Griesscharte
Hochferner-Biwak (Günther-Messner-Biwak)
2510
Landschafts-
schutzgebiet
Hochferner
Hint. Weißspitz
Vord. Weißspitz
Filtuidenkogel
Weißkarferner
Hochfeilerhütte
Rif. Gran Pilastro
2715
Oberbergalm
Oberberg
Jochplatte
Rossgrube
Stein
Sasso
Steiner Wald
Dumseealm
Biotop
Rastkapelle
Schafstall
Marmorwerk/ Steinbruch
Kaser
Wiener Neustatt
Mahdstein
Gamsstetten
Crode dei Camosci
Blauer Kofel
Unterbergalm
Vorderhaus
Hoferhöfe
Holz
Aignerhöfe
Martin
Anger
Kinzen
Tötschen
Graus
Moassl-Wasserfall
Breitlaub
Kuhpletzen
Kaserle
Flatscher Wald
Wolfsgrube
Fuchsboden
Hocheck
Pletzenspitz
Rotbeillahner
Innerpfitsch
Vord. Langspitz
Hint. Langspitz
Padaun
Viedalpe
Rotes Beil
P. Rossa
Gliderscharte
Forc. di M. Stretto
Engberg
M. Stretto
Röteck
C. Rossa
Hochwart
Westl.
Östl.
Hochsäge
Felbesspitze
Weitenberg
Monte Largo
Grabspitze
Cima Grava
Weitenbergalm
Gamperstal
Kellerscharte
Rotalpe
Dannelspitze
P. di Dan
Magsteinwipfel
Picco del Sasso
Biwak W. Brenninger
Bivacco
2156
Valsscharte
Kleiner Magstein
Obere Engbergalm
2123
Dannelscharte
Forc. di Dan
Weißwand
Croda Bianca
Knappenlöcher
Kreata
Gasserholz
Lapaalm
Untere Engbergalm
1800
Fassnacht
M. Botte
Senntealm
Pfunderer Joch
P.so di Fundres
2568
Sandturm
Cima d. Rena
Rübespitz
P. Riva
Weitenbergalm
Alpe di M. Largo
1958
Gschirn
Winkler Alm
Eggerbodenalm
Pfannespitz
Eselskopf
Testa d'Asino
2839
Steinkarscharte
Dorfer Grube
Altkaser
Luzer
Walder
Dun
1480
Wegscheider
Gampiel-Alm
Riegler
Kuhscharte
Drosse
Wurmaulspitz
Cima Valmala
3022
Brixner Hütte
Rif. Bressanone
2282
Außerschaflegler
Duner Klamm
Steinbergalm
Meschalm
Zogltal
Joch in der Enge
Innerschaflegler
Pfannalm
Rotwand
Croda Rossa
Ploita
Tschoren
Hinteregger
Jenewein
Megger
Bachgarter
Untergasser Holz
Sternspitz
Ribigenspitz
Großes Tor
Pichleralm
Hühnerspiel
Hühnerspielalm
Erschbaumer
Pichler
Lärcher
Graf
Dander
Pfunders
Fundres
Großling
Letter
Kalcher
Marmorwerk
Grüning
Brugger
Stilon
Armguel
Faneealm
Steinbergscharte
(Schiffernaunjoch)
Seefeldspitze
Kleiner See
Lago Piccolo
Bretterspitz
C. di S. Paolo
Paulscharte
Korspitz
Trametsch
Moarwiese
Steinbruch
Hofer
Felder
Weissteiner
Kröll
0
600 m

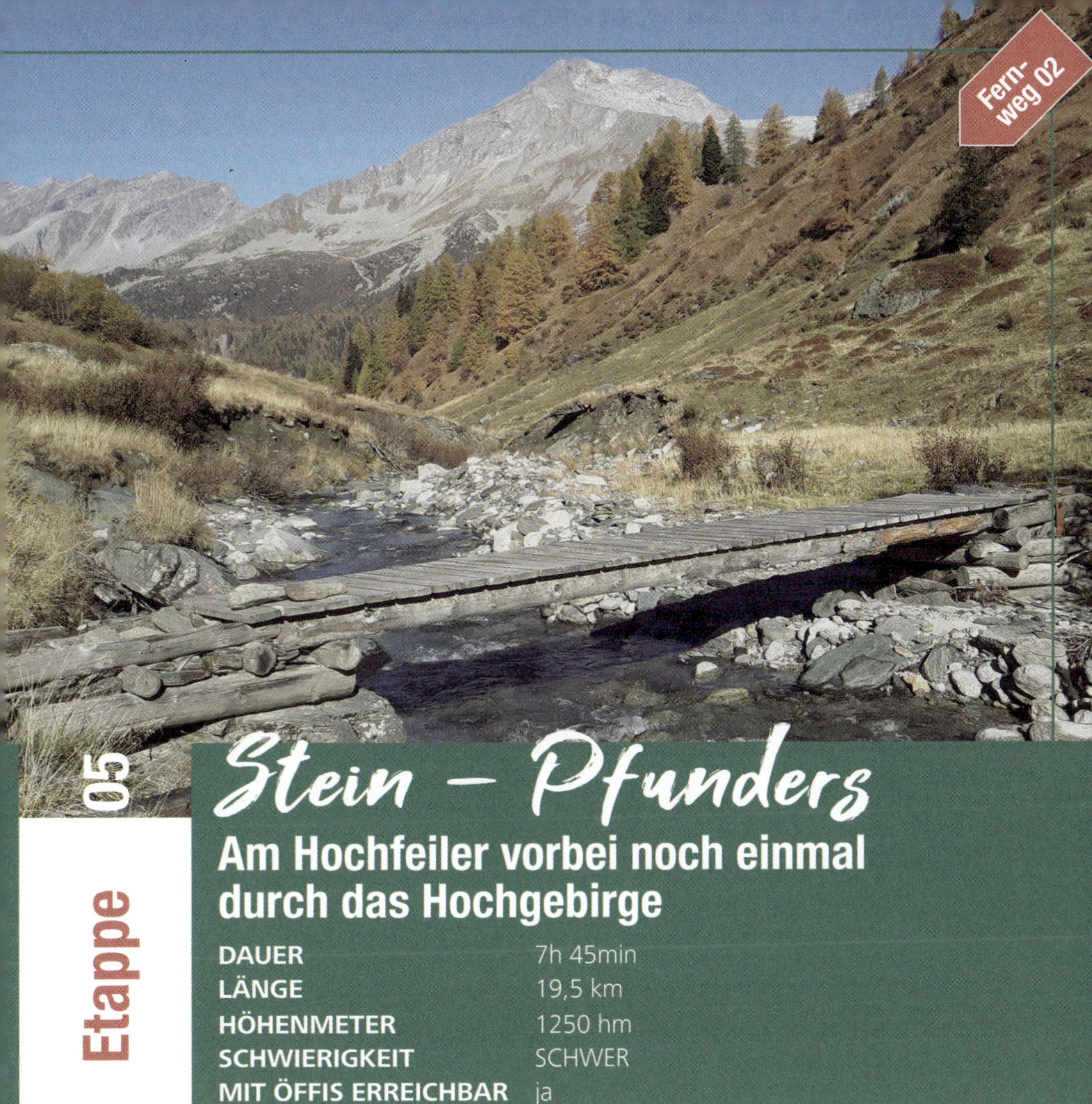

Etappe 05

Stein – Pfunders

Am Hochfeiler vorbei noch einmal durch das Hochgebirge

DAUER	7h 45min
LÄNGE	19,5 km
HÖHENMETER	1250 hm
SCHWIERIGKEIT	SCHWER
MIT ÖFFIS ERREICHBAR	ja

Das erwartet dich ...

Heute überschreiten wir die Gliederscharte auf 2644 Meter. Der Weg wird im Anstieg immer schmäler und steiler und führt durch stark abschüssiges Gelände. Trittsicherheit ist hier also Voraussetzung. Ab der Engbergalm geht's dann gemütlich auf Karrenwegen bis zum Ziel. Nach schneereichen Wintern ist schon ab dem mittleren Bereich des Anstiegs ganzjährig mit unangenehmen Schneefeldern zu rechnen

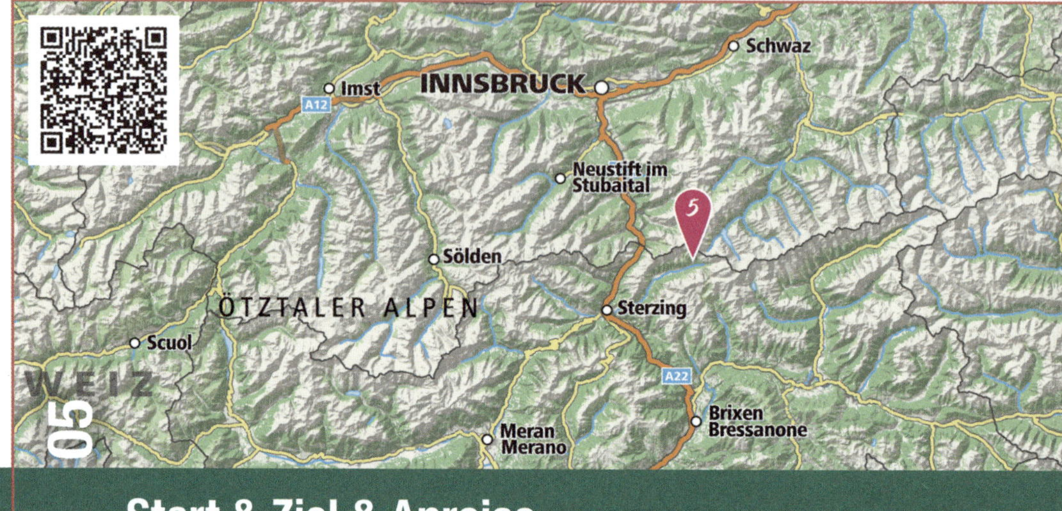

Etappe 05

Start & Ziel & Anreise

Am Gasthof Stein im Pfitscher Tal beginnt unser heutiger Wandertag. Von der Brennerautobahn nehmen wir die Ausfahrt nach Sterzing und folgen der SP508 über den Rieder Stausee bis zum Ende der Straße. Vom Bahnhof Sterzing fährt der Bus Nr. 311 ins Pfitscher Tal.

Tourenbeschreibung

Zunächst folgen wir vom Gasthof Stein dem Asphaltsträßchen Richtung Tal hinab. Recht bald geht es dann jedoch spitz links auf den Schotterweg. Erst hinab, dann wieder hinauf. Nach einer Weile schwenken wir links auf den parallel zur Straße führenden Waldweg. Nach einer Kapelle mündet er wieder in die Straße, der wir nach links folgen. An der nächsten Linkskehre folgen wir einem Waldsteig nach rechts. Nur 50 Meter später biegen wir nochmals rechts ab und orientieren uns nun am Wanderweg Nr. 1. Wir überqueren den Pfitscher Bach, um auf der gegenüberliegenden Seite über einige Stufen rasch emporzusteigen. An zwei Weidezäunen halten wir uns jeweils rechts. So erreichen wir in einer halben Stunde eine Ansammlung verfallener Berghütten – die Wiener Neustatt. Noch vor den Hütten halten wir uns rechts, passieren ein Gehöft und folgen dem verwachsenen Pfad sanft hinab und nach links zum Gliederbach. Der Talabschluss vor uns ist eine Augenweide. Relativ eben gehen wir nun geradeaus bis zur Holzbrücke über den Gliederbach.

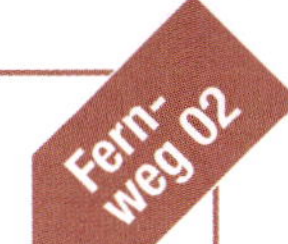

Wir bewältigen ein kurzes, steileres Stück, dann wandern wir oberhalb des Baches ins Tal hinein. Am rechten Ufer eines Zulaufes steigt er wieder deutlich an. Falls der reguläre Übergang über den Bach verlegt ist, steigen wir weglos bis über das Schneefeld und queren erst dort nach links zum Hauptweg zurück. Ein paar Serpentinen führen den Hang hinauf und am Ende rechts vor einer kleinen Steilwand vorbei. Dann knickt er nach Süden und lässt uns ins Tal blicken. Über das folgende Blockgestein brauchen wir Trittsicherheit. Achtung, linker Hand fällt der Hang sehr steil ab. Wir genießen die herrlichen Blicke nach Osten zum Hochfeiler und dem Weißkar- und Gliederferner. An einer Verzweigung geht es nach rechts hinauf. Bald wird der Hauptweg wieder breiter und bringt uns in gut 45 Minuten zur Gliederscharte. Wir blicken zurück auf die Gletscher des Alpenhauptkamms.

Rasch setzen wir unseren Weg fort, da es hier immer besonders arg windet. Der Weg führt in mehreren Spuren abwärts und bringt uns in gut einer Viertelstunde zum malerischen Grindlbergsee. Hier verweilen wir gern ein bisschen länger und beobachten das dichte Wollgras, das sich im Wind wiegt. An sehr heißen Tagen kann man hier auch den Sprung ins kühle Nass wagen. Kurz nach dem See überqueren wir den Bach und steigen links steil hinab. Unser Weg leitet uns über einen steilen Grashang. Hier queren wir auch den Pfunderer Höhenweg. Mit schönen Blicken wandern wir talauswärts geradeaus weiter. Der Weg bringt uns zur Oberen Engbergalm hinab. Neben Getränken werden auch kleinere Speisen angeboten. Nun gehen wir auf einem Karrenweg weiter – der Abkürzer ist verwachsen und sehr steinschlaggefährdet. Nach der Überquerung des Engbergbaches folgen wir ihm. Nach einer weiteren Brücke geht es dann am Weitenbergbach ein längeres Stück talauswärts.

Der Hauptweg bringt uns geradewegs an eine Straße und T-Kreuzung. Hier, oberhalb von Dun, dem hintersten Weiler des Pfunderer Tals, halten wir uns nach links hinauf und nach wenigen Metern wieder rechts. Wir überqueren den Bach und kurz steiler hinauf erreichen wir die östliche Talseite. In der Linkskurve biegen wir rechts ab und folgen dem breiten Kiesweg Nr. 13. Nun wandern wir einige Zeit das Tal hinaus. An einer Teerstraße geht es dann nach unten weiter. 50 Meter später verlassen wir sie schon wieder nach rechts. Etwas später queren wir noch einmal die Straße. Nach einer Kapelle führt der Pflasterweg steil hinab. Er mündet in eine schmale Straße, der wir nach rechts zum Ort hin folgen. Bei den roten Briefkästen gehen wir auf der Hauptstraße nach links und gelangen in den Ort. Noch vor der ersten Bushaltestelle halten wir uns rechts am Bach entlang. An einer Verzweigung richten wir uns nach links. Dann überqueren wir den Pfunderer Bach und begleiten ihn talauswärts. Hinter einer weiteren Brücke liegt dann das Zentrum von Pfunders sowie die Bushaltestelle.

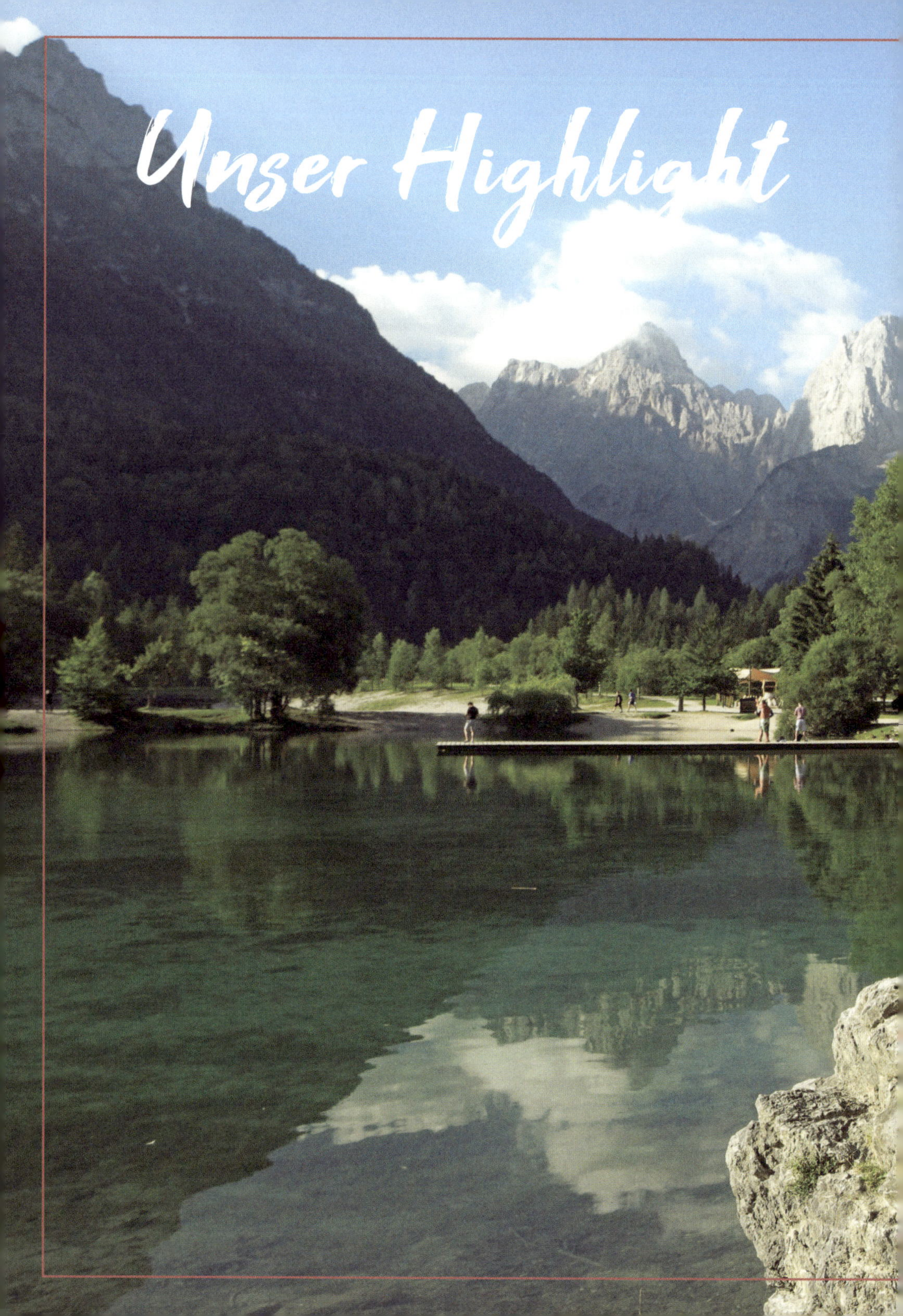
Unser Highlight

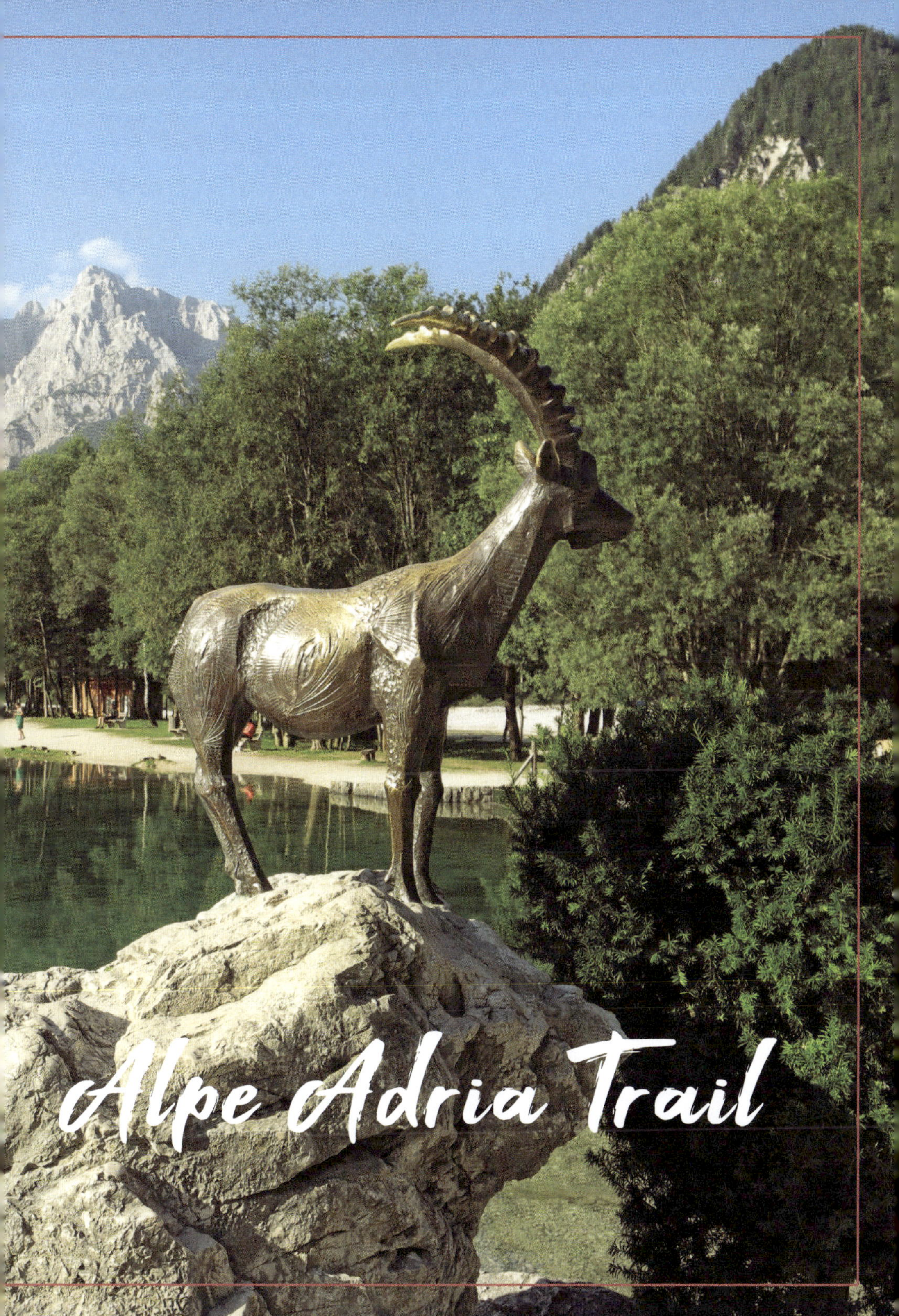
Alpe Adria Trail

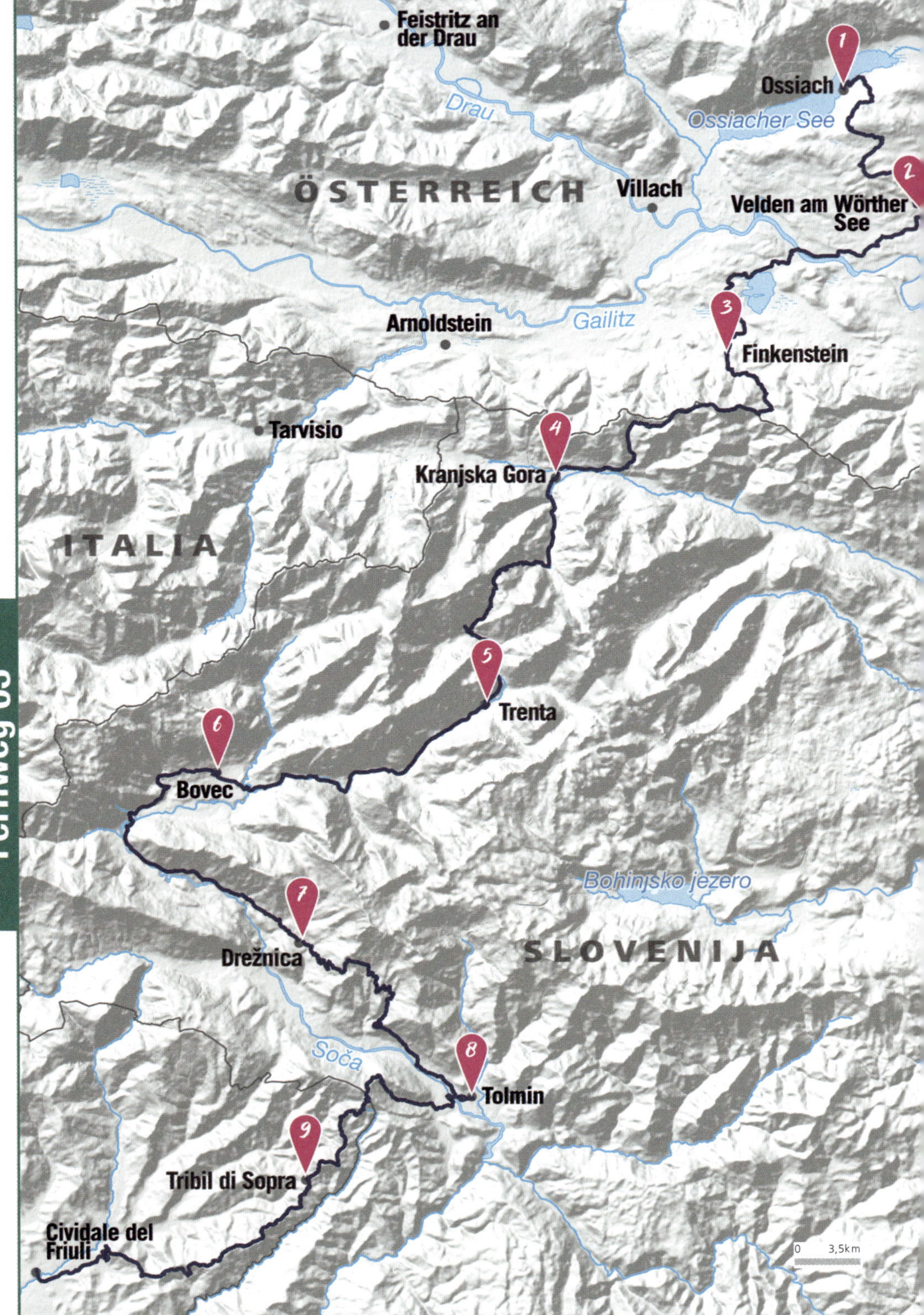
Feistritz an der Drau
Drau
1
Ossiach
Ossiacher See
ÖSTERREICH
Villach
2
Velden am Wörther See
Arnoldstein
Gailitz
3
Finkenstein
Tarvisio
4
Kranjska Gora
ITALIA
5
Trenta
6
Bovec
Bohinjsko jezero
7
Drežnica
SLOVENIJA
Soča
8
Tolmin
9
Tribil di Sopra
Cividale del Friuli
0 3,5km

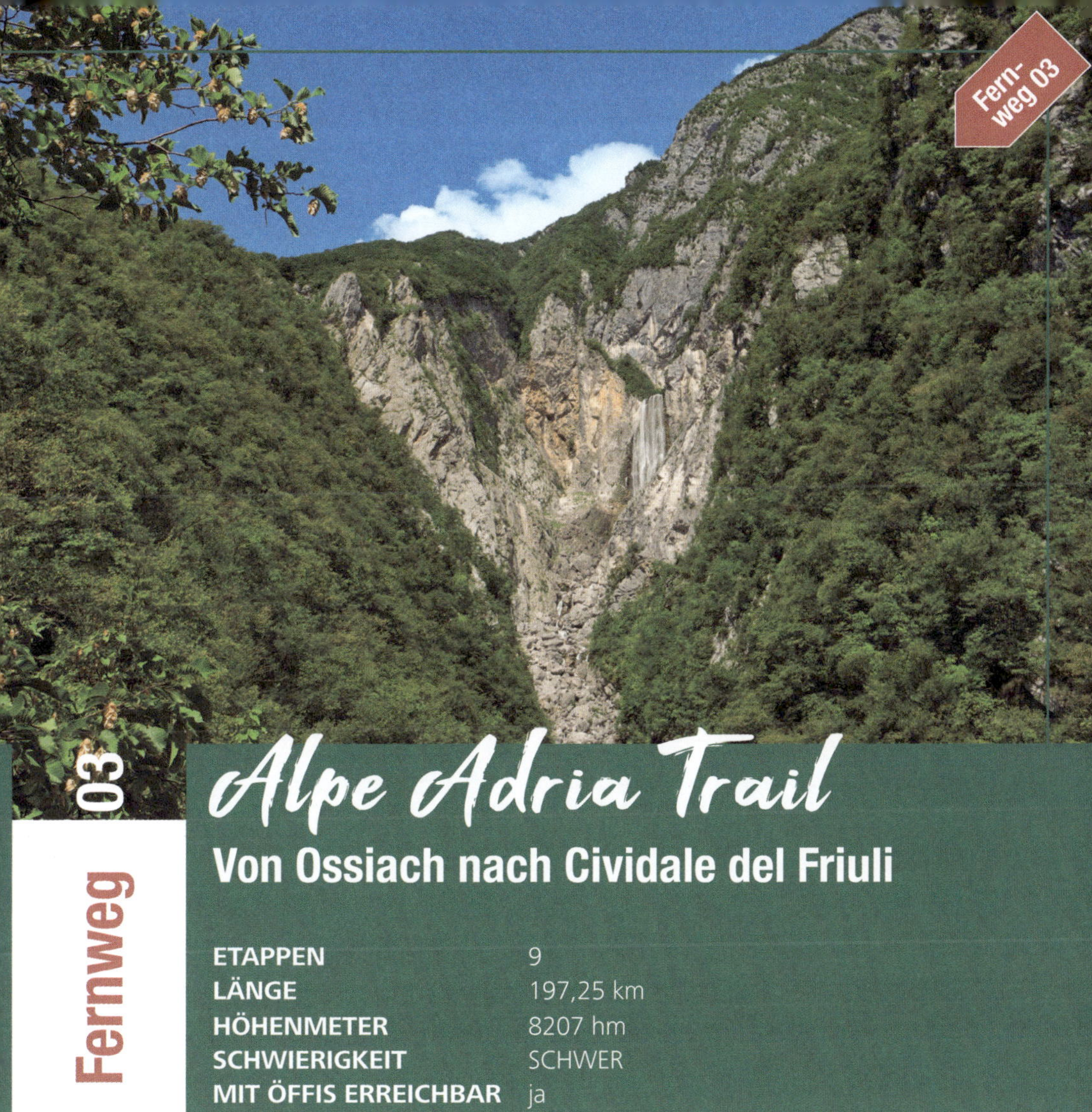

Fern-weg 03

03 Fernweg

Alpe Adria Trail

Von Ossiach nach Cividale del Friuli

ETAPPEN	9
LÄNGE	197,25 km
HÖHENMETER	8207 hm
SCHWIERIGKEIT	SCHWER
MIT ÖFFIS ERREICHBAR	ja

Das erwartet dich ...

Der Alpe Adria Trail führt uns auf neun Etappen durch drei Länder. Los geht es in Ossiach in Österreich, Ziel ist Cividale del Friuli in Italien. Der Großteil der Etappen wird als MITTEL gekennzeichnet, hinzu kommt eine schwierige Tagesetappe, die Trittsicherheit und Ausdauer verlangt. Landschaftlich zeigt der Trail wegen Passagen durch felsige Schluchten und Aussichten auf klare Seen und türkisen Flüsse die Alpen von ihrer besten Seite. Ein Highlight ist der Abschnitt entlang der Soča.

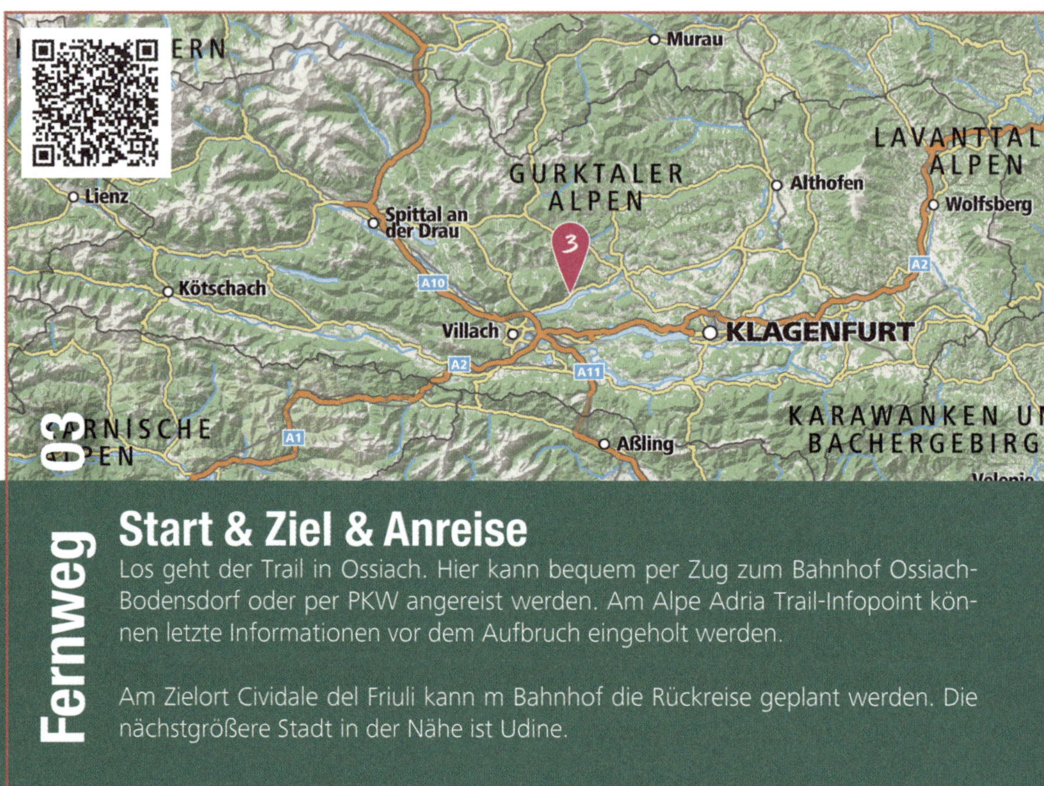

Fernweg 03

Start & Ziel & Anreise

Los geht der Trail in Ossiach. Hier kann bequem per Zug zum Bahnhof Ossiach-Bodensdorf oder per PKW angereist werden. Am Alpe Adria Trail-Infopoint können letzte Informationen vor dem Aufbruch eingeholt werden.

Am Zielort Cividale del Friuli kann m Bahnhof die Rückreise geplant werden. Die nächstgrößere Stadt in der Nähe ist Udine.

Tourenbeschreibung

Der Alpe Adria Trail entführt uns in drei ganz unterschiedliche Länder: Mit Österreich, Italien und Slowenien begegnen wir damit nicht nur unterschiedlichen Kulturen, sondern auch ganz verschiedenen Landschaftsformen. Der Anfang startet hochalpin in Österreich. Im Mölltal erwartet uns dann ein wunderschöner Höhenweg. Am Millstätter See wechseln wir dann vom Nationalpark Hohe Tauern in den Nationalpark Nockberge. Mit der Umwandlung in ein Biosphärenreservat 2004 konnte eine nachhaltige Entwicklung der Landschaft auch als Kulturgut noch besser gefördert werden. 2012 folgte dann die Anerkennung durch die UNESCO. Zwischen den Nockbergen und den Karawanken streifen wir die vier großen Kärntner Seen – den Ossiacher See, den Wörthersee, den Faaker und den Millstätter See.

Entlang der österreichisch-slowenischen Grenze überqueren wir dann den Alpenhauptkamm und kommen dabei in den Genuss des Triglav-Nationalparks in Slowenien. Spektakulär ist auch der Weg entlang der Soča, der wir von der Quelle ab teils direkt am Ufer entlang folgen; immer wieder gesäumt von beeindruckenden Wasserfällen. Auch die Relikte der militärischen Vergangenheit begegnen uns immer wieder: An der Isonzofront gab es stark umkämpfte, alpine Frontbereiche im Ersten Weltkrieg zwischen Österreich-Ungarn und Italien. Nach den Höhenzügen von Krn und Kolovrat wird das Land hügeliger. Hier passieren wir noch einmal die slowenisch-italienische Grenze. Obst- und Weinlandschaften lösen Wiesen und Wald ab. Oliven, Pfirsiche und Feigen stimmen uns auf südländische Gefilde ein. Nach einem Abstecher ins slowenische Brda-Gebiet kreuzen wir nochmals die Soča. Dann empfängt uns der sonnenverwöhnte und trinkwasserarme Karst und wir erreichen zum ersten Mal das Meer.

Der schon erwähnte Triglav-Nationalpark ist der einzige Nationalpark in Slowenien. Er besteht in der jetzigen Form seit 1981 und ist nach seinem beeindruckenden Gipfel Triglav (2864 m) benannt. Eben jenen Gipfel sehen wir auf mehreren Etappen des Alpe Adria Trail. Gletscherseen, hochalpine Bergwelt und das Sočatal prägen das Bild des Nationalparks. Hier gedeihen zahlreiche endemische Pflanzenarten, die Vielfalt der Fauna reicht von Gämsen über Steinböcke, Luchse und Bären. Neben dem Abenteuer zu Fuß lockt die Soča mit diversen Wassersportaktivitäten.

Höhenprofil

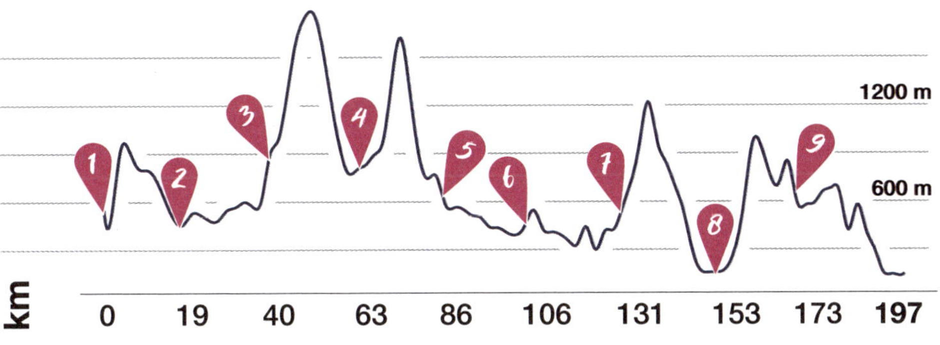

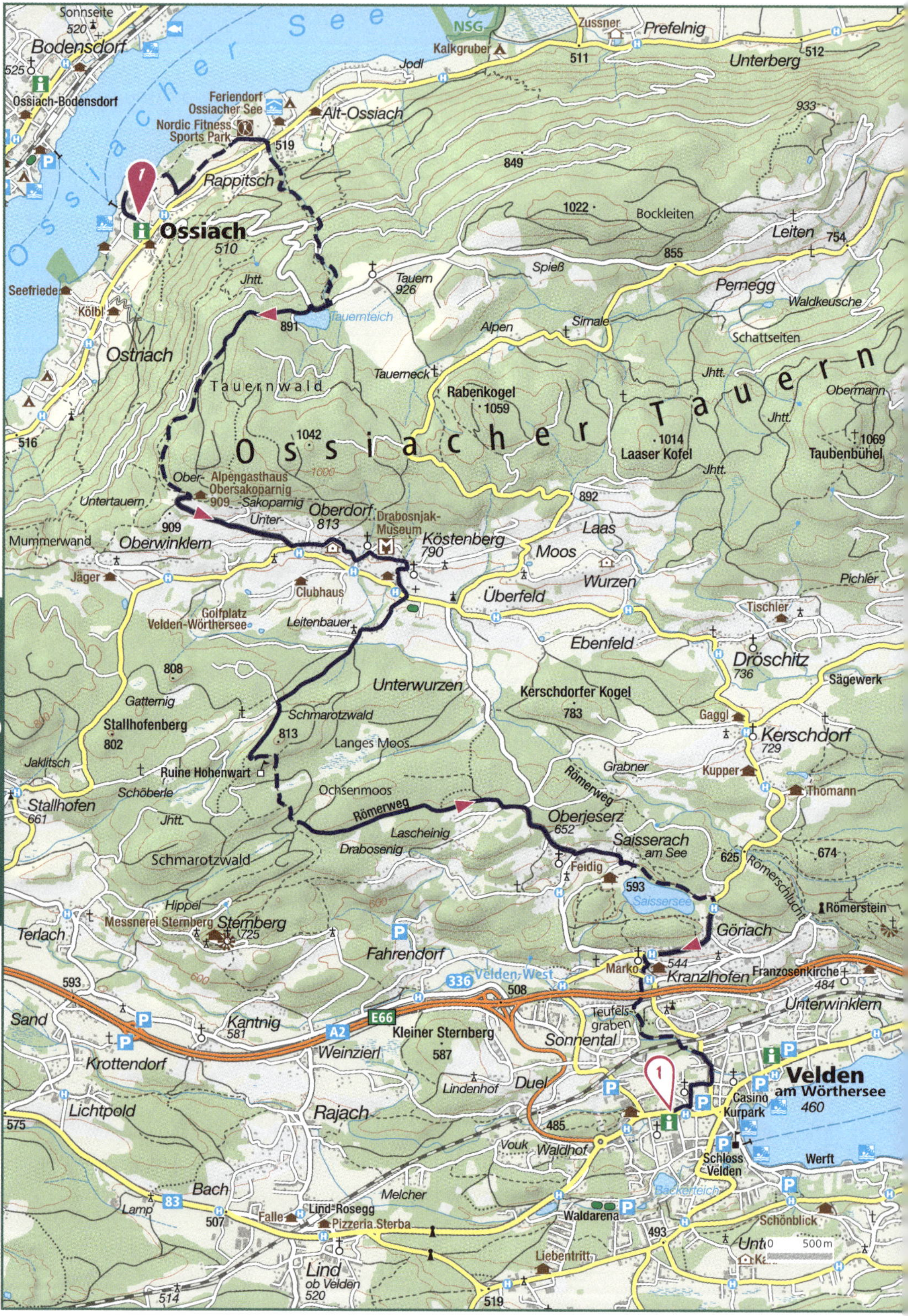

Ossiacher See
Sonnseite 520
Bodensdorf 525
Ossiach-Bodensdorf
NSG
Kalkgruber
Zussner
Prefelnig
511
Unterberg
512
Jodl
Feriendorf Ossiacher See
Nordic Fitness Sports Park
Alt-Ossiach
519
933
Rappitsch
849
Ossiach 510
1022
Bockleiten
Leiten
754
855
Jhtt.
Spieß
Tauern 926
Pernegg
Waldkeusche
Seefriede
Kölbl
891
Tauernteich
Alpen
Simale
Schattseiten
Ostriach
Tauernwald
Tauerneck
Rabenkogel 1059
Ossiacher Tauern
Jhtt.
Obermann
Jhtt.
1069
Taubenbühel
516
1042
1000
1014
Laaser Kofel
Jhtt.
Ober- Alpengasthaus Obersakoparnig 909 -Sakoparnig
Untertauern
892
909
Unter-
Oberdorf 813
Drabosnjak-Museum
Laas
Mummerwand
Oberwinklern
Köstenberg 790
Moos
Jäger
Clubhaus
Wurzen
Überfeld
Pichler
Golfplatz Velden-Wörthersee
Leitenbauer
Tischler
Ebenfeld
Dröschitz 736
808
Unterwurzen
Sägewerk
Kerschdorfer Kogel 783
Gatternig
Schmarotzwald
Gaggl
Stallhofenberg 802
813
Kerschdorf 729
Langes Moos
Jaklitsch
Ruine Hohenwart
Grabner
Römerweg
Kupper
Stallhofen 661
Schöberle
Ochsenmoos
Thomann
Jhtt.
Römerweg
Oberjeserz 652
Lascheinig
Drabosenig
Saisserach am See
625
674
Schmarotzwald
Feidig
Römerschlucht
593
Saissersee
Römerstein
Hippel
600
Messnerei Sternberg
Sternberg 725
Göriach
Terlach
Fahrendorf
593
Marko
544
Kranzlhofen
Franzosenkirche 484
600
336
Velden-West
508
Unterwinklern
Sand
E66
Teufelsgraben
Kantnig 581
A2
Kleiner Sternberg 587
Sonnental
Krottendorf
Weinzierl
Velden am Wörthersee 460
Duel
Lindenhof
Casino
Kurpark
Lichtpold
Rajach
575
485
Vouk
Waldhof
Schloss Velden
Werft
Bäckerteich
Bach
83
Lamp
Lind-Rosegg
Melcher
507
Falle
Pizzeria Sterba
Waldarena
Schönblick
493
Lind ob Velden 520
Liebentritt
514
519
0 500 m

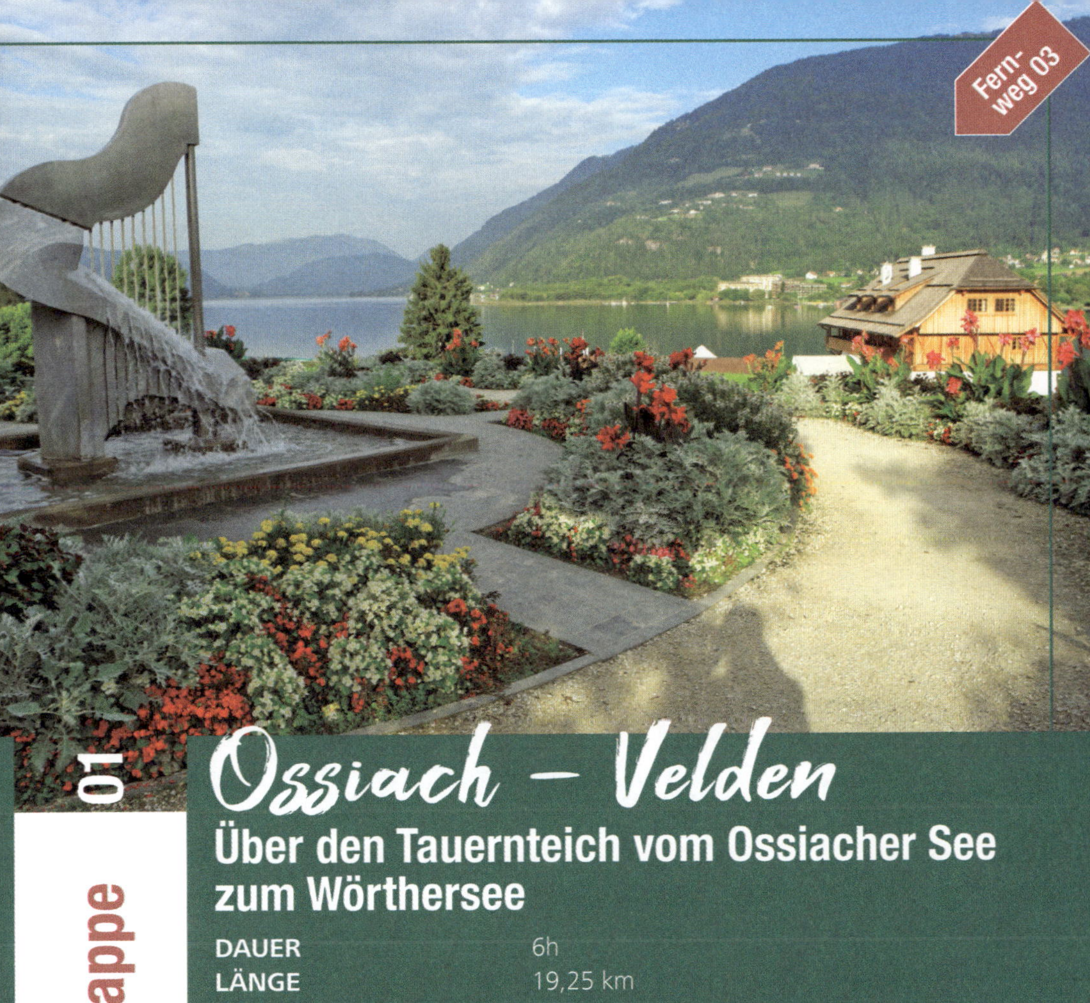

Etappe 01

Ossiach – Velden

Über den Tauernteich vom Ossiacher See zum Wörthersee

DAUER	6h
LÄNGE	19,25 km
HÖHENMETER	753 hm
SCHWIERIGKEIT	MITTEL
MIT ÖFFIS ERREICHBAR	ja

Das erwartet dich ...

Auf der ersten Etappe erwartet uns ein anspruchsvoller Schluchtensteig mit steilen, felsigen Passagen. Danach aber wandern wir über bequeme Forstwege und Waldpfade. Nach dem Alpengasthaus Obersakoparnig führt uns ein verkehrsarmes, asphaltiertes Sträßlein nach Köstenberg. Im letzten Drittel wechseln sich dann Naturwege und asphaltierte Passagen ab.

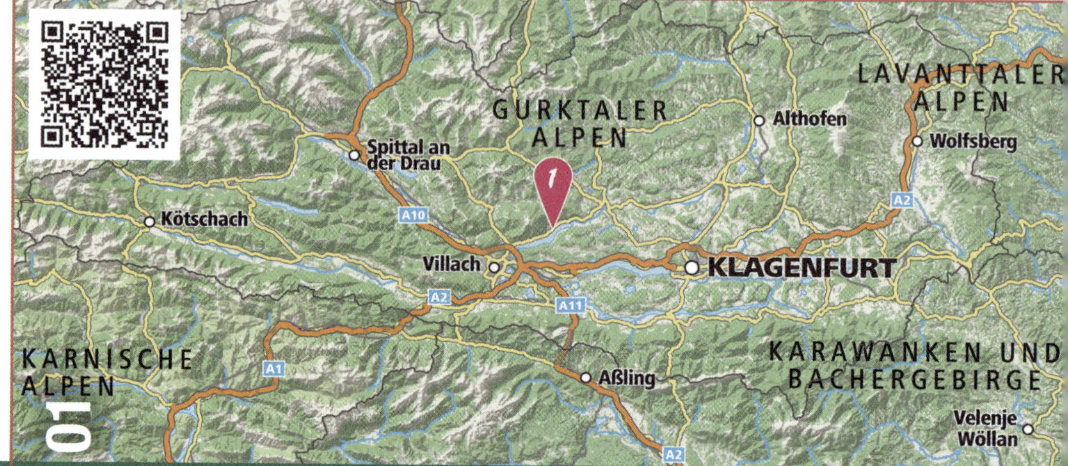

Etappe 01

Start & Ziel & Anreise

Los geht's bei der Tourist-Information in Ossiach. Hier befindet sich der Alpe Adria Trail-Infopoint. Mit dem PKW fährt man am besten über die A8, dann weiter über die A10 Richtung Villach. Hier nehmen wir dann die Ausfahrt Ossiacher See. Züge verkehren nach Ossiach-Bodensdorf.

Tourenbeschreibung

Von der Tourist-Information in Ossiach schlagen wir zunächst die Richtung zum See ein. Wir biegen rechts ab und laufen um das ehemalige Benediktinerstift herum. Über einen Wiesenweg kommen wir danach zur Pension Strauß und halten uns Richtung Rapptisch. Wir queren die L49 und gehen geradeaus hinauf am Bachlauf entlang. An einer Verzweigung und dem Eingang zum Ossiacher Schluchtensteig halten wir uns rechts. Dann wandern wir über eine Brücke links hinauf. Ein steiniger Steig führt am Wasser entlang bergan. Eine Holzbrücke bringt uns über den Bach und dann auf seiner rechten Seite weiter. Wir kreuzen eine Forststraße, dann erklimmen wir eine Eisenleiter und mehrere, steile Holzstufen. An einer Bank können wir kurz rasten. Beim nächsten Steg wird es dann flacher. Noch einmal kreuzen wir eine Forststraße und queren den Bach im Aufstieg noch einige Male. Nach einer Staumauer gelangen wir zum Einstieg des Schluchtensteig-Erlebnisweges.

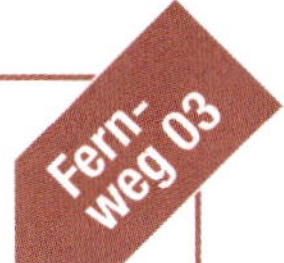

Rechter Hand erreichen wir rasch den Ossiacher Tauernteich. Am Ende des Sees bringt uns der breite Forstweg durch dichten Wald sanft hinauf. Dann führt zu unserer Rechten ein grasiger Waldpfad bergab. Wir bleiben rechts auf dem bald breiteren Waldweg. In leichtem Auf und Ab gelangen wir an eine Verzweigung. Wir halten uns links auf dem schmalen Weg Richtung Sakoparnig. An einer Lichtung stoßen wir auf das Alpengasthaus Obersakoparnig. Hier schwenken wir nach rechts und wandern auf dem Sakoparnigweg aussichtsreich hinab. Bei ein paar Häusern biegen wir nach links in den Oberdorfer Weg ab, der bald steil ansteigt und nach einer Linkskehre zur kleinen Oberdorfer Filialkirche und zum Museum Drabosnjakov Dom hinaufführt.

Aussichtsreich bringt uns der Oberdorfer Weg zur Köstenberger Kirche. Beim Gasthof Gröblacher biegen wir nach links. Dann gehen wir abwärts, beim Gasthaus Glantschnig vorbei, überqueren die Vorfahrtsstraße und biegen dann links ab. Ein asphaltiertes Sträßlein führt uns nun zum Wald hinauf. Dort trifft es auf einen breiten Kiesfahrweg. Vor ein paar Häusern biegen wir links ein und passieren danach einen kleinen Weiher. Danach halten wir uns rechts. Bei der Weggabelung biegen wir links ab und wandern über Kehren den Waldhang hinauf. Dort kommen wir zur verfallenen Ruine Burg Hohenwart.

Nachdem wir ein paar Stufen abgestiegen sind folgen wir den Alpe Adria Trail-Beschilderungen hinab durch den Wald. Eine feuchte und sumpfige Passage überqueren wir mit Hilfe einiger Holzbohlen. An der nächsten Weggabelung halten wir uns geradeaus Richtung Velden. Ein zunächst breiter, dann schmäler werdender Waldweg geleitet uns am Waldsaum entlang bis an ein paar Häuser und ein Asphaltsträßchen. Über die A.-S.-Drabosnjak-Straße gelangen wir in die Obere Jerserzer Straße. Nun geht es rasch hinab nach Oberjeserz. Von Seeblicken begleitet biegen wir scharf nach links ein und erreichen den Saissersee, der hier als Jerserzer See ausgewiesen ist.

Auf der rechten Seite befindet sich der Gasthof Feidig. Wir gehen links am See entlang zur Köstenberger Straßein dihr entlang über den Gehweg rechts hinunter, passieren dabei einen herrlichen Aussichtspunkt und gelangen schließlich nach Göriach. Bei der Kirche und dem Hotel Marko halten wir uns rechts. Ein Wiesenpfad kürzt die Straße ab, dann unterqueren wir die Autobahn. Schließlich stehen wir am Einstieg zum Teufelsgraben. Dieser erholsame Spazierweg ist zugleich ein mit Tafeln bestückter Yogapfad, der am Damtschacher Bach entlangführt. Bei der Wiener Straße queren wir den Bach nach rechts und folgen der Kirchenstraße und dem Schubertweg zur Villacher Straße. Dort wenden wir uns nach rechts und erreichen nach nur wenigen Metern die Tourist-Information Velden am Wörthersee.

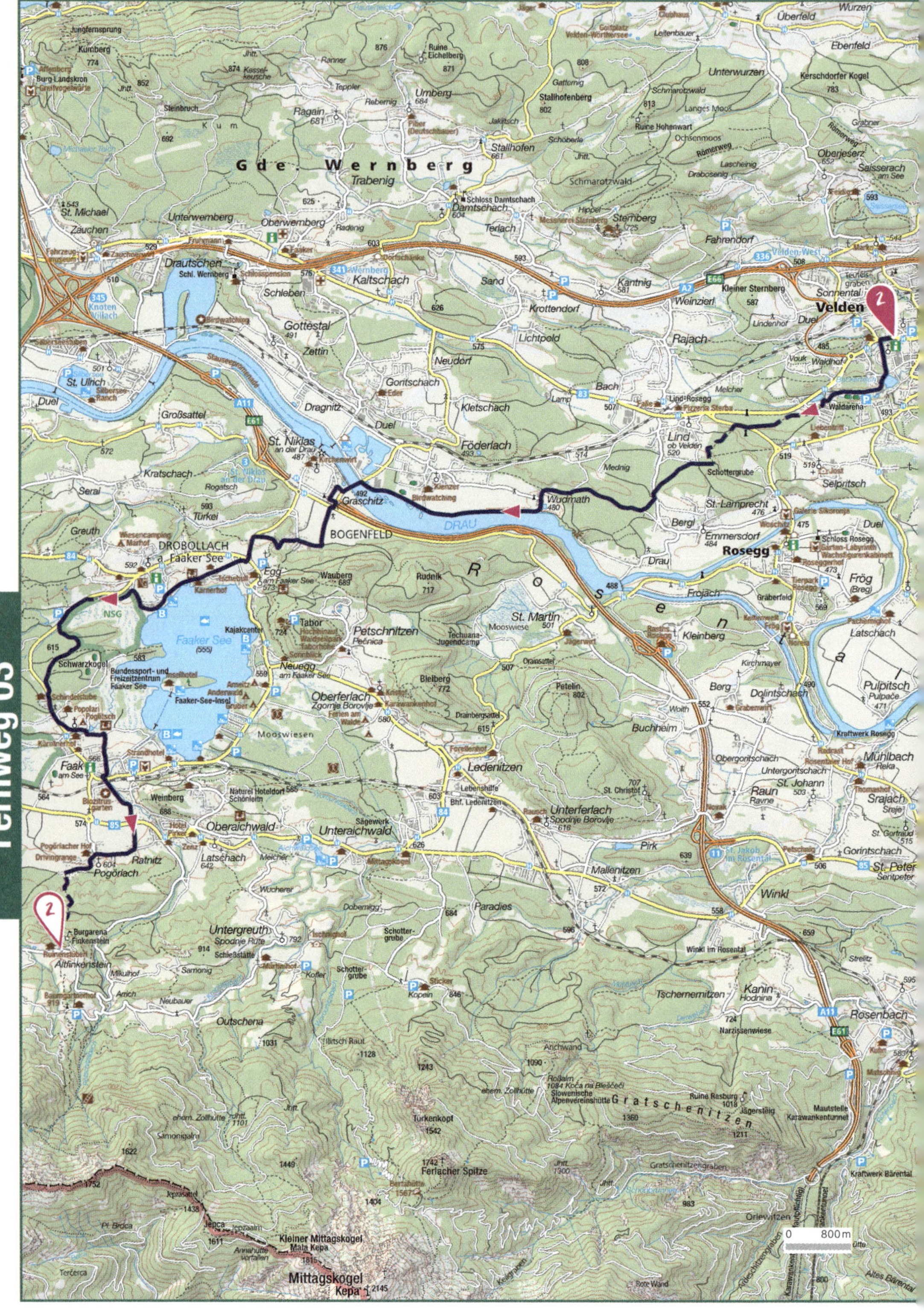
Gde. Wernberg
Velden
Rosegg
Rosental
DRAU
Faaker See
(555)
Faaker-See-Insel
DROBOLLACH
Faaker See
BOGENFELD
Graschitz
Wudmath
Lind ob Velden
Schottergrube
St. Lamprecht
Emmersdorf
Bergl
Drau
Frojach
Kleinberg
St. Martin
Egg am Faaker See
Neuegg am Faaker See
Petschnitzen
Pečnica
Oberferlach
Zgornje Borovlje
Ledenitzen
Unterferlach
Spodnje Borovlje
Oberaichwald
Unteraichwald
Latschach
Faak am See
Pogöriach
Ratnitz
Altfinkenstein
Burgarena Finkenstein
Untergreuth
Spodnje Rute
Outschena
Mittagskogel
Kepa
2145
Kleiner Mittagskogel
Mala Kepa
Ferlacher Spitze
Türkenkopf
Gratschenitzen
Rosenbach
Kraftwerk Bärental
Karawankentunnel
Kanin
Hodnina
Tschemernitzen
Winkl
St. Peter
Sentpeter
Mallenitzen
Pirk
Raun
Ravne
St. Johann
Mühlbach
Reka
Srajach
Streje
Gorintschach
Buchheim
Berg
Dolintschach
Pulpitsch
Pulpače
Latschach
Frög
(Breg)
Kraftwerk Rosegg
Selpritsch
Duel
Sonnental
Weinzierl
Kleiner Sternberg
Krottendorf
Lichtpold
Rajach
Bach
Föderlach
Kletschach
Neudorf
Gottestal
Zettin
Goritschach
Dragnitz
St. Niklas an der Drau
Kaltschach
Schleben
Sand
Drautschen
Schl. Wernberg
St. Ulrich
Großsattel
Kratschach
Serai
Rogatsch
Türkei
Greuth
Schwarzkogel
St. Michael
Zauchen
Unterwernberg
Oberwernberg
Trabenig
Damtschach
Schloss Damtschach
Terlach
Stallhofen
Umberg
Ragain
Kum
Sternberg
Schmarotzwald
Fahrendorf
Oberjeserz
Saisserach am See
Unterwurzen
Überfeld
Wurzen
Ebenfeld
Kerschdorfer Kogel
Jungfernsprung
Kumberg
Burg Landskron
Knoten Villach
Velden-West
NSG
0
800 m

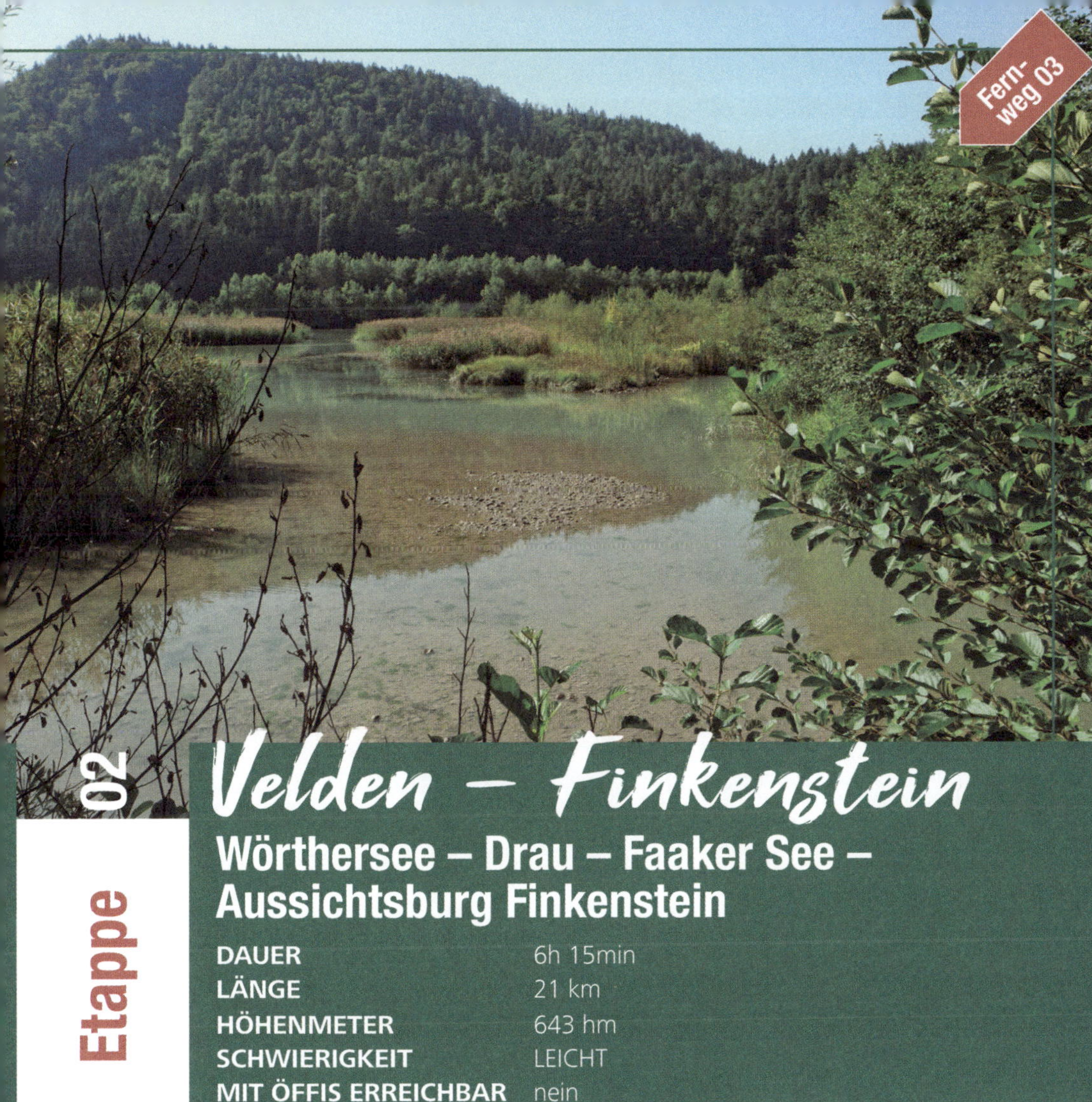

Etappe 02

Velden – Finkenstein

Wörthersee – Drau – Faaker See – Aussichtsburg Finkenstein

DAUER	6h 15min
LÄNGE	21 km
HÖHENMETER	643 hm
SCHWIERIGKEIT	LEICHT
MIT ÖFFIS ERREICHBAR	nein

Das erwartet dich ...

Die heutige Etappe verläuft angenehm und lieblich über Wald- und Wiesenwege. Ein gekiester Uferweg führt uns dann an der Drau entlang. Aber auch einige asphaltierte Passagen sind dabei über kleine Nebenstraßen und Gehwege. Für die relativ lange Strecke haben wir kaum Höhenmeter zu bewältigen. Lediglich der Schlussanstieg auf die Burg Finkenstein hat es kurz in sich. Die Burgruine ist ein entspanntes Etappenziel. Die herrliche Burgarena wird momentan renoviert.

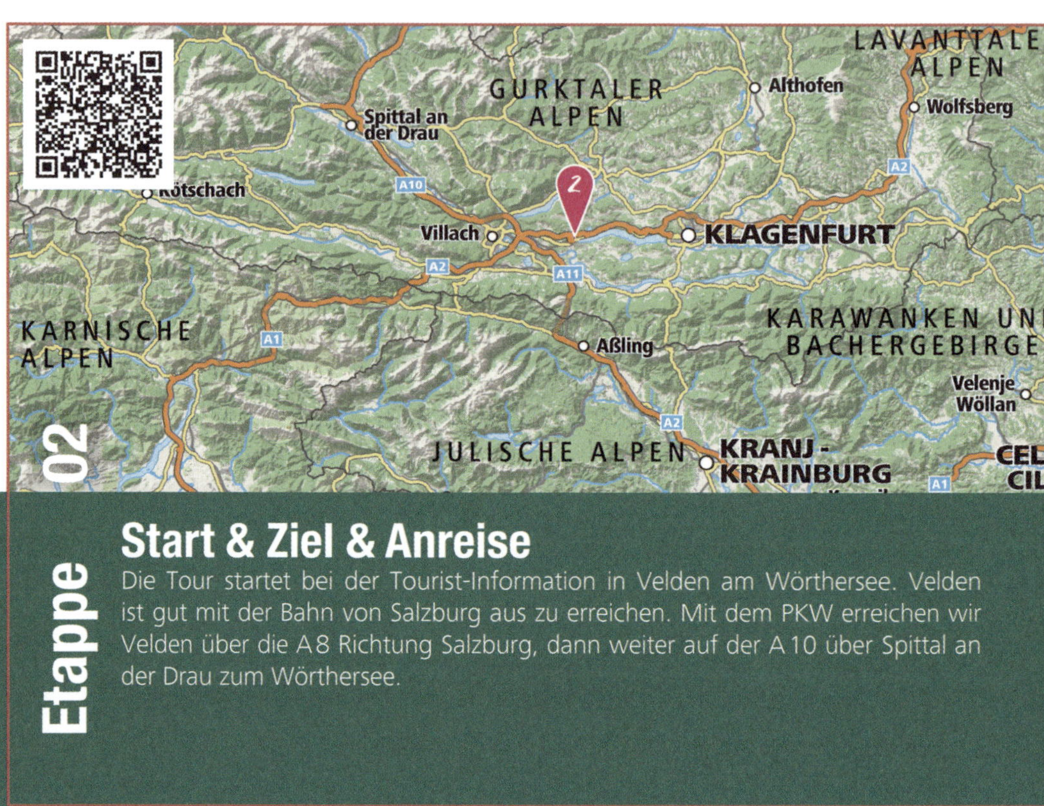

Etappe 02

Start & Ziel & Anreise

Die Tour startet bei der Tourist-Information in Velden am Wörthersee. Velden ist gut mit der Bahn von Salzburg aus zu erreichen. Mit dem PKW erreichen wir Velden über die A 8 Richtung Salzburg, dann weiter auf der A 10 über Spittal an der Drau zum Wörthersee.

Tourenbeschreibung

In Velden folgen wir zunächst von der Tourist-Information der Villacher Straße nach links. Gleich darauf biegen wir nochmals links ab, die Martin-Luther-Straße leitet uns zum Bäckerteich. Kurz bleiben wir am See, dann führt die Sportplatzstraße nach rechts. Beim letzten Haus weist uns schon die Wegmarkierung links hinauf. Wir kreuzen eine Straße, laufen kurz übers Gras und halten uns dann auf dem Weg Nr. 4 Richtung Wudmath nach rechts in den Wald. Mit einem wurzelübersähten Pfad queren wir mehrmals Waldwege. An einem Großen Marterlstein stoßen wir auf die L 60, die Selpritscher Landesstraße. Nur 200 Meter rechts, dann schwenken wir wieder mit der Nr. 4 nach links in den Wald. Der Wurzelpfad bringt uns sanft hinab. Kurz vor dem Waldrand halten wir uns zweimal links und gelangen schließlich nach einigen Richtungswechseln an eine asphaltierte Straße; ihr folgen wir nach links. Kurz darauf erreichen wir die Umweltinsel Bergl, an der wir uns rechts halten. Der Wald nimmt uns wieder auf. Gut fünf Minuten später

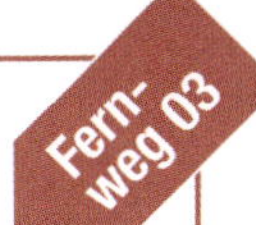

gelangen wir an ein Asphaltsträßlein, das stetig steiler hinabführt. Wegmarkierungen weisen uns darauf hin, dass wir uns auf dem Marienweg befinden. Die Route leitet uns zur Roseggstraße und in Wudmath folgen wir in einem Linksbogen ans Drauufer.

Der gekieste Marienpilgerweg teilt sich nun die Strecke mit dem Drauradweg. Er bringt uns nach rechts am Fluss entlang. Dabei passieren wir das Biotop Föderlach – hier gibt es eine wunderschöne, halbinselartige Rast- und Aussichtsstelle. Schließlich erreichen wir ein paar Industriegebäude und die große Draubrücke. Hier überqueren wir die Drau und folgen den Markierungen nach rechts. Dann weist uns der Graschnitzer Weg nach links durch die Erdbeerfelder. Wir schwenken nach links, dann nach rechts und überqueren so die Autobahn über eine Brücke, kurz darauf die Landstraße. Vorsicht, hier müssen wir gut auf den Verkehr achten! Ein asphaltiertes Sträßchen begleitet uns dann zum Ortsschild Bogenfeld. Wir knicken scharf nach rechts und steigen dann sanft auf dem Deutschbauerweg durch die Häuser empor. Am Waldrand entlang können wir dann die letzte Straßenkehre abkürzen.

An der L 52 schwenken wir nach links um sie nur wenig später zu überqueren. Der Georg-Prevetz-Weg steigt zunächst an, dann bringt er uns zu einer sehr schönen Aussichtsstelle. Hier warten ein Marterl und ein toller Blick auf den See auf uns. Weiter geht es am Karnerhof vorbei zum Faaker See und schließlich hinunter zur Drobollacher Seepromenade. Unsere Alpe Adria Trail-Markierung lässt uns das Seehotel Ressmann in einem Rechtsbogen umrunden. Dann steigen wir an und verlassen das Sträßchen in einer Rechtskurve nach links. Noch einmal genießen wir hier die herrlichen Blicke über den See. Wir wandern weiter durch ein kurzes Waldstück, dann empfängt uns freies Wiesengelände, über das wir schließlich zur Straße und zum Eingang des ausgeschilderten Drachenwanderweges gelangen. An der Pos. Kohlstattstraße 560 Meter biegen wir links ein. Die Markierung „Rund um den See" führt uns durch den Wald. An der Autostraße folgen wir dem Gehweg bergab nach Faak am See.

Im Ort halten wir uns auf den linker Hand abzweigenden Kirchenweg Richtung Restaurant Kärntnerhof und Kirche. Am Campingplatz Poglitsch vorbei wandern wir um den Badeteich. Dann leitet uns die Bachstraße in den Fliederweg und zur Bahnhofsunterführung. Die Faaker Straße führt uns dann aus dem Ort hinaus. Bei der Überquerung der Rosentalstraße befindet sich noch einmal eine Rastbank mit einem Marterl. Dann bringt uns der Karawankenweg nach Pogöriach. Vom Pogöriacher Hof führt die Pogöriacher Straße nach links in den Wald hinauf. Noch vor einem Parkplatz mündet die asphaltierte Straße in einen schmalen Weg. Wir steigen durch den Wald zu einer Lichtung auf. Links oben thront schon die Burgruine Finkenstein. Bald darauf sind wir beim Ruinenstüberl in Altfinkenstein.

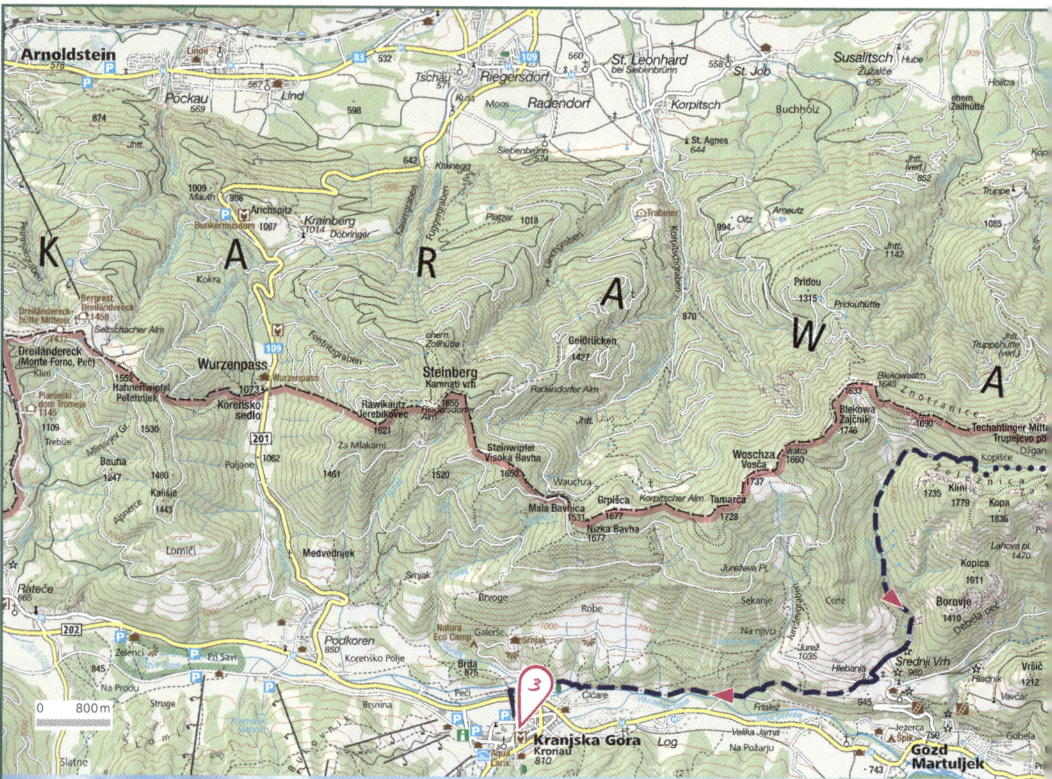
Arnoldstein
Pöckau
Lind
Tschau
Riegersdorf
Radendorf
St. Leonhard bei Siebenbrünn
St. Job
Susalitsch
Žužalče
Korpitsch
Buchholz
St. Agnes
Siebenbrünn
Arichspitz
Bunkermuseum
Krainberg
Döbringer
Trabiner
Pridou
Pridouhütte
K
A
R
A
W
A
Dreiländereck (Monte Forno, Peč)
Wurzenpass
Koreinsko sedlo
Steinberg
Kamnati vrh
Rawikautz Jerebikovec
Geißrücken
Radendorfer Alm
Blekowa Zajčnik
Blekowaalm
Znotranice
Techantinger Mitta
Trupejevo po
Woschza Vošča
Steinwipfel Visoka Bavha
Wauchza
Mala Bavnica
Grpišca
Korpitscher Alm
Tamarča
Nizka Bavha
Železnica
Kopišče
Klini
Kopa
Kopica
Borovje
Debela peč
Medvednjek
Lomiči
Rateče
Podkoren
Korensko Polje
Zelenci
Pri Savi
Na Produ
Struge
Brsnina
Peči
Brda
Natura Eco Camp
Galerše
Smrjak
Brvoge
Robe
Jureževa Pl.
Sekanje
Cerce
Na njivci
Hlebanja
Srednji Vrh
Čičare
Frtalež
Kranjska Gora
Kronau
Log
Velika Jama
Na Požarju
Jezerca
Špik
Gozd Martuljek
Vršič
Hladnik
Vavčar
Gobela
3
0
800 m

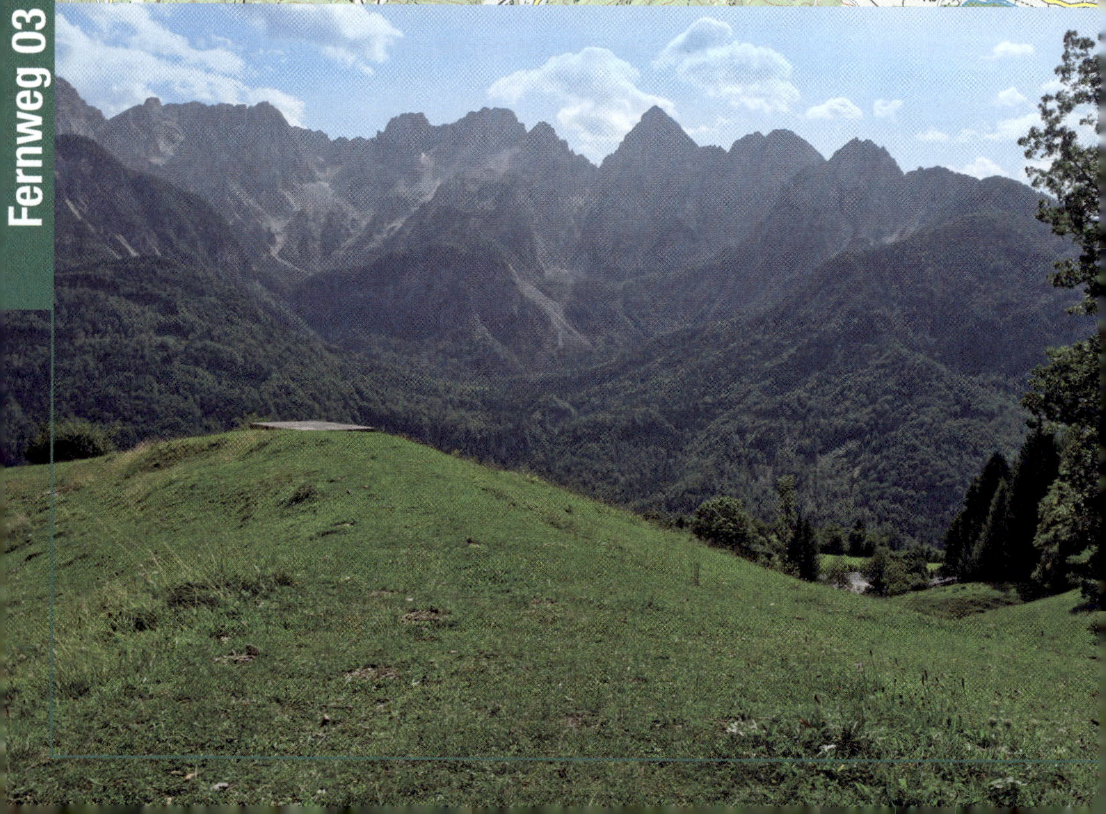

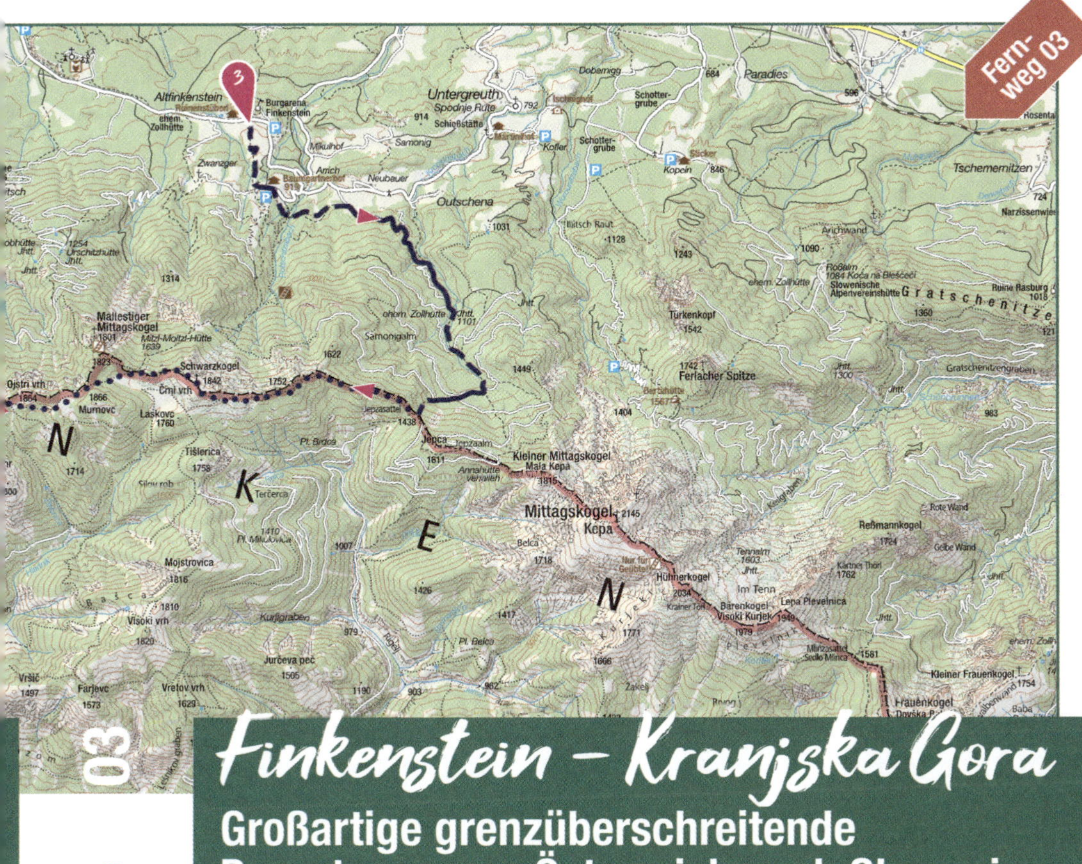

03 Etappe

Finkenstein – Kranjska Gora

Großartige grenzüberschreitende Bergetappe von Österreich nach Slowenien

DAUER	7h 45min
LÄNGE	22,75 km
HÖHENMETER	1480 hm
SCHWIERIGKEIT	SCHWER
MIT ÖFFIS ERREICHBAR	ja

Das erwartet dich ...

Abwechslungsreich führen uns Wiesen- und Waldpfade, zwischendurch auch Forstwege, hinauf zum Jepca-Sattel. Der Weiterweg bringt uns dann über einen felsigen, teilweise steilen und ausgesetzten Gipfel- und Höhenweg über den Schwarzkogel und unterhalb der Mittagskogelgipfel entlang. Ein steiler, zu Beginn kiesiger Pfad leitet schließlich nach Srednji Vrh hinab. Schließlich geht es eher gemächlich und flach entlang des Dolinka-Ufers nach Kransjka Gora.

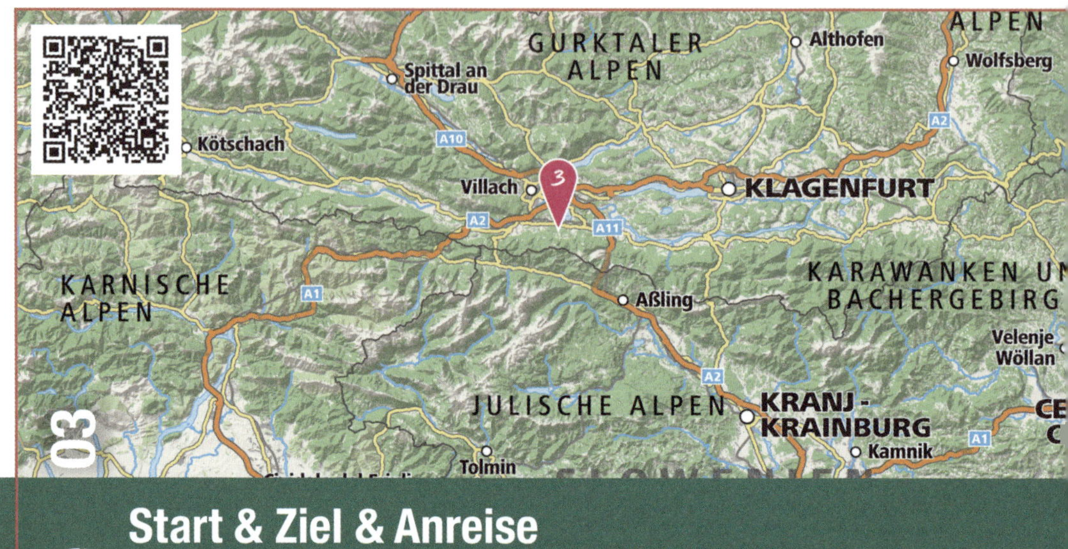

Etappe 03

Start & Ziel & Anreise

Ausgansgpunkt der heutigen Etappe ist das Ruinenstüberl in Altfinkenstein unterhalb der Burgarena Finkenstein. Von Villach fahren wir über die B 85, dann weiter auf der B 83 Richtung Finkenstein. Von hier aus nehmen wir die Altfinkensteiner Straße zum Ruinenstüberl. Von Villach fährt die S 5 nach Finkenstein.

Tourenbeschreibung

Wir lassen das Ruinenstüberl in Altfinkenstein hinter uns und wandern unterhalb der aussichtsreichen Burg einige Meter die Straße entlang. Ein Feldweg führt uns bald rechter Hand über die Wiesen, vorbei an einem Wildgehege und in den Wald hinein. Dann steigt ein schmaler Pfad zur bewirtschafteten Baumgartnerhöhe auf, an der sich auch ein Alpe Adria Trail-Infopoint befindet. Beim Parkplatz des Hotels geht's ein paar Meter hinunter, dann gehen wir rechts über Wiesen in den Wald. Vorbei am Einstieg zum Erlebnisklettersteig wandern wir auf anfangs breitem Forstweg. Dann leitet uns die Markierung nach links auf einen schmalen, steinigen Pfad durch den Wald hinauf. Wir werden von einem Bach begleitet, an dem wir uns immer wieder erfrischen können. Eine Forststraße überqueren wir, halten uns jedoch weiterhin auf dem abkürzenden Pfad. Dann treffen wir erneut auf den Forstweg und einer Verzweigung. Hier folgen wir dem Kiessträßchen hinauf zur Ländergrenze am Jepcasattel.

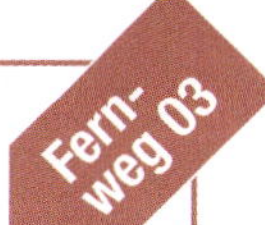

Vom Sattel aus stiegen wir steil zu den Felsen auf. Auf einem sehr schönen, teils ausgesetzten und schmalen Gratweg traversieren wir entlang der österreichischen-slowenischen Grenze. Dabei begleiten uns herrliche Ausblicke nach links in die Julischen Alpen. Leichtes Auf und Ab führt uns zum latschenbewachsenen Gipfelkreuz des Schwarzkogels empor. Hier erfreuen wir uns über ein fantastisches Panorama mit einem beeindruckenden Drei-Seen-Blick. Ebenso steil wie der Aufstieg war geht es nun auch wieder hinunter. Der gut erkennbare Pfad leitet uns in einen grasigen Sattel. Hier steigen wir wieder hinauf, überschreiten eine Kuppe und steigen aussichtsreich auf dem steinigen Pfad bergab. Dann stoßen wir auf die Pos. Grenze mit einer Verzweigung.

Der Weg geradeaus führt zum Mallestiger Mittagskogel hinauf. Wir wenden uns nach links und wandern mit der Alpe Adria Trail-Markierung noch einmal zum Grat hinauf. Ein aussichtsreicher Hangweg führt von hier aus links des Grates. Er bringt uns zu einer grasigen Senke hinunter und zu einem Sattelpunkt hinauf. Vor uns eröffnen sich nun weitreichende Blicke. Wir wenden uns kurz nach links, dann steigen wir über enge, steile und kiesige Kehren hinab. Nach einem Latschengebiet flacht der Weg über Wiesengelände ab und bringt uns schließlich in den Wald. Nach einem Brunnen, der uns mit Trinkwasser erfrischt, bringt uns der breite Wanderweg durch den Wald hinunter. An einem Bachlauf, der bei hohen Temperaturen immer wieder mal ausgetrocknet sein kann, laufen wir abwärts. Schließlich wird das Bachbett wieder von einem kleinen Wasserfall gespeist, der sich auf der linken Seite befindet. Die Berghänge rücken hier nahe aneinander und geben dem Wegverlauf einen fast schluchtartigen Charakter. Am Waldsaum wandern wir in einer langen Linkskehre hinunter zu den Häusern von Srdniji Vrh.

Noch vor dem ersten Haus biegen wir nach rechts auf ein asphaltiertes Sträßchen ab. Unsere Markierung weist uns dann nach links. Wir passieren ein schönes Marterl und wandern am Wiesenhang entlang auf den Wald zu. Der Weg fällt zu einer kleinen Kapelle mit Marienfiguren ab. Gleich danach bieten sich uns erste Blicke hinunter nach Kranjska Gora. Noch einmal steigen wir steinig und steil bergab. Dann überqueren wir eine Holzbrücke, gelangen an einen Bachlauf und halten uns vor den Holzstegen rechts. An der Unteren Save – der Sava Dolinka – wandern wir auf einem schmalen, wurzeligen Pfad rechts vom Fluss. Gelbe Pfeile und unser Wegzeichen weisen uns zu einem Sportplatz. Nach links geht es beim Sportpark und dem Bachlauf entlang zu einer Brücke. Wir überqueren sie und schlendern über die Wiesen zu ein paar Häusern; an einem asphaltierten Pfad biegen wir links ein und erreichen so den Buskreisel am Hotel Skipass. Dann halten wir uns rechts und gelangen über die Kolodvorska Ulica in ein paar Minuten in die Mitte des Ortes und zum Tourismusbüro von Kranjska Gora.

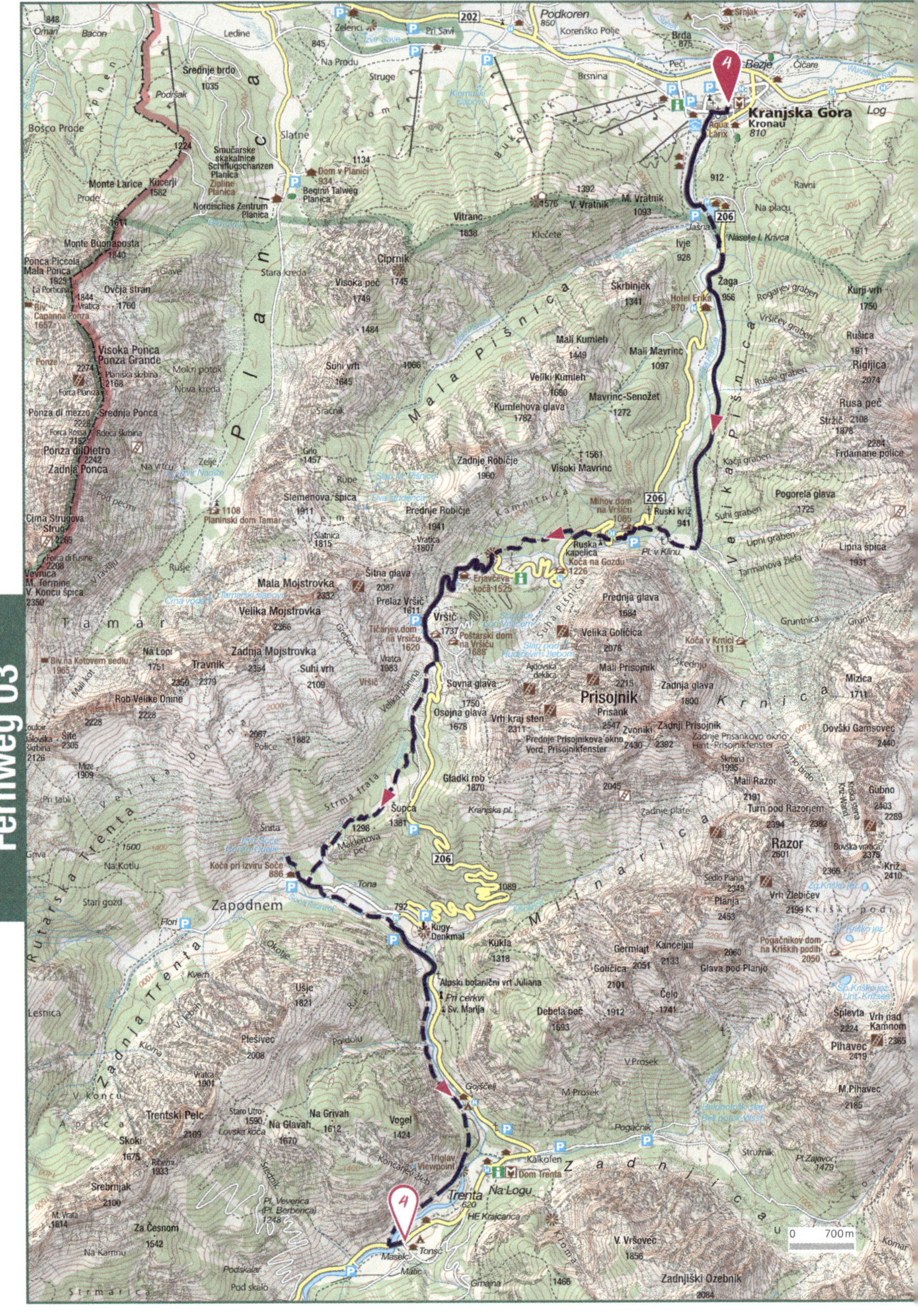

Podkoren
850
Korenško Polje
202
Zelenci
Izvir Save
Pri Savi
Ledine
Na Produ
Struge
Brsnina
Brda
875
Srnjak
Peči
Bezje
Čičare
Kranjska Gora
Kronau
810
Log
Aqua Larix
Srednje brdo
1035
Podršak
Bošco Prode
Slatne
1224
Smučarske skakalnice
Schiflugschanzen Planica
Zipline Planica
Dom v Planici
934
Begunj Talweg Planica
1134
Monte Larice
Kucerji
1582
Prode
Nordisches Zentrum Planica
1611
912
Ravni
1392
V. Vratnik
M. Vratnik
1093
1576
Jasna
206
Na placu
Naselje I. Krivca
Monte Buonaposta
1640
Vitranc
1638
Ciprnik
1745
Ivje
928
Ponca Piccola
Mala Ponca
1925
Glave
Stara kreda
Visoka peč
1749
Škrbinjek
1341
Žaga
956
Kurji vrh
1750
Ovčja stran
1760
Hotel Erika
870
Mali Kumleh
1449
Mali Mavrinc
1097
Visoka Ponca
Ponza Grande
2274
2168
Mokri potok
Nova kreda
Suhi vrh
1645
1066
Mala Pišnica
Veliki Kumleh
1680
Mavrinc-Senožet
1272
Rigljica
2074
Rusa peč
Stržič
1878
Ponza di mezzo
Srednja Ponca
2228
2152
Ponza di Pietro
2242
Zadnja Ponca
Kumlehova glava
1782
Planica
Grlo
1457
Zadnje Robičje
1960
Visoki Mavrinc
1561
Pogorela glava
1725
Frdamane police
Slemenova špica
1911
Prednje Robičje
1941
Kamnitnica
Mihov dom na Vršiču
1085
Ruski križ
941
Cima Strugova
Strug
2265
1108
Planinski dom Tamar
Slatnica
1815
Vratica
1807
Ruska kapelica
Koča na Gozdu
1226
Pl. v Klinu
Lipna špica
1931
Vevnica
M. Termine
V. Koncu Špica
2350
Rušje
Mala Mojstrovka
2332
Šitna glava
2087
Prelaz Vršič
1611
Erjavčeva koča
1525
Prednja glava
1684
Gruntnica
Velika Mojstrovka
2366
Vršič
1737
Tičarjev dom na Vršiču
1620
Poštarski dom na Vršiču
1688
Velika Goličica
2078
Koča v Krnici
1113
Tamar
Biv. na Kotovem sedlu
1965
Na Lopi
1751
Travnik
2379
Zadnja Mojstrovka
2354
Suhi vrh
2109
Vratca
1983
Mali Prisojnik
2215
Zadnja glava
1800
Mizica
1711
Sovna glava
1750
Prisojnik
Prisank
2547
Krnica
Rob Velike Dnine
2228
Osojna glava
1678
Vrh kraj sten
2311
Zvoniki
2430
Zadnji Prisojnik
2382
Dovški Gamsovec
2440
Šite
2305
2087
1882
Police
Mali Razor
2101
Mize
1909
Gladki rob
1870
2045
Turn pod Razorjem
2394
2382
Gubno
2303
2289
Pri Jabli
Strma frata
Šupca
1381
Razor
2601
1298
Snita
Makinova peč
Koča pri izviru Soče
886
Izvir Soče
Na Kotlu
1500
206
1089
Sedlo Planja
2349
Planja
2453
Vrh Žlebičev
2199
Križ
2410
Stari gozd
Tona
Zapodnem
792
Kugy-Denkmal
Mlinarica
Flori
Kukla
1318
Germlajt
Kanceljni
2133
2060
Goličica
2051
2101
Glava pod Planjo
Pogačnikov dom na Kriških podih
2050
Lesnica
Ušje
1821
Alpski botanični vrt Juliana
Pri cerkvi Sv. Marija
Debela peč
1693
1912
Čelo
1741
Šplevta
2224
Vrh nad Kamnom
2365
Pihavec
2419
Zadnja Trenta
Plešivec
2008
Poldolu
V. Prosek
M. Prosek
M. Pihavec
2185
Vratica
1901
Gojščelj
Trentski Pelc
2109
Na Grivah
1612
Vogel
1424
Na Glavah
1670
Skoki
1675
Ribežni
1933
Pogačnik
Stružnik
Pl. Zajavor
1479
Triglav Viewpoint
Kalkofen
Dom Trenta
Zadnjica
Srebrnjak
2100
Trenta
620
Na Logu
HE Krajcarica
M. Vrata
1814
Pl. Ververica
1248
Za Česnom
1542
V. Vršovec
1856
0
700 m
Na Kamnu
Mašek
Tonsc
Mabic
Gmajna
1466
Zadnjiški Ozebnik
2084
Podskalar
Pod skalo
Strmarica

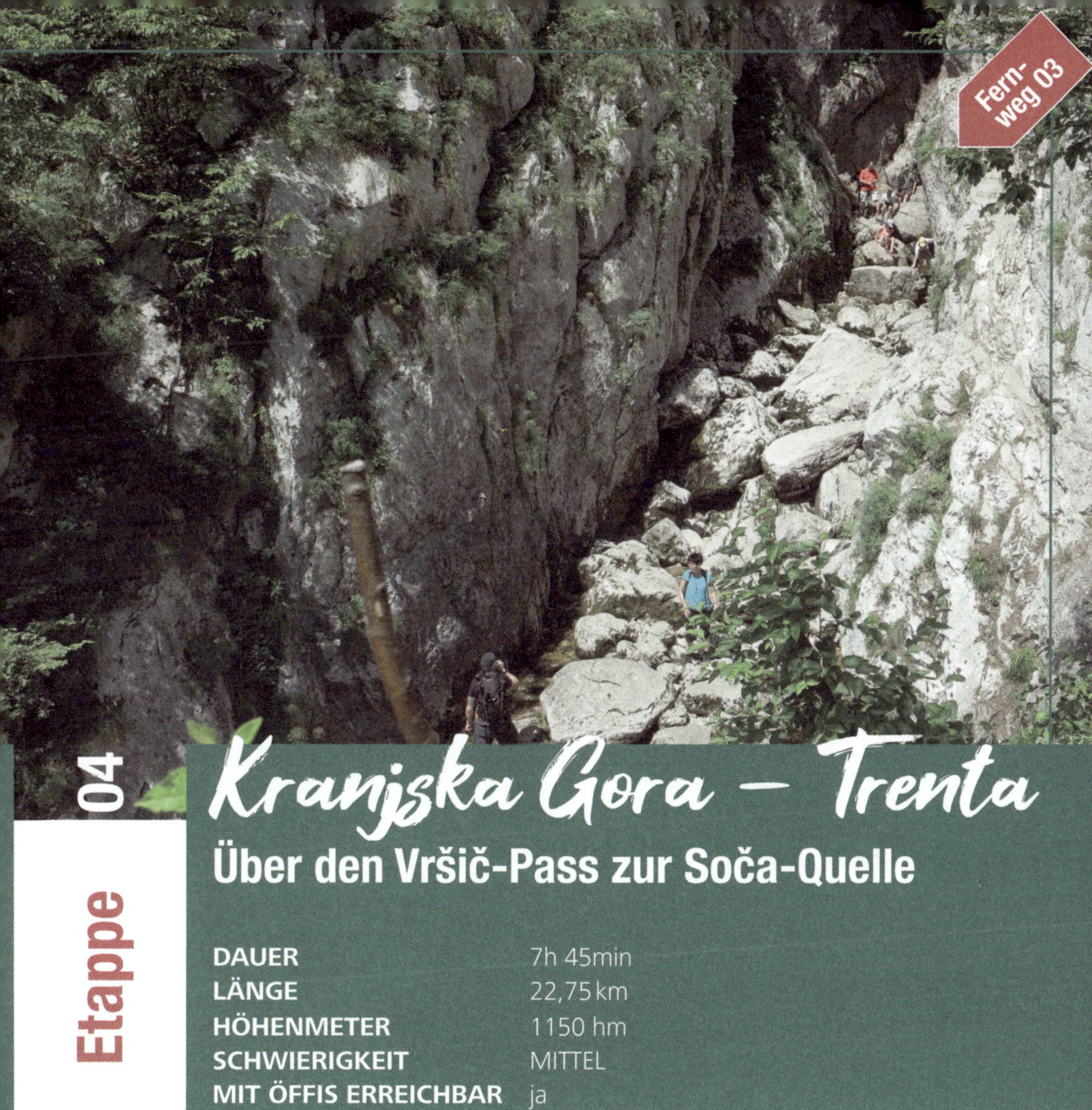

Etappe 04

Kranjska Gora – Trenta

Über den Vršič-Pass zur Soča-Quelle

DAUER	7h 45min
LÄNGE	22,75 km
HÖHENMETER	1150 hm
SCHWIERIGKEIT	MITTEL
MIT ÖFFIS ERREICHBAR	ja

Das erwartet dich ...

Die erste halbe Stunde beginnt auf einem asphaltierten Weg zum Jasna-See. Dann wandern wir weiter auf einem relativ flachen Weg entlang der Pišnica. Steil bringt uns ein wurzeliger Pfad hinauf zum Vršič-Pass, dabei wandern wir immer wieder kurz auf asphaltierten Passagen. Ein kehrenreicher Pfad führt uns ebenso steil hinunter ins Sočatal. Hier begleiten wir die Soča auf ihrem teilweise wurzeligen Trail nach Trenta. Der halbstündige Abstecher zur Soča-Quelle ist steil, doch sehr lohnenswert.

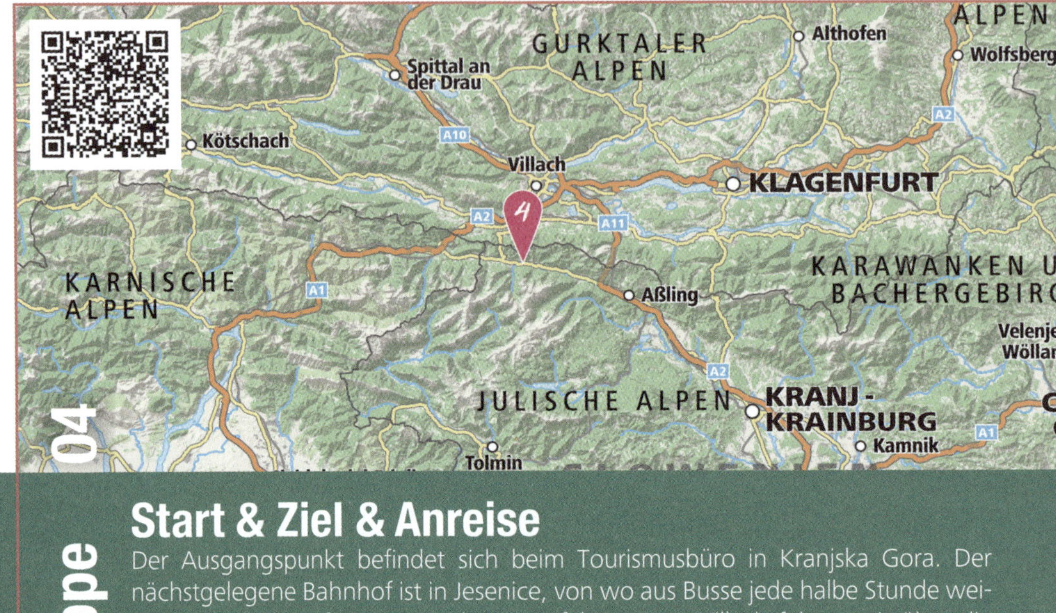

Etappe 04

Start & Ziel & Anreise

Der Ausgangspunkt befindet sich beim Tourismusbüro in Kranjska Gora. Der nächstgelegene Bahnhof ist in Jesenice, von wo aus Busse jede halbe Stunde weiter ins 20 km entfernte Kranjska Gora fahren. Von Villach fahren wir über die B 83, dann weiter über die B 109 nach Kranjska Gora.

Tourenbeschreibung

Im Zentrum von Kranjska Gora starten wir beim Tourismusbüro Richtung Kirche. Beim Ramada-Hotel biegen wir links ein und verlassen den Ort entlang der Autostraße. Wir passieren einen Brunnen, queren die Pišnica und erreichen den Jasna-See. Die Alpe Adria Trail-Markierung führt uns beim See nach rechts über einen geplättelten Weg. An der Autostraße richten wir uns nach der Markierung Nr. 7 weiter geradeaus. An der Straßenbrücke über die Pišnica, kurz nach dem Triglav-Nationalparkschild, folgen wir den Markierungen nach links Richtung Vršič. Zu unserer Linken begleitet uns die Pišnica. Der flache Kiesweg kreuzt mehrere Zuläufe, bis uns die beiden Markierungen nach rechts weisen. Wir überqueren das Bachbett, passieren ein Waldstück und gelangen schließlich zu einem Kiesweg, dem wir nach rechts Richtung Vršič folgen.

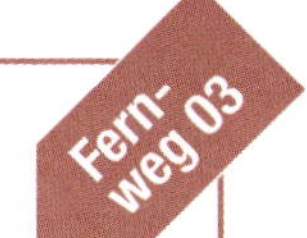

Nach einer kleinen Kapelle und einem größeren Holzhaus stoßen wir wieder auf einen Bach, den wir etwas nach rechts versetzt auf einem Holzsteg überqueren. Hinter einem Parkplatz mit einem Brunnen folgen wir weiter unserer Beschilderung. Der Weg steigt steil an. Die Passstraße im Blick halten wir uns links und folgen dem wurzelübersäten Pfad aufwärts. An der Passstraße folgen wir ihr ein kurzes Stück über eine Kurve, dann kürzen wir wieder auf dem Pfad ab. An der nächsten Rechtskurve laufen wir durch ein Tor hindurch und erklimmen ein paar steinerne Stufen zur Russenkapelle hinauf.

Der steinige Waldpfad bringt uns zur Straße; wir überqueren sie schräg nach links und wandern auf dem Pfad steil weiter bergan. In einer scharfen Kurve gelangen wir an die Passstraße. Sie bringt uns ein paar Kehren empor, dann zweigt vor Kurve 21 linker Hand ein Waldpfad ab. Wir passieren einen Soldatenfriedhof, dann kommen wir erneut auf die Straße. Hier führt uns ein Wiesenpfad direkt hoch zum Parkplatz. Der Fußweg neben der Straße bringt uns die letzten Meter zur Passhöhe Vršič. Auf dem Weg wieder hinab kürzen wir die Kurven 25 und 26 ab, um dann hinter der Leitplanke nach rechts auf einen Fußweg abzubiegen. Auf dem Boden erkennen wir die Markierung „Trenta". Eine rote Ringmarkierung lässt uns nach rechts schwenken. Hier führt uns ein sehr schmaler Pfad kehrenreich abwärts, bis er dann am Waldhang entlang traversiert. Schließlich folgen wir dem immer breiter werdenden Waldweg mit dem roten Ring in Kehren hinunter. Den folgenden Bach überqueren wir auf einem Holzsteg, dann stehen wir an einer Fahrstraße.

An ein paar Hütten wandern wir rechts am Sträßchen entlang zur Jausenstation. Der Steig zur Soča-Quelle ist steil, schmal und verlangt Trittsicherheit. Drahtseile helfen über schwierige Stellen hinweg. Wieder auf unserer ursprünglichen Route erreichen wir rechts hinab auf der Straße den beschilderten Eingang des Soča-Trails. Nach ein paar Stufen nimmt uns im Wald ein wurzeliger Pfad auf. An einer Gabelung halten wir uns rechts, unserer Markierung über ein paar Stufen hinab folgend. An der Straße überqueren wir eine Brücke und bleiben hinter den Leitplanken entlang der Straße. An einer Straßenkehre nach der Hängebrücke halten wir uns geradeaus rechts der Soča und gehen in den Wald. Auf dem anderen Ufer der Soča sehen wir links eine kleine Kirche. Wir passieren eine zerstörte Hängebrücke. Auf der linken Seite jenseits des Flusses sehen wir die Straße. Nach sanftem Auf und Ab erblicken wir gegenüber einer Infotafel des Triglav-Nationalparks und einen Campingplatz. Kurz steigen wir an, dann folgen wir ein paar Kehren hinab. Anschließend bleiben wir geradeaus Richtung Soča beziehungsweise Bovec und ignorieren die Abzweigung zur Tourismusinfo Dom Trenta. Ausgesetzt und mit Drahtseilen gesichert passieren wir einen tollen Aussichtspunkt. Der Soška pot-Wegweiser bringt uns hinab zur Soča und an ihrem Ufer entlang zur Brücke und einer Straße. Nach der Brücke links gelangen wir nach Trenta. Die Straße hinauf beim Sportplatz vorbei führt zur Dom Tourist-Info.

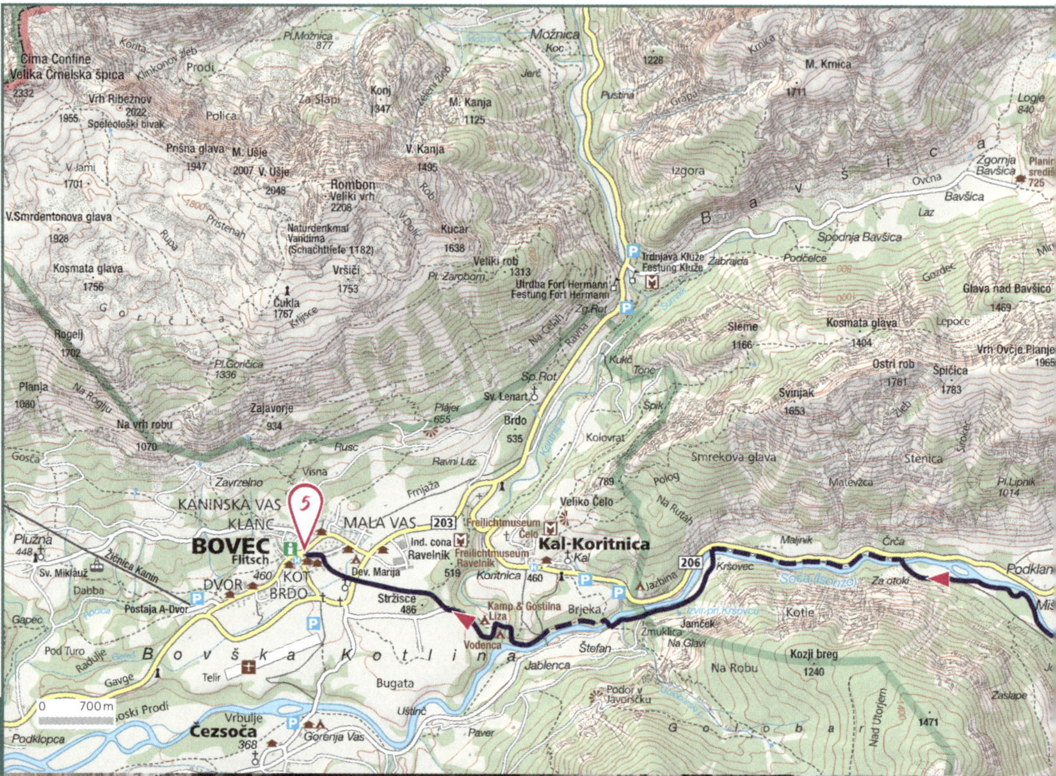
Cima Confine
Velika Črnelska špica
2332
Vrh Ribežnov
2022
Speleološki bivak
Prišna glava
M. Ušje
2007
V. Ušje
2048
Rombon
Veliki vrh
2208
V. Kanja
1495
M. Kanja
1125
Konj
1347
Možnica
Pl. Možnica
877
V. Smrdentonova glava
1928
Kosmata glava
1756
Naturdenkmal
Vandima
(Schachttiefe 1182)
Vršiči
1753
Čukla
1767
Kucar
1638
Veliki rob
1313
Utrdba Fort Hermann
Festung Fort Hermann
Trdnjava Kluže
Festung Kluže
Rogelj
1702
Planja
1080
Pl. Goričica
1336
Zajavorje
934
Na vrh robu
1070
Sv. Lenart
Brdo
535
Izgora
B a v š i c a
Zgornja Bavšica
Bavšica
Spodnja Bavšica
Podčelce
Glava nad Bavšico
1469
Sleme
1166
Kosmata glava
1404
Ostri rob
1761
Špičica
1783
Vrh Ovčje Planje
1965
Svinjak
1653
Smrekova glava
Stenica
Kolovrat
M. Krnica
1711
1228
Logje
840
KANINSKA VAS
KLANC
MALA VAS
BOVEC
Flitsch
DVOR
KOT
BRDO
460
Ind. cona
Ravelnik
519
Freilichtmuseum
Čelo
Freilichtmuseum
Ravelnik
Kal-Koritnica
Kal
Koritnica
460
Veliko Čelo
789
Dev. Marija
Stržisce
486
Kamp & Gostilna
Liza
Vodenca
Brjeka
Štefan
Jablenca
Zmuklica
Jamček
Na Glavi
Kotle
Kozji breg
1240
Na Robu
Podor v
Javoršcku
Soča (Isonzo)
Za otoki
Krsovec
Čela
Podklanec
203
206
5
Plužna
448
Sv. Mihaluž
Dabba
Postaja A-Dvor
Gapec
Pod Turo
Gavge
B o v š k a K o t l i n a
Telir
Bugata
Vrbulje
Čezsoča
368
Gorenja Vas
Paver
G o b a r
Nad Utorjem
1471
Podklopca
0 700 m

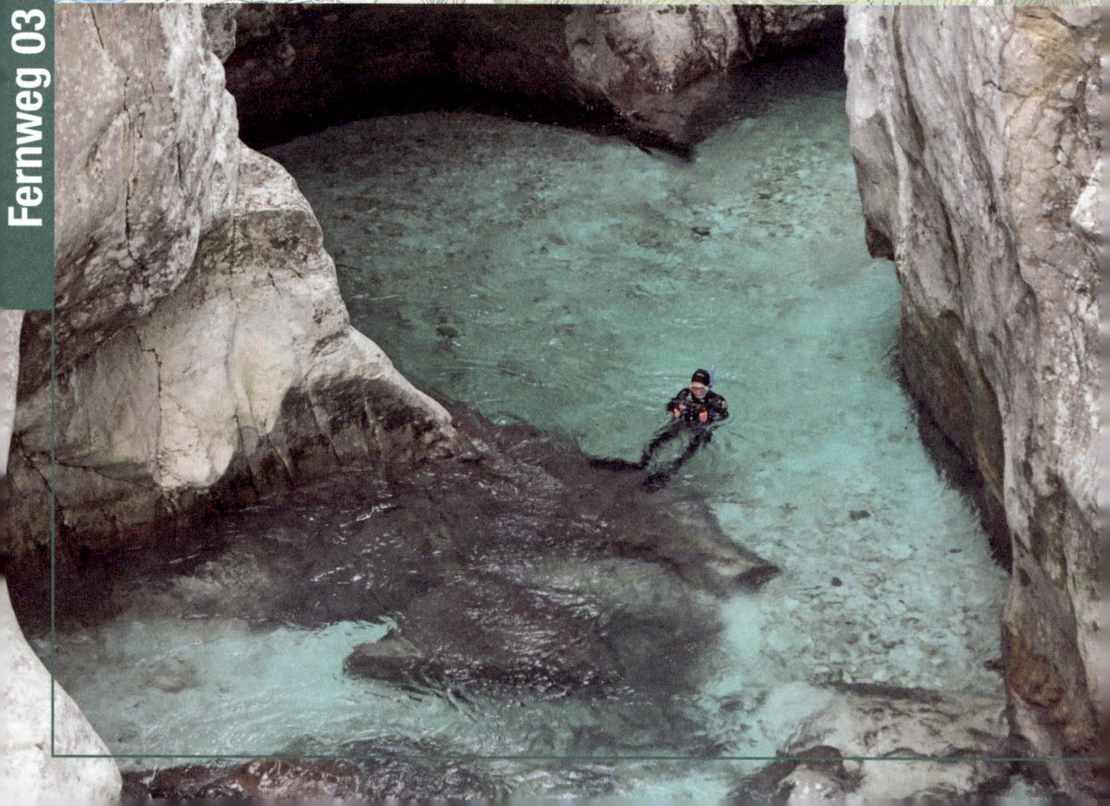

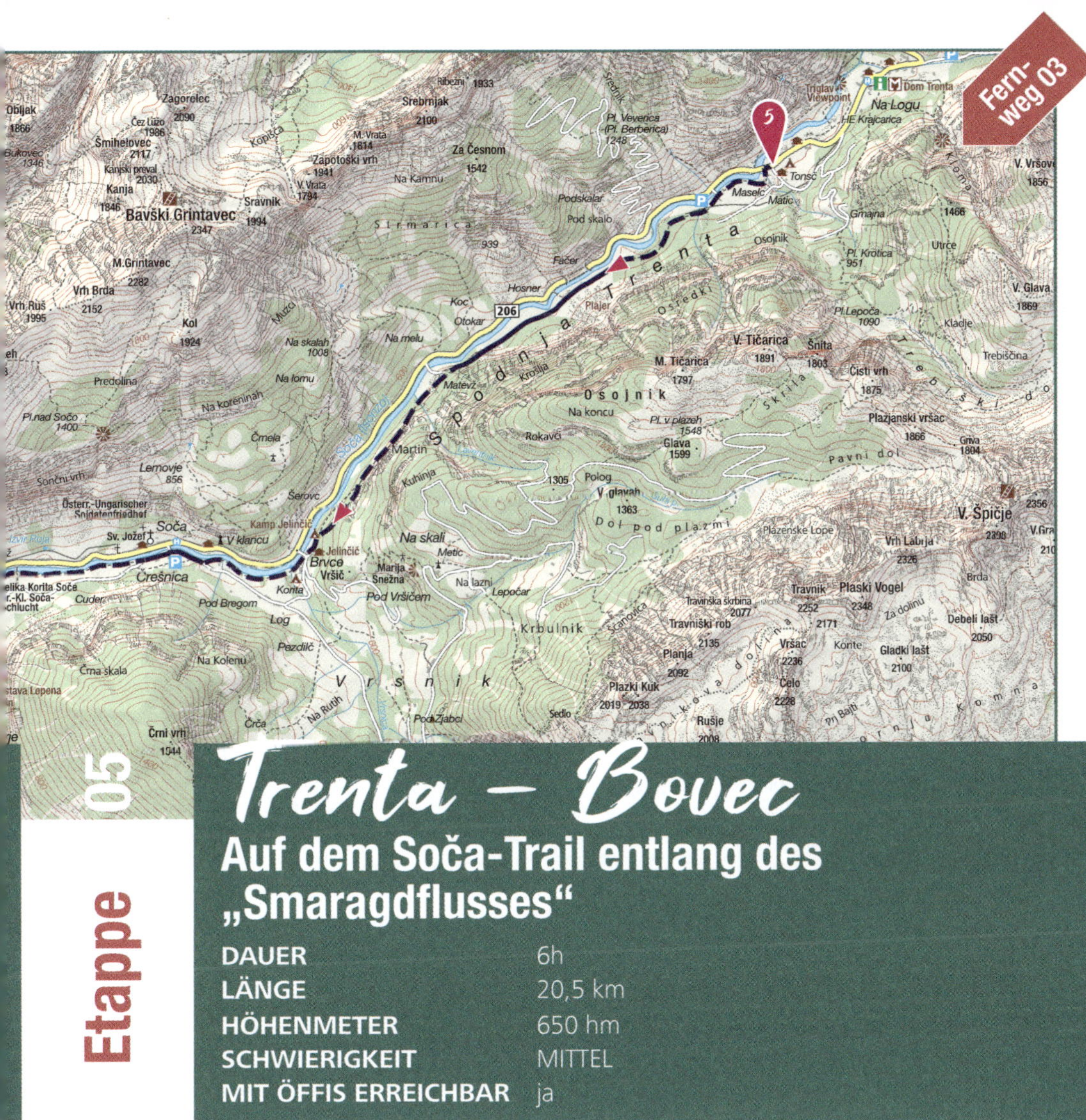

Etappe 05

Trenta – Bovec

Auf dem Soča-Trail entlang des „Smaragdflusses“

DAUER	6h
LÄNGE	20,5 km
HÖHENMETER	650 hm
SCHWIERIGKEIT	MITTEL
MIT ÖFFIS ERREICHBAR	ja

Das erwartet dich ...

Heute erwartet uns eine herrliche Flusswanderung, diemeist über wurzelige Pfade führt. Ein paar wenige Stellen sind auch ausgesetzt, hier ist ein wenig Vorsicht geboten! An einer Gabelung haben wir die Wahl zwischen einem schwierigen, sehr steilen und felsigen Pfad und einem leichteren Weg. Nur einige wenige Passagen führen über Asphalt.

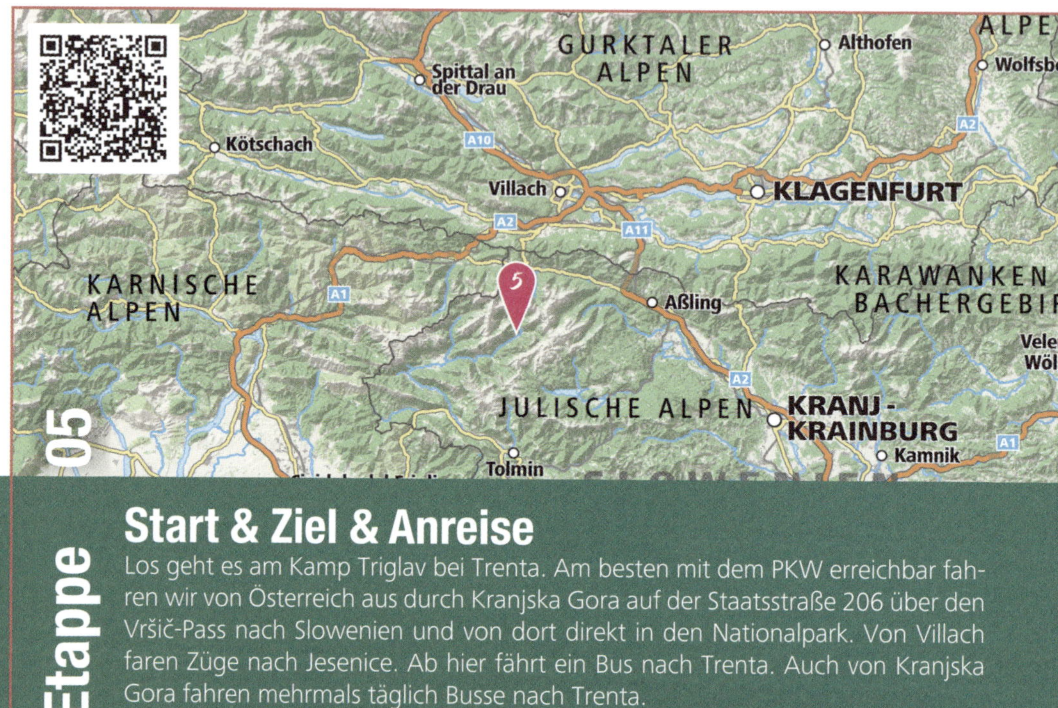

Etappe 05

Start & Ziel & Anreise

Los geht es am Kamp Triglav bei Trenta. Am besten mit dem PKW erreichbar fahren wir von Österreich aus durch Kranjska Gora auf der Staatsstraße 206 über den Vršič-Pass nach Slowenien und von dort direkt in den Nationalpark. Von Villach faren Züge nach Jesenice. Ab hier fährt ein Bus nach Trenta. Auch von Kranjska Gora fahren mehrmals täglich Busse nach Trenta.

Tourenbeschreibung

Los geht's heute beim Kamp Triglav bei Trenta. Die Soška pot-Wegweiser führen uns über einen schmalen Fußweg über einen kleinen Steg direkt ans Ufer der Soča. Durch niedrigen Wald spazieren wir am Flussufer entlang und wechseln dann über eine marod wirkende Brücke die Uferseite. Nach ein paar Stufen geht es wieder hinab auf Flussniveau und im weiteren Verlauf Auf und Ab. Dabei passieren wir Hängebrücken und eine Infotafel über einen Bergrutsch im Tal. Dann bewältigen wir eine ausgesetzte Stelle und ein drahtseilgesichertes Stück am Bachlauf. Nach einer Flussüberquerung wandern wir an der rechten Seite des Ufers entlang. Nocheinmal wechseln wir die Uferseite, dann stehen wir an einer Weggabelung: Nach rechts verläuft der einfachere Weg („easier way"), links gerichtet wartet der „difficult way". Er erweist sich jedoch nicht wirklich als problematisch. So nehmen wir den schwierigen Pfad, der uns steil über Fels- und Holzstufen den Hang emporleitet. Hinter einer flacheren Traverse steigen wir noch-

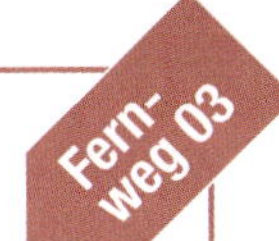

mals an. Von imposanten Felswänden gesäumt passieren wir noch einmal eine Infotafel übers Sočatal, dann wandern wir in Kehren den Waldhang hinunter zu einem Campingplatz.

Nach dem Restaurant Kamp Korita und dem Kamp Jelinc gehen wir auf Asphalt weiter. Doch kurz darauf biegen wir wieder links auf einen Kiesweg ab. Rechts tut sich ein grandioser Blick auf die Soča-Schlucht auf. Ein Wurzelpfad leitet uns am Flussufer entlang. Einer breiten Kiesstraße folgen wir bis zu einer Betonbrücke. Immer wieder schimmert am anderen Ufer die Straße nebst einigen Häusern und einer kleinen Kirche durch. Linker Hand bringt uns ein schmaler Pfad noch vor der betonierten Brücke bald wieder steiler in den Wald hinauf. Schließlich steigt er in Kehren wieder hinab zu einem asphaltierten Sträßchen und einer Brücke. Nocheinmal genießen wir hier fantastische Blicke in die Schlucht. Ein Sträßlein bringt uns im Anschluss zum Camp Klin. Hinter einer Pension überqueren wir eine Brücke über den Soča-Zufluss und nähern uns wieder dem Fluss. Die Soška pot-Beschilderung weist uns an der Gabelung auf einem breiten Kiesweg die Richtung. Nach einer Gedenkstätte für gefallene Soldaten überqueren wir eine Wiese, bis wir schließlich wieder im Wald am Flussufer entlangwandern.

Nur wenig später überqueren wir den schönen Fluss auf einer Hängebrücke. Neben der Straße gehen wir teilweise auf einem steinig-felsigen Pfad entlang. An einer Brücke stoßen wir wieder direkt auf die Straße. Hier überqueren wir die Soča, am anderen Ufer halten wir uns rechts auf einen breiten Kiesweg. Er verzweigt sich, rechter Hand gelangen wir an eine Hängebrücke, die fantastische Tiefblicke erlaubt. Wieder auf dem Kiesweg halten wir uns bei der nächsten Wegteilung rechts. Nach unten wandernd überqueren wir erneut den Fluss über eine Hängebrücke und wandern wieder in den Wald. Die nächste Hängebrücke ignorieren wir und nehmen erst diejenige, die uns nach einer deutlichen Rechtskehre zum Camp Liza führt. Wir schlendern über den Zeltplatz. Nach dem Kamp Kovac und am Ende des Zeltplatzes biegen wir scharf rechts ein. Eine asphaltierte Straße bringt uns empor. Nach dem Camp Vodenca erreichen wir eine Hochfläche. Hier verlassen wir den Asphalt und halten uns rechts auf einen Forstweg.

Wir wandern an einem alten Schlepplift vorbei und folgen dem flachen Kiesweg über eine Autostraße. Dabei passieren wir eine kleine Kirche und den Kamp Polovnik. Eine Rechtskehre steigt sanft zu den Häusern hinauf. Hier treffen wir auf eine asphaltierte Straße. Die Alpe Adria Trail-Beschilderung weist uns den Weg Richtung Bovec direkt zum Tourismusbüro im Zentrum.

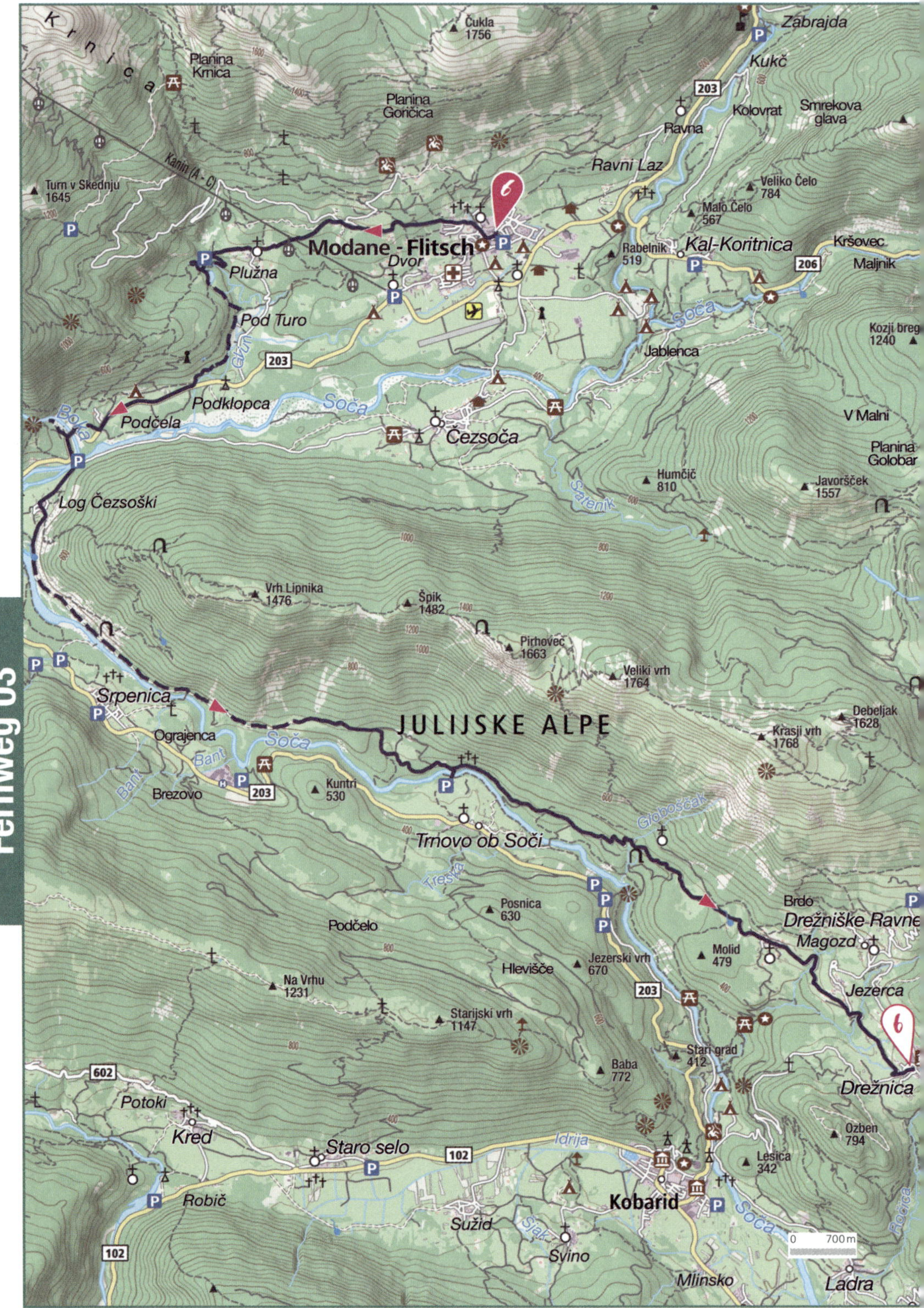
Krnica
Planina Krnica
Čukla 1756
Zabrajda
Kukč
Planina Goričica
203
Ravna
Kolovrat
Smrekova glava
Kanin (A - C)
Ravni Laz
Turn v Skednju 1645
Veliko Čelo 784
Malo Čelo 567
Modane - Flitsch
Rabelnik 519
Kal-Koritnica
Kršovec
Maljnik
206
Dvor
Plužna
Pod Turo
Soča
Kozji breg 1240
Jablenca
Podklopca
Podčela
Boka
Cezsoča
V Malni
Planina Golobar
Log Čezsoški
Humčič 810
Javoršček 1557
Šatenik
Vrh Lipnika 1476
Špik 1482
Pirhovec 1663
Veliki vrh 1764
Srpenica
JULIJSKE ALPE
Debeljak 1628
Krasji vrh 1768
Ograjenca
Bant
Brezovo
Kuntri 530
Globoščak
Trnovo ob Soči
Treska
Brdo
Drežniške Ravne
Posnica 630
Podčelo
Magozd
Molid 479
Hlevišče
Jezerski vrh 670
Na Vrhu 1231
Jezerca
Starijski vrh 1147
Stari grad 412
Baba 772
Drežnica
602
Potoki
Kred
Staro selo
102
Idrija
Ozben 794
Lesica 342
Robič
Kobarid
Sužid
Sjak
Svino
Mlinsko
Ladra
0 700 m

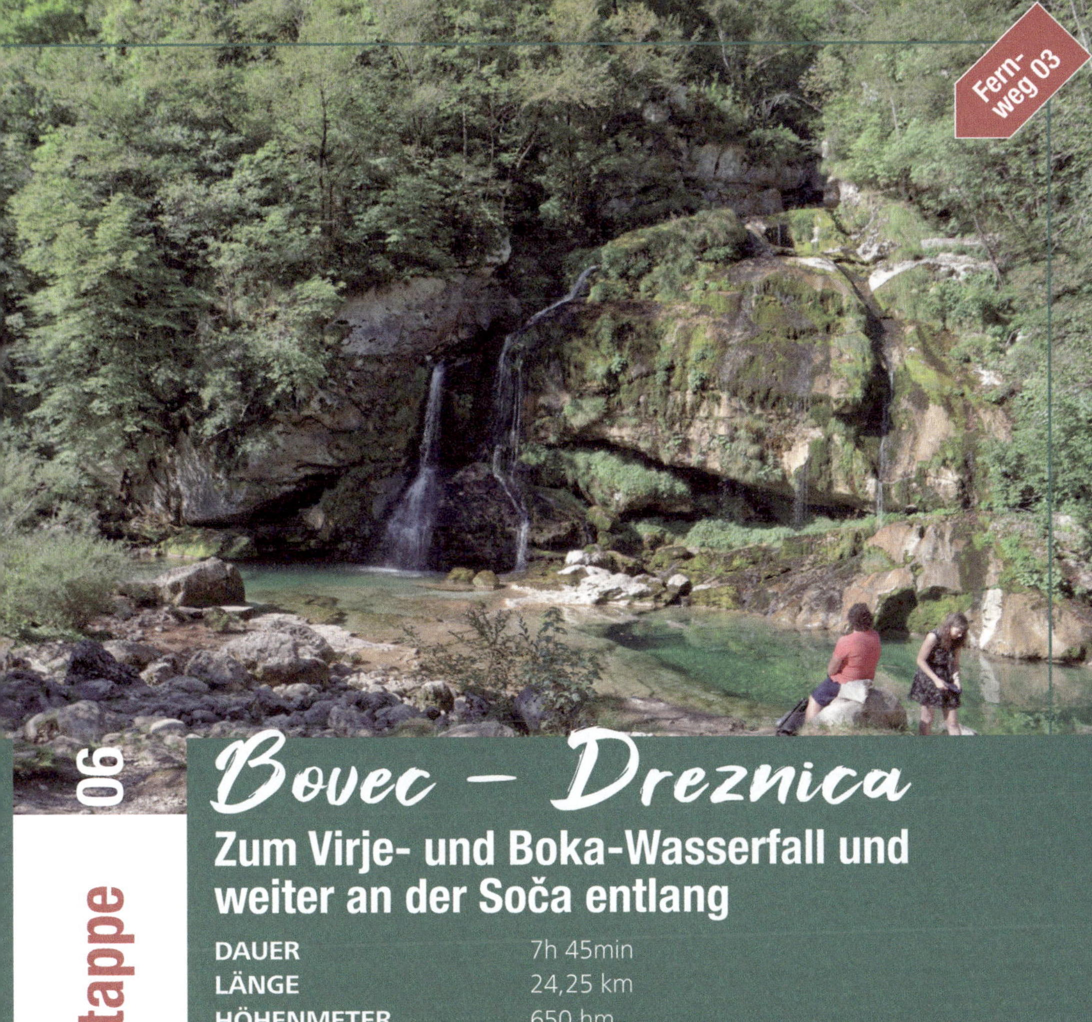

Fern-weg 03

Etappe 06

Bovec – Dreznica

Zum Virje- und Boka-Wasserfall und weiter an der Soča entlang

DAUER	7h 45min
LÄNGE	24,25 km
HÖHENMETER	650 hm
SCHWIERIGKEIT	MITTEL
MIT ÖFFIS ERREICHBAR	ja

Das erwartet dich ...

Bis auf den Abstecher zum Slap Virje gehen wir über asphaltierte kleinere Straßen. Dann empfängt uns ein schmaler, zu Anfang recht steiler Waldpfad, der zum Wasserwerk hinunterleitet. Auch zum View Point beim Lap Boka erwarten uns steinige Pfade. Danach wechseln sich bequeme Asphaltabschnitte und Kieswege bis zu unserem Etappenziel ab.

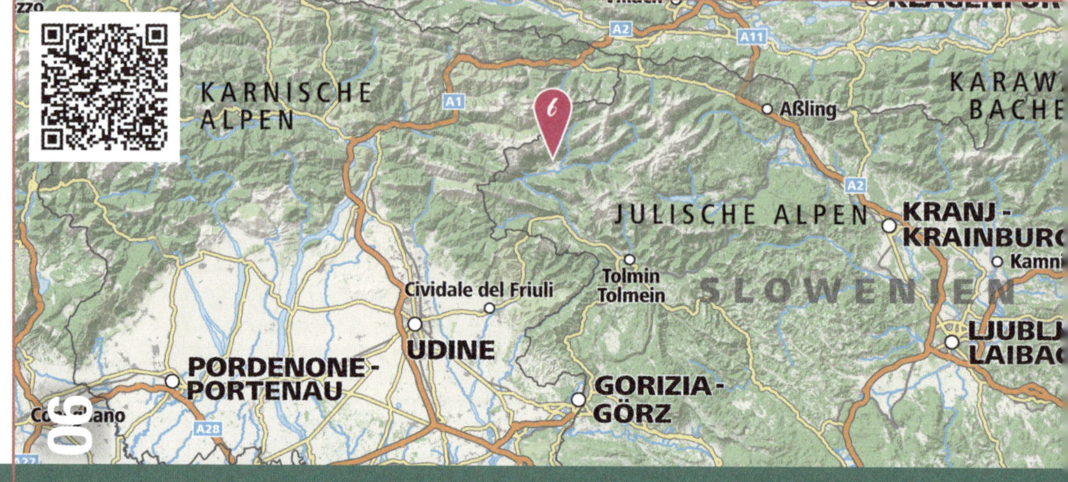

Etappe 06

Start & Ziel & Anreise

Die Tourist-Information und damit den Startpunkt im Zentrum von Bovec erreichen wir auf der A8 über Salzburg und weiter auf der A10 bis zu Knoten Villach. Dort halten wir uns auf der A2 Richtung Udine/ Italien. Kurz nach der Grenze nehmen wir die Ausfahrt Tarvisio, ab hier folgen wir den Wegweisern Richtung Bovec. Von Ljubljana gibt es eine Buslinie, die jedoch nur selten fährt.

Tourenbeschreibung

Ab der Ortsmitte von Borec aus gehen wir Richtung Kirche. Nach dem Hostel wechseln wir auf das Aslphaltsträßchen. Es führt uns aus dem Ort hinaus. Wir wandern durch schönen Wald Richtung Pluzna. Nach einem Anstieg flacht der Weg in einer Linkskehre wieder ab. In Sichtweite eines Hauses halten wir uns links Richtung Wasserfall. Unter der Seilbahn hindurch gelangen wir nach Pluzna. Nach einer Kirche geht es am Kriegerdenkmal rechts. Das Sträßlein steigt leicht an, dann führt es über einen betonierten Weg leicht hinab in den Wald zu einem Parkplatz. Zum Wasserfall halten wir uns hier links. In einem 20-minütigen Abstecher erreichen wir einen idyllischen Platz, die einer Wasseroase mitten im Wald gleicht. Zurück am Parkplatz wandern wir dann auf Asphalt weiter hinunter Richtung Drežnica. Mit unserem Wegzeichen und der Markierung Nr. 25 überqueren wir eine Brücke. Rechter Hand können wir kurz das Glijuna-Quellgebiet besuchen. Die Begehung der Schlucht ist im Rahmen einer Führung möglich.

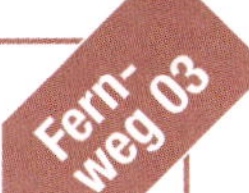

Vor einem Gebäude nach rechts folgen wir dem Ufer eines Stausees. An einer Weggabelung halten wir uns nach links, weiterhin mit unseren Markierungen. Hier bringt uns ein schmaler Waldpfad steil hinab. Wenig später gehen wir nach rechts und traversieren den Hang. Dann treten wir aus dem Wald hinaus und wandern aussichtsreich über einen Betonweg. Bald nimmt uns der Waldpfad wieder in Empfang. Nach einer Wiesenlichtung gelangen wir an das Wasserkraftwerk und gleich darauf an die Autostraße. Weglos begleiten wir die Straße gut zwanzig Minuten. Der Alpe Adria Trail-Beschilderung folgend biegen wir nach der Gostina Zvikar nach rechts ab. Erst steigt der schmale Waldweg an, dann flacht er ab und in einer scharfen Linkskurve verlassen wir ihn gänzlich zur Straße hin. Wir halten uns rechts, überqueren eine Steinbrücke und erreichen nach einem Rechtsschwenk den Wasserfall und einen View Point.

Nach grandiosen Blicken auf Sloweniens größten Wasserfall kehren wir zurück und überqueren die Autostraße. Ein Kiesfußweg bringt uns vorbei an einem Hotel, in der Straßenkehre bleiben wir geradeaus. Wir queren die Soča und richten uns auf einem Asphaltsträßchen nach rechts nach Log Čezsoški. In der Orstmitte weisen die Markierungen nach links, bei den letzten Häusern wechseln wir auf einen Kiesfahrweg ans Ufer der Soča. Sanft wandern wir auf und ab dahin. Der Weg fällt stetig ab und schließlich erreichen wir eine Abzweigung. Hier gehen wir rechts über eine Hängebrücke nach Camp Trnovo. Zurück auf dem Hauptweg am linken Soča-Ufer haben wir etwas Abstand vom Fluss. Wir steigen aus dem Wald empor und können uns bald an einer Quelle links des Weges erfrischen. Allmählich flacht der Weg ab. Wir passieren eine Wiesenlichtung rechter Hand und einen Brunnen und gelangen zu einem Fußballplatz samt Spielplatz. Ein letzter sanfter Anstieg bringt uns nach Magozd und anschließend weiter nach Drežnica.

Autoren Tipp

Einer der ersten, privaten Sammler von Relikten und Zeugnissen des Ersten Weltkrieges in Slowenien war Mirko Kurinčič: Der Krieg hat das Gebiet entscheidend verändert und viele Spuren hinterlassen. Hier verlief die Soča-Front, eine der blutigsten Hochgebirgsfronten in der Geschichte. Die Museumssammlung wurde 1993 eröffnet. Zusätzlich behandelt sie Themengebiete wie die Ortsgeschichte von Drežnica. Das Museum befindet sich in der Drežnica 22a in der Mitte des Ortes. Infos unter www.dreznica.si

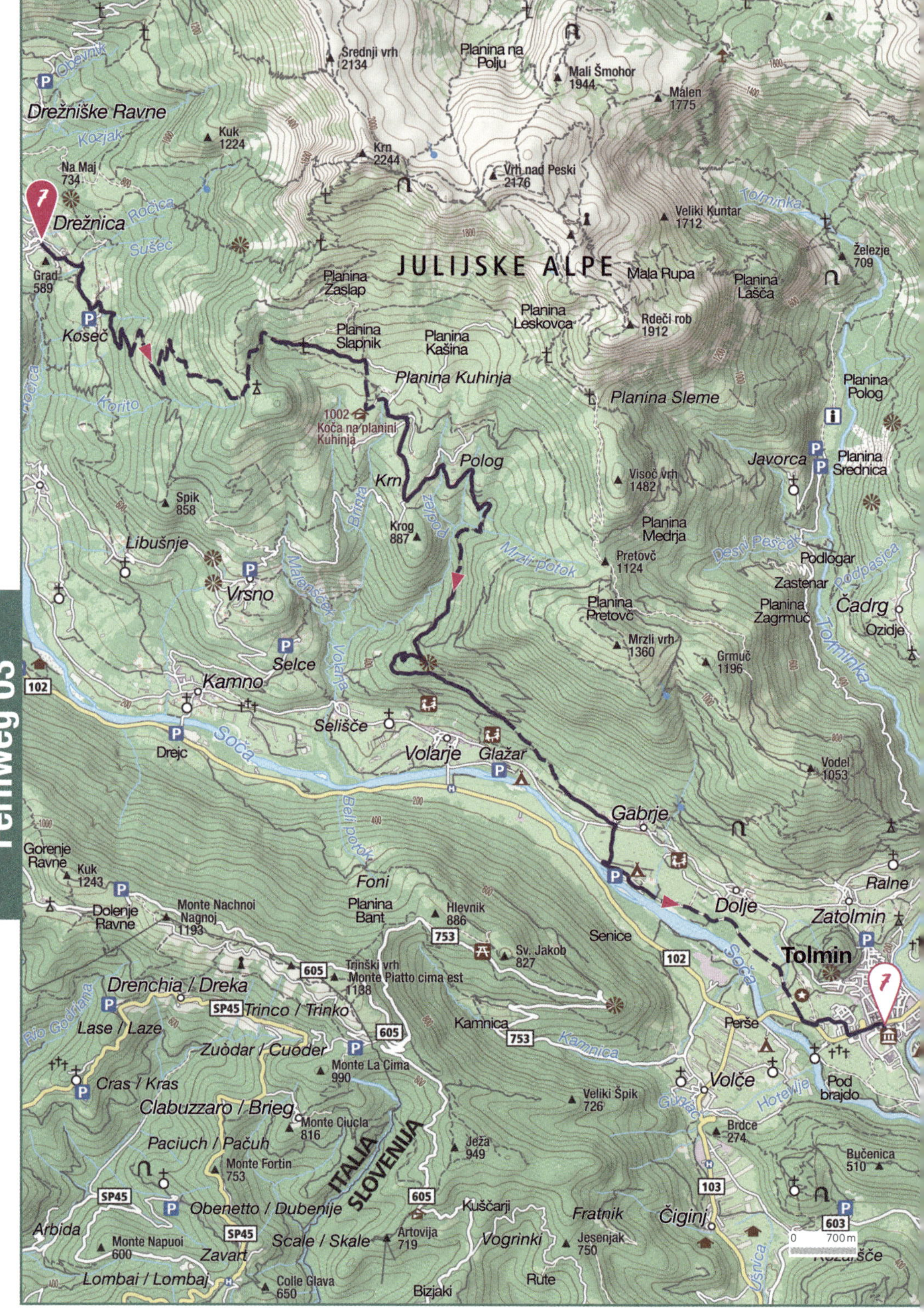
Srednji vrh
2134
Planina na
Polju
Mali Šmohor
1944
Malen
1775
Drežniške Ravne
Kozjak
Kuk
1224
Krn
2244
Vrh nad Peski
2176
Na Maj
734
Drežnica
Ročica
Sušec
Veliki Kuntar
1712
Tolminka
Železje
709
Grad
589
JULIJSKE ALPE
Planina
Zaslap
Mala Rupa
Planina
Lašča
Planina
Leskovca
Rdeči rob
1912
Koseč
Planina
Slapnik
Planina
Kašina
Planina Kuhinja
Planina Sleme
Planina
Polog
1002
Koča na planini
Kuhinji
Korito
Javorca
Planina
Srednica
Polog
Krn
Visoč vrh
1482
Spik
858
Krog
887
Planina
Medrja
Libušnje
Pretovč
1124
Desni Peščak
Podlogar
Zastenar
Vrsno
Mrzli potok
Planina
Pretovč
Planina
Zagrmuč
Čadrg
Ozidje
Mrzli vrh
1360
Grmuč
1196
Selce
Kamno
102
Seliščе
Drejc
Soča
Volarje
Glažar
Vodel
1053
Gabrje
Gorenje
Ravne
Kuk
1243
Foni
Ralne
Dolje
Monte Nachnoi
Nagnoj
1193
Dolenje
Ravne
Planina
Bant
Hlevnik
886
Zatolmin
753
Sv. Jakob
827
Senice
Tolmin
605
Trinški vrh
Monte Piatto cima est
1138
102
Drenchia / Dreka
SP45
Trinco / Trinko
Lase / Laze
605
Kamnica
753
Kamnica
Perše
Zuòdar / Cuoder
Monte La Cima
990
Cras / Kras
Volče
Pod
brajdo
Veliki Špik
726
Clabuzzaro / Brieg
Monte Ciucla
816
Brdce
274
Paciuch / Pačuh
ITALIA
SLOVENIJA
Ježa
949
Bučenica
510
Monte Fortin
753
103
SP45
Obenetto / Dubenije
605
Kuščarji
Fratnik
Čiginj
603
Arbida
Monte Napuoi
600
SP45
Scale / Skale
Artovija
719
Vogrinki
Jesenjak
750
Zavart
0
700 m
Lombai / Lombaj
Colle Glava
650
Bizjaki
Rute

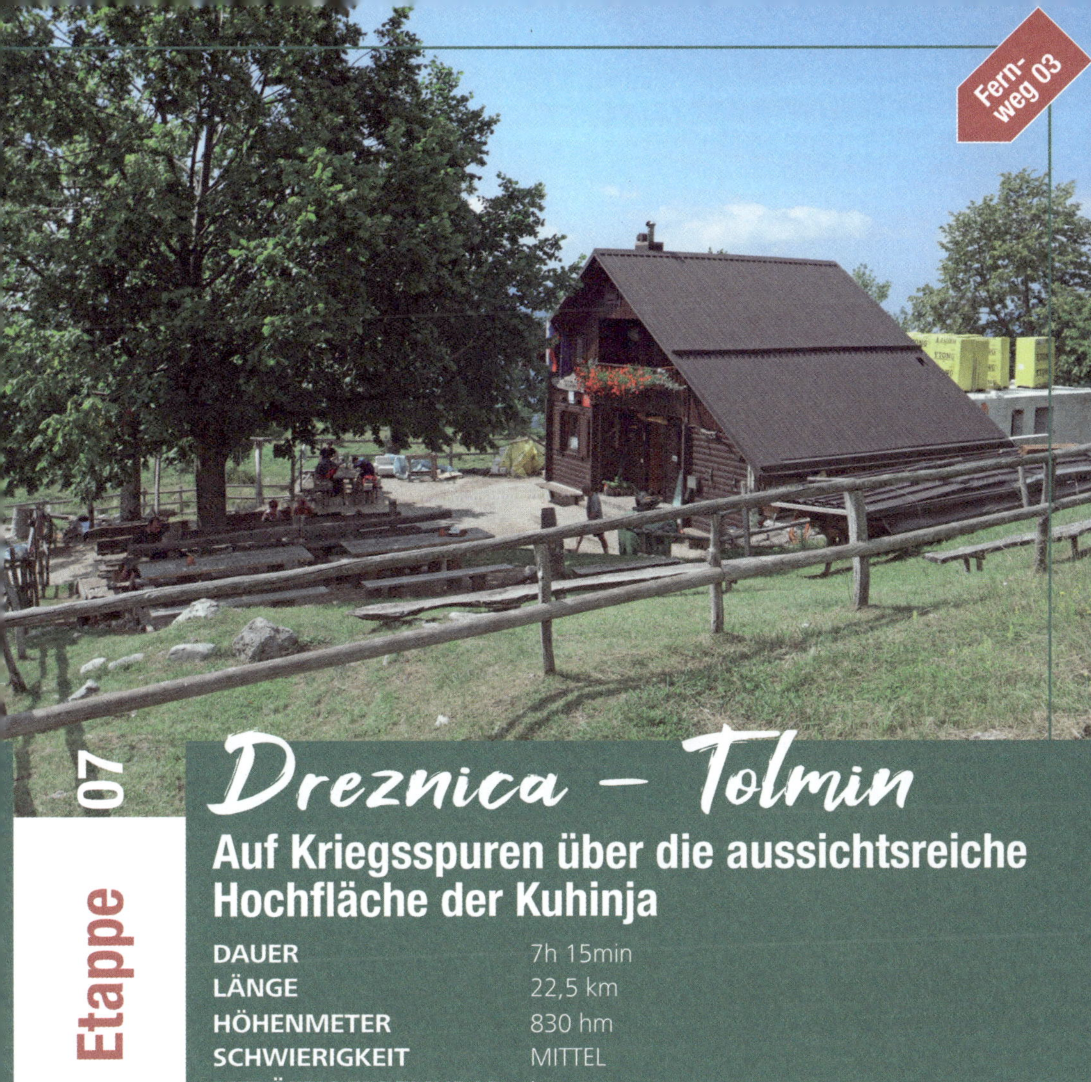

Fern-weg 03

Etappe 07

Dreznica – Tolmin

Auf Kriegsspuren über die aussichtsreiche Hochfläche der Kuhinja

DAUER	7h 15min
LÄNGE	22,5 km
HÖHENMETER	830 hm
SCHWIERIGKEIT	MITTEL
MIT ÖFFIS ERREICHBAR	ja

Das erwartet dich ...

Wir beginnen zunächst gemütlich auf asphaltierten Wegen. Ein kehrenreicher, teilweise steiler Anstieg bringt uns durch den Wald aufwärts. Über kiesige Wege, die teilweise auch asphaltiert sind, wandern wir über die Hochfläche. Schotterwege und Schotterpfade leiten uns dann hinab zum Soča-Ufer. Fast eben wandern wir zum Schluss wieder auf Asphaltwegen nach Tolmin.

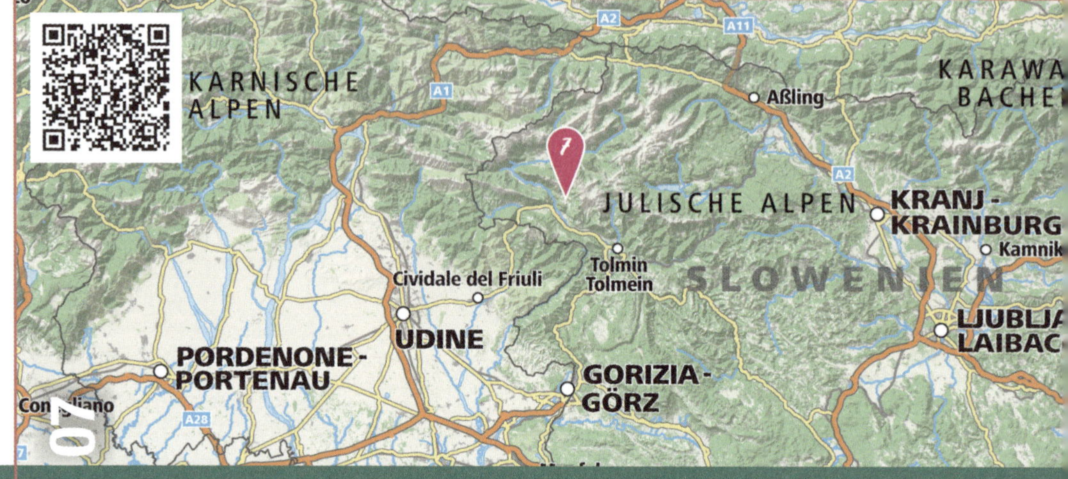

Etappe 07

Start & Ziel & Anreise

Wir starten aus der Ortsmitte von Drežnica. Den kleinen Ort erreichen wir nur mit dem PKW. Dafür nehmen wir die A8 über Salzburg und weiter auf der A10 bis Knoten Villach. Dort halten wir uns auf die A2 Richtung Udine/Italien. Kurz nach der Grenze nehmen wir die Ausfahrt Tarvisio. Die Strada statale 54 bringt uns dann nach Slowenien und über Bovec nach Drežnica. Von Bovec fahren mehrmals täglich Busse nach Tolmin.

Tourenbeschreibung

Wir verlassen das Örtchen Drežnica und gehen beim Friedhof und einem Fußballfeld vorbei in Richtung einer auffälligen Holzskulptur. Die Alpe Adria Trail-Beschilderung weist uns vor einer kleinen Marienstatue nach rechts, dann folgen wir dem ansteigenden Asphaltsträßchen aus dem Ort hinaus. Bis Koseč begegnen uns immer wieder interessante Kunstskulpturen entlang des Weges. Bei einer Übersichtskarte halten wir uns an einer Kreuzung links. Bei den letzten Häusern biegen wir scharf rechts ein und steigen ein wenig steiler in den Wald hinauf. Wir queren einen kleinen Bach und folgen dem Weg in weiten Kehren im Wald weiter nach oben. Oben durchqueren wir immer wieder Wiesen. Hier bietet sich immer wieder eine tolle Fernsicht. Wir bewältigen eine steile Linkskehre und erreichen kurze Zeit später eine aussichtsreich gelegene italienische Kapelle.

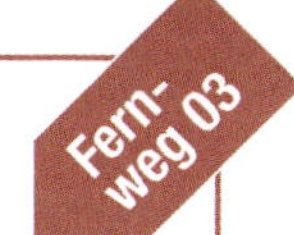

Schmale Pfade führen uns über eine freie Hochfläche. Dann verweist uns die Alpe Adria Trail-Markierung nach rechts. Der Wald hat uns wieder. Auf teils weichem, manchmal felsigem Pfad wandern wir fast eben am Waldrand dahin – den ausgetretenen Weg zum Kamm hinauf ignorieren wir! Nach einem seilversicherten Brettersteg und einem Viehgatter biegt der Weg scharf nach rechts, wird steiniger und fällt leicht ab. Stets unsere Markierung im Blick bewältigen wir einen kurzen Gegenanstieg und halten uns dann an einer Weggabelung rechts. Auf einem betonierten Sträßlein halten wir uns rechts abwärts. Schließlich wandern wir auf einem Kiesfahrweg, den wir jedoch schnell wieder auf einem schmalen Wiesenpfad nach rechts verlassen. Über die Wiese hinab gelangen wir an die bewirtschaftete Koca na planini Kuhinja.

Die Alpe Adria Trail-Schilder zeigen nach links Richtung Tolmin. Noch vor dem Haus Nr. 11 biegen wir scharf rechts ein und wandern hinunter in den Wald. Nach der Querung eines Bachlaufes verlassen wir bei den Häusern das Asphaltsträßchen nach rechts über einen Schotterweg. Ein sehr schöner Blick auf das Tal erwartet uns nach einer deutlichen Rechtskehre. Dann wandern wir in einer nächsten Rechtskehre an einem Wasserfall vorbei immer steiler hinab. Rechts unter uns begleitet uns der rauschende Bach. Relativ flach schlängelt sich der steinige Pfad hinunter. Dann folgen wir einem ausgeschilderten Aussichtspunkt nach rechts. An einem Felsloch halten wir inne – mit grandiosen Blicken hinab ins Sočatal.

Zurück an der Abzweigung wandern wir Richtung links weiter über große Kieskehren hinab. Der Wald lichtet sich allmählich und schließlich gelangen nach offenen Wiesengelände auf einen Asphaltweg. An der folgenden Abzweigung halten wir uns rechts hinunter zum Camp Gabrje. Hier erblicken wir schon die Burg von Tolmin und – bei gutem Wetter – auch eine Vielzahl an Gleitschirmfliegern. Wir setzen unseren Weg fort nahe am Ufer der Soča entlang. Nach der Durchquerung des Camps bringt uns ein flacher Kiesweg Richtung Burg Tolmin. Dann kommen wir zur Autostraße, und gehen an ihrer linken Seite entlang. beim Ortsschild Tolmin biegen wir links ein. Wir passieren das Gelände eines Motorradclubs und schwenken nach rechts in die Trg Tigrovcev. An einem Kreisverkehr halten wir uns links, laufen dann über den Gehweg neben der Straße her und kürzen über ein paar Treppen die Straßenkurve ab. Wir steigen nochmals kurz an und erreichen die Ortsmitte von Tolmin. Die Tourist-Information befindet sich rechts hinter dem Hotel Dvorec.

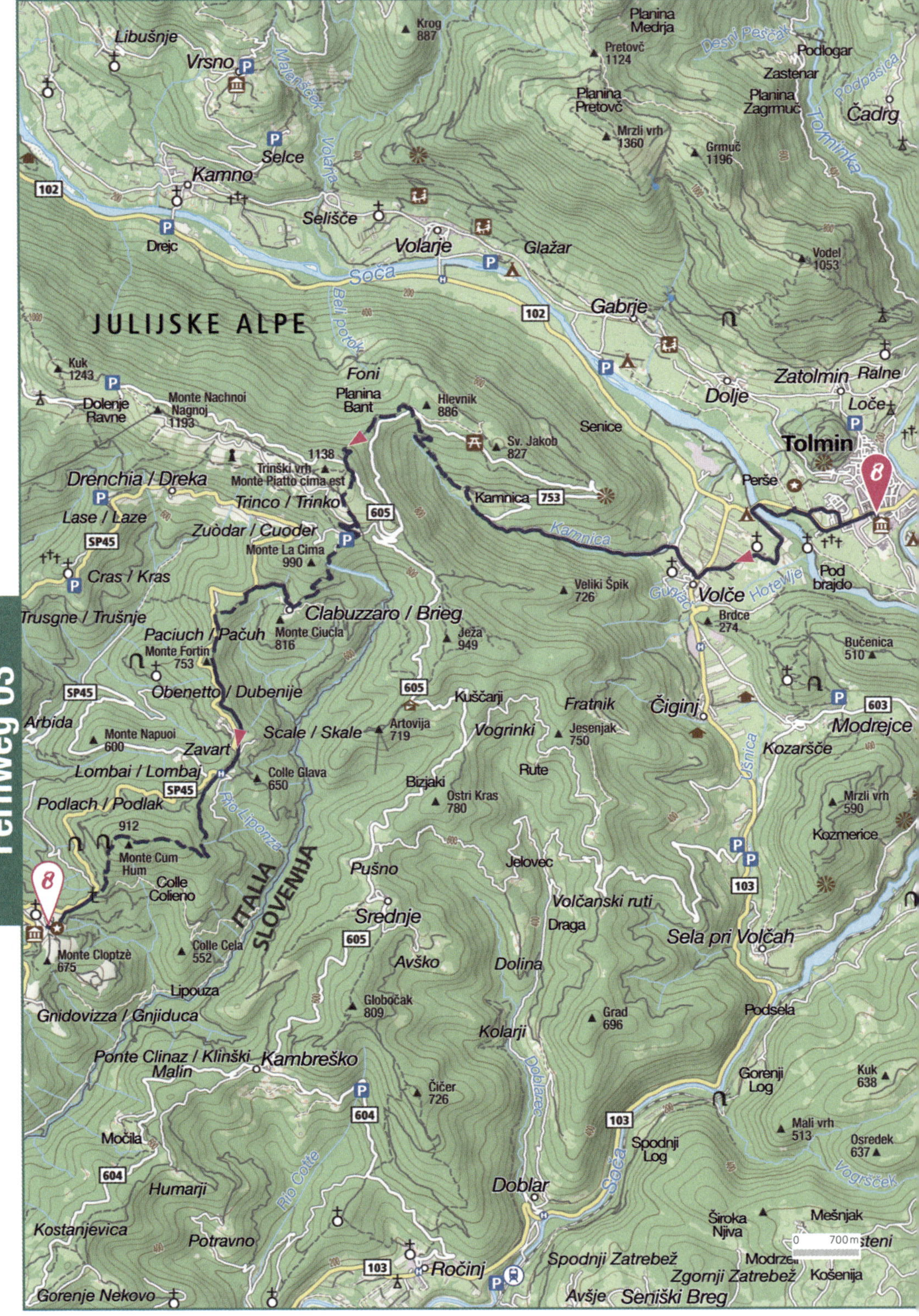

JULIJSKE ALPE
Libušnje
Vrsno
Krog 887
Planina Medrja
Pretovč 1124
Desni Pesčak
Podlogar
Zastenar
Planina Pretovč
Planina Zagrmuč
Čadrg
Podpasica
Tominka
Mrzli vrh 1360
Grmuč 1196
Selce
Kamno
Volarja
Selišče
Volarje
Glažar
Drejc
Soča
Vodel 1053
Beli potok
Gabrje
Zatolmin
Ralne
Dolje
Loče
Foni
Planina Bant
Hlevnik 886
Senice
Tolmin
Kuk 1243
Dolenje Ravne
Monte Nachnoi Nagnoj 1193
Sv. Jakob 827
1138
Trinški vrh Monte Piatto cima est
Perše
Drenchia / Dreka
Trinco / Trinko
Kamnica
Lase / Laze
Zuòdar / Cuoder
Pod brajdo
Monte La Cima 990
Cras / Kras
Veliki Špik 726
Volče
Hotevlje
Gripac
Trusgne / Trušnje
Clabuzzaro / Brieg
Brdce 274
Paciuch / Pačuh
Monte Ciucla 816
Ježa 949
Bučenica 510
Monte Fortin 753
Obenetto / Dubenije
Kuščarji
Fratnik
Čiginj
Modrejce
Arbida
Monte Napuoi 600
Scale / Skale
Artovija 719
Vogrinki
Jesenjak 750
Kozaršče
Zavart
Uśnica
Lombai / Lombaj
Colle Glava 650
Rute
Podlach / Podlak
Bizjaki
Ostri Kras 780
Mrzli vrh 590
912
Rio Liponza
Kozmerice
Monte Cum Hum
Colle Colieno
Jelovec
ITALIA
SLOVENIJA
Pušno
Volčanski ruti
Srednje
Draga
Sela pri Volčah
Monte Cloptzè 675
Colle Cela 552
Avško
Dolina
Lipouza
Globočak 809
Podsela
Grad 696
Gnidovizza / Gnjiduca
Kolarji
Ponte Clinaz / Klinški Malin
Kambreško
Gorenji Log
Kuk 638
Čičer 726
Doblaček
Močila
Mali vrh 513
Spodnji Log
Osredek 637
Vogršček
Humarji
Rio Cotte
Doblar
Soča
Kostanjevica
Široka Njiva
Mešnjak
Potravno
Modrzenteni
Ročinj
Spodnji Zatrebež
Zgornji Zatrebež
Košenija
Gorenje Nekovo
Avšje
Seniški Breg
0 700 m
102
605
753
SP45
603
103
604
8

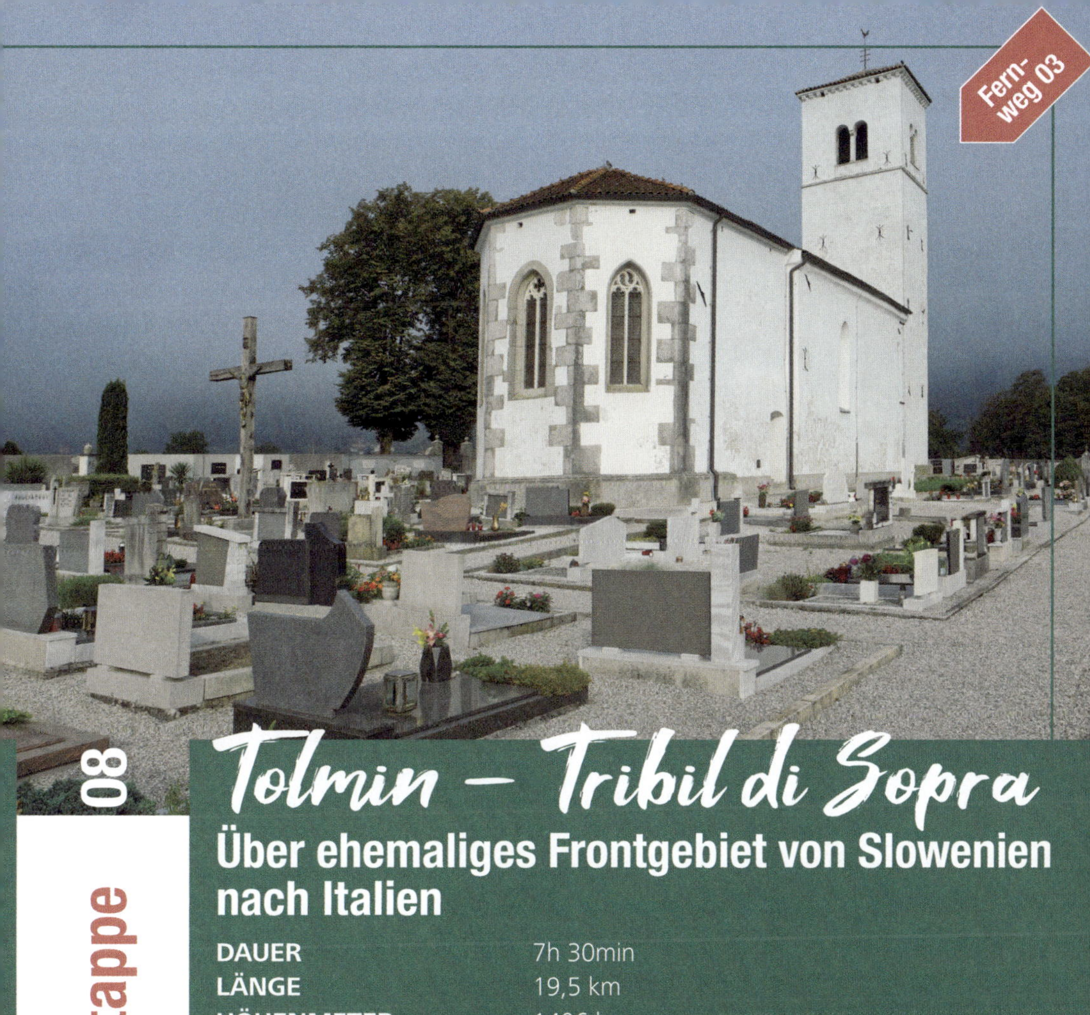

Fern-weg 03

Etappe 08

Tolmin – Tribil di Sopra

Über ehemaliges Frontgebiet von Slowenien nach Italien

DAUER	7h 30min
LÄNGE	19,5 km
HÖHENMETER	1406 hm
SCHWIERIGKEIT	MITTEL
MIT ÖFFIS ERREICHBAR	ja

Das erwartet dich ...

Anfangs wandern wir auch auf dieser Etappe bequem über asphaltierte Sträßchen. Der Weg wird dann mit einem Waldpfad auch steiler und steiniger. Nach schönen Blicken auf der Hochfläche von Kolovrat bringt uns ein steiler Wiesenpfad hinunter zum Rifugio Solarie. Asphalt- und Feldwege wechseln sich dann im Abstieg ab. Schöne Waldpfade begleiten uns schließlich wieder über den Monte Cum nach Tribil di Sopra.

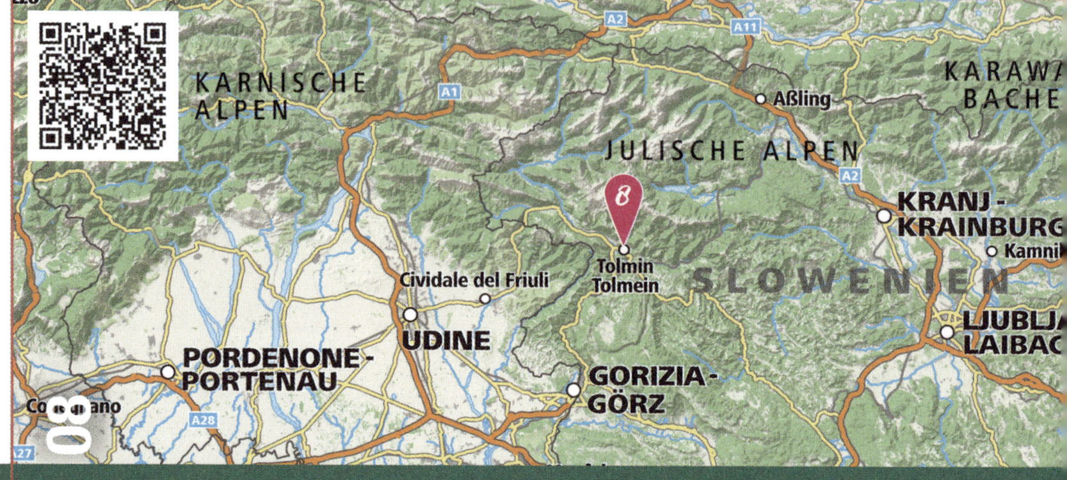

Etappe 08

Start & Ziel & Anreise

Der Ausgangspunkt befindet sich auch hier wieder bei der Tourist-Information, im Zentrum von Tolmin. Wir fahren die A8 über Salzburg und weiter auf der A 10 bis Knoten Villach. Dort halten wir uns auf die A 2 Richtung Udine/Italien. Kurz nach der Grenze nehmen wir die Ausfahrt Tarvisio. Die Strada statale 54 bringt uns dann nach Slowenien und über Bovec und Kobarid nach Tolmin. Busse fahren von Laibach und Nova Gorica nach Tolmin

Tourenbeschreibung

Wir verlassen Tolmin bei der Tourist-Info und gehen zunächst wieder ein Stück auf der vorherigen Etappe zurück. Wir passieren die Treppen und den Kreisverkehr aus dem Ort hinaus, laufen an der schon bekannten Abbiegung noch einmal gut zwanzig Meter vorbei und folgen dann dem Alpe Adria Trail-Zeichen nach links zur Bar Vanja. Hier beginnt auch schon ein Forstweg, der uns zum Fluss führt. Wir folgen dem Ufer zur Brücke, überqueren sie und verlassen die Autostraße hinter der Brücke über ein asphaltiertes Sträßlein. Der Pot Miro bringt uns beim Campingplatz Maya hinauf zur Danielskirche. In Volce stoßen wir auf eine Autostraße, der wir kurz nach links folgen. Bald wenden wir uns wieder nach rechts und schwenken am Ortsende nach links. Ein stark ansteigendes Sträßchen führt uns mit dem Alpe Adria Trail-Zeichen parallel zu einem Bach empor. In einer scharfen Rechtskehre halten wir uns geradeaus auf einem steinigen Waldpfad. Nahe am Bach wandern wir durch den Wald hinauf. An einer freien Fläche halten

wir uns links. Die Alpe Adria Trail-Markierungen führen uns nun stetig bergan. Nach einem letzten, steilen Wegstück gelangen wir wieder zur Straße. Hier geht es hinüber bis zu einem freien Platz mit einer Gedenkstätte.

Ein schmaler Pfad leitet uns über Wiesen in den Wald hinein. Zu unserer Rechten bieten sich schon schöne Blicke. Auf der Hochfläche angelangt kommen wir erneut zur Straße. Linker Hand befindet sich ein Kiosk und eine geländergesicherte Aussichtsstelle. Wir wandern rechts neben der Straße entlang weiter über Treppen den Hang hinauf. Dann passieren wir Verteidigungsanlagen und Schützengräben, bis wir den Kamm des Kolovrat erreichen. Von hier aus geht es dann noch einmal leicht hinauf zum Pod Klabuk, der sich uns mit einem Steinmonument und einem Fernrohr geschmückt zeigt. Hier wechseln wir nun über die Grenze nach Italien und dann geradewegs über einen schmalen Pfad den Wiesenhang hinunter. Wir befinden uns jetzt auf dem Sentiero della pace, der mit weiß-roten Markierungen gekennzeichnet ist. Steil bringt uns der Pfad zu einem Sträßlein hinunter. Hier wenden wir uns nach links und steigen in großen Kehren weiter ab. An einer Straßenkreuzung halten wir uns rechts. Nach dem alten Grenzhäuschen erreichen wir das Rifugio Solarie.

Wir wandern zwischen Rifugio und einem Sportplatz hindurch und laufen dann auf schönem Weg am Waldhang entlang. Nach einem Artilleriestützpunkt gelangen wir zum Ende des Waldes. Hinter einem Haus geht es steil hinab zur asphaltierten Straße und nach Clabuzzaro. Eine kurvenreiche Straße bringt uns aus dem Ort wieder hinaus. Sanft hinab gelangen wir darauf an eine Kreuzung mit der SP45. Hier befindet sich auch eine Bushaltestelle und eine große Steinmauer mit einer Marienstatue. Wir folgen der Straße kurz, dann weist uns die Alpe Adria Trail-Markierung nach links. Recht steil steigen wir den Hang empor. Dann halten wir uns rechts am Hang entlang und wieder links über steile Kehren kurz hinab. Schließlich traversieren wir oberhalb der Autostraße. Wir tangieren sie zweimal, dann gelangen wir zu einem Militärfriedhof und kurz darauf zu einer Kirche.

Noch vor der Kirche führt uns ein grasiger Pfad nach rechts. Wir wandern über eine aussichtsreiche Hochfläche und gelangen wieder zur Autostraße. Kurz darauf erreichen wir Rucchin. In einer Kurve halten wir uns links auf einen Feldweg. Bald darauf verlassen wir ihn jedoch wieder nach rechts, auf einen ansteigenden Weg. Anschließend schwenken wir deutlich nach rechts dann steigen wir über steile Stufen hinauf. Nach einer Unterstandshütte und einem kurzen, flachen Stück steigen wir schließlich zum Monte Cum empor. Ein schmaler Pfad bringt uns danach in Kehren durch den Wald hinunter. Dann geht es über einen Kiesweg weiter. Wir tangieren kurz die Autostraße und erreichen nach einem lichteren und ansteigenden Stück den Alpe Adria Trail-Infopoint. Kurz darauf sind wir in Tribil di Sopra, unserem heutigen Etappenziel.

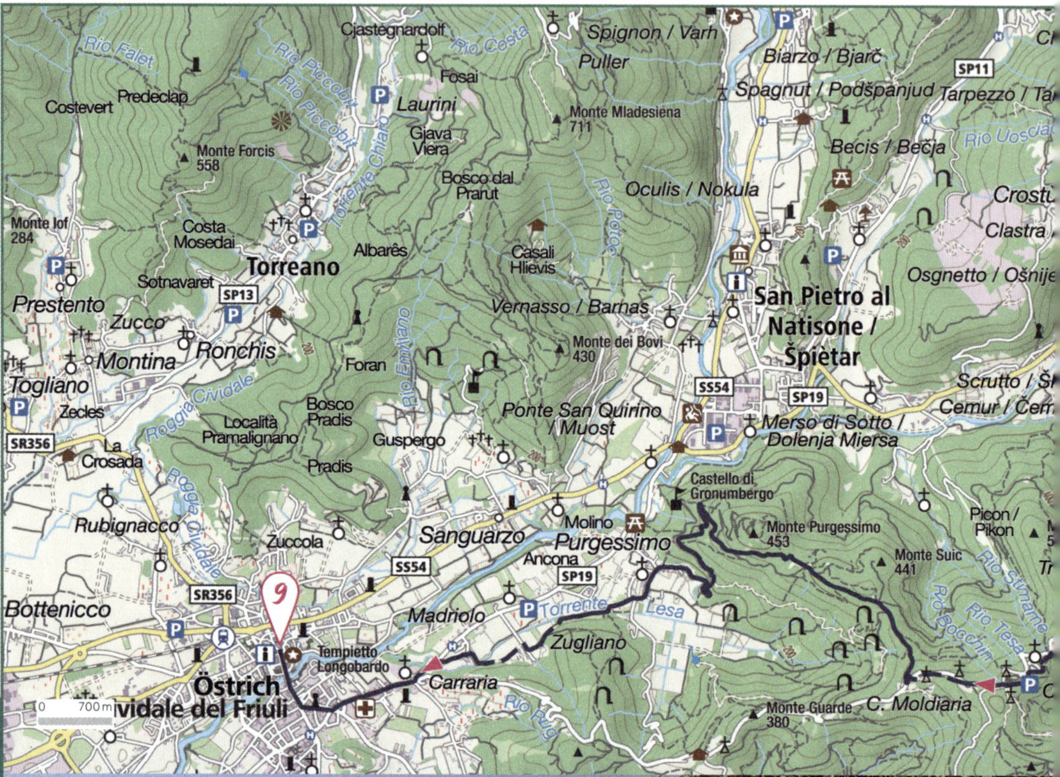

Cjastegnardolf
Rio Costa
Spignon / Varh
Rio Falet
Puller
Biarzo / Bjarč
SP11
Fosai
Spagnut / Podšpanjud
Tarpezzo / Ta
Costevert
Predeclap
Laurini
Monte Mladesiena
711
Giava
Viera
Becis / Bečja
Rio Uosca
Monte Forcis
558
Torrente Chiaro
Bosco dal
Prarut
Oculis / Nokula
Crost
Rio Poiot
Monte Iof
284
Costa
Mosedai
Clastra
Albarês
Casali
Hlievis
Osgnetto / Ošnije
Torreano
Sotnavaret
SP13
San Pietro al
Natisone /
Špìetar
Prestento
Vernasso / Barnas
Zucco
Monte dei Bovi
430
Ronchis
Montina
Foran
Rio Emiliano
Scrutto / Š
Togliano
SS54
SP19
Cemur / Čer
Zecles
Bosco
Pradis
Ponte San Quirino
/ Muost
Località
Pramalignano
Merso di Sotto /
Dolenja Miersa
SR356
La
Crosada
Guspergo
Roggia Cividale
Pradis
Castello di
Gronumbergo
Rubignacco
Picon /
Pikon
Molino
Monte Purgessimo
453
Zuccola
Sanguarzo
Purgessimo
Monte Suic
441
Ancona
SS54
SP19
Rio Stimane
SR356
Bottenicco
Madriolo
Torrente
Lesa
Rio Tesa
Rio Bocchin
Tempietto
Longobardo
Zugliano
Östrich
vidale del Friuli
Carraria
0 700 m
Rio Rug
Monte Guarde
380
C. Moldiaria

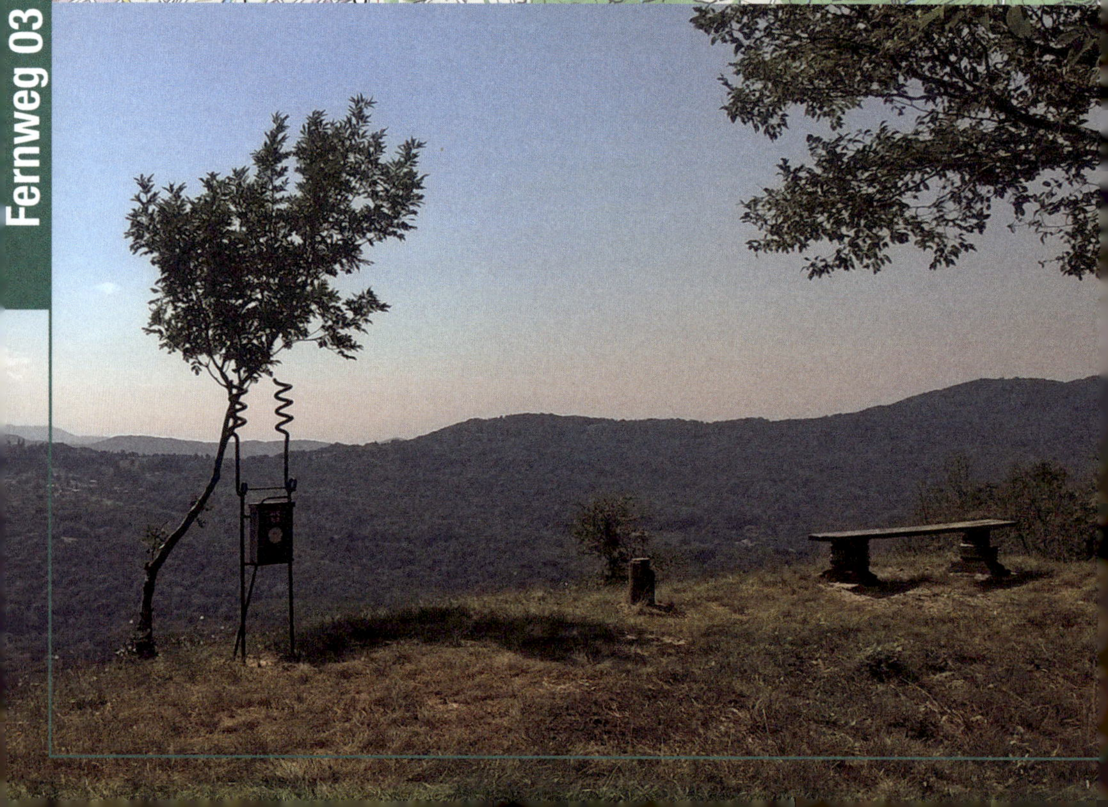

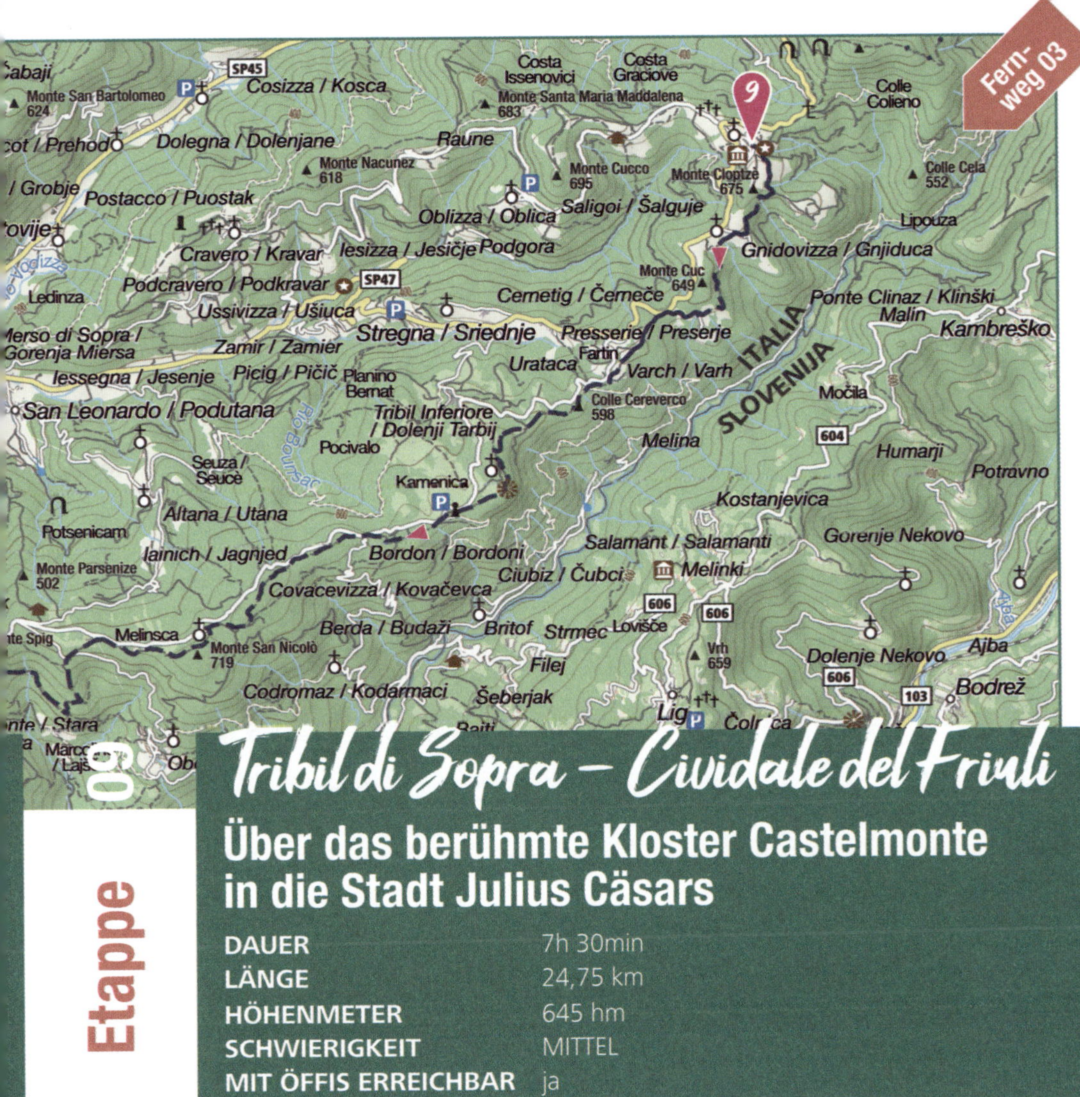

Tribil di Sopra – Cividale del Friuli

Über das berühmte Kloster Castelmonte in die Stadt Julius Cäsars

DAUER	7h 30min
LÄNGE	24,75 km
HÖHENMETER	645 hm
SCHWIERIGKEIT	MITTEL
MIT ÖFFIS ERREICHBAR	ja

Das erwartet dich ...

Auf unserer letzten Etappe führen uns Wald- und Wiesenwege, zum Teil auch asphaltierte Sträßchen durch die schöne Landschaft. Zwischendurch bewältigen wir aber auch steinige und steilere Waldpfade. Nach Castelmonte führt uns ein Kiesweg hinab. Zum Ende hin gehen wir auf einer asphaltierten Straße nach Cividale. Die Strecke ist heute sehr lang, und erst im letzten Drittel bieten sich ein paar Einkehrmöglichkeiten.

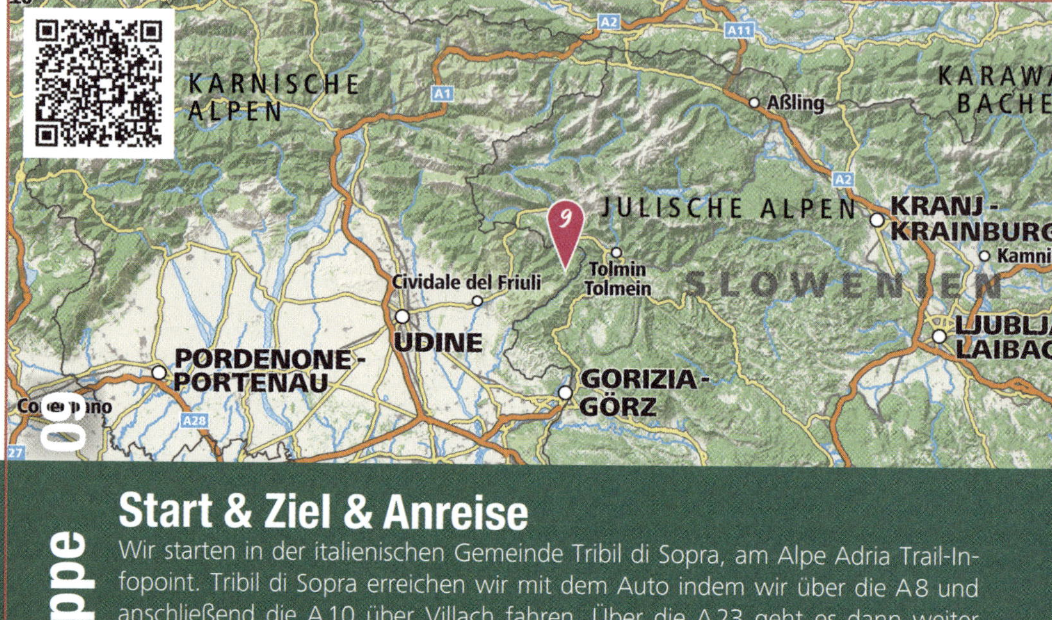

Etappe 09

Start & Ziel & Anreise

Wir starten in der italienischen Gemeinde Tribil di Sopra, am Alpe Adria Trail-Infopoint. Tribil di Sopra erreichen wir mit dem Auto indem wir über die A8 und anschließend die A10 über Villach fahren. Über die A23 geht es dann weiter Richtung Udine. Von hier aus nehmen wir die Strada statale 54 nach Tribil di Sopra. Vom Busbahnhof Cividale del Friuli verkehrt die SAF-Buslinie Cividale–Tribil Superiore.

Tourenbeschreibung

Wir starten am Alpe Adria Trail-Infopoint in Tribil di Sopra über einen breiten, flachen Waldweg. Schon bald verlassen wir ihn nach rechts und biegen auf einen schmäleren, abwärtsführenden Pfad ein. Nach einem Brunnen halten wir uns an der Weggabel rechts hinauf. Wir passieren einen weiteren Brunnen, dann erreichen wir ein asphaltiertes Sträßchen und den Ort Gnidovizza. Nach rechts gehen wir durch den Ort hindurch, bis ein abwärtsführender Wiesenweg uns nach links leitet. Es geht einen schmalen Hangpfad entlang, dann erreichen wir in einem großen Linksschwenk den Wald und wandern am Waldrand weiter.

Nach einer freien Fläche wandern wir kurz hinab und stoßen beim Ortsschild Klinac auf ein Sträßlein nach rechts. Vor der Autostraße biegen wir links ab und folgen einem Kiesweg durch Wald und über Wiesen. Nach einer Anhöhe kommen wir kurz zur Straße. Dann führt ein schmaler Pfad am Waldhang entlang. An einer

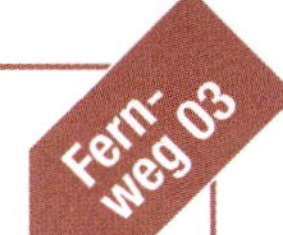

alten Kriegsstellung vorbei gelangen wir auf eine weitere Hochfläche. Kurz nach einer Orientierungstafel stehen wir an der Kirche San Giovanni. Auf einem Wurzelpfad gelangen wir zu einer herrlichen Aussichtsstelle. Nur wenig später nähern wir uns der Straße, verlassen aber das sanfte Auf und Ab des parallel verlaufenden Waldweges nicht. Hinter einer Lichtung erreichen wir eine kleine Hütte. Wir wandern ein paar Meter steil hinauf und erreichen an einem gemauerten Gebäude die Autostraße. Hier zweigt ein Weg nach links Richtung Covacevizza ab. Gleich darauf verlassen wir die Straße wieder auf dem links ansteigenden Waldpfad. Er führt uns zur Kirche San Niccolo.

Links vor der Kirche biegen wir ab und wandern am Waldrand entlang hinauf. An einer Autostraße folgen wir kurz nach rechts hinauf, in der Rechtskurve verlassen wir sie jedoch schon wieder nach links auf einen steilen abwärtsführenden Pfad. Von der Senke aus erblicken wir schon das mächtige Castelmonte. Wir halten uns links, steigen bergan und tangieren kurz die Autostraße. Der steinige Waldpfad bringt uns schließlich nach Castelmonte. Wir queren den großen Parkplatz nach links, passieren die Osteria und gehen auf der Strada di Castelmonte Richtung Cividale. Wir können diese zweimal nach links über Pfade und Schotter abkürzen. Vor dem Tor von Haus Nr. 89, nach einer scharfen Linkskurve, biegen wir rechts ein und wandern auf einem breiten Schotterweg sanft durch den Wald hinab. Wir bleiben bei einem Abzweig zum Castello auf dem breiten Kiesweg. Er mündet kurz vor einer scharfen Rechtskurve in einen Betonweg am Ende des Waldes.

Nach einem schönen Sitzstein erreichen wir Purgessimo. Es geht in den Ort hinein und noch vor der Kirche biegen wir rechts ein. Die Via Ugo Foscolo bringt uns bis zum Ortsschild, dann halten wir uns links. Nach einem ramponierten Steg begleiten wir den Bach, dann schicken uns die weiß-roten Markierungen über freies Wiesengelände. Mit einem Rechts-Links-Schwenk umrunden wir ein paar Häuser, anschließend wandern wir auf einem Schotterweg weiter geradeaus. Über einen Wiesenweg schließlich gelangen wir zur Strada di Madriole. Wir gehen über den Bach hinüber und halten wir uns an der Straßenkreuzung geradeaus. Ein Wiesenweg begleitet uns an einem Zaun entlang zur Via Purgessimo. Dann halten wir uns links entlang der Straße und überqueren den Bach. Von der Kirche San Rocco bringt uns die Via Carraria nach Cividale. Beim Kreisverkehr biegen wir rechts in die Via Europa. Nach der Piazza della Resistenza bringt uns ein geplättelter Weg über die Teufelsbrücke, nach der wir ins Zentrum von Cividale del Friuli und kurz darauf an der Tourist-Information auf der Piazza Paolo Diacono kommen.

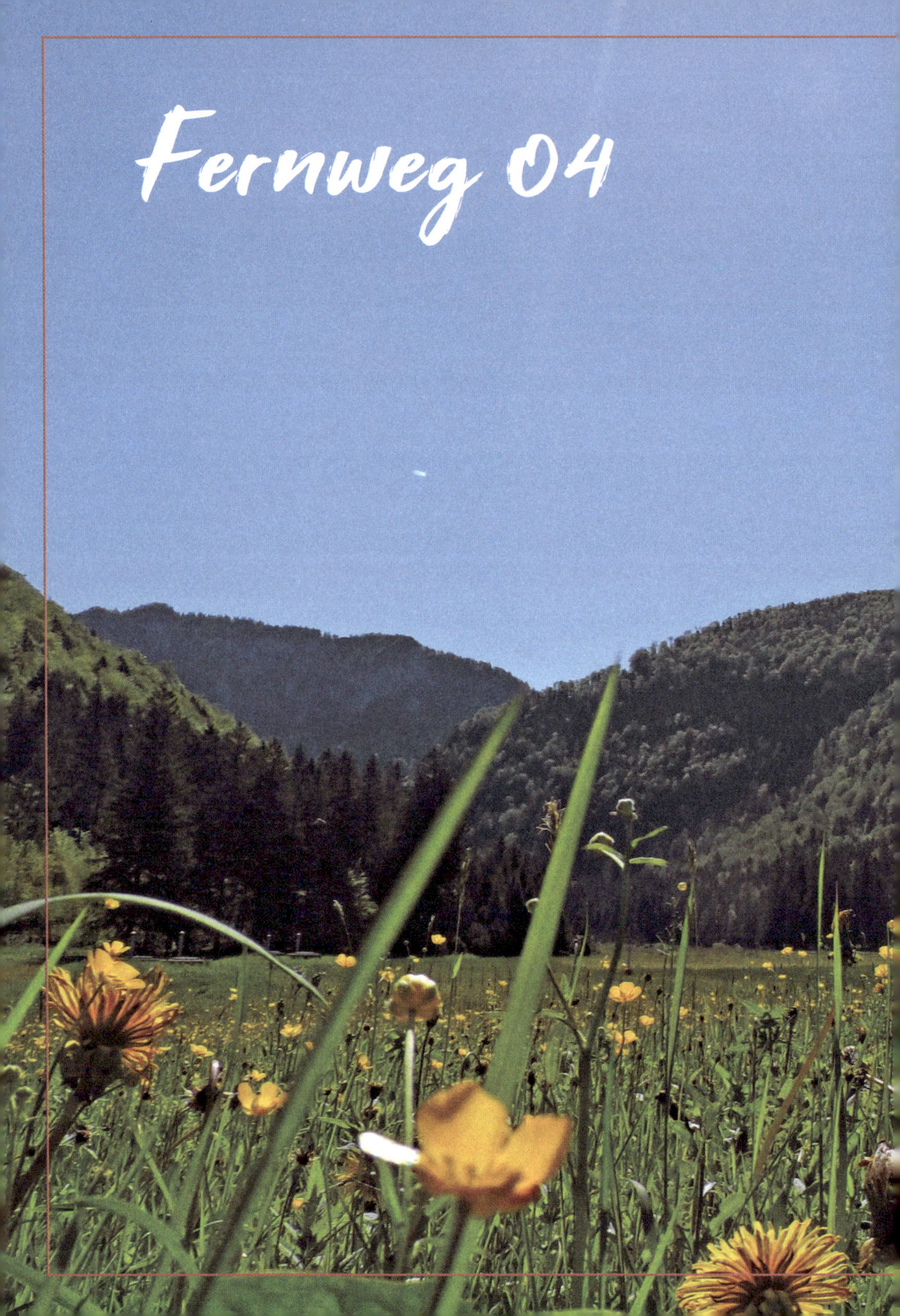
Fernweg 04

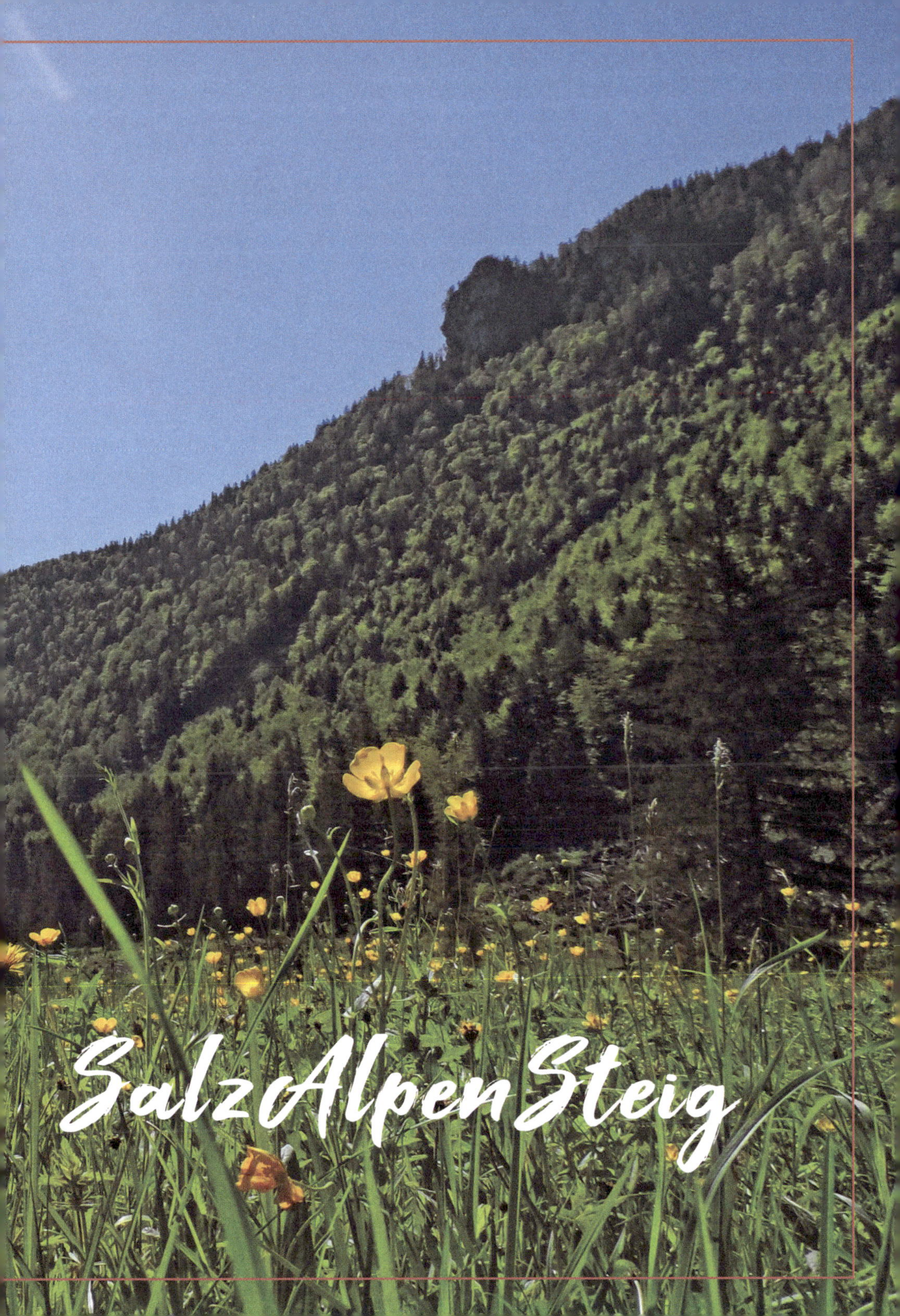
SalzAlpenSteig

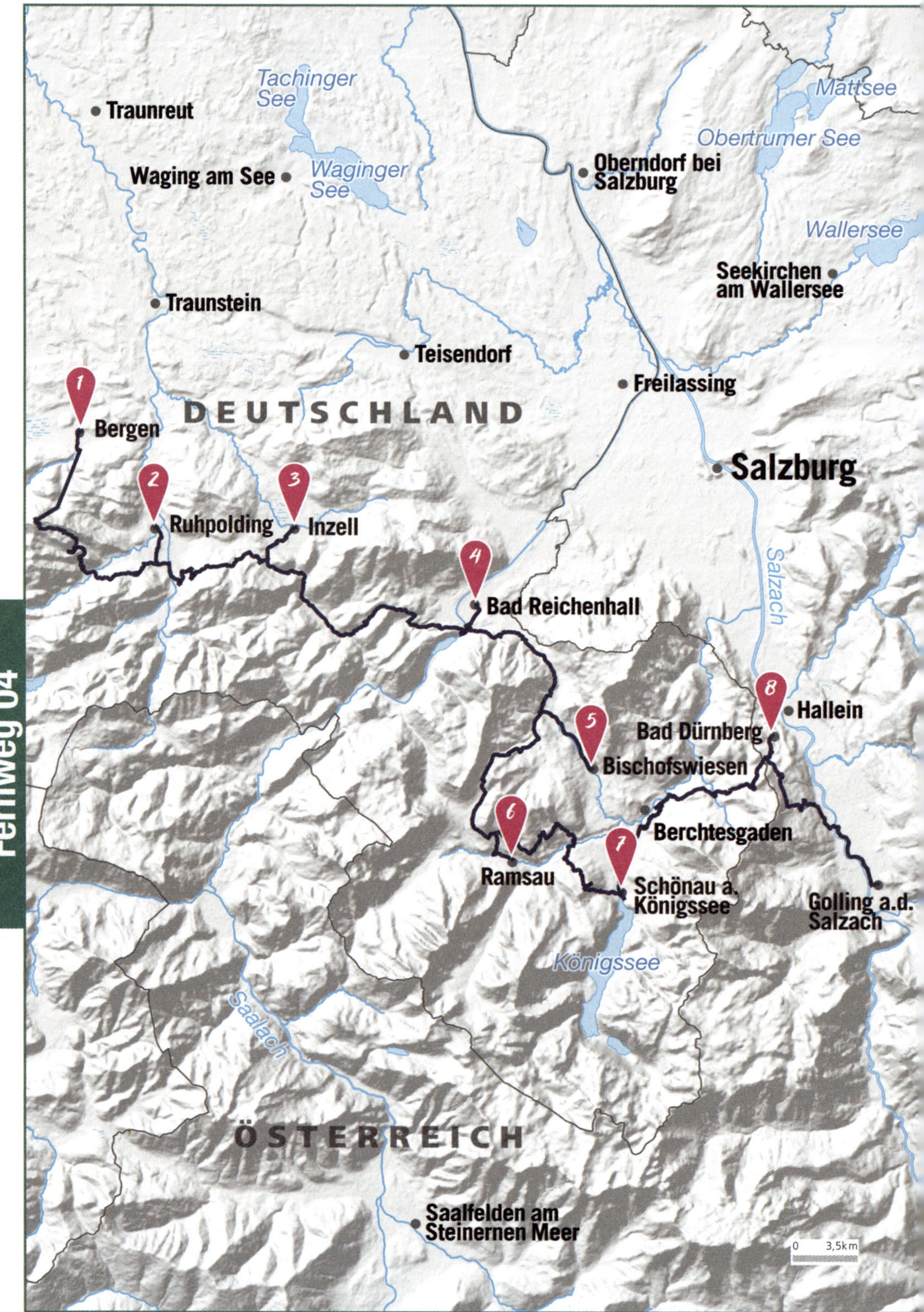
Tachinger See
Traunreut
Waging am See
Waginger See
Oberndorf bei Salzburg
Mattsee
Obertrumer See
Wallersee
Seekirchen am Wallersee
Traunstein
Teisendorf
Freilassing
DEUTSCHLAND
1
Bergen
Salzburg
2
Ruhpolding
3
Inzell
Salzach
4
Bad Reichenhall
8
Hallein
Bad Dürnberg
5
Bischofswiesen
6
Berchtesgaden
7
Ramsau
Schönau a. Königssee
Golling a.d. Salzach
Königssee
Saalach
ÖSTERREICH
Saalfelden am Steinernen Meer
0
3,5km

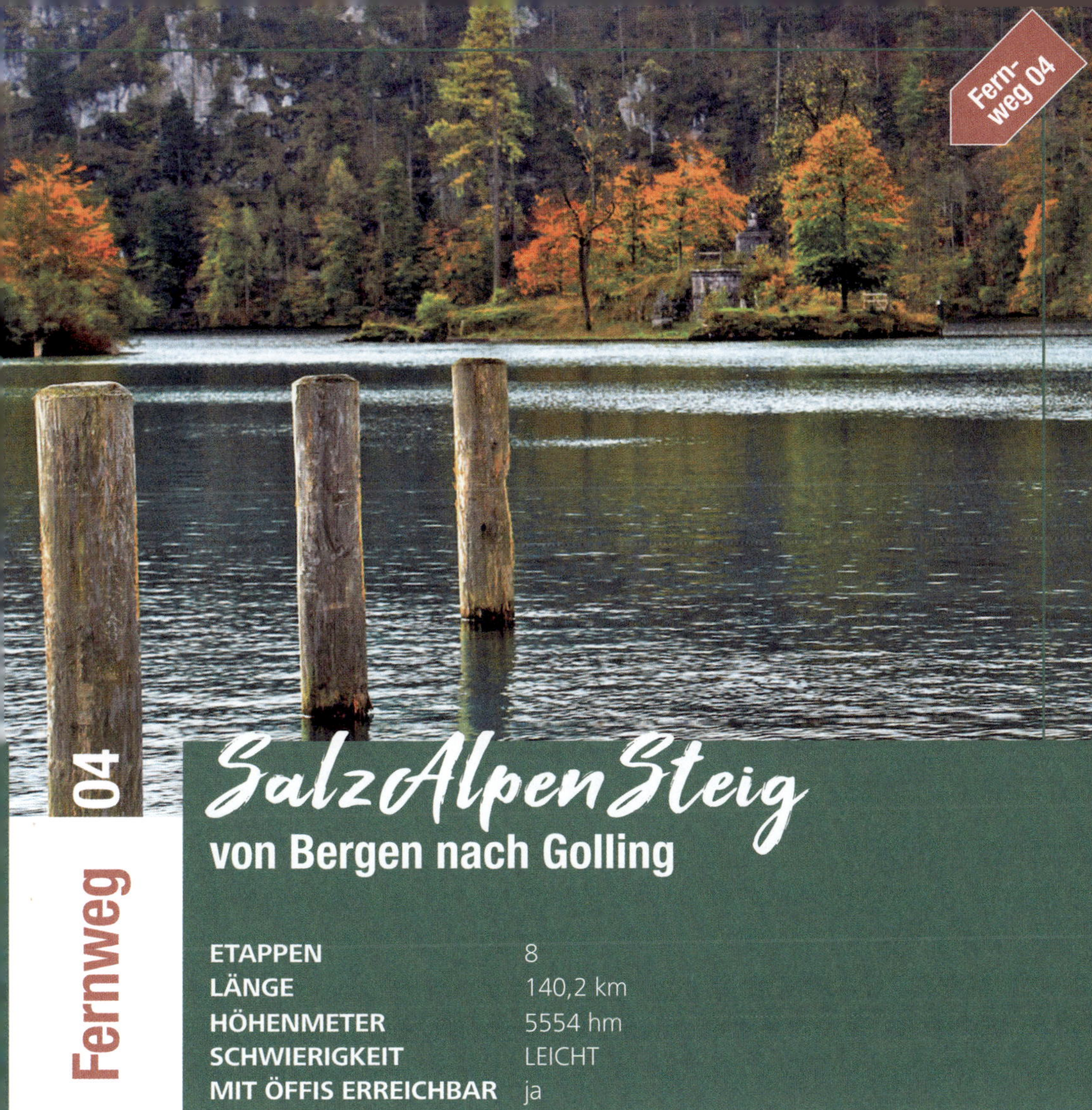

SalzAlpenSteig
von Bergen nach Golling

ETAPPEN	8
LÄNGE	140,2 km
HÖHENMETER	5554 hm
SCHWIERIGKEIT	LEICHT
MIT ÖFFIS ERREICHBAR	ja

Das erwartet dich ...

Der SalzAlpenSteig führt uns auf insgesamt acht Etappen von Bergen in Deutschland nach Golling a.d. Salzach in Österreich. Die Etappen sind abwechslungsreich und führen über Grate und Gipfel, beinhalten aber auch viele gemütliche Abschnitte entlang von Flüssen und durch Schluchten. Die Etappen sind leicht bis mittelschwer. Trittsicherheit ist insbesondere in den Schluchten und bei Gipfelbesteigungen Voraussetzung sowie gute Fitness für längere Tagesabschnitte.

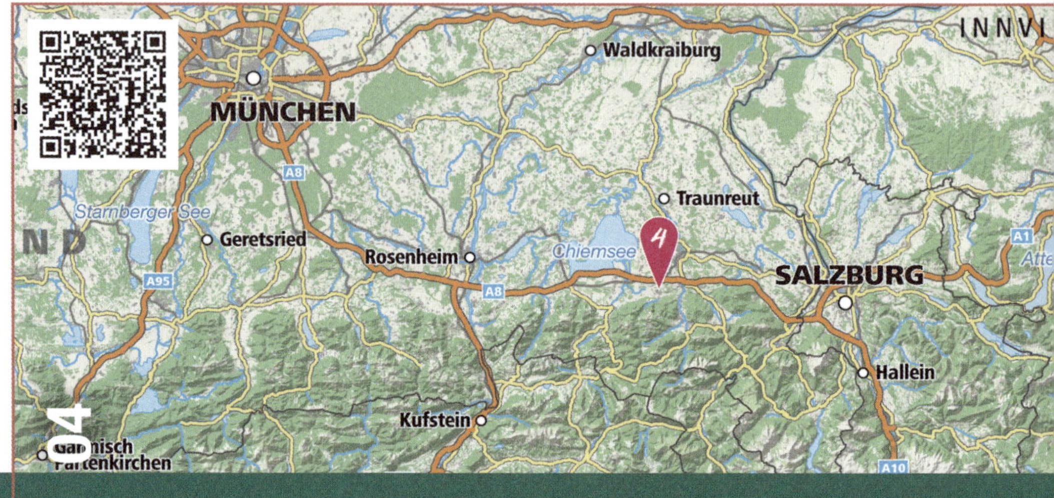

Fernweg 04

Start & Ziel & Anreise

Der Startpunkt Bergen kann mit der Bayerischen Regionalbahn einfach ab München erreicht werden. Wer mit dem PKW anreist, folgt der Salzburger Autobahn und nimmt die Ausfahrt Bergen.

Ab dem Zielort Golling fährt der Postbus, Linie 41, nach Hallein. Ab Hallein fährt ein Zug zum Salzburger Hauptbahnhof.

Tourenbeschreibung

Der SalzAlpenSteig – ein alpines Erlebnis und zugleich Hochgenuss für all diejenigen, die echte, natürliche Grenzen zu überwinden suchen. Er hält alles bereit: Gratwanderungen, Gipfelbesteigungen, alpine Pfade und gemütliche Wanderwege; Täler, Schluchten und Klammen durchziehen abwechselnd diesen prämierten Weitwanderweg. Auf 230 km durchqueren wir das Chiemseer Alpenland, dann den Chiemgau und das Berchtesgadener Land. Zum Ende hin erwarten uns das Tennengebirge und schließlich die Welterberegion Dachstein. Dabei hat jede Region ihre ganz eigenen Besonderheiten. Auf insgesamt 18 Tagesetappen und 20 Rundtouren können wir die Schönheiten dieser abwechslungsreichen Landschaften genießen. Die hier vorgestellte Strecke führt über die ersten Etappen des SalzAlpenSteiges durchs Chiemgau übers Berchtesgadener Land vor die Tore Salzburgs. Schon der Chiemgau hat alles zu bieten: Bewaldete Höhen und schroffe

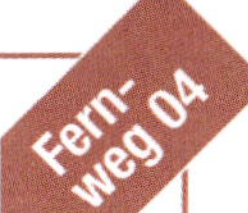

Felswände, einsame Wanderwege vorbei an kühlen Wasserfällen und geheimnisumwitterten Orten – jeder Wanderer kommt hier auf seine Kosten.

Der Chiemgau wartet mit einer jahrhundertealten Kultur- und Naturlandschaft auf. Im Westen bildet das bayerische Inntal, im Osten die Rote Traun die natürliche Grenze zu den Berchtesgadener Bergen. Im Süden treffen wir auf die Landesgrenze Deutschland–Österreich mit eindrucksvollen Erhebungen wie dem Sonntagshorn. Auf unberührte Natur freuen wir uns dann im Berchtesgadener Land mit dem Nationalpark Berchtesgaden. Eindrucksvolle Gebirgszüge, herrliche Gebirgsseen und tiefe Täler gehen mit der Kulturgeschichte und dem Brauchtum dieser Gegend einher. Die Alte Saline in Bad Reichenhall und das Salzbergwerk in Berchtesgaden präsentieren eindrucksvoll die Geschichte dieser Region. Der Nationalpark Berchtesgaden ist der einzige deutsche Nationalpark in den Alpen. Er ist ein besonderer Erholungs- und Rückzugsraum für Mensch, Tier und Natur. Die letzten beiden Etappen führen uns dann über die Grenze nach Österreich. Wir wandern hier durch die Ausläufer des Salzburger Tennengaus. Die Genussregion Tennengau liegt zwischen Salzburg und Dachstein und umfasst Teile der Nördlichen Kalkalpen. Die Region bildet den allmählichen Übergang vom Hügelland ins Hochgebirge, den wir von der Ferne auf der letzten Etappe bereits erahnen können.

Höhenprofil

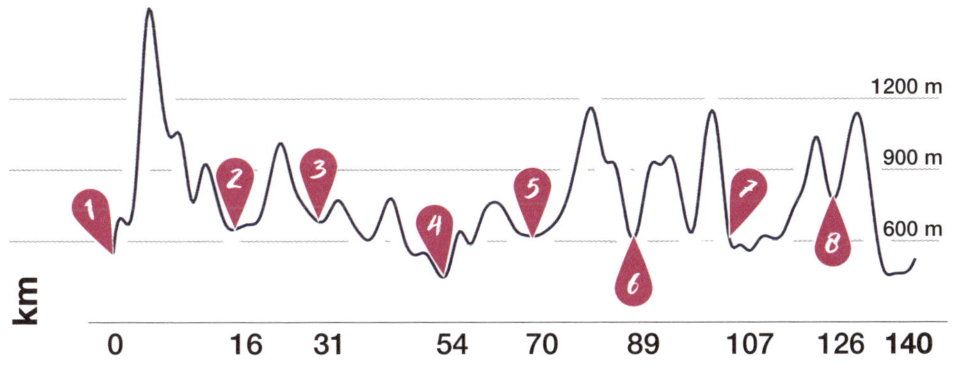

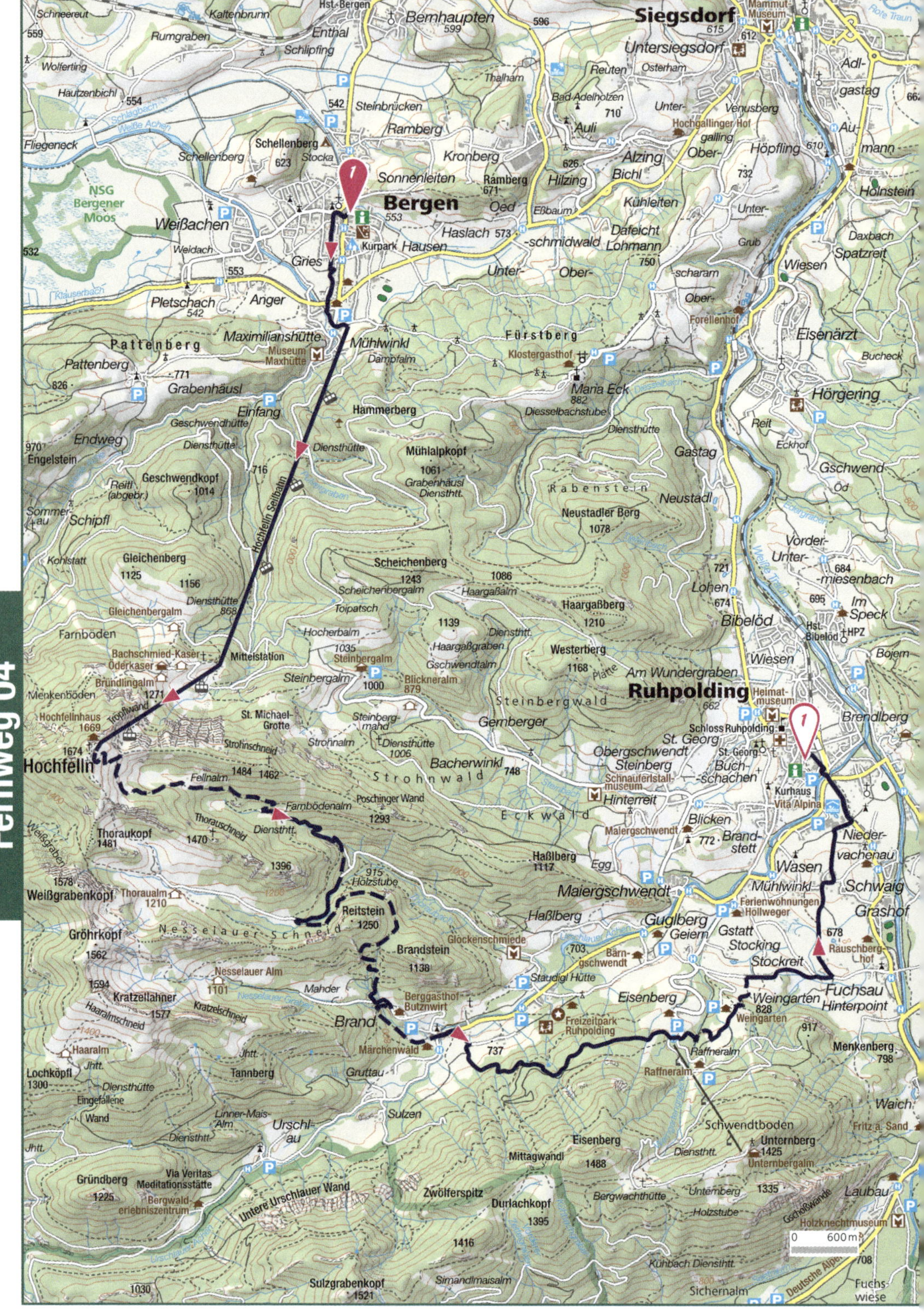
Schneereut
Kaltenbrunn
Hst.-Bergen
Bernhaupten
599
596
Siegsdorf
615
Mammut-Museum
612
Rumgraben
Enthal
Schlipfing
Untersiegsdorf
Osterham
Reuten
Wolferting
Thalham
Adl-gastag
Hautzenbichl
554
542
Steinbrücken
Bad Adelholzen
710
Unter-
Venusberg
Weiße Achen
Ramberg
Auli
Hochgallinger Hof
Fliegeneck
Schellenberg
Stocka
Kronberg
626
Alzing
Ober-
Höpfling
Au-mann
623
Sonnenleiten
Ramberg
671
Hilzing
Bichl
732
NSG
Bergener
Moos
Weißachen
Bergen
553
Oed
Eßbaum
Kühleiten
Holnstein
Haslach
573
-schmidwald
Dafeicht
Lohmann
Unter-
Weidach
Kurpark
Hausen
750
Daxbach
532
Gries
Unter-
Ober-
Grub
Spatzreit
553
Wiesen
scharam
Klauserbach
Pletschach
542
Anger
Ober-
Forellenhof
Pattenberg
Maximilianshütte
Mühlwinkl
Fürstberg
Eisenärzt
Pattenberg
771
Museum Maxhütte
Dampfalm
Klostergasthof
Bucheck
826
Grabenhäusl
Maria Eck
882
Hörgering
Einfang
Hammerberg
Diesselbachstube
Geschwendhütte
Reit
Endweg
Diensthütte
Diensthütte
Diensthütte
Gastag
970
Engelstein
716
Mühlalpkopf
1061
Grabenhäusl
Diensthtt.
Eckhof
Gschwend
Reitl (abgebr.)
Geschwendkopf
1014
Rabenstein
Öd
Neustadl
Sommerau
Schipfl
Hochfelln Seilbahn
Neustadler Berg
1078
Vorder-
Unter-
Kohlstatt
Gleichenberg
1125
Scheichenberg
1243
1086
721
684
-miesenbach
1156
Scheichenbergalm
Haargaßalm
Lohen
Diensthütte
868
Haargaßberg
674
695
Im Speck
Gleichenbergalm
Toipatsch
1210
Bibelöd
Farnböden
Hocherbalm
1139
Diensthtt.
Hst. Bibelöd
HPZ
Bachschmied-Kaser
Öderkaser
1035
Steinbergalm
Haargaßgraben
Westerberg
Bojern
Mittelstation
Gschwendtalm
1168
Wiesen
Bründlingalm
Steinbergalm
1000
Blickneralm
879
Platte
Am Wundergraben
Menkenböden
1271
Ruhpolding
Heimat-museum
Tropfwand
Steinbergwald
662
Brendlberg
Hochfellnhaus
1669
St. Michael-Grotte
Steinberg-mahd
Gernberger
St. Georg
Schloss Ruhpolding
1674
Strohnschneid
Strohnalm
Diensthütte
1006
Obergschwendt
Steinberg
St. Georg
Hochfelln
1484
1462
Bacherwinkl
748
Buch-schachen
Schnauferlstall-museum
Strohnwald
Kurhaus
Vita Alpina
Fellnalm
Poschinger Wand
Hinterreit
Farnbödenalm
1293
Eckwald
Blicken
Nieder-vachenau
Thoraukopf
1481
Thorauschneid
Diensthtt.
1470
Maiergschwendt
772
Brand-stett
Haßlberg
1117
Egg
Wasen
Schwaig
1396
Mühlwinkl
915
Holzstube
Ferienwohnungen Hollweger
Grashof
1578
Weißgrabenkopf
Thoraualm
1210
Maiergschwendt
Reitstein
1250
Haßlberg
Guglberg
Geiern
Gstatt
Stocking
678
Gröhrkopf
Nesselauer Schneid
Glockenschmiede
Stockreit
Rauschberg-hof
1562
Brandstein
1136
703
Bärn-gschwendt
Nesselauer Alm
1101
Staudigl Hütte
Fuchsau
1594
Kratzellahner
1577
Mahder
Eisenberg
828
Weingarten
Hinterpoint
Haaralmschneid
Kratzelschneid
Berggasthof Butznwirt
Freizeitpark Ruhpolding
Weingarten
917
Brand
Haaralm
Jhtt.
Märchenwald
737
Raffneralm
Menkenberg
798
Lochköpfl
1300
Jhtt.
Tannberg
Gruttau
Raffneralm
Diensthütte
Eingefallene Wand
Linner-Mais-Alm
Urschl-au
Sulzen
Weich
Schwendtboden
Fritz a. Sand
Diensthtt.
Eisenberg
1488
Unternberg
1425
Jhtt.
Mittagwandl
Gründberg
1225
Via Veritas Meditationsstätte
Bergwald-erlebniszentrum
Unternbergalm
Untere Urschlauer Wand
Zwölferspitz
Bergwachthütte
Unternberg
1335
Laubau
Durlachkopf
1395
Holzstube
Holzknechtmuseum
0
600 m
1416
Kühbach Diensthtt.
708
Deutsche Alpen
1030
Sulzgrabenkopf
1521
Simandlmaisalm
Sichernalm
Fuchs-wiese

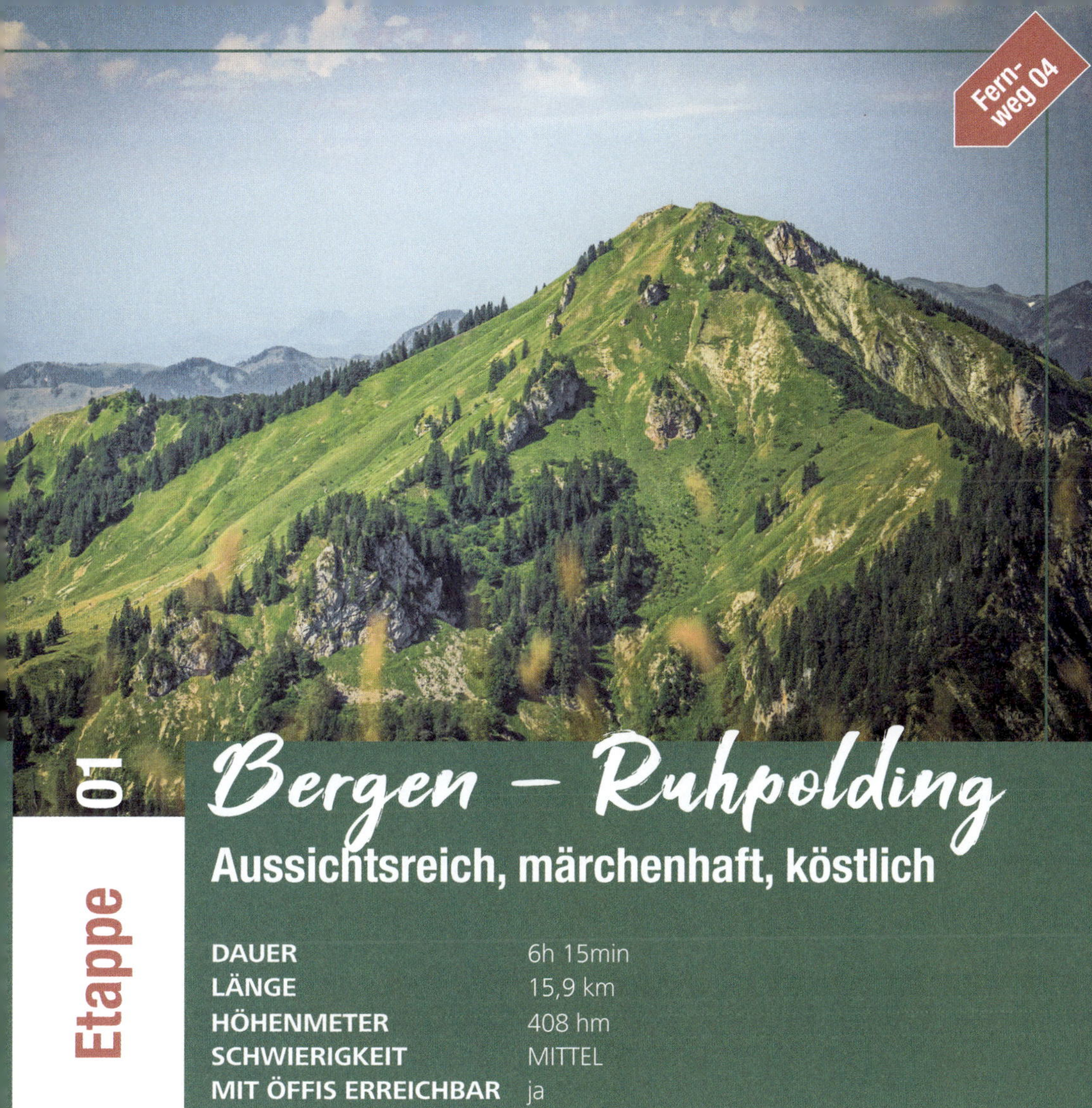

Fern-weg 04

Etappe 01

Bergen – Ruhpolding

Aussichtsreich, märchenhaft, köstlich

DAUER	6h 15min
LÄNGE	15,9 km
HÖHENMETER	408 hm
SCHWIERIGKEIT	MITTEL
MIT ÖFFIS ERREICHBAR	ja

Das erwartet dich ...

Der erste Tag erwartet uns mit einer wunderschönen, abwechslungsreichen Wanderung, stets begleitet von herrlichem Alpenpanorama. Nach Regen wird es am Anfang ein wenig matschig, auch die Länge der Etappe ist nicht zu unterschätzen.

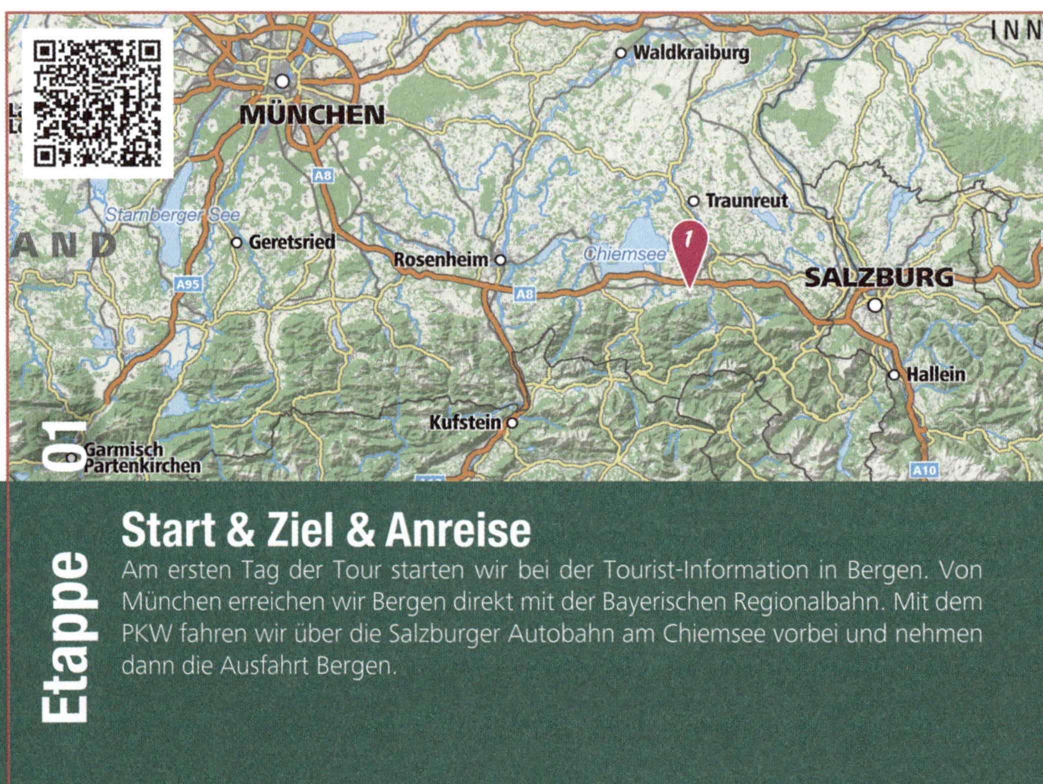

Etappe 01

Start & Ziel & Anreise

Am ersten Tag der Tour starten wir bei der Tourist-Information in Bergen. Von München erreichen wir Bergen direkt mit der Bayerischen Regionalbahn. Mit dem PKW fahren wir über die Salzburger Autobahn am Chiemsee vorbei und nehmen dann die Ausfahrt Bergen.

Tourenbeschreibung

Unser erster Gipfel – der Hochfelln – ist eine wahre Aussichtsterrasse über dem Chiemgau. Sein 1674 m hoher Kalksteingipfel erhebt sich stolz über Bergen und bietet uns einen sagenhaften Weitblick über die Gipfelwelt der Zentralalpen von Salzburg bis zum Chiemsee. Bequem steigen wir mit der Hochfelln-Seilbahn in zwei Etappen vom Luftkurort Bergen auf. Die Mittelstation Bründlingalm liegt auf 1100 m. Schon auf der Fahrt mit der gemütlichen Gondel hinauf können wir erahnen, welch grandioses Panorama uns auf dem Gipfel erwartet.

Zunächst fahren wir bequem mit der Gondel von Bergen auf den Hochfelln. Vom Hochfellnhaus richten wir uns dann nach der Beschilderung. Sie weist uns auf einen Schotterweg hinab. An einem schmaleren Pfad biegen wir rechts ein. Der etwas anspruchsvolle, steinige Weg leitet uns durch kleine Wälder und über Almwiesen vorbei an der Fellnalm, die auf einer kleinen Lichtung liegt. Durch den

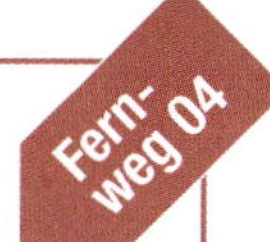

lichten Mischwald steigen wir stetig hinab zu einer Weggabelung und schlagen den Weg nach links Richtung Ruhpolding ein. Er bringt uns an eine Kreuzung, an der wir rechts zur Farnbödenalm einbiegen. Nach der Alm wandern wir auf einem Forstweg durch den Wald hinab bis zu einer Weggabelung. Hier halten wir uns rechts uns steigen zur Thoraualm auf – nicht wie zunächst vermutet linker Hand nach Ruhpolding. Vom rauschenden Thoraubach begleitet steigen wir gut zehn Minuten auf. Dann sehen wir schon die SalzAlpenSteig-Markierung, die uns nach links weist. Wir passieren ein paar Bienenstöcke und halten uns danach gleich wieder links über einen schmalen Waldpfad. Zunächst durch hohes Gras bringt er uns durch den Wald. Dabei umrunden wir den Reitstein (1250 m). Einige Zeit haben wir noch einen Forstweg links im Blick.

Wir steigen kurz an, um daraufhin wieder etwas steiler zu einer Kreuzung abzusteigen. Hier halten wir uns links wo eine schwer erkennbare Markierung am Baum angebracht ist! In einem weiteren Linksschwenk erreichen wir einen Jägerstand. Wir gehen auf dem Forstweg nach rechts und folgen dem rauschenden Bach zu einer Straße. Hier haben wir die Möglichkeit abzukürzen um nach Brand zu kommen. Wir bleiben auf unserem Weg, machen aber eine kurze Rast im freundlichen Berggasthof Butznwirt. Nach einer stärkenden Pause wandern wir ein Stück des Weges zurück und biegen gleich links in den Wald ab. Wir passieren den Nesslauer Wasserfall und anschließend tauchen wir in den Märchenwald ein. Mit Moos bewachsene Felsbrocken entführen uns in eine andere, märchenhafte Welt. Nach diesem schönen Wald erreichen wir den Alpengasthof Brand.

Hier bietet sich ebenfalls eine kurze Pause an. Die Wirtsleute sind sehr freundliche und empfangen die Wanderer mit tollen Kuchen und Kaffee, den man an regnerischen Tagen am gemütlichen Kamin genießen kann. Der Weiterweg führt uns über die Brücke, dann folgen wir der Hauptstraße nach links. Nur wenig später halten wir uns rechts hinauf an einem Weidezaun vorbei und in den Wald hinein. Ab der Unternbergbahn richten wir uns nach den Schildern Richtung Gasthof Weingarten. Auf der anderen Seite des Gasthofes gehen wir auf einer Wiese hinab in den Ort Stockreit. Bei der Ferienwohnung Fuschlberger halten wir uns rechts. Gleich darauf biegen wir links nach Fuchsau und Traunauen ab. Wir wandern an einem schönen Rastplatz zu unserer Rechten vorbei. Bald auf einem Fahrweg überqueren wir die Bundesstraße und kommen zur Ortnerbrücke. Nach links führt der Weg nach Ruhpolding hinein, nach rechts beginnt unsere nächste Etappe.

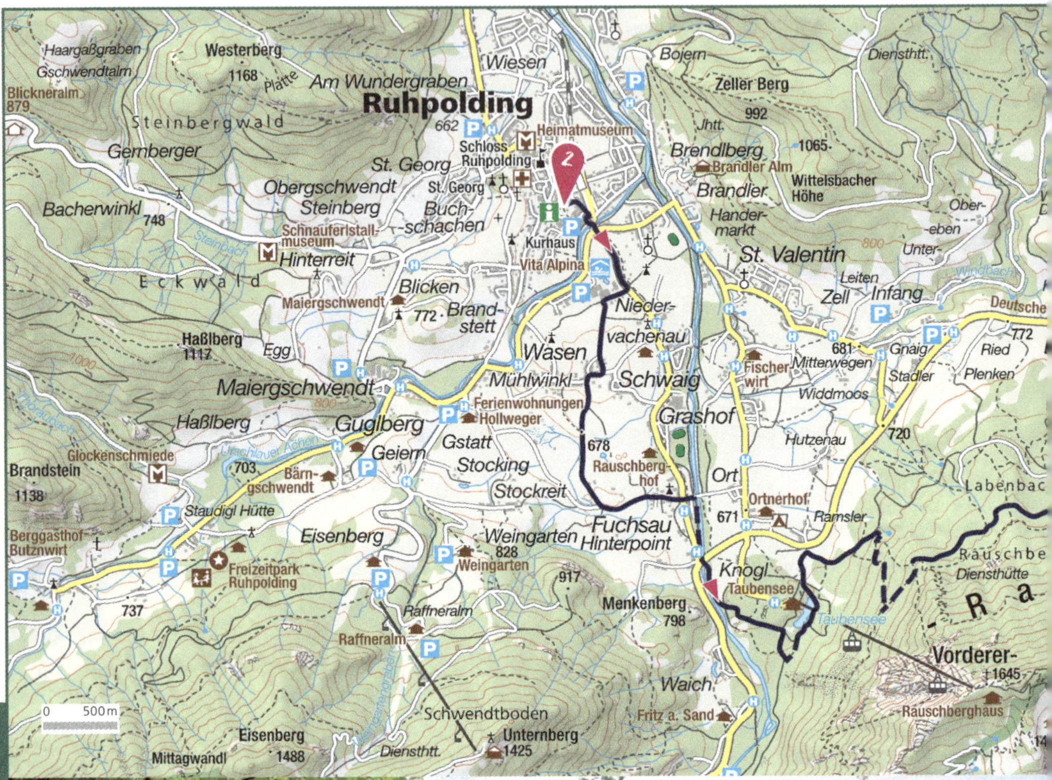

Haargaßgraben
Gschwendtalm
Blickneralm
879
Westerberg
1168
Platte
Am Wundergraben
Wiesen
Ruhpolding
Steinbergwald
662
Heimatmuseum
Schloss
Ruhpolding
St. Georg
Gernberger
Obergschwendt
St. Georg
Steinberg
Buch-
schachen
Bacherwinkl
748
Schnauferlstall-
museum
Hinterreit
Kurhaus
Vita Alpina
Eckwald
Blicken
Maiergschwendt
772
Brand-
stett
Haßlberg
1117
Egg
Maiergschwendt
Haßlberg
Guglberg
Glockenschmiede
Brandstein
1138
703
Bärn-
gschwendt
Geiern
Gstatt
Stocking
Stockreit
Staudigl Hütte
Berggasthof
Butznwirt
Freizeitpark
Ruhpolding
737
Eisenberg
Weingarten
828
Weingarten
917
Raffneralm
Raffneralm
Schwendtboden
Unternberg
1425
Diensthtt.
Eisenberg
1488
Mittagwandl
0 500 m
Wasen
Mühlwinkl
Ferienwohnungen
Hollweger
Nieder-
vachenau
Schwaig
Grashof
678
Rauschberg-
hof
Ort
Fuchsau
Hinterpoint
Knogl
Taubensee
Taubensee
Menkenberg
798
Waich
Fritz a. Sand
Bojern
Zeller Berg
992
Jhtt.
Brendlberg
Brandler Alm
Brandler
1065
Wittelsbacher
Höhe
Hander-
markt
St. Valentin
800
Ober-
-eben
Unter-
Leiten
Zell
Infang
Diensthtt.
Deutsche
681
Mitterwegen
Gnaig
772
Ried
Stadler
Plenken
Fischer-
wirt
Widdmoos
Hutzenau
720
Labenbac
Ortnerhof
671
Ramsler
Rauschbe
Diensthütte
R a
Vorderer-
1645
Rauschberghaus

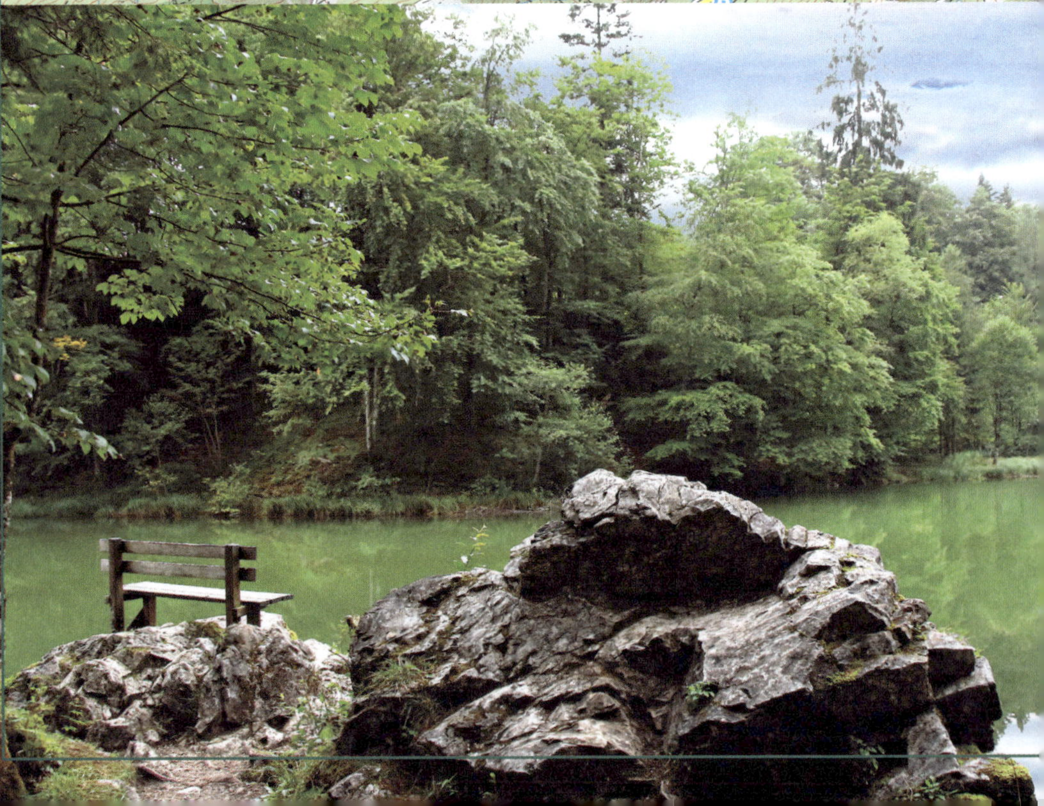

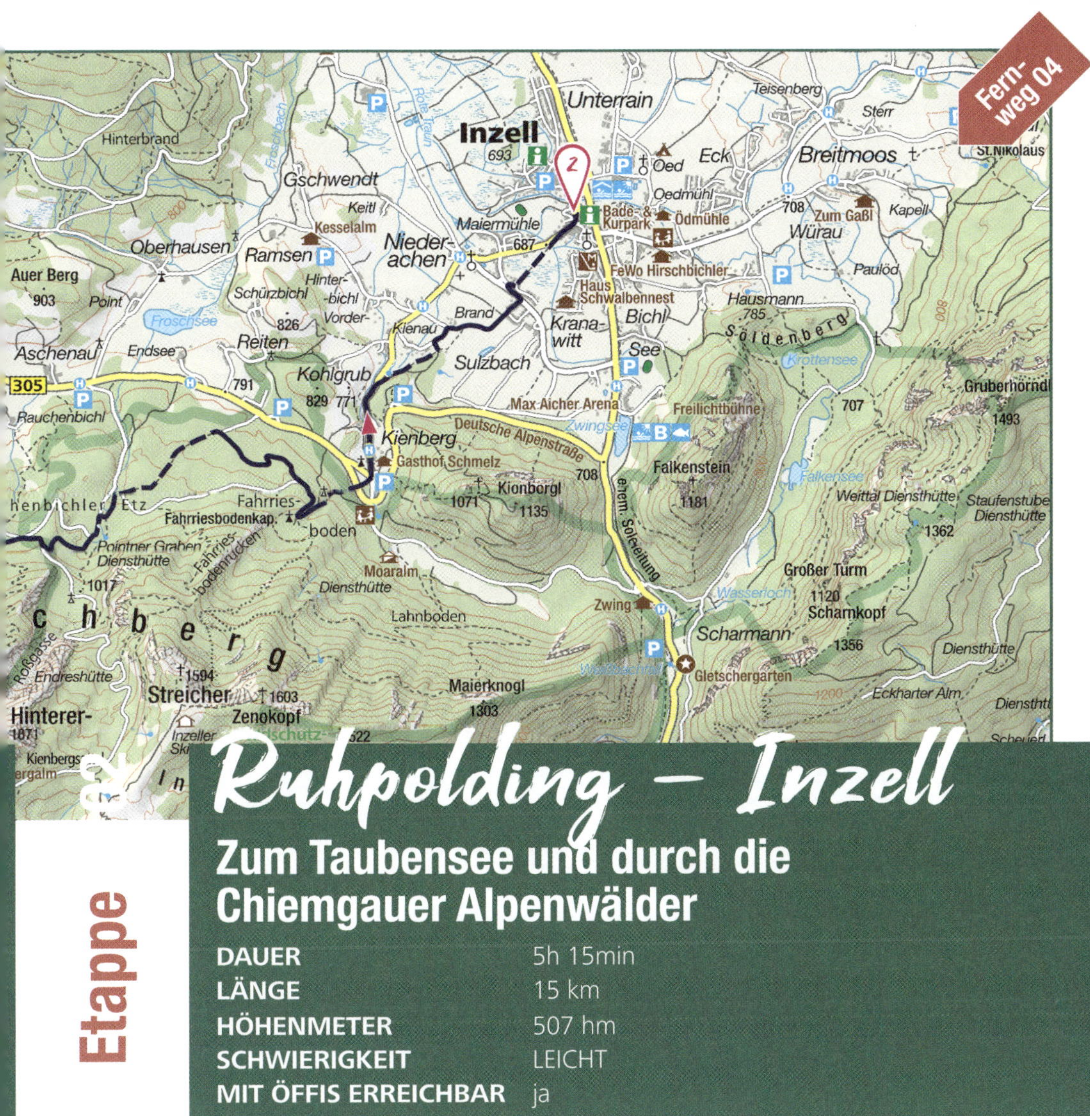

Etappe 02

Ruhpolding – Inzell

Zum Taubensee und durch die Chiemgauer Alpenwälder

DAUER	5h 15min
LÄNGE	15 km
HÖHENMETER	507 hm
SCHWIERIGKEIT	LEICHT
MIT ÖFFIS ERREICHBAR	ja

Das erwartet dich ...

Auf der heutigen Etappe müssen wir zwar doch einiges an Strecke zurücklegen, dafür sind die Wege sehr bequem: Breite Wanderwege bringen uns von Ort zu Ort. Dabei durchstreifen wir überwiegend die heimischen Wälder. Wir umrunden den Rauschberg, der ein lohnendes Gipfelziel bietet. Der Abstecher hält sich in Grenzen, da man von oben mit der Rauschbergbahn wieder abfahren kann.

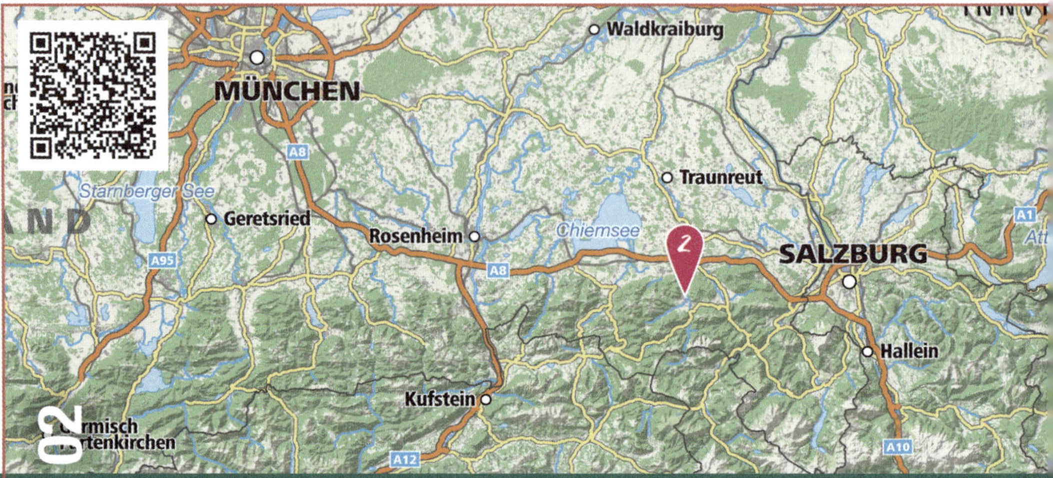

Etappe 02

Start & Ziel & Anreise

Wir starten bei der Tourist-Information in Ruhpolding. Von München erreichen wir das Städtchen bequem mit der Regionalbahn. Mit dem PKW reisen wir über die Salzburger Autobahn an. Bei Siegsdorf verlassen wir die Autobahn und folgen der ST 2098 bis nach Ruhpolding.

Tourenbeschreibung

Heute führt uns der SalzAlpenSteig um den Rauschberg herum bis nach Inzell. Bei einem Abstecher auf den Rauschberg können wir ein herrliches Panorama über den Chiemgau genießen. Zudem befinden sich zwei Skulpturen des Chiemgauer Künstlers Walter Angerer des Jüngeren auf dem Gipfel. Die Rauschbergbahn bringt uns hinauf oder hinunter – oder beides. So steht einem Abstecher auf diesen interessanten Gipfel nichts mehr im Wege.

Vom Zentrum in Ruhpolding gehen wir parallel zur Hauptstraße durch den Ort. Dabei schlendern wir an Wiesen und Siedlungen entlang, bis wir die Weiße Traun über die Ortnerbrücke überqueren. Wir halten uns rechts entlang des Flusses. Dann überqueren wir die Bundesstraße und wandern durch den Wald bis zur Talstation der Rauschbergbahn und zum Taubensee. Hier können wir vor dem Anstieg nocheinmal eine gemütliche Rast einlegen. Weiter geht es nach Schmelz;

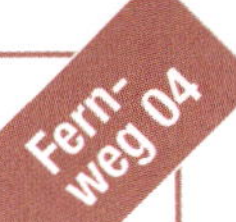

wir halten uns auf dem Taubensee-Rundweg und genießen die Idylle des kleinen Sees. Ein bequemer Wanderweg bringt uns den Markierungen folgend durch den Wald. Wir gehen auf den Berg zu, bis uns eine beschilderte Abzweigung „leichter Rauschberg" nach links schickt. Nun wandern wir gut 300 Höhenmeter ein wenig steiler hinauf. Dann mündet der Waldweg in eine Forststaße und bringt uns immer am Rauschberg entlang Richtung Inzell.

Wir wandern durch das Naturschutzgebiet Östliche Chiemgauer Alpen hinab. An einer Kreuzung bleiben wir geradeaus und nur wenige Minuten danach kommen wir zur Fahrriesbodenkapelle. Hier treffen sich SAS und SAT und lassen die Tour gemeinsam ausklingen. Wir gehen aus dem Wald hinaus, überqueren die Schnellstraße und erreichen den Gasthof Schmelz, der mit Kaffee und Kuchen lockt. Wir wandern die letzten beiden Kilometer, beim Gasthof Schmelz vorbei und der Straße folgend. Wir halten uns rechts in ein Wäldchen, wandern an Pferden und Lamas vorbei und durchqueren eine kleine Siedlung geradewegs zum Rathausplatz nach Inzell. Beim Blick zurück sehen wir noch einmal den schönen Rauschberg.

Blick nach Inzell

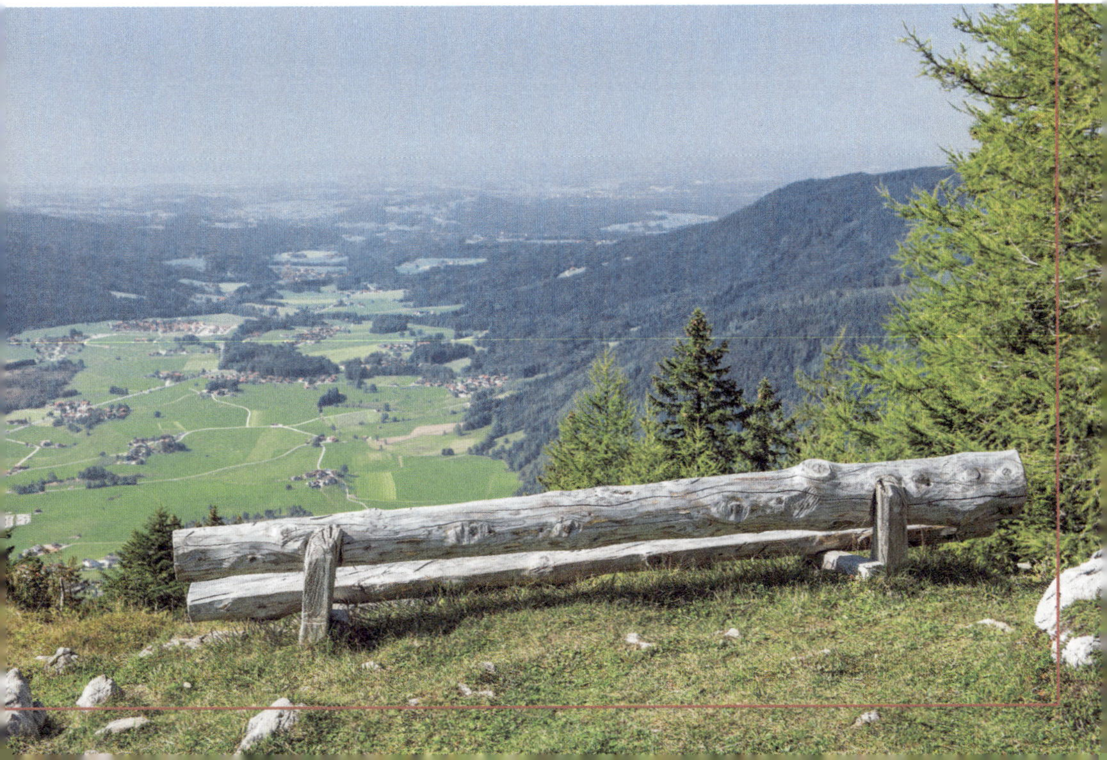

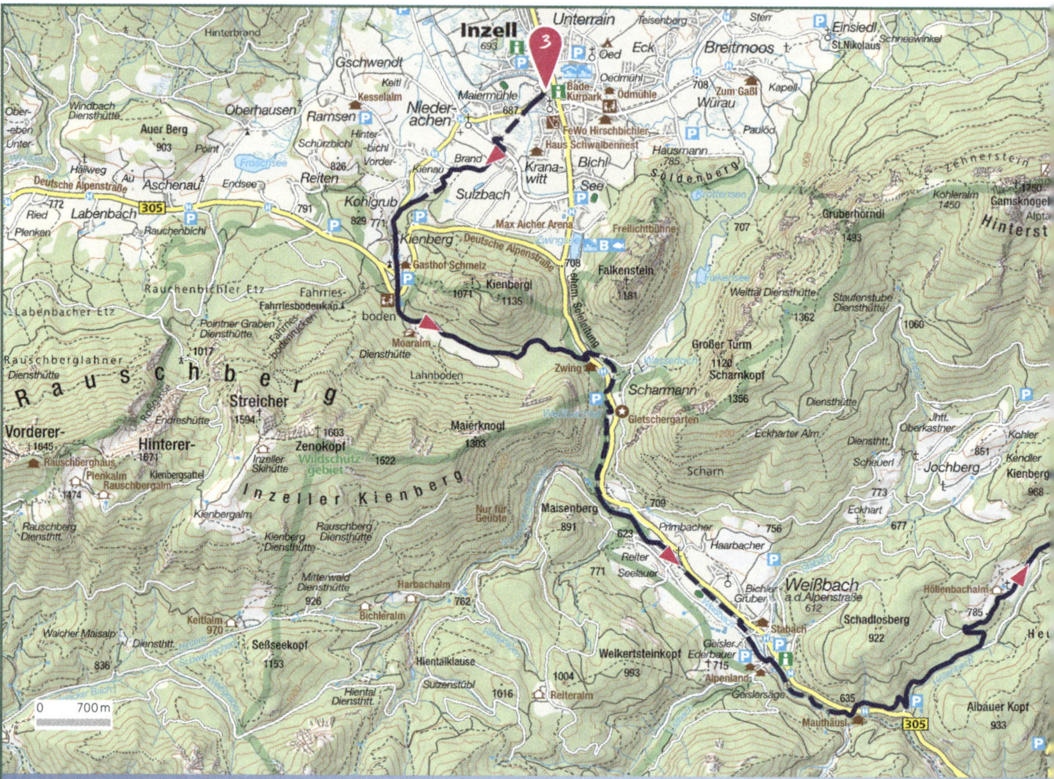
Inzell
693
Unterrain
Teisenberg
Stern
Einsiedl
St. Nikolaus
Schneewinkel
Breitmoos
Oed
Eck
Oedmühl
Bade-Kurpark
Odmühle
Zum Gaßl
Kapell
708
Würau
Paulöd
Hinterbrand
Gschwendt
Keitl
Kesselalm
Maiermühle
Nieder-achen
687
FeWo Hirschbichler
Haus Schwalbennest
Hausmann
785
Bichl
Oberhausen
Ramsen
Windbach Diensthütte
Auer Berg
903
Point
Schürzbichl
Hinter-bichl
Vorder-
Brand
Krana-witt
826
Kienau
Frillensee
Söldenberg
Zehnerstein
Hallweg
Au
Deutsche Alpenstraße
Aschenau
Endsee
Reiten
Sulzbach
See
1750
Gamsknogel
Kohleralm 1450
Hinterst
772
Ried
Labenbach
305
791
Kohlgrub
829
771
Max Aicher Arena
Zwingsee
Freilichtbühne
Rauchenbichl
Plenken
Kienberg
Gasthof Schmelz
Deutsche Alpenstraße
708
Falkenstein
1181
Gruberhörndl
1493
707
Falkensee
Weittal Diensthütte
1362
Staufenstube Diensthütte
1060
Rauchenbichler Etz
Fahrries-
Fahrriesbodenkap.
boden
Kienbergl
1135
1071
Labenbacher Etz
Pointner Graben Diensthütte
1017
Moaralm
Diensthütte
Wasserloch
Großer Turm
1120
Scharnkopf
1356
Rauschberglahner Diensthütte
Rauschberg
Zwing
Lahnboden
Scharmann
Diensthütte
Streicher
1594
Gletschergarten
Jhtt. Oberkastner
Vorderer-
1645
Endreshütte
1603
Zenokopf
Maierknogl
1303
Eckharter Alm
Diensthtt.
Kohler
Hinterer-
1671
Inzeller Skihütte
Wildschutz-gebiet
1522
Scharn
Scheueri
851
Jochberg
Kendler
Kienberg
Rauschberghaus
Plenkalm
Kienbergsattel
Rauschbergalm
1474
Inzeller Kienberg
Nur für Geübte
Maisenberg
891
709
773
968
Kienbergalm
Eckhart
Rauschberg Diensthtt.
Kienberg Diensthütte
Rauschberg Diensthütte
623
Primbacher
756
677
Haarbacher
Reiter
Seelauer
771
Mitterwald Diensthütte
926
Harbachalm
762
Weißbach a.d. Alpenstraße
612
Bichler
Gruber
Höllenbachalm
Keitlalm
970
Bichleralm
Schadlosberg
922
785
Stabach
Weicher Maisalp
Diensthtt.
Seßseekopf
1153
Hientalklause
Welkertsteinkopf
993
Geisler
Ederbauer
715
Alpenland
836
1004
Sulzenstüberl
1016
Hiental Diensthtt.
Reiteralm
Gerslersäge
635
Mauthäusl
305
Albauer Kopf
933
0 700 m

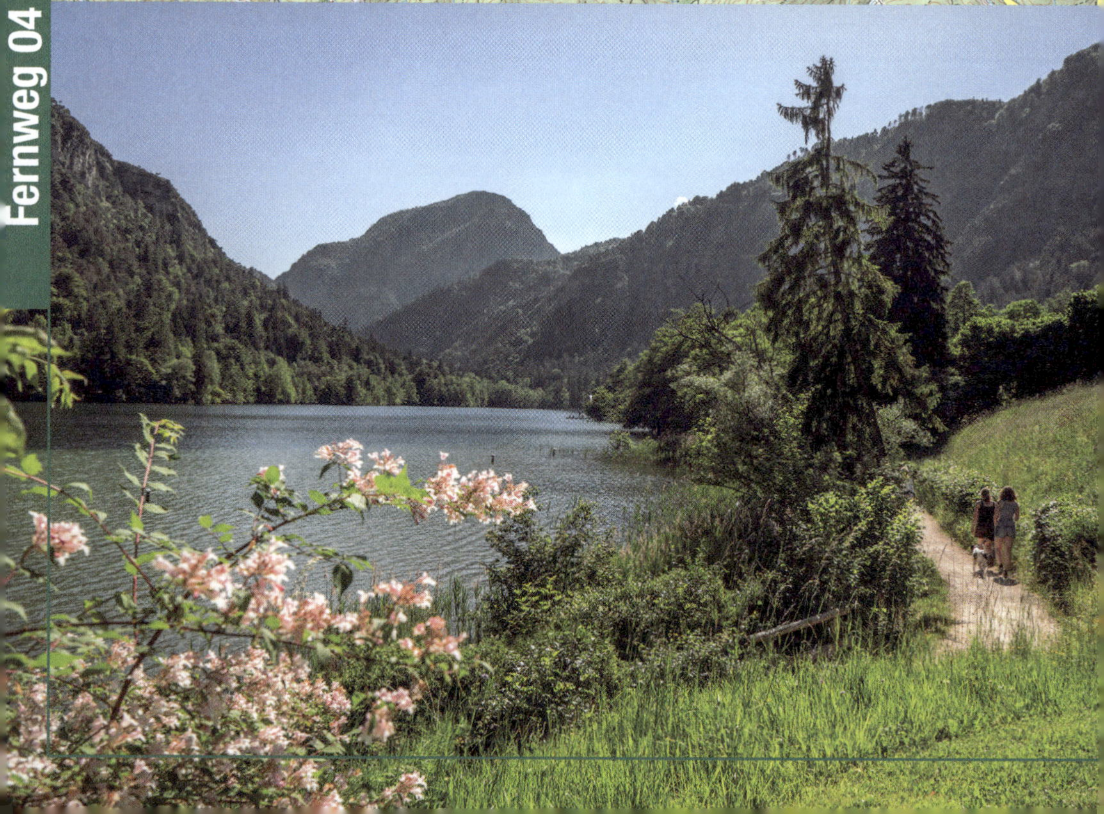

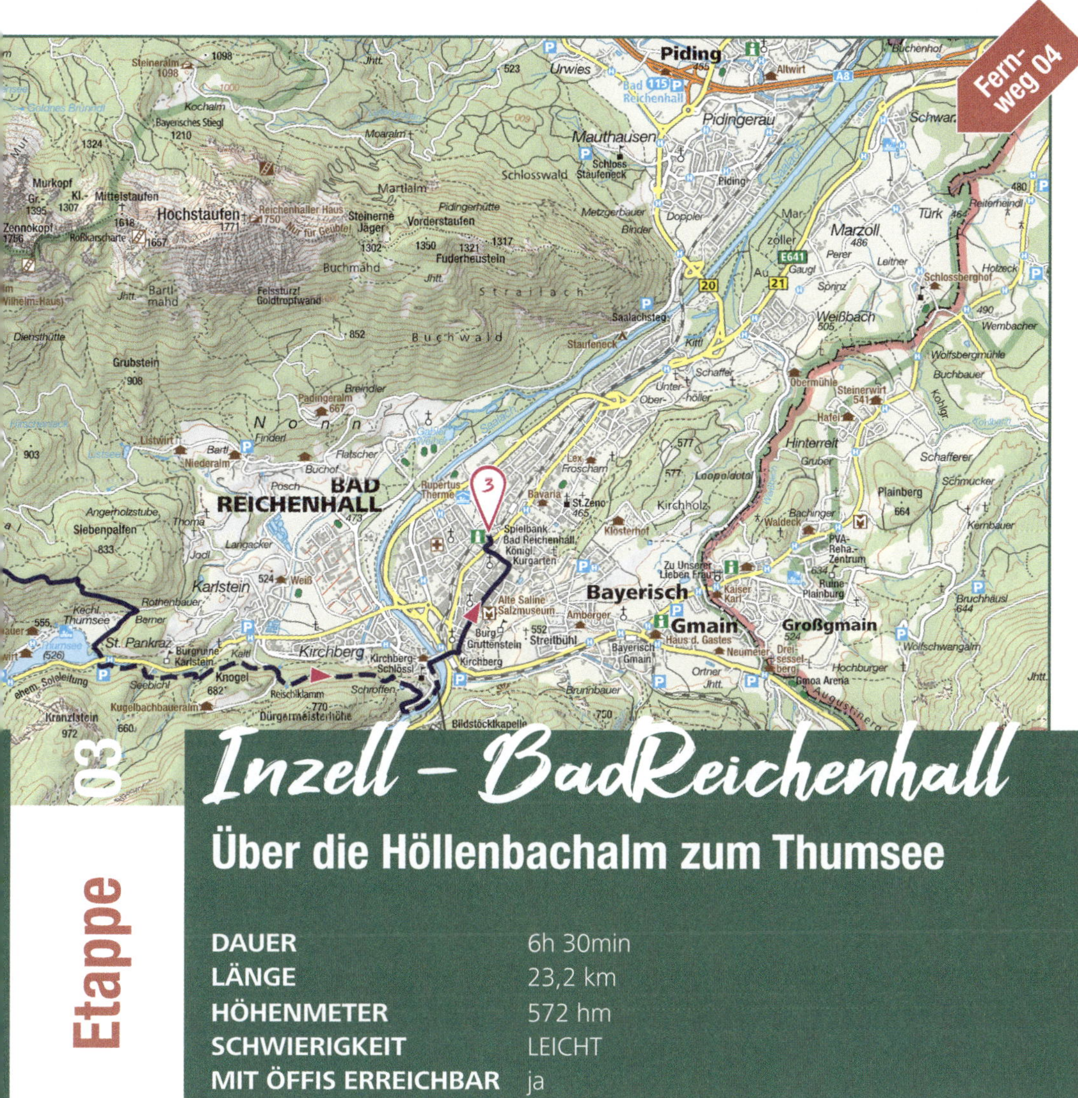

03 Etappe

Inzell – Bad Reichenhall

Über die Höllenbachalm zum Thumsee

DAUER 6h 30min
LÄNGE 23,2 km
HÖHENMETER 572 hm
SCHWIERIGKEIT LEICHT
MIT ÖFFIS ERREICHBAR ja

Das erwartet dich ...

Den heutigen Weg wandern wir ganz im Zeichen von Salz und Wasser. Es gibt keine großen Anstiege, dafür ist die Strecke sehr, sehr lang. In der Weißbachschlucht benötigen wir neben griffigem Schuhwerk auch ein wenig Trittsicherheit, hier ist es oft nass und rutschig. Uns wird den Tag über nicht langweilig werden, denn der Weg ist sehr abwechslungsreich.

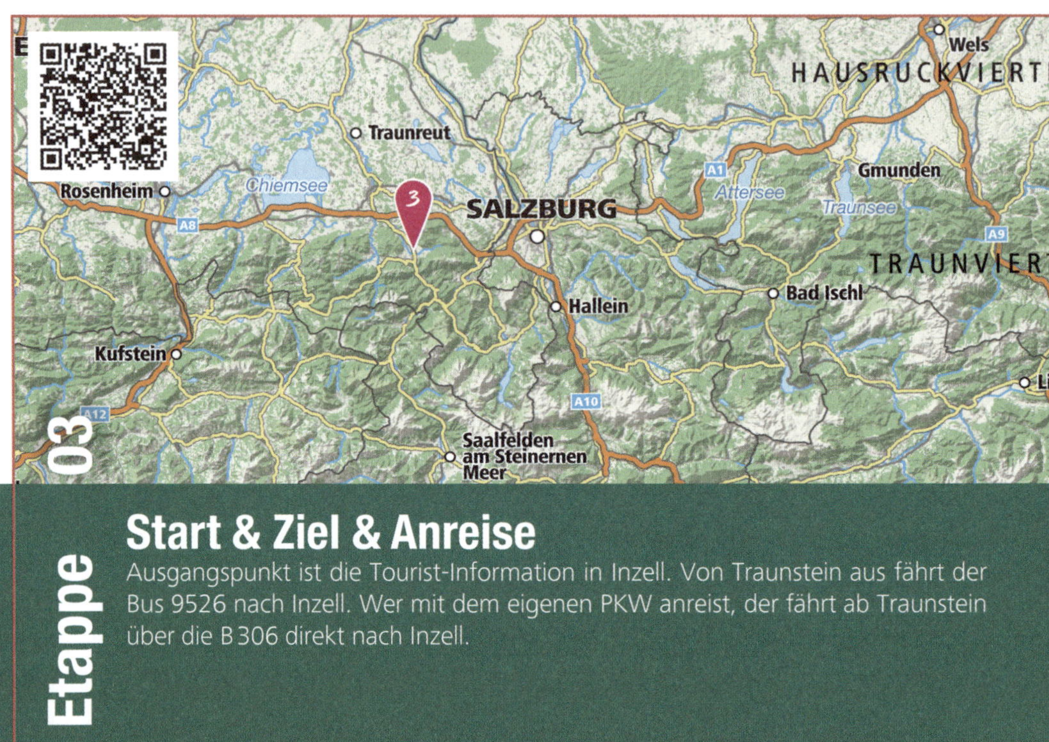

Etappe 03

Start & Ziel & Anreise

Ausgangspunkt ist die Tourist-Information in Inzell. Von Traunstein aus fährt der Bus 9526 nach Inzell. Wer mit dem eigenen PKW anreist, der fährt ab Traunstein über die B 306 direkt nach Inzell.

Tourenbeschreibung

Zu Beginn unserer heutigen Etappe gehen wir zunächst einmal in umgekehrter Richtung: Die Schilder bei der Tourist-Information in Inzell weisen uns Richtung Schmelz. Hier können wir uns im Gasthof Schmelz erst einmal stärken, bevor wir die Tagesetappe in Angriff nehmen. Wir marschieren über den Wanderparkplatz und passieren nach der Schnellstraße einen Abenteuerspielplatz. An den schönen Wiesen im Wildenmoos laufen wir weiter über eine Forststraße entlang der grünen Wiesen rund um den Kienberg (1171 m). Den Streicher (1594 m) im Blick erreichen wir nach gut einer Stunde den Gasthof Zwing (mittlerweile geschlossen).

Im Anschluss unterqueren wir die B 305 und halten uns dann rechts Richtung Scharmann/Weißbach. Wir folgen den Informationsschildern über den Salinen-Rundweg und erreichen schließlich den Weißbach. Am Fuße von Maiernkogl (1303 m) und Scharnkopf (1356 m) begleiten wir den Weißbach. Nachdem wir

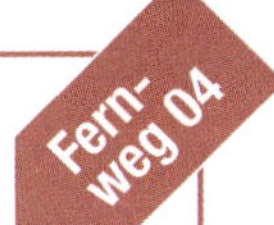

nochmals die B 305 überquert haben kommen wir oberhalb der Schnellstraße zu den beeindruckenden Weißbachfällen. Sie stürzen sich über Stufen und Felsen in die Tiefe. Der Weg leitet uns nun weiter ins Herz der Schlucht. Relativ flach wandern wir am Bachlauf entlang. Dabei überqueren wir ihn zweimal und passieren einen Rastplatz mit Holzschnitzereien, einer Kneippanlage und einem Spielplatz. An der folgenden Fahrstraße laufen wir kurz entlang, dann queren wir den Weißbach noch einmal. Gemütlich geht's dann am Bachlauf entlang Richtung Weißbachschlucht und Thumsee. Hier sei jedem ein Abstecher in die wildromantische Weißbachschlucht ans Herz gelegt!

Der SalzAlpenSteig leitet uns weiter hinauf zum Gasthof Mauthäusl. Nach der Unterquerung der Bundesstraße folgen wir dem Lauf des Höllenbachs auf einer Forststraße. An der herrlich gelegenen Höllenbachalm bringt uns der Höllenbachsteig mit einigen wunderschönen Aussichtspunkten hinab zum Thumsee. Der See liegt extrem idyllisch und eignet sich gut für eine herrliche Abkühlung an heißen Tagen und eine feine Rast. Alternativ können wir auch den See umrunden, anstatt ihn südseitig zu passieren. Auf diese Weise kommen wir noch länger in den Genuss dieses tollen Bergsees. Mehrere Gasthöfe bieten sich als Einkehrstation an.

Die letzten Kilometer wandern wir durch herrliche Wälder. Dabei nutzen wir den Soleleitungsweg; er informiert uns zugleich mit einer Vielzahl an Infotafeln über das Thema Salz. Wir passieren einen Seerosenteich und wandern um den Knogel (682 m) herum. Auf der linken Seite erblicken wir auf einem Felsen thronend die Ruine Karlstein. Nur kurze Zeit später erhaschen wir zum ersten Mal einen Blick auf Bad Reichenhall. Dann, am ehemaligen Gasthof Schroffen, gehen wir ein kleines Stück über die Schroffenstraße. An der Saalach biegen wir links ab und erreichen schließlich die Predigtstuhlbahn. Über die Saalach hinüber gelangen wir nach wenigen Metern zur Tourist-Information Bad Reichenhall.

Autoren Tipp

Die Alte Saline Bad Reichenhall ist ein bedeutendes Industriedenkmal des 19. Jahrhunderts. Die herrliche Saline wurde 1837 von König Ludwig dem I. erbaut. Mittelpunkt des imposanten Backsteingebäudes ist das Hauptbrunnhaus mit der Brunnhauskapelle im neoromanischen Stil. Wie vor 150 Jahren drehen sich hier noch immer die riesigen Wasserräder. Bei einer Führung besuchen wir nicht nur das Salzmuseum, sondern auch einen Teil des riesigen Stollensystems. www.bad-reichenhall.de/alte-saline

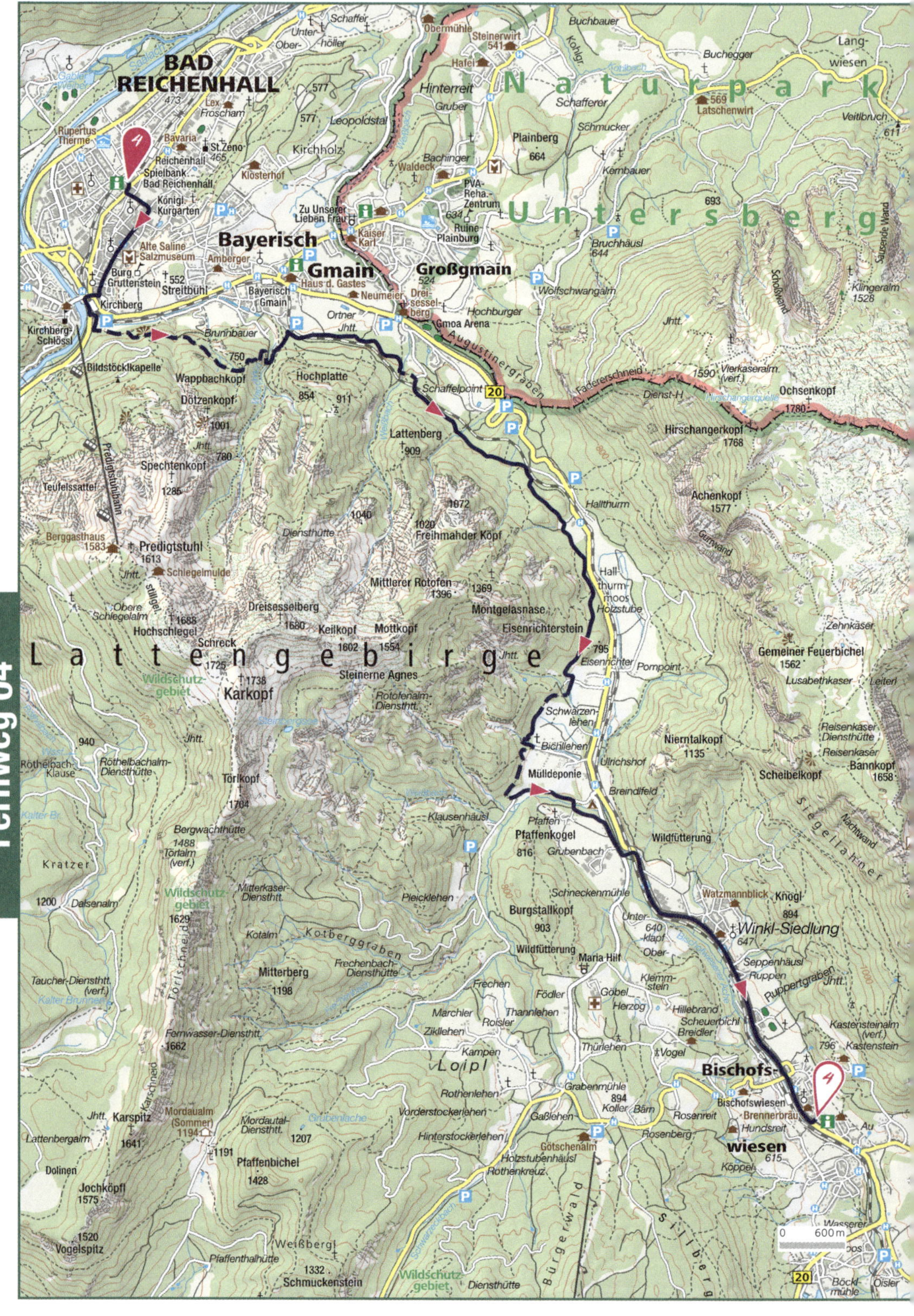

BAD REICHENHALL
473
Bayerisch Gmain
Großgmain
524
Naturpark Untersberg
Lattengebirge
Predigtstuhl
1613
Berggasthaus
1583
Predigtstuhlbahn
Alte Saline Salzmuseum
Burg Gruttenstein
Kirchberg
Kirchberg-Schlössl
Bildstöcklkapelle
Wappbachkopf
Dötzenkopf
1001
Spechtenkopf
1285
Teufelssattel
Hochplatte
854
911
Lattenberg
909
Schaffelpoint
20
Augustinergraben
Hallthurm
Freihmahder Köpf
1672
1040
Diensthütte
Mittlerer Rotofen
1396
1369
Montgelasnase
Eisenrichterstein
795
Eisenrichter
Dreisesselberg
1680
Keilkopf
1602
Mottkopf
1554
Schreck
1725
Karkopf
1738
Steinerne Agnes
Rotofenalm-Diensthtt.
Hochschlegel
1688
Schiegelmulde
Obere Schlegelalm
Wildschutz-gebiet
Schwarzen-lehen
Bichllehen
Mülldeponie
Pfaffen
Pfaffenkogel
816
Grubenbach
Törlkopf
1704
Röthelbach-Klause
Röthelbachalm-Diensthütte
940
Kratzer
1200
Dalsenalm
Bergwachthütte
1488
Törlalm (verf.)
1629
Mitterkaser-Diensthtt.
Kotalm
Kotberggraben
Mitterberg
1198
Frechenbach-Diensthütte
Burgstallkopf
903
Wildfütterung
Maria Hilf
Schneckenmühle
Watzmannblick
Knogl
894
Winkl-Siedlung
647
Seppenhäusl
Ruppen
Ruppertgraben
Bischofswiesen
615
Brennerbräu
Hundsreit
Köppel
Rosenreit
Rosenberg
Loipl
Kampen
Rothenlehen
Vorderstockerlehen
Hinterstockerlehen
Gaßlehen
Grabenmühle
Götschenalm
Holzstubenhäusl
Rothenkreuz
Bürgerwald
Söllberg
Taucher-Diensthtt. (verf.)
Kalter Brunnen
Fernwasser-Diensthtt.
1662
Karspitz
1641
Lattenbergalm
Mordaualm (Sommer)
1194
Mordautal-Diensthtt.
1207
1191
Pfaffenbichel
1428
Jochköpfl
1575
Dolinen
1520
Vogelspitz
Weißberg
1332
Schmuckenstein
Pfaffenthalhütte
Wildschutz gebiet
Diensthütte
Hirschangerkopf
1768
Achenkopf
1577
Ochsenkopf
1780
Vierkaseralm (verf.)
1590
Gemeiner Feuerbichel
1562
Lusabethkaser
Nierntalkopf
1135
Scheibelkopf
Bannkopf
1658
Reisenkaser
Zehnkaser
Klingeralm
1528
Latschenwirt
569
Plainberg
664
Bruchhäusl
644
Wolfschwangalm
Hochburger
Gmoa Arena
Kaiser Karl
Zu Unserer Lieben Frau
Kirchholz
Leopoldstal
Froschham
Bavaria
St. Zeno
465
Rupertus Therme
Reichenhall Spielbank Bad Reichenhall
Königl. Kurgarten
Klosterhof
Amberger
Streitbühl
552
Haus d. Gastes
Brunnbauer
750
Obermühle
Steinerwirt
541
Hinterreit
Schafferer
Schmucker
Kernbauer
Buchbauer
Buchegger
Langwiesen
Veitlbruch
611
693
0 600 m

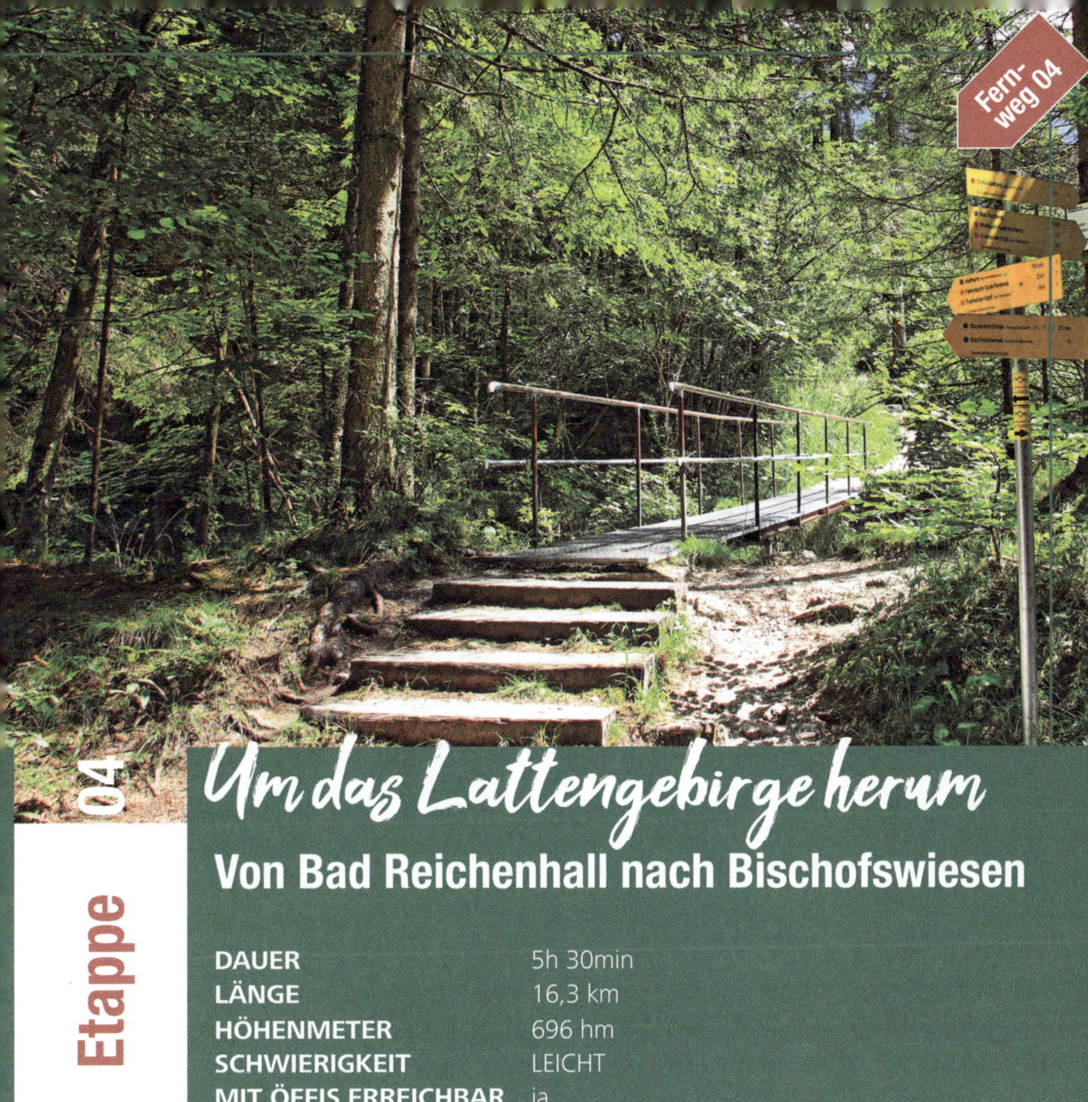

Etappe 04

Um das Lattengebirge herum

Von Bad Reichenhall nach Bischofswiesen

DAUER	5h 30min
LÄNGE	16,3 km
HÖHENMETER	696 hm
SCHWIERIGKEIT	LEICHT
MIT ÖFFIS ERREICHBAR	ja

Das erwartet dich ...

Diese schöne Etappe führt uns auf einfachen und bequemen Wegen mit nicht allzu großen Höhenunterschieden – auf die Streckenlänge gemessen – meist über Forst- und Waldwege. Unterwegs erfahren wir mittels diverser Informationsschilder eine Menge über das Salz und seiner Geschichte in dieser Gegend.

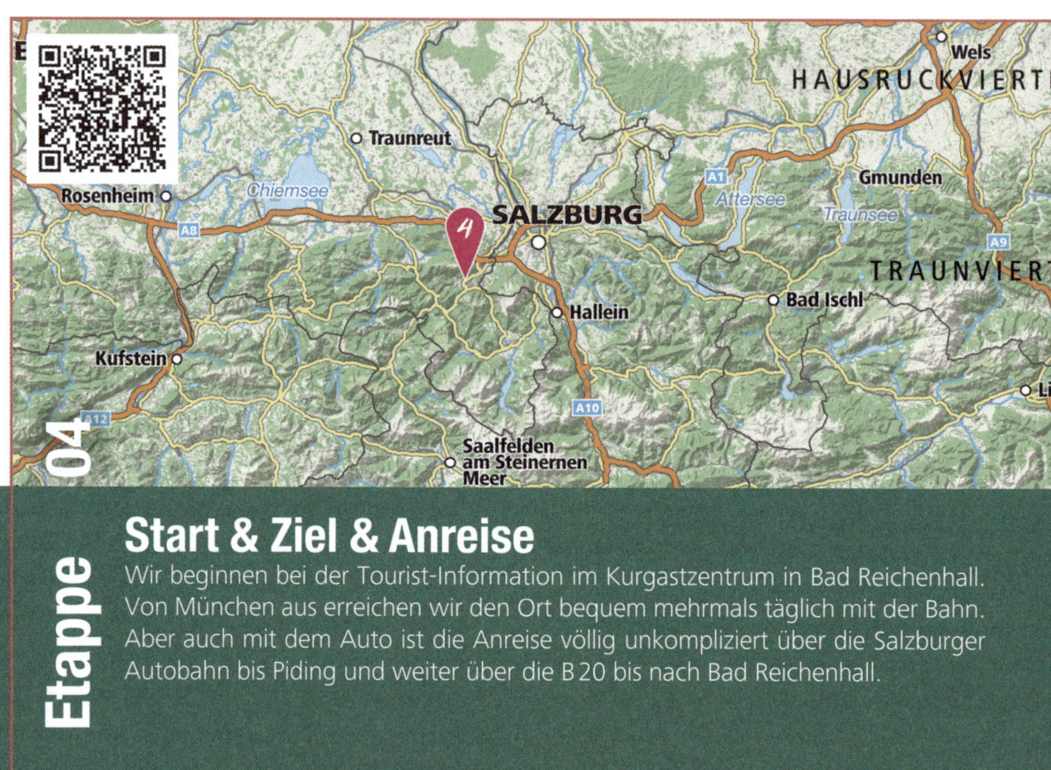

Etappe 04

Start & Ziel & Anreise

Wir beginnen bei der Tourist-Information im Kurgastzentrum in Bad Reichenhall. Von München aus erreichen wir den Ort bequem mehrmals täglich mit der Bahn. Aber auch mit dem Auto ist die Anreise völlig unkompliziert über die Salzburger Autobahn bis Piding und weiter über die B 20 bis nach Bad Reichenhall.

Tourenbeschreibung

Das Alpen-Sole-Mineralbad in Bad Reichenhall liegt idyllisch eingerahmt von Bergen. Es ist – wie der ganze Ort – stark geprägt von der Geschichte der Salzgewinnung. So passt der Ausgangspukt unserer heutigen Etappe ideal zum SalzAlpen-Steig. Von der Tourist-Information in der Ortsmitte aus machen wir uns auf den Weg durch die Altstadt des hübschen Städtchens. Wir wandern an der Alten Saline und dem Salzmuseum vorbei durch eine Unterführung ans Ufer der Saalach. Hier bleiben wir mit den Markierungen links. Wir gehen nur kurz auf der Straße, dann queren wir sie etwas weiter oben noch einmal. Hinter dem Parkplatz und dem großen Festplatz befindet sich der Laubwald auf den ersten Metern bergan Richtung Bayerisch Gmain und Dötzenkopf.

Wir steigen gut einhundert Höhenmeter hinauf, dann stehen wir an der Stadtkanzel und erfreuen uns über den ersten schönen Blick auf Bad Reichenhall. Nach

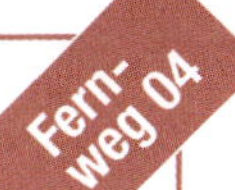

weiteren 100 Höhenmetern leitet uns ein Waldweg vorbei am Flotterbach mit kleinem Wasserfall, dann stehen wir auf einer Bergkuppe. Obacht hier, der Weg führt nach rechts Richtung Wanderparkplatz Bayerisch Gmain, Wappbach und Alpgartensteig. Gleich darauf genießen wir noch einmal die schöne Aussicht, dann fällt der Weg etwas steiler ab. Wir überqueren den Wappbach und gelangen zu einem Wanderparkplatz. Ab nun wandern wir bequem und ganz entspannt nach Bischofswiesen. Unser Weg führt uns entlang der Gleise uns ist immer wieder mit Informationstafeln bestückt. Auch die alten Soleleitungen begleiten uns. Am Weißbach passieren wir dann einen Spielplatz, an dem wir ein Päuschen einlegen können. Nur wenig später halten wir uns rechts, queren die Gleise und folgen ihnen dann nach links Richtung Hallthurm. Wir passieren eine kleine Bank nebst Quelle und einen Unterbrecher der Soleleitung. Dann entfernt sich der Weg etwas von den Gleisen und bringt uns durch den Wald. An einem Sportplatz treffen wir kurzzeitig auf die Fahrstraße. Mäßig führt der Weg hinauf bis zum Hallthurm, einem historischen Wehrturm mit Mauerresten aus dem Mittelalter.

Wir bleiben rechts auf dem Panoramaweg immer am Waldrand entlang. Dann überqueren wir den Schwarzgraben und den Bichlgraben geradewegs Richtung Süden. Nun haben wir das Lattengebirge zur Hälfte umrundet. Wir kommen noch zu einer großen Kiesgrube und biegen dann links auf den Klaushäuslweg ab. Nach einem halben Kilometer auf der Fahrstraße überqueren wir den Frechenbach nach rechts in den Pfaffenkogelwegn. So gelangen wir zur Bischofswieser Ache. Nachdem wir die B20 gequert haben halten wir uns an der ersten Abzweigung rechts, folgen den letzten 3 Kilometern der Bundesstraße und erreichen anschließend Bischofswiesen

Autoren Tipp

Nur eine halbe Stunde vom Ortszentrum entfernt befindet sich das Naturbad Aschauerweiher. Er wird umrahmt von der grandiosen Kulisse der Berchtesgadener Berge. Sein Herzstück ist ein großzügiger Schwimmteich, der sich wie eine Lagune harmonisch in die zauberhafte Landschaft rund um den Watzmann einfügt. Auf einer großen Liegewiese kann man entspannt den Tag Revue passieren lassen. Wer immer noch genug Energien hat, kann sich auf dem Beachvolleyballplatz austoben.

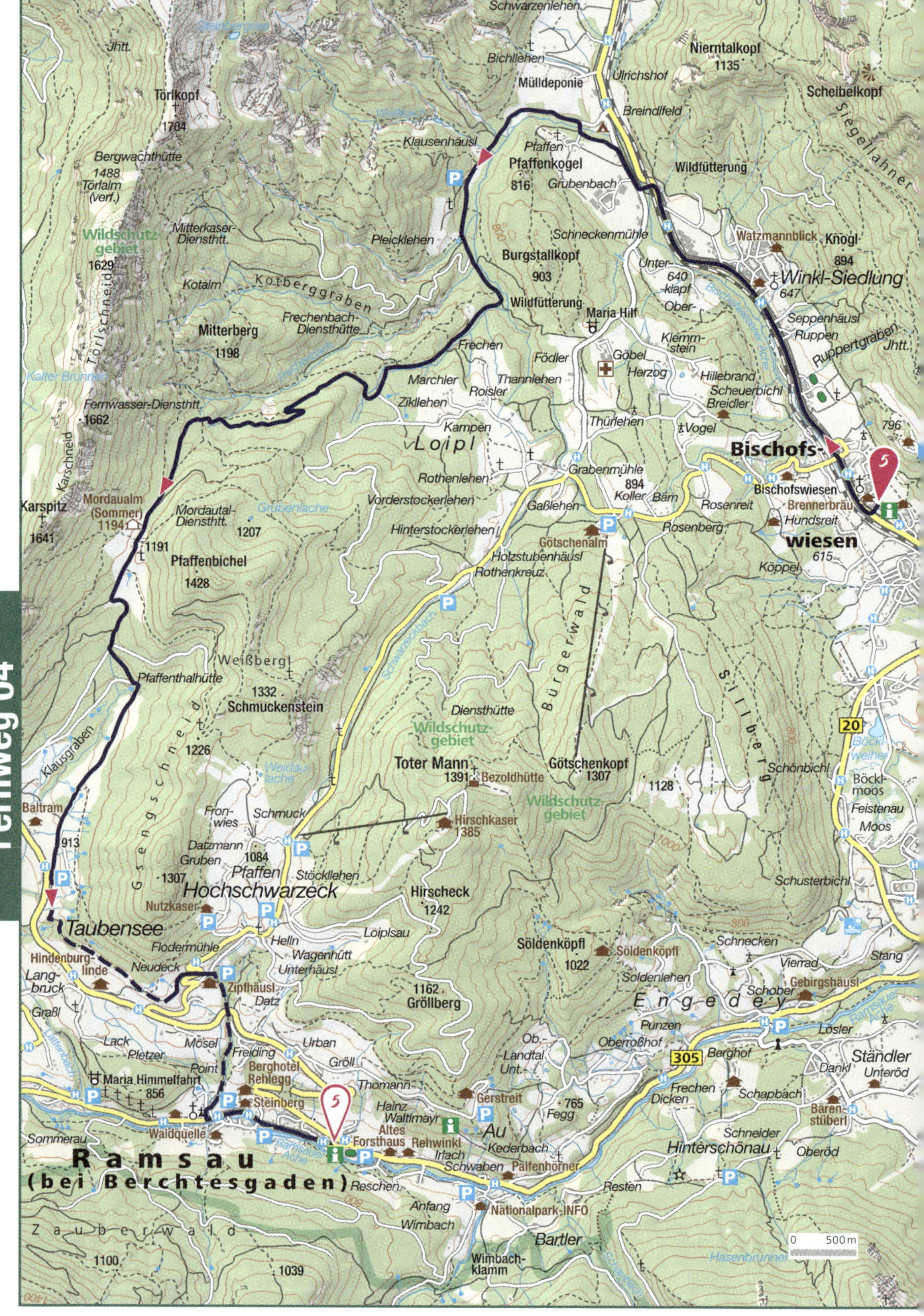
Schwarzenlehen
Nierntalkopf
1135
Scheibelkopf
Jhtt.
Törlkopf
1704
Bichllehen
Mülldeponie
Ulrichshof
Breindlfeld
Klausenhäusl
Pfaffen
Pfaffenkogel
816
Grubenbach
Wildfütterung
Bergwachthütte
1488
Törlalm
(verf.)
Wildschutz-
gebiet
1629
Mitterkaser-
Diensthtt.
Pleicklehen
Schneckenmühle
Watzmannblick
Knogl
894
Burgstallkopf
903
Unter-
640
klapf
Ober-
Winkl-Siedlung
647
Kotalm
Kotberggraben
Frechenbach-
Diensthütte
Wildfütterung
Maria Hilf
Seppenhäusl
Ruppen
Ruppertgraben
Jhtt.
Mitterberg
1198
Frechen
Födler
Göbel
Herzog
Klemm-
stein
Hillebrand
Scheuerbichl
Breidler
Kalter Brunnen
Marchler
Zikllehen
Roisler
Thannlehen
Fernwasser-Diensthtt.
1662
Kampen
Loipl
Thürlehen
Vogel
796
Bischofs-
wiesen
615
Karschneid
Rothenlehen
Grabenmühle
894
Koller
Bam
Bischofswiesen
Brennerbräu
Hundsreit
Rosenreit
Rosenberg
Karspitz
1641
Mordaualm
(Sommer)
1194
Mordautal-
Diensthtt.
1207
Grubenlache
Vorderstockerlehen
Hinterstockerlehen
Gaßlehen
Götschenalm
Holzstubenhäusl
Rothenkreuz
Köppel
1191
Pfaffenbichel
1428
Bürgerwald
Weißberg
Pfaffenthalhütte
1332
Schmuckenstein
Sillberg
20
Böcklweiher
Böckl-
moos
Feistenau
Moos
Diensthütte
Wildschutz-
gebiet
Klausgraben
1226
Gsengschneid
Toter Mann
1391
Bezoldhütte
Götschenkopf
1307
1128
Schönbichl
Weidau-
lache
Wildschutz-
gebiet
Baltram
913
Fron-
wies
Schmuck
Hirschkaser
1385
Datzmann
Gruben
1084
Pfaffen
Stöcklllehen
1307
Hochschwarzeck
Hirscheck
1242
Schusterbichl
Taubensee
Nutzkaser
Loiplsau
Flodermühle
Helln
Wagenhütt
Unterhäusl
Söldenköpfl
1022
Söldenköpfl
Söldenlehen
Schnecken
Vierrad
Stang
Hindenburg-
linde
Lang-
bruck
Neudeck
Zipfhäusl
Datz
1162
Gröllberg
Engedey
Schober
Gebirgshäusl
Graßl
Punzen
Lösler
Lack
Pletzer
Mösel
Freiding
Urban
Oberroßhof
305
Berghof
Ständler
Dankl
Unteröd
Maria Himmelfahrt
856
Point
Berghotel
Rehlegg
Gröll
Thomann
Ob.-
Landtal
Unt.
765
Fegg
Frechen
Dicken
Schapbach
Bären-
stüberl
Steinberg
Gerstreit
Hainz
Waltlmayr
Au
Waldquelle
Altes
Forsthaus
Rehwinkl
Kederbach
Schneider
Hinterschönau
Oberöd
Sommerau
Ramsau
(bei Berchtesgaden)
Irlach
Schwaben
Palfenhörner
Reschen
Resten
Anfang
Nationalpark-INFO
Wimbach
Zauberwald
Bartler
1100
1039
Wimbach-
klamm
Hasenbrunnen
0
500 m
5
5

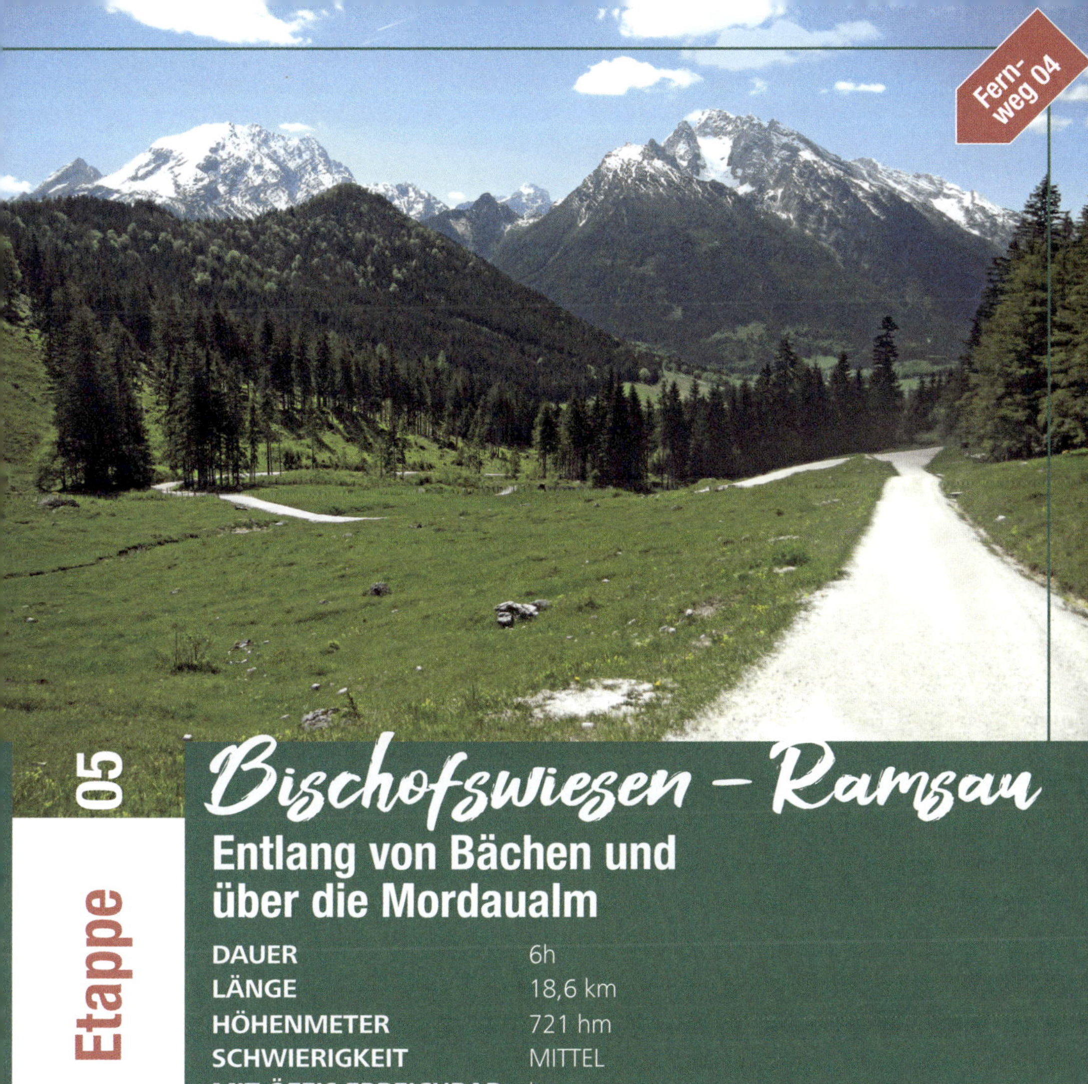

Fern-weg 04

Etappe 05

Bischofswiesen – Ramsau

Entlang von Bächen und über die Mordaualm

DAUER	6h
LÄNGE	18,6 km
HÖHENMETER	721 hm
SCHWIERIGKEIT	MITTEL
MIT ÖFFIS ERREICHBAR	ja

Das erwartet dich …

Die heutige Etappe ist technisch zwar sehr einfach, kann aufgrund der Länge aber mit der Zeit anstrengend werden. Sie führt uns entlang von Forstwegen, über Bäche und durch schöne Wälder. Nach Frechenbach haben wir einen längeren und steileren Anstieg zu bewältigen.

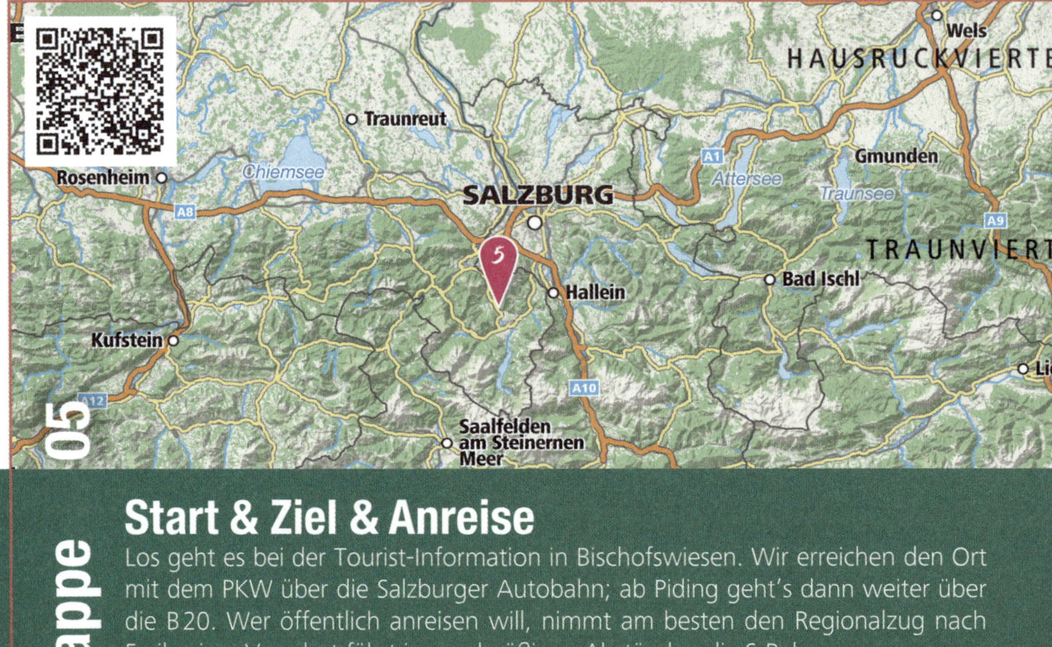

Etappe 05

Start & Ziel & Anreise

Los geht es bei der Tourist-Information in Bischofswiesen. Wir erreichen den Ort mit dem PKW über die Salzburger Autobahn; ab Piding geht's dann weiter über die B20. Wer öffentlich anreisen will, nimmt am besten den Regionalzug nach Freilassing. Von dort fährt in regelmäßigen Abständen die S-Bahn.

Tourenbeschreibung

Wieder starten wir heute zuerst einmal in die entgegengesetzte Richtung. Von der Tourist-Information in Bischofswiesen folgen wir der Bischofswieser Ache, kreuzen die Bundesstraße und den Frechenbach und erreichen die große Kiesgrube. Hier nach links begleiten wir den Frechenbach bis zum Klaushäusl. Überwiegend auf einer Forststraße geht es dann am Bach entlang. Dann queren wir ihn und halten einen Moment inne: Wir genießen die herrliche Aussicht auf den Frechenbach und seine Auenlandschaft. Das erste Stück verlief recht eben, doch nun ist es an der Zeit, etwas an Höhe zu gewinnen. Wir gehen durch den Wald und ein Stück durch den Tongraben. Dann biegen wir rechts ein und bleiben zwar parallel zum Frechenbach, wandern jedoch am Marchlmühlbach entlang. Nach der Frechenbachklause überschreiten wir ein paar Bäche und streifen durch die Wälder; auf diesem Wegabschnitt erklimmen wir knapp 400 Höhenmeter auf die

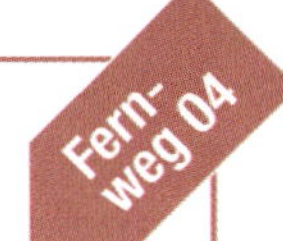

Mordaualm. Nun eröffnet sich uns ein herrliches Panorama auf das Berchtesgadener Land und lässt uns die Anstrengungen der letzten Stunde vergessen.

Wir wandern an der Mordaualm vorbei und machen uns damit an den Abstieg nach Ramsau; zweimal biegen wir links ab auf unserem Weg nach Pfaffental. Dann halten wir uns rechts und wir folgen dem Weg Nr. 73, der uns immer wieder tolle Weitblicke auf den Hochkalter (2607 m) und den Steinberg (2026 m) bietet. Am Ende des Weges stoßen wir auf den Kaltenbach und die B 305. Ein Schild weist uns nach links auf den Wanderweg Nr. 1 und leitet uns parallel zur Straße. Noch einmal kommen wir in den Genuss einer wunderschönen Aussicht auf die Berchtesgadener Alpen. Hinter dem Gasthaus Zipfhäusl biegen wir rechts ab und wandern den Schluchtweg hinunter. Er bringt uns zur Ramsauer Kirche. Hier halten wir uns links und gehen nur noch wenige Hundert Meter bis zur Tourist-Information Ramsau.

Ramsauer Kirche

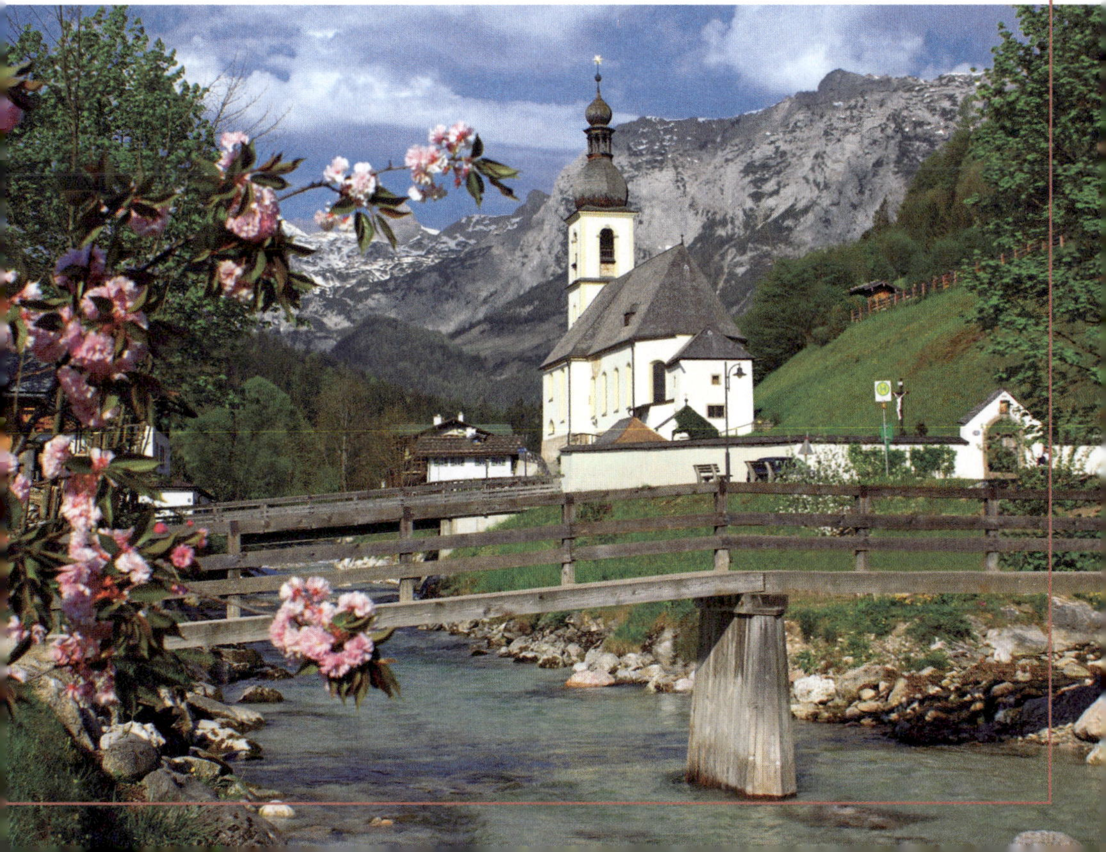

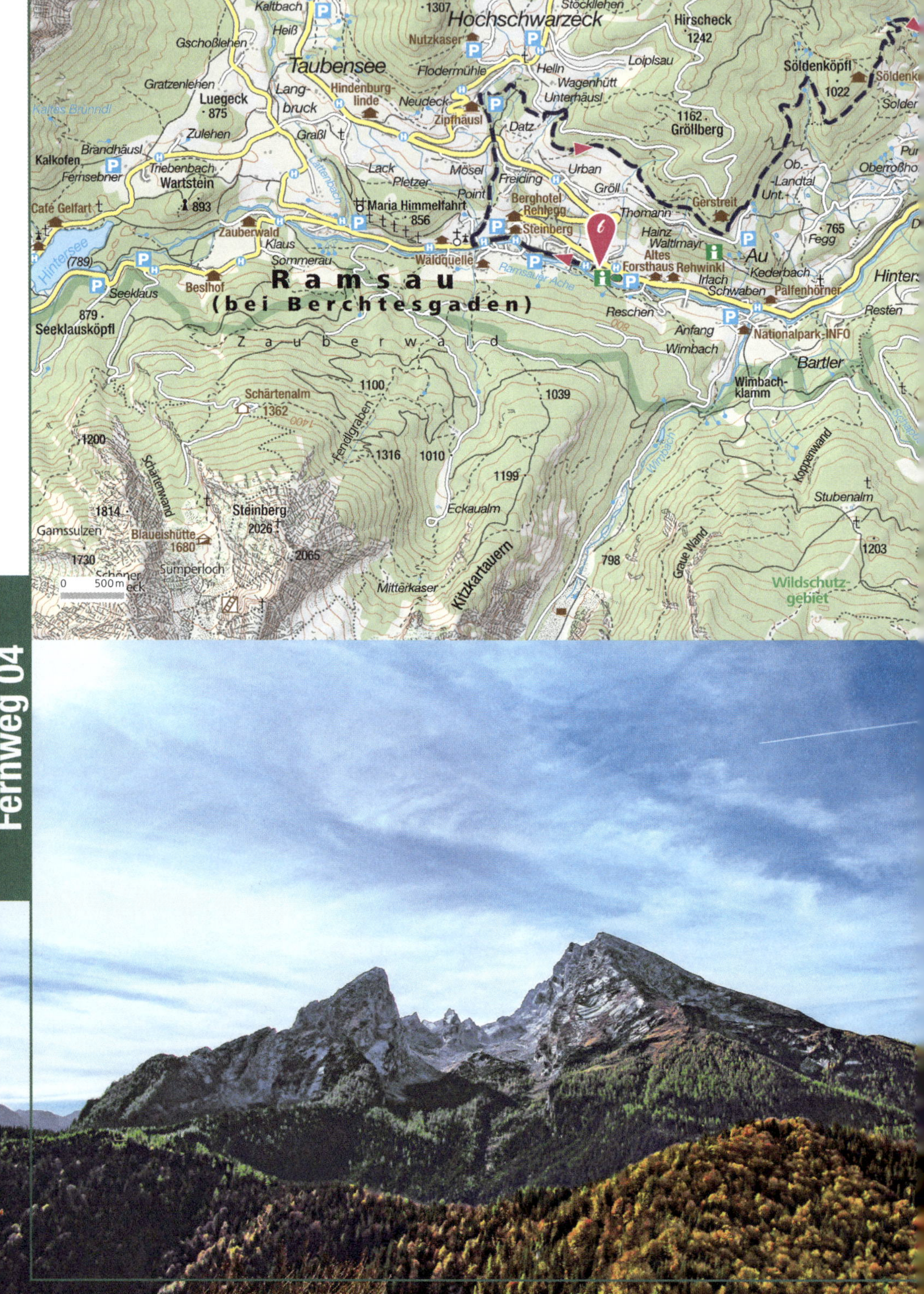

Hochschwarzeck
1307
Stöcklleben
Kaltbach
Heiß
Gschoßlehen
Nutzkaser
Hirscheck
1242
Taubensee
Flodermühle
Helln
Loiplsau
Söldenköpfl
1022
Gratzenlehen
Luegeck
875
Lang-
bruck
Hindenburg-
linde
Neudeck
Wagenhütt
Unterhäusl
Zipfhäusl
Datz
1162
Gröllberg
Kaltes Brünndl
Zulehen
Graßl
Brandhäusl
Kalkofen
Fernsebner
Triebenbach
Wartstein
893
Lack
Pletzer
Mösel
Point
Freiding
Urban
Gröll
Ob.-
Landtal
Unt.
Oberroßho
Café Gelfart
Maria Himmelfahrt
856
Berghotel
Rehlegg
Thomann
Gerstreit
765
Fegg
Zauberwald
Klaus
Steinberg
Hainz
Waltlmayr
Altes
Forsthaus Rehwinkl
Au
Kederbach
Hintersee
(789)
Sommerau
Waldquelle
Ramsauer Ache
Irlach
Schwaben
Palfenhörner
Seeklaus
Beslhof
Ramsau
(bei Berchtesgaden)
Reschen
Resten
879
Seeklausköpfl
Anfang
Wimbach
Nationalpark-INFO
Zauberwald
Bartler
Schärtenalm
1362
1100
1039
Wimbach-
klamm
1200
Fendlgraben
1316
1010
Koppenwand
Schärtenwand
1199
Stubenalm
1814
Steinberg
2026
Eckaualm
Gamssulzen
Blaueishütte
1680
1203
1730
2065
798
Sumperloch
Graue Wand
Mitterkaser
Kitzkartauern
Wildschutz-
gebiet
0
500 m

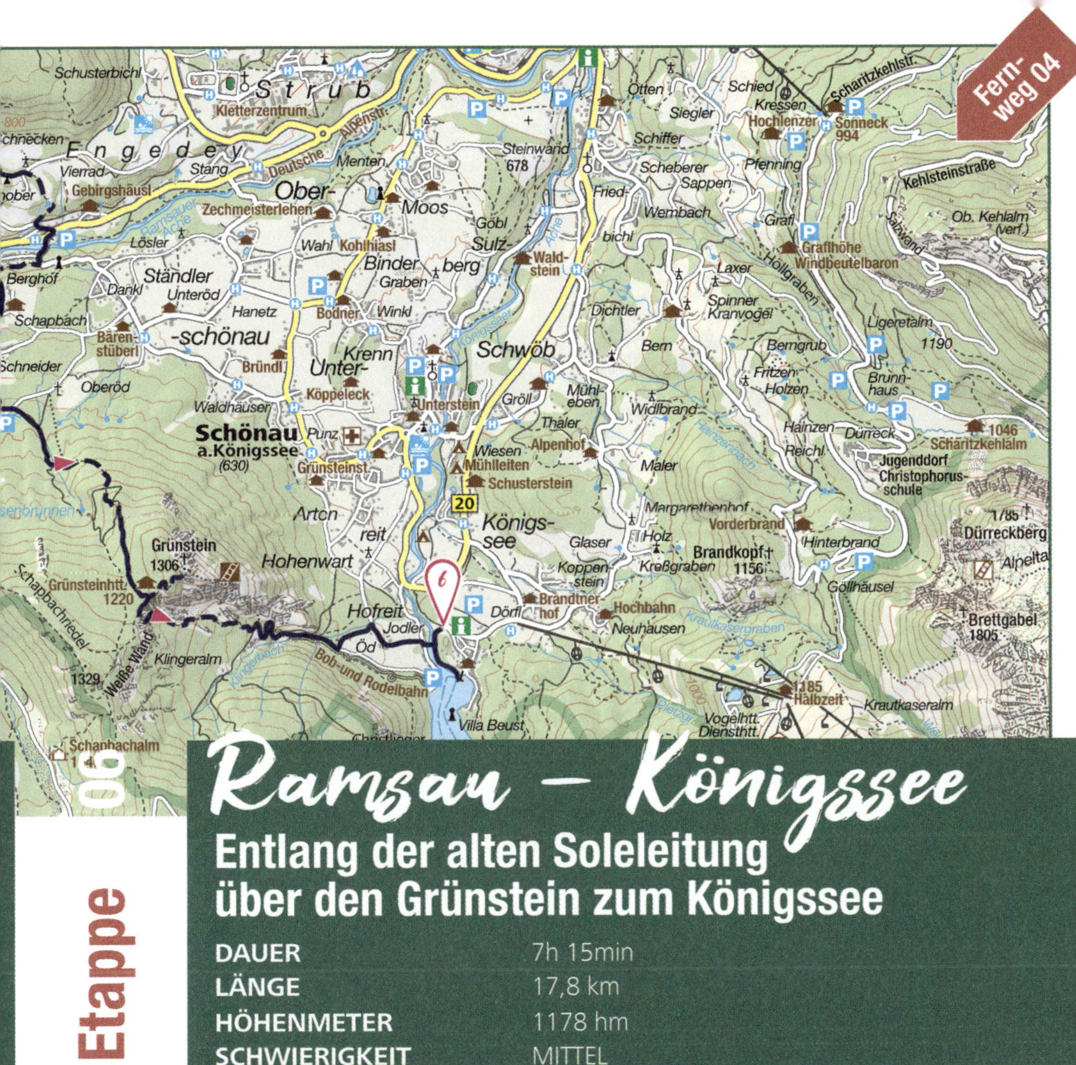

Etappe 06

Ramsau – Königssee

Entlang der alten Soleleitung über den Grünstein zum Königssee

DAUER	7h 15min
LÄNGE	17,8 km
HÖHENMETER	1178 hm
SCHWIERIGKEIT	MITTEL
MIT ÖFFIS ERREICHBAR	ja

Das erwartet dich ...

Ohne größere Mühen beginnen wir entlang der alten Soleleitung. Die Strecke ist lang und es müssen einige Höhenmeter überwunden werden. Der Anstieg auf den Grünstein kann sich ein wenig ziehen. Der Abstieg von hier oben ist relativ steil. Unterwegs ergeben sich mehrere Einkehrmöglichkeiten. Immer wieder bieten sich tolle Blicke, die für alle Mühen entschädigen. Danach gibt es immer wieder herrliche Ausblicke auf unser heutiges Ziel, dem Königssee.

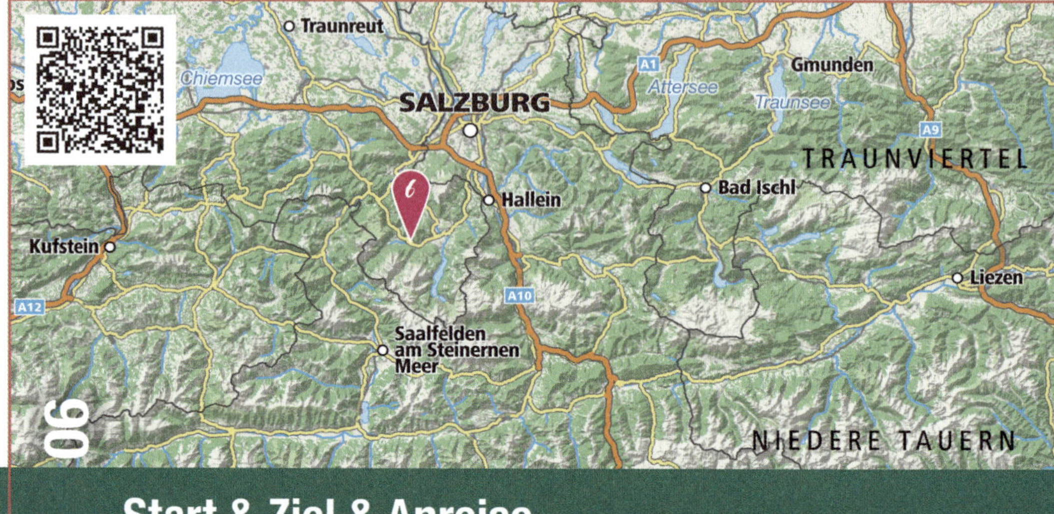

Etappe 06

Start & Ziel & Anreise

Ausgangspunkt ist die Tourist-Information Ramsau. Wir erreichen den Ort mit dem PKW über die Salzburger Autobahn; ab Piding geht's dann weiter über die B 20. Hinter Bischofswiesen wechseln wir auf die B 305 nach Ramsau. Von Berchtesgaden fährt der Panoramawanderbus nach Ramsau.

Tourenbeschreibung

Fjordartig schmiegt sich der Königssee zwischen die ihn umgebenden imposanten Felswände der Berchtesgadener Alpen inmitten des Nationalparks Berchtesgaden. Dabei verzaubert er seine Besucher mit seiner smaragdgrünen Farbe. Von der Tourist-Information in Ramsau wenden wir uns zunächst Richtung Westen, um im weiteren Verlauf die ersten 250 Höhenmeter zu meistern. Wir folgen der Hauptstraße durch das Bergsteigerdorf. Noch vor der Kirche biegen wir rechts in den Schluchtweg ein. Wir steigen nun stetig empor zum Zipfhäusl und einem schönen Wasserfall am alten Soleleitungsweg. Nach Überquerung einer Brücke begleitet uns der Soleleitungsweg über einen bequem zu laufenden Weg relativ flach bis zum Berggasthof Gerstreit. Dabei bewegen wir uns meist entlang der Waldgrenze.

In der folgenden Stunde bleiben wir auf dem Soleleitungsweg, der das Söldenköpfl (1022 m) gemütlich umrundet. Der Wald nimmt uns auf und ohne merk-

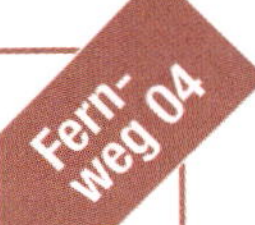

liche Höhenunterschiede erreichen wir die Berggaststätte Söldenköpfl (951 m). Hier eröffnet sich uns der schöne Blick auf unser nächstes Zwischenziel, den Grünstein. Aber unsere Füße werden uns heute noch viel weiter tragen. Aber zunächst einmal geht es wieder bergab. Wir wandern durch Wälder, über eine Forststraße und passieren ein Vogelschutzgebiet, bis wir nach Engedey kommen. Hier überqueren wir die Ramsauer Ache und den Ort, dann steht der Anstieg nach Hinterschönau und in Folge auf den Grünstein an.

Nur eineinhalb Kilometer führt die Forststraße zum großen Parkplatz Hammerstiel. Zunächst steigt der breite Wanderweg steil an. Bald darauf führt uns ein Waldpfad nach links. Die gesamte Route verläuft nun über den dicht bewaldeten Rücken des Grünstein. Im Zuge einer Herz-Kreislauf-Höhenwanderung erwartet uns alle 100 Höhenmeter ein Schild, das über die zurückgelegten und die noch vor uns liegenden Höhenmeter informiert. Gut eine Stunde dauert es, bis wir vom Parkplatz Hammerstiel zur Grünsteinhütte aufgestiegen sind. Doch die schweißtreibende Anstrengung wird belohnt: Ein erster, herrlicher Blick über den Königssee und seine umliegende Berge tut sich auf. Ein Stichweg bringt uns noch vor der Grünsteinhütte auf den Grünsteingipfel (1306 m). Danach bietet sich eine Rast auf der Hütte an. Sie liegt nur einhundert Höhenmeter weiter unten und eröffnet herrliche Rundumblicke.

Bevor wir uns an den Abstieg machen genießen wir noch einmal die herrliche Sicht auf Berchtesgaden, den Königssee, Schönau und den Jenner (1874 m). Auf der anderen Seite sehen wir den Watzmann (2713 m) und in der Ferne sogar den Hochkönig (2941 m). Über Stock und Stein geht es dann hinunter. Ein Zickzackweg bringt uns durch den Wald zum See. Wir erreichen den Klingerweg und überqueren den Klingerbach. Danach folgen wir dem Rodelbahnweg nach links, nur kurz darauf dem Jodlerweg nach rechts. Hinter der Königsseer Ache erreichen wir die Tourist-Information am Parkplatz Königssee.

Autoren Tipp

Das Gebiet rund um den Königssee wurde 1978 zum Nationalpark erklärt. Das Motto „Natur Natur sein lassen" wird hier konsequent umgesetzt. Das Gebiet steht allerdings bereits seit 1910 unter Naturschutz. An den Steilhängen des Königssees konnten sich im Laufe der Jahre artenreiche Mischwälder mit Buche, Fichte, Tanne, Bergahorn und auch Lärche ausbreiten. Im Königssee entwickelte sich eine artenreiche Vielfalt – hier tummeln sich jetzt Seesaibling, Barsch, Hecht und Seeforelle.

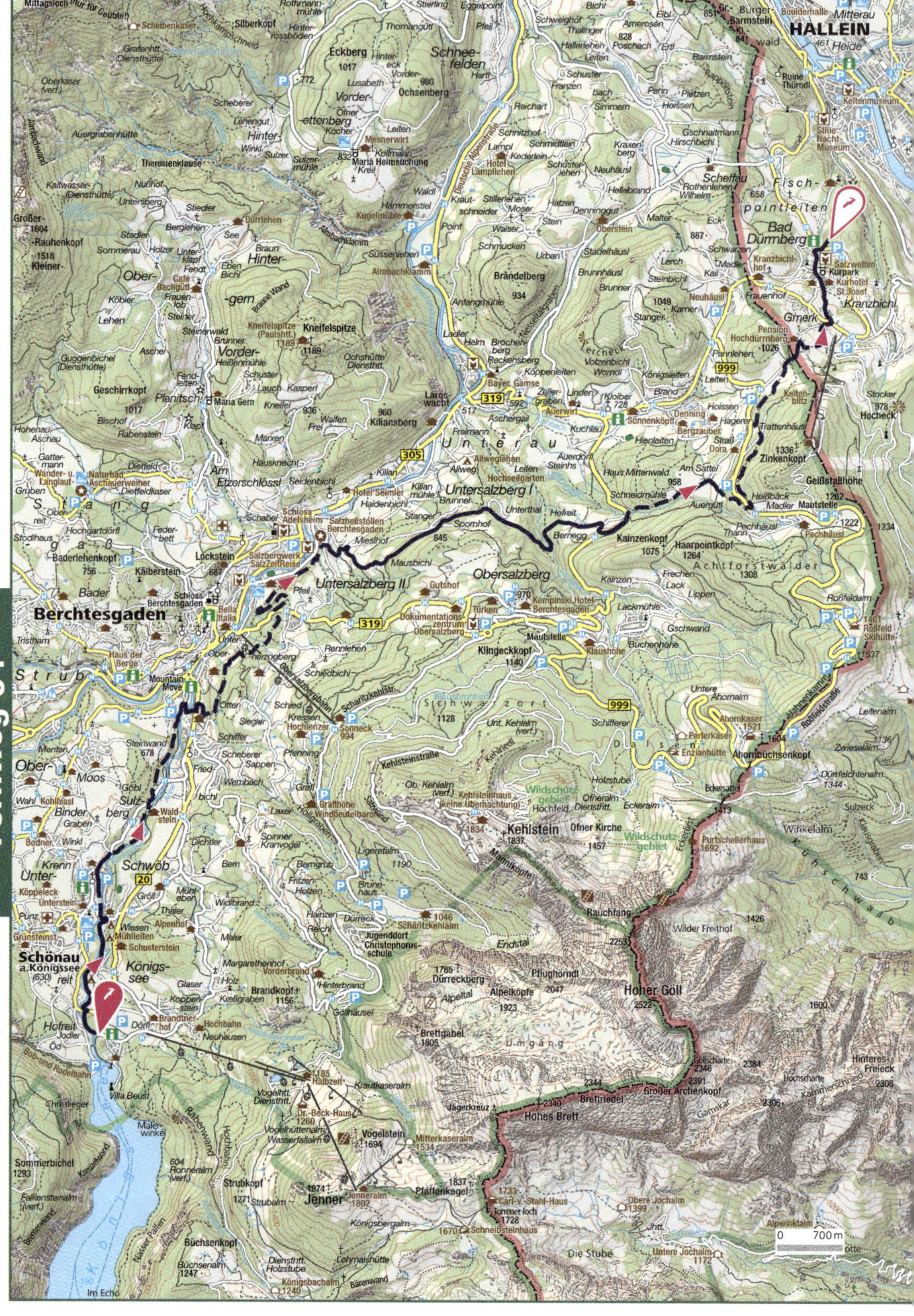
HALLEIN
Bad Dürrnberg
Kranzbichl
Gmerk
Zinkenkopf
Schneefelden
Eckberg
Ochsenberg
Brändelberg
Hintergern
Unterau
Untersalzberg I
Untersalzberg II
Obersalzberg
Kainzenkopf
Berchtesgaden
Strub
Ober-Moos
Sulzberg
Schwöb
Unterstein
Schönau a. Königssee
Königssee
Kehlstein
1837
Hoher Göll
2522
Jenner
1874
Hohes Brett
Rauchfang
Achtforstwälder
Kühschwalb
Dürreckberg
Brettgabel
Umgang
Vogelstein
Strubkopf
Büchsenkopf
Salzbergwerk SalzZeitReise
Dokumentationszentrum Obersalzberg
Kempinski Hotel Berchtesgaden
Schloss Berchtesgaden
Schloss Adelsheim
Salzheilstollen Berchtesgaden
Keltenmuseum
Stille-Nacht-Museum
Salzwelten
Kurpark
Purtschellerhaus
1692
Carl-v.-Stahl-Haus
Dr.-Beck-Haus
Mitterkaseralm
Ahornbüchsenkopf
Roßfeldstraße
319
305
999
20
0 700 m

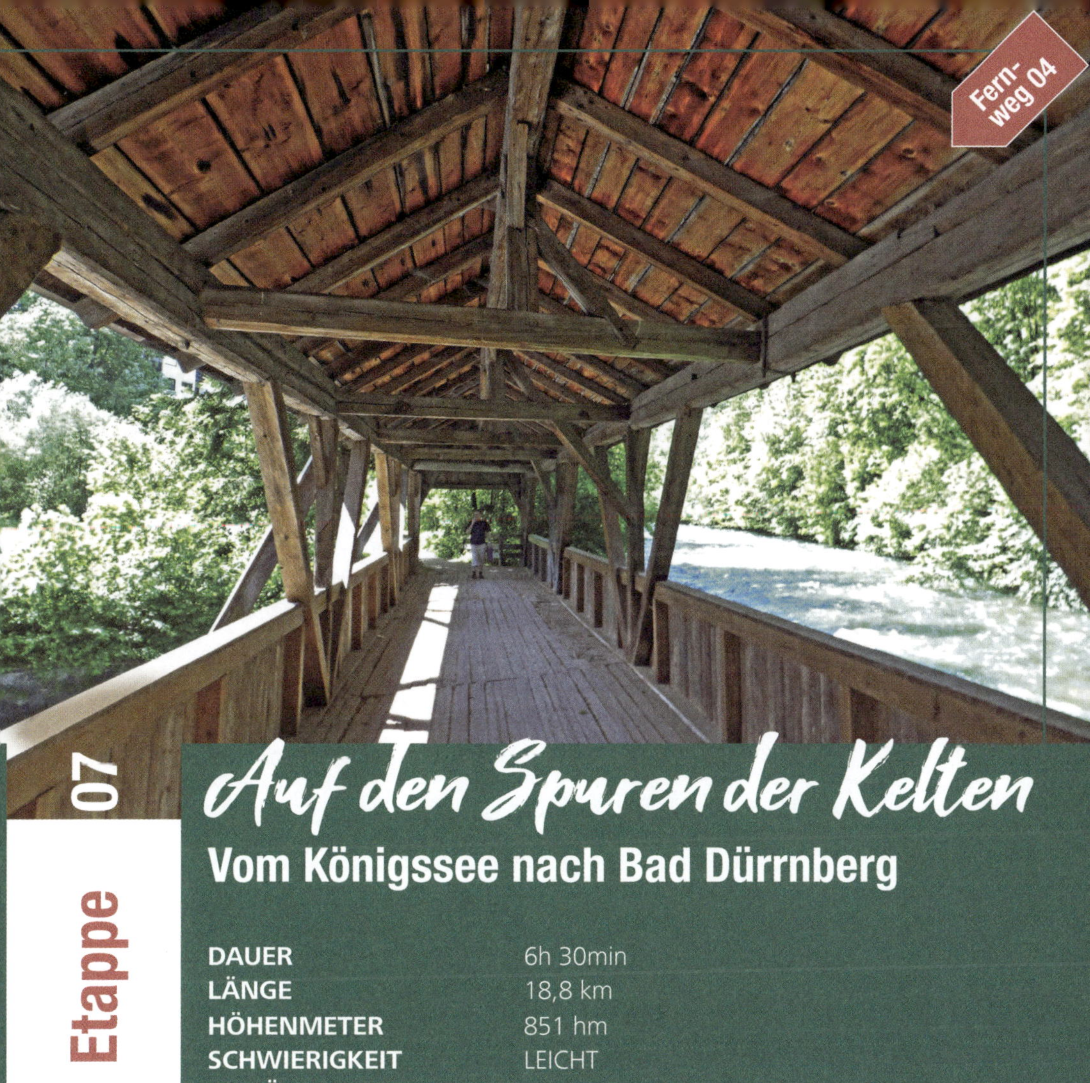

Etappe 07

Auf den Spuren der Kelten

Vom Königssee nach Bad Dürrnberg

DAUER	6h 30min
LÄNGE	18,8 km
HÖHENMETER	851 hm
SCHWIERIGKEIT	LEICHT
MIT ÖFFIS ERREICHBAR	ja

Das erwartet dich ...

Die heutige Etappe ist technisch problemlos, weist jedoch viele Kilometer auf. Sie führt über gute, einfach begehbare Wege, ist aber wegen der Länge und auch der Höhenmeter nicht zu unterschätzen. Nach einem Abschied vom malerischen Königssee begleiten wir die Königsseer Ache nach Berchtesgaden. Dann bringt uns der SalzAlpenSteig nach Bad Dürrnberg, unserem heutigen Etappenziel.

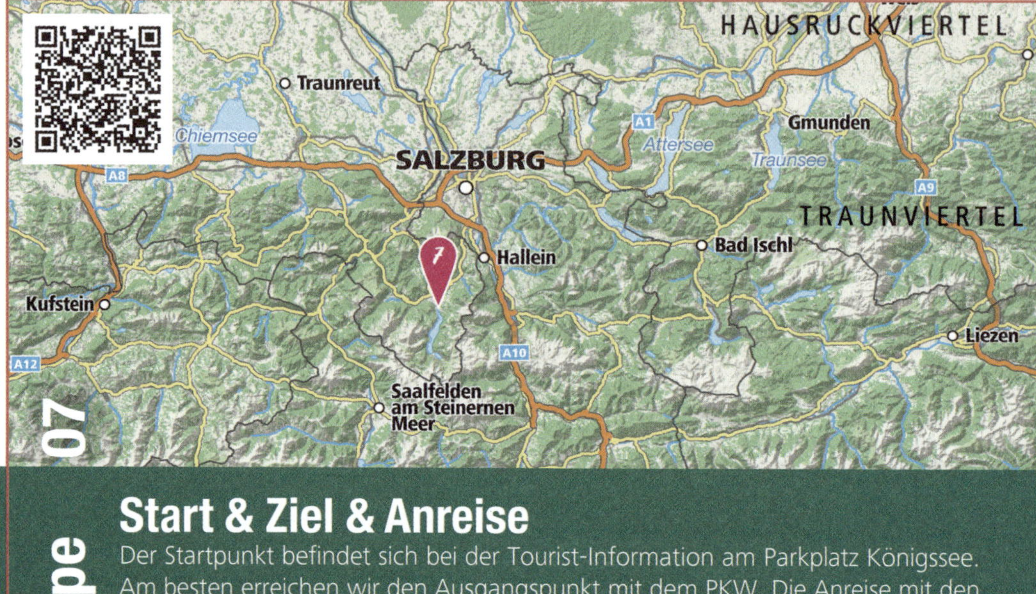

Etappe 07

Start & Ziel & Anreise

Der Startpunkt befindet sich bei der Tourist-Information am Parkplatz Königssee. Am besten erreichen wir den Ausgangspunkt mit dem PKW. Die Anreise mit den öffentlichen Verkehrsmitteln dauert lange und ist umständlich. Von Bad Reichenhall fahren wir über die B 20 bis Berchtesgaden. Von dort aus geht es weiter über Stangerberg, Storchenstraße und Waldhauserstraße bis zur Graf-Arco-Straße in Schönau am Königssee. Busse fahren von Bad Reichenhall über Berchtesgaden zum Königssee.

Tourenbeschreibung

Von der Tourist-Information am Parkplatz Königssee schlagen wir zunächst den Wanderweg Richtung Berchtesgaden ein. Wir begleiten den rauschenden Bach und passieren eine malerische Ausbuchtung in der Königsseer Ache. Hier bleiben wir einen Moment, um dieses schöne Naturerlebnis in vollen Zügen zu genießen. Am Krautkasergraben entfernen wir uns wieder von dem schönen Fluss und biegen links ab. Hinter einer kleinen Siedlung erreichen wir wieder das Flussufer, an dem wir den Fluss bis zum Achenstüberl begleiten. Dort überqueren wir die Königsseer Ache und folgen dann aber gleich wieder ihren Ufern entlang. Wir folgen der Ortsstraße ein kleines Stück entlang der Ache und erreichen dann das Café Waldstein. Nach einer Brücke wenden wir uns nach rechts ein kurzes Stück der Straße entlang. Gut 50 Meter später führt uns ein Wanderweg auf der gegenüberliegenden Seite zum Sulzberg hinauf. Der angenehme, Tannenduft des Waldes steigt uns in die Nase. So folgen wir dem Weg zum Friedhof; noch bevor wir

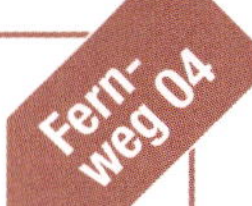

ihn erreichen, biegen wir rechts ab und steigen einen kleinen Pfad hinunter zur Ache. Über den historischen Triftsteg queren wir den Fluss.

Der Hedwigsteig führt uns nun durch den kleinen Ort hinauf. Immer dem Waldweg entlang erreichen wir Oberherzogberg. Hier bietet sich uns ein wunderschöner Blick auf Berchtesgaden. Wir folgen kurz der Straße und halten uns dann rechts in den Wald hinein. Dabei behalten wir immer die Beschilderung Richtung Kranzbichlweg im Auge. Hier wenden wir uns nach Osten und wandern am Waldrand entlang. Zu unserer Linken erblicken wir die Watzmann Therme, die Badespaß für Jung und Alt bereithält. Am Ende des Hedwigsteigs bietet sich ein lohnender Abstecher zum Salzbergewerk an. Wir passieren den Moserröscher Stollen, überqueren die Straße und wandern steil empor Richtung Oberau. Eine Schotterstraße leitet uns an einem Stollen des Salzbergewerks Berchtesgaden vorbei. Er stammt noch aus dem 19. Jahrhundert. Der Weg führt uns immer mal wieder in den Wald; nach einer Weile überqueren wir den Larosbach und kommen schließlich nach Hofreit. Beim Hofreitgut laufen wir an der Straße entlang und am folgenden Hof biegen wir über die Wiese ab zur B 319.

Wir folgen der Straße nur kurz, um direkt im Anschluss steil durch den Wald hinaufzusteigen. Dabei passieren wir das Auergütl. Wir erreichen den Sattel und halten uns rechts. Nur noch wenige Höhenmeter trennen uns von der Rossfeldstraße. Wir überqueren sie kurz darauf und haben damit unseren heutigen höchst Punkt erreicht. Dann folgen wir dem Waldweg Richtung Gmerk. Wir passieren den Rottenlift und überschreiten somit die Grenze nach Österreich. Dann halten wir uns rechts auf einen Wiesenpfad und vorbei an der Talstation der Zinkenlifte. Geradeaus wandern wir zu guter Letzt in das kleine, malerische Zentrum von Bad Dürrnberg.

Autoren Tipp

Das Schaubergwerk befindet sich nicht weit entfernt in der Tennengauer Bezirkshauptstadt Hallein. Im Halleiner Bergwerk wurde bereits vor rund 2500 Jahren von den Kelten Salz abgebaut. Dank des großen Salzvorkommens im Dürrnberg konnte man mit den reichen Erträgen zum Ausbau der barocken Residenzstadt Salzburg beitragen. Es gibt zwei lange Bergmannsrutschen, eine Fahrt mit der Grubenbahn, eine unterirdische Floßfahrt auf einem Salzsee und ein als „Keltendorf" bezeichnetes, kleines Freilichtmuseum.

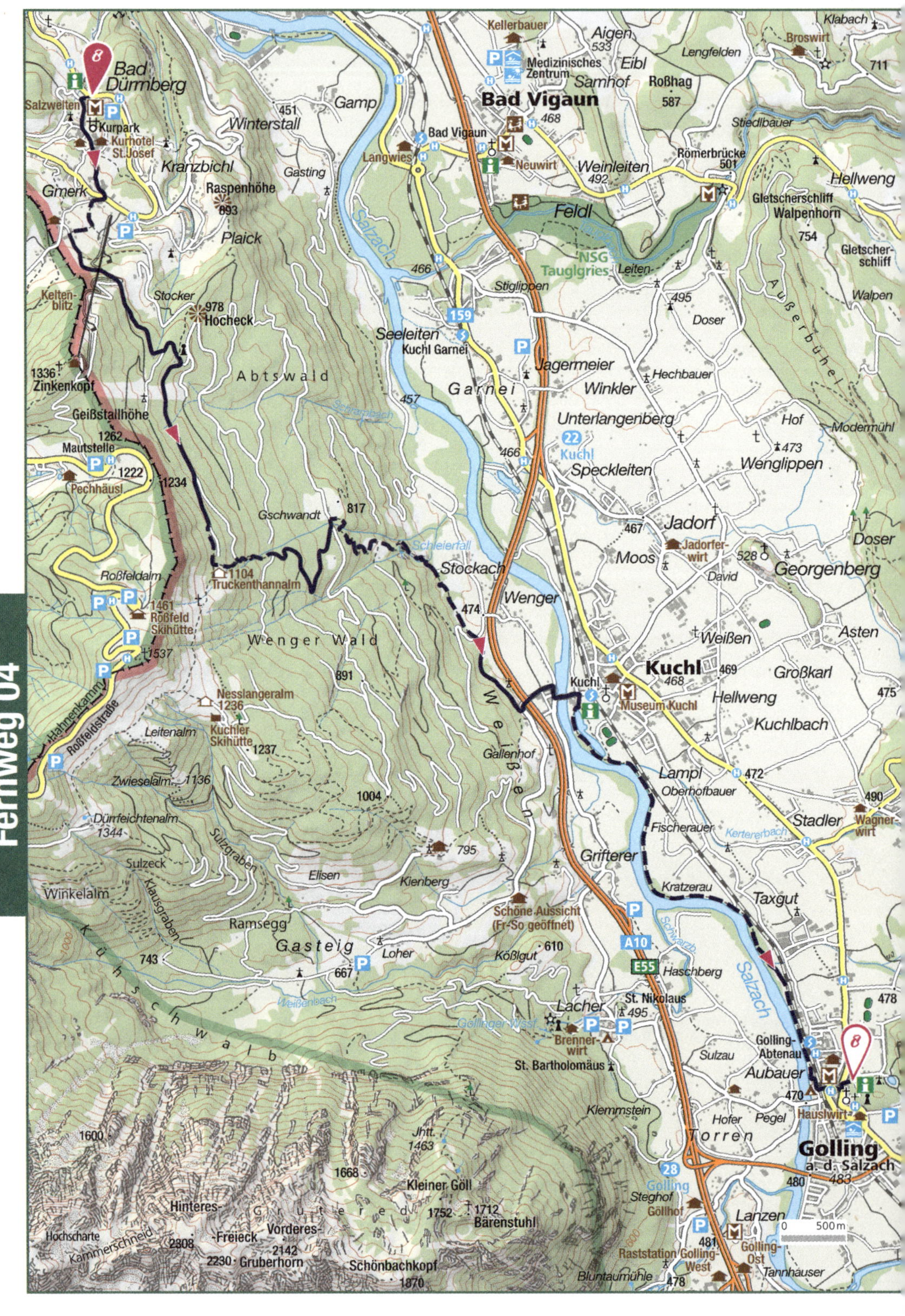

Bad Dürrnberg
Salzwelten
Kurpark
Kurhotel St. Josef
Gmerk
Kranzbichl
Winterstall
451
Gamp
Gasting
Raspenhöhe
893
Plaick
Stocker
978
Hocheck
Kettenblitz
1336
Zinkenkopf
Geißstallhöhe
1262
Mautstelle
1222
Pechhäusl
1234
Abtswald
Gschwandt
817
Schleierfall
1104
Truckenthannalm
Roßfeldalm
1461
Roßfeld Skihütte
1537
Wenger Wald
891
Hahnenkamm
Roßfeldstraße
Nesslangeralm
1236
Kuchler Skihütte
1237
Leitenalm
Zwieselalm
1136
Dürrfeichtenalm
1344
Sulzeck
Sulzgraben
Winkelalm
Klausgraben
743
Ramsegg
Gasteig
667
Elisen
Kienberg
1004
795
Loher
Kühschwalb
Weißenbach
Salzach
Langwies
Bad Vigaun
Kellerbauer
Aigen
533
Eibl
Lengfelden
Klabach
Broswirt
711
Medizinisches Zentrum
Samhof
Roßhag
587
Bad Vigaun
468
Neuwirt
Weinleiten
492
Römerbrücke
501
Stiedlbauer
Hellweng
Gletscherschliff
Walpenhorn
754
Gletscherschliff
Feldl
NSG Tauglgries
Leiten
466
Stiglippen
495
Doser
Walpen
Außerbühel
159
Seeleiten
Kuchl Garnei
Garnei
457
Jagermeier
Hechbauer
Winkler
Unterlangenberg
Hof
Modermühl
473
22
Kuchl
466
Speckleiten
Wenglippen
Jadorf
467
Jadorfer-wirt
Moos
528
David
Doser
Georgenberg
Stockach
Wenger
474
Weißen
Asten
Kuchl
468
469
Großkarl
475
Museum Kuchl
Hellweng
Kuchlbach
Weißen
Gallenhof
Lampl
472
Oberhofbauer
490
Stadler
Wagner-wirt
Fischerauer
Kertererbach
Grifterer
Kratzerau
Taxgut
Schöne Aussicht (Fr-So geöffnet)
Kößlgut
610
A10
E55
Haschberg
Salzach
478
Lacher
St. Nikolaus
495
Göllinger Wsst.
Brenner-wirt
St. Bartholomäus
Golling-Abtenau
Sulzau
Aubauer
470
Hauslwirt
Klemmstein
Hofer
Pegel
Torren
Golling a. d. Salzach
480
483
28
Golling
Steghof
Göllhof
Lanzen
481
Raststation Golling-West
Golling-Ost
Tannhäuser
Bluntaumühle
478
0 500 m
1600
Jhtt. 1463
1668
Kleiner Göll
1752
1712
Bärenstuhl
Grutered
Hinteres-Freieck
Hochscharte
Kammerschneid
2308
Vorderes-
2142
2230
Gruberhorn
Schönbachkopf
1870

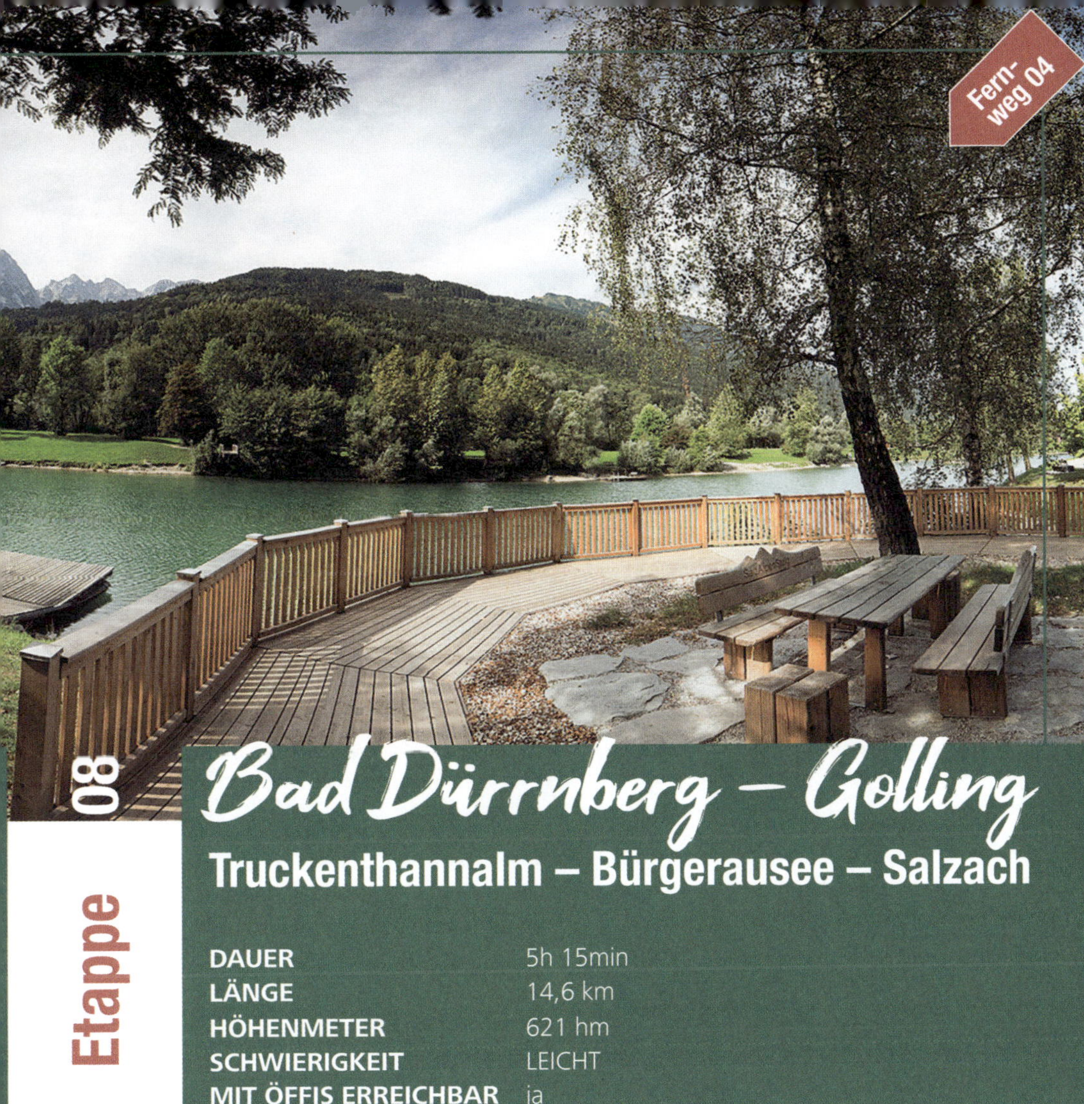

Etappe 08

Bad Dürrnberg – Golling

Truckenthannalm – Bürgerausee – Salzach

DAUER	5h 15min
LÄNGE	14,6 km
HÖHENMETER	621 hm
SCHWIERIGKEIT	LEICHT
MIT ÖFFIS ERREICHBAR	ja

Das erwartet dich ...

Die heutige und somit letzte Etappe bringt uns über einfache Wege sowie zumeist auf Forstwegen. Nach einem mäßigen Anstieg zur Truckenthannalm geht es länger und steiler bergab bis nach Kuchl an der Salzach. Gerade zu Beginn der Etappe bieten sich immer wieder atemberaubende Blicke auf das Salzburger Becken mit dem Salzburger Hochthron.

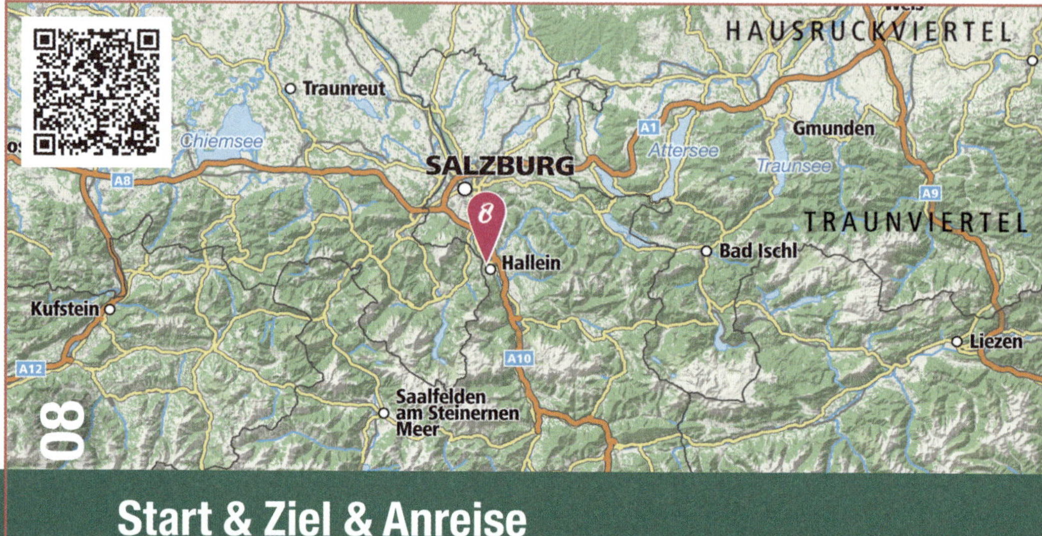

Etappe 08

Start & Ziel & Anreise

Auch heute starten wir wieder von der Tourist-Information, dieses Mal in Bad Dürrnberg. Mit dem PKW gelangen wir am besten von Salzburg aus über die B 150 und B 159 bis Dürrnberg-Landes Straße und Dürrnbergerstraße in Hallein. Von Hallein fährt der Postbus Linie 41 nach Bad Dürrnberg.

Tourenbeschreibung

In Bad Dürrnberg verlassen wir das Zentrum und wenden uns den Zinkenliften zu. Wir gehen kurz an der Bundesstraße entlang und nehmen dann eine Straße nach rechts hinauf. Wir queren die Skipiste und halten kurz inne, um den herrlichen Blick auf das Salzburger Becken mit dem Gaisberg und dem Salzburger Hochthron zu genießen. Dann folgen wir dem Forstweg nach links Richtung Zinkenkopf. An einer Lichtung teilen sich die Forstwege. Wir halten uns links und wandern in den Wald hinein. Uns bietet sich erneut ein wunderschöner Blick auf die Osterhorngruppe. Ein gut ausgebauter Forstweg bringt uns nach ca. 500 Metern an eine Weggabelung: wir biegen rechts ein und halten uns auf diesem Weg bis zur Truckenthannalm (1105 m). Hier bietet sich eine gute Möglichkeit zum Rasten.

Die Alm bildet den höchsten Punkt unserer Tour. Wir verlassen sie auf einem bequemen Waldpfad hinab Richtung Schleier-Wasserfall. Stets diesem Weg folgend

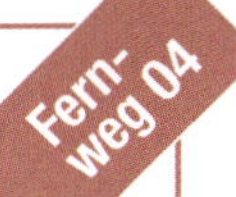

gelangen wir schließlich an den beeindruckenden Wasserfall. Wir wechseln die Richtung nach Südosten und durchqueren das Quellschutzgebiet, dabei verlieren wir immer mehr an Höhe. Wir laufen abwechselnd durch Wald und über Lichtungen und gelangen so in die Gasteigstraße, die uns durch eine Unterführung nach Kuchl bringt.

Nachdem wir die Salzach überquert haben biegen wir bei der ersten Möglichkeit rechts zum Bürgerausee. An heißen Tagen wagen wir den Sprung ins kühle und erfrischende Nass. Am Südwestufer schlendern wir auf einem Schotterweg weiter. Er führt uns an der Salzach entlang Richtung Süden. Durch herrliche Auenlandschaft nähern wir uns allmählich unserem Tagesziel. Der Verlauf des Weges bringt uns schon bald zum Gollinger Bahnhof. Wir halten uns links, überqueren die Gleise und nähern uns dem Zentrum des Ortes. Dann schlendern wir die Hauptstraße entlang durch die malerische Ortschaft mit kleinen Läden und Cafés. Ein Besuch im Museum Burg Golling ist dann nach Ende der Etappe für Kulturbegeisterte genau richtig.

Die Truckentannalm

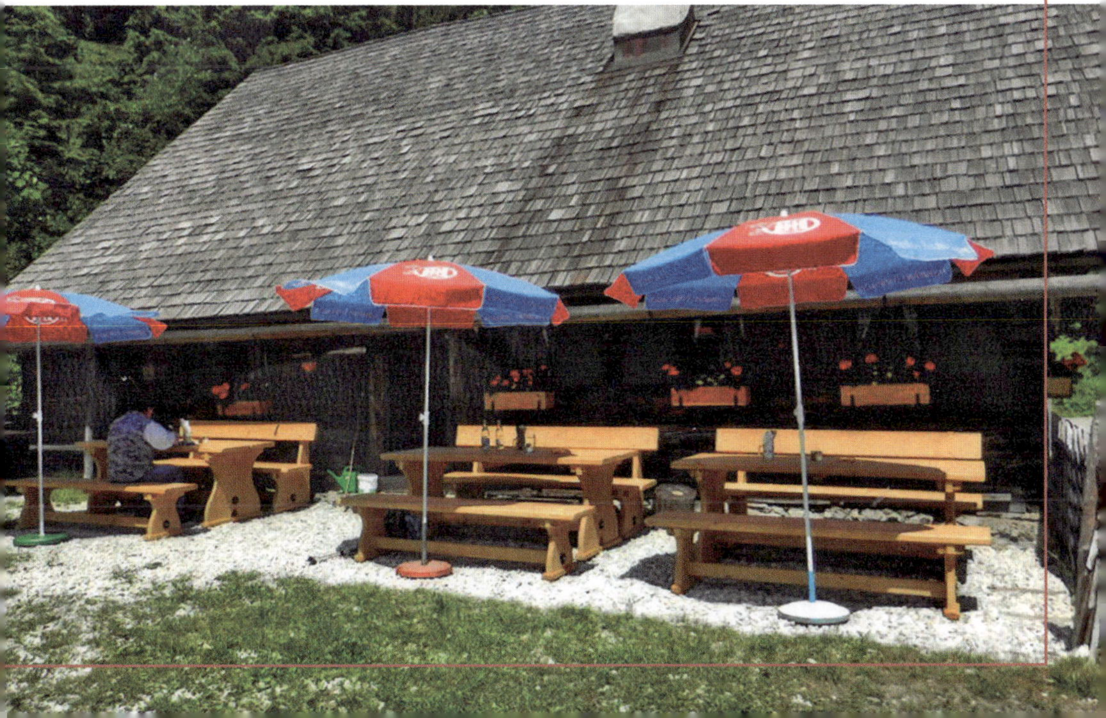

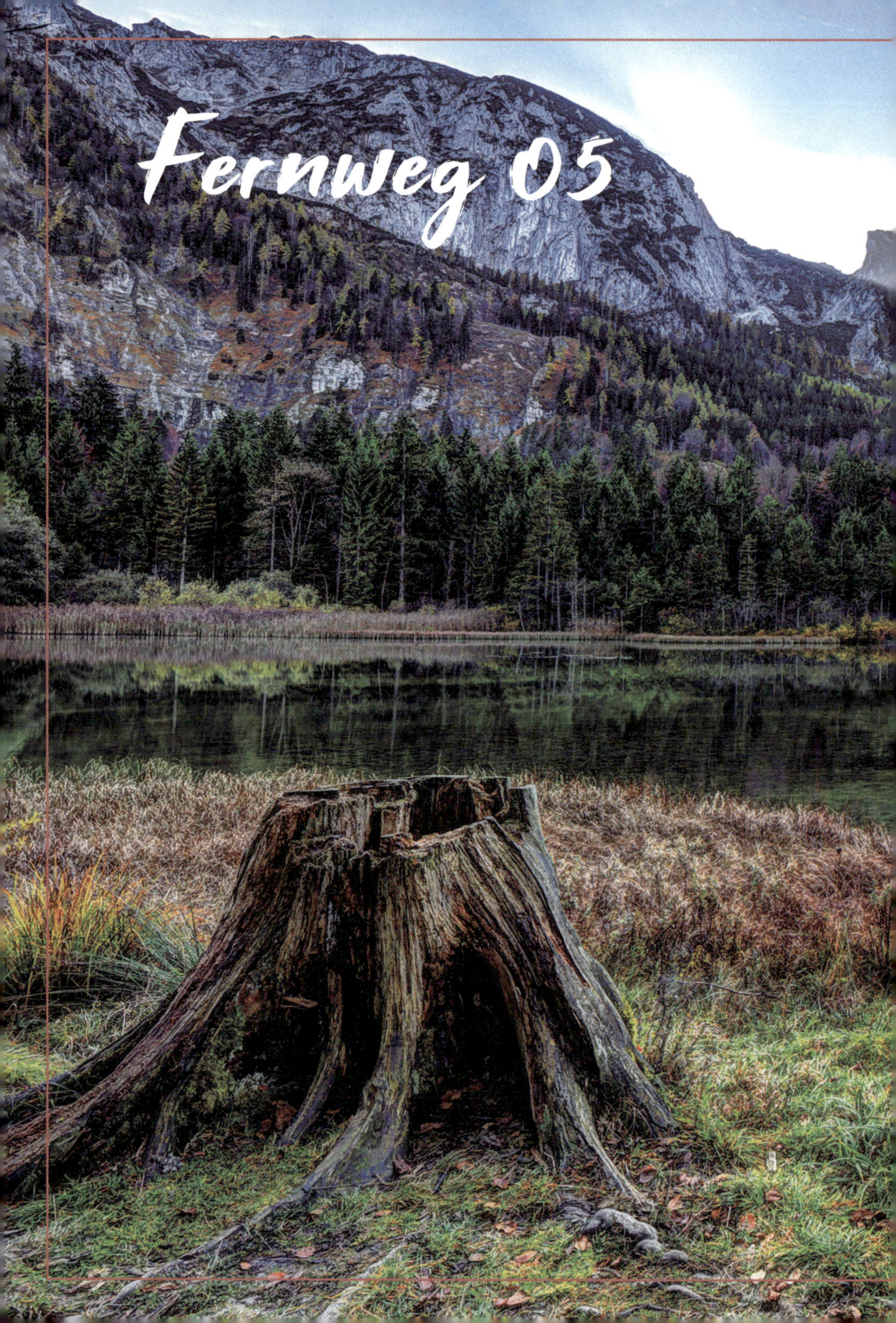
Fernweg 05

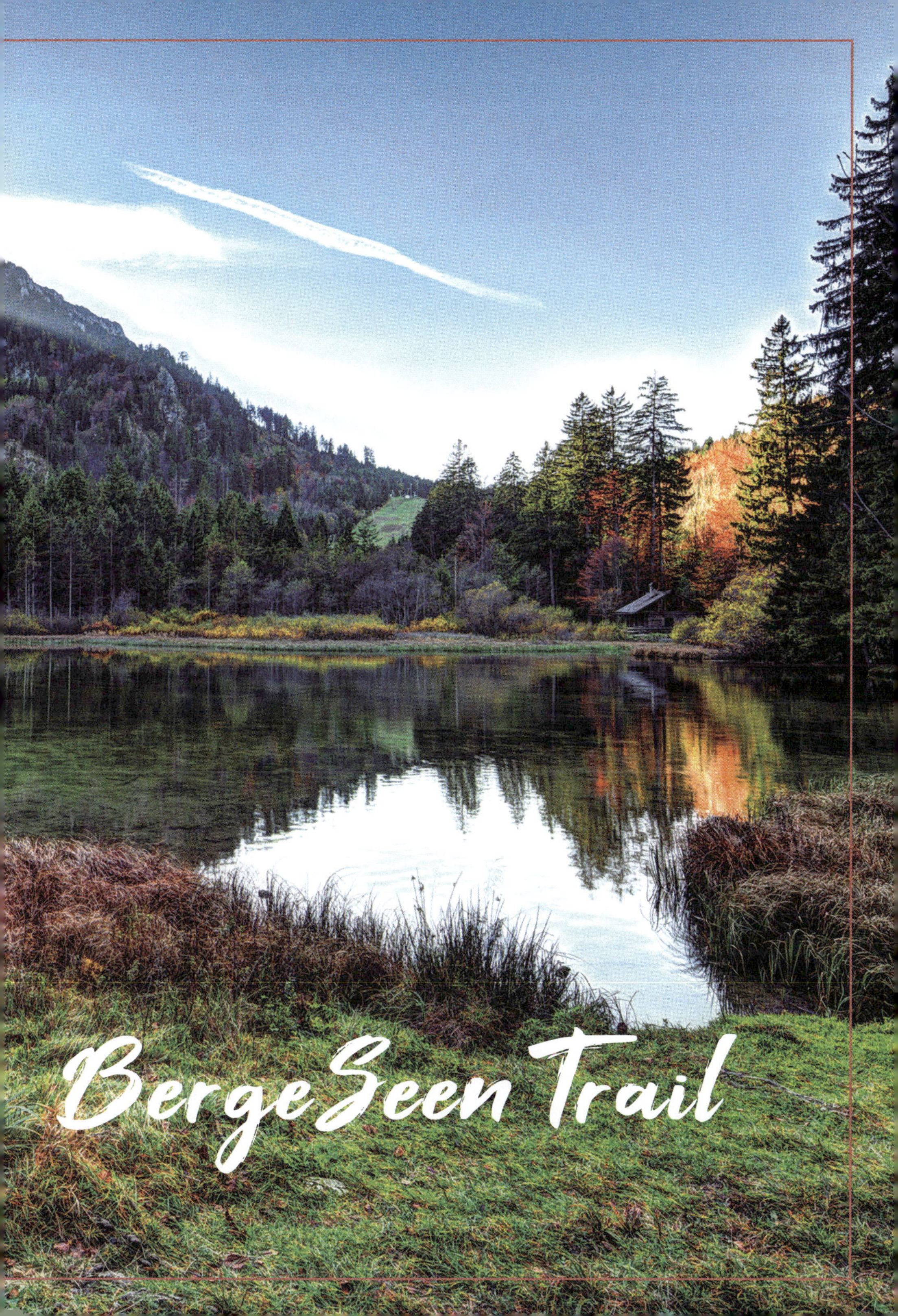
BergeSeen Trail

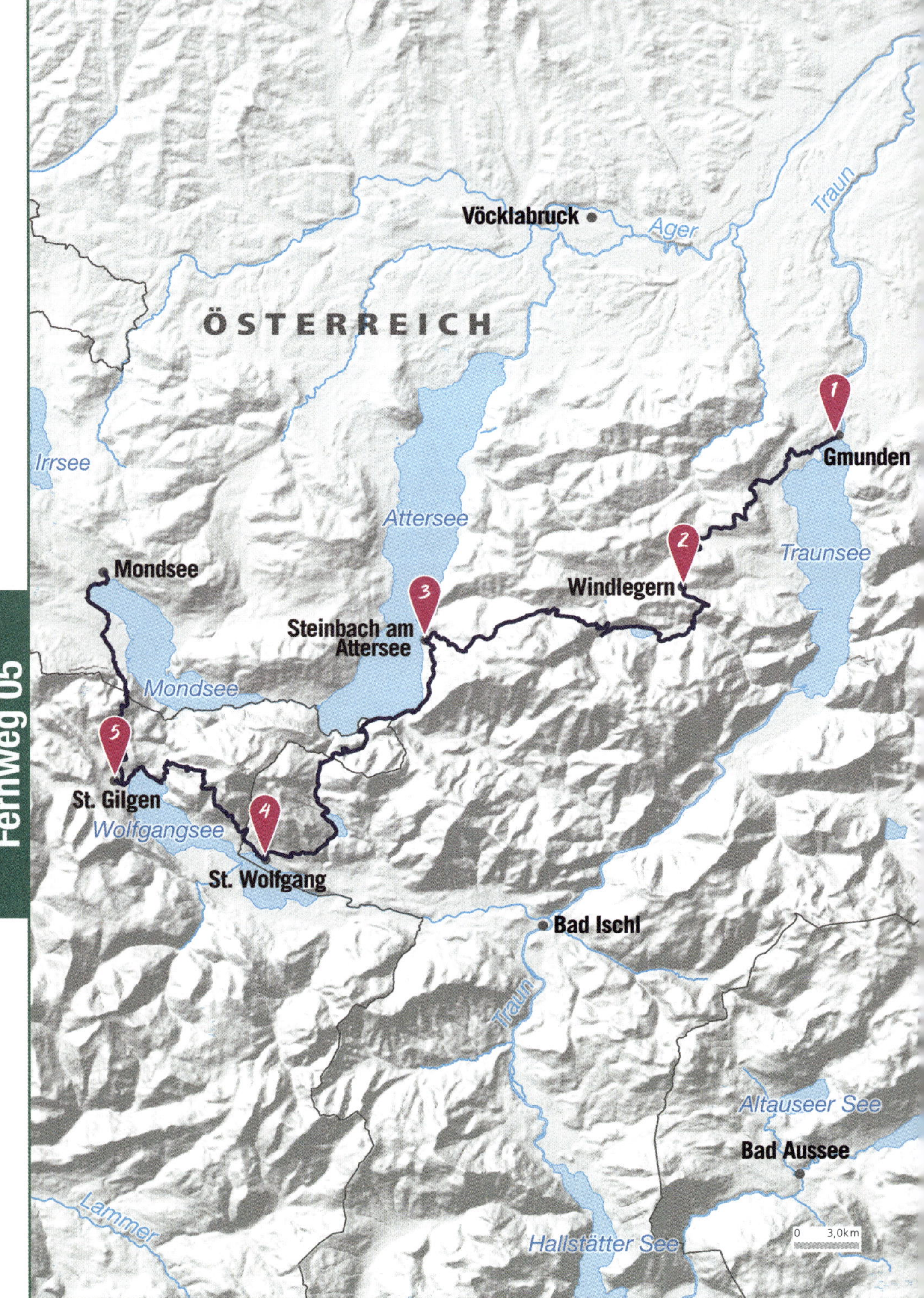
Vöcklabruck
Ager
Traun
ÖSTERREICH
Irrsee
Attersee
Gmunden
Traunsee
Mondsee
Windlegern
Steinbach am Attersee
Mondsee
St. Gilgen
Wolfgangsee
St. Wolfgang
Bad Ischl
Traun
Altauseer See
Bad Aussee
Lammer
Hallstätter See
0 3,0 km
1
2
3
4
5

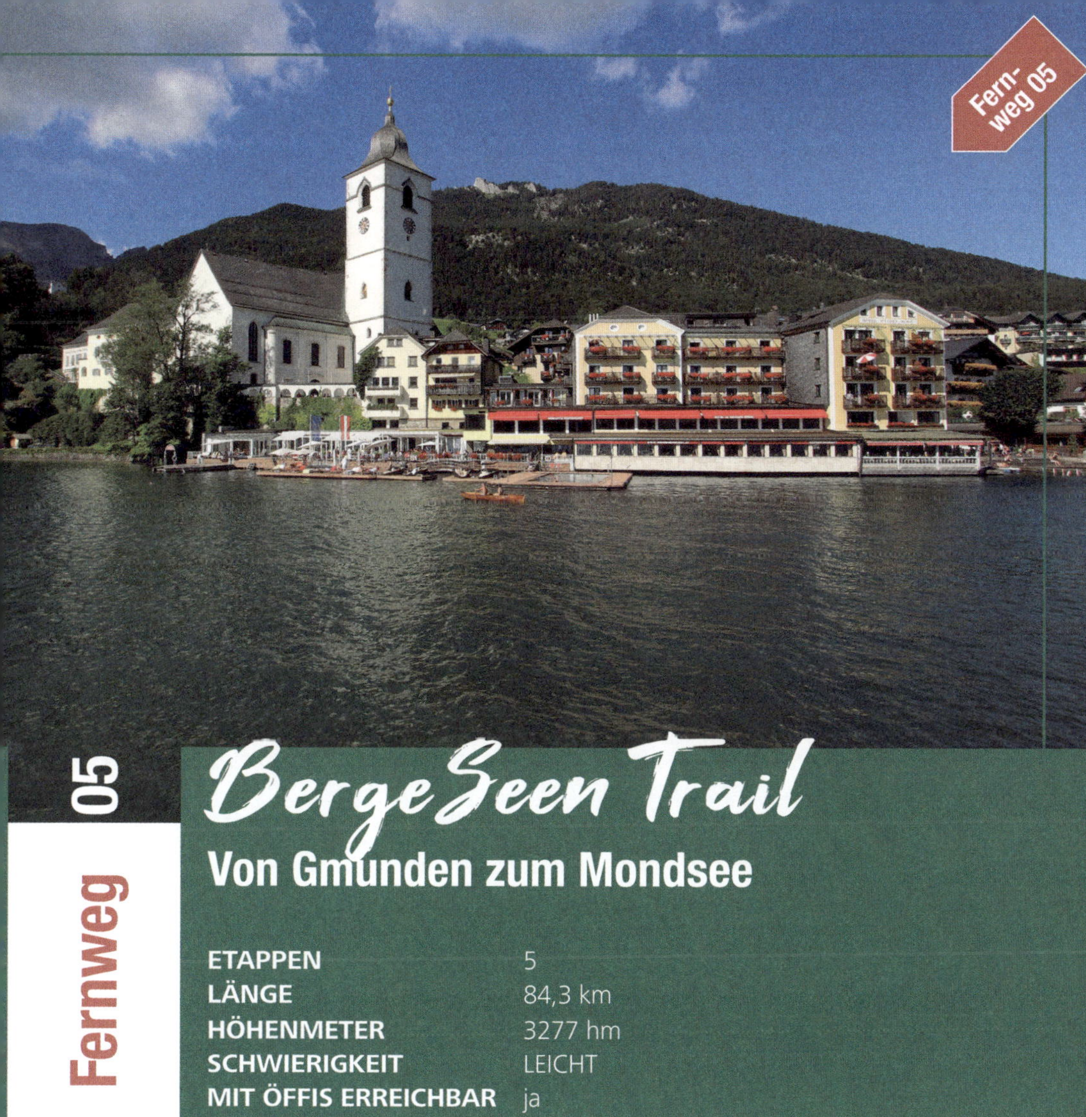

BergeSeen Trail

Von Gmunden zum Mondsee

ETAPPEN	5
LÄNGE	84,3 km
HÖHENMETER	3277 hm
SCHWIERIGKEIT	LEICHT
MIT ÖFFIS ERREICHBAR	ja

Das erwartet dich …

Der BergeSeen Trail führt uns über fünf Etappen und 84 Kilometer. An jedem Tag genießen wir dabei den Ausblick auf einen anderen See. Badesachen einpacken und auf gutes Wetter zu warten lohnt sich hier. Jedoch sollte festes Schuhwerk zum Meistern kniffliger Felspassagen zur Grundausrüstung gehören. Insgesamt sind vier der fünf Etappen mit mittlerer Schwierigkeit gekennzeichnet und eine als leicht. Tagesabschnitte mit über 20 km setzen eine gute Grundkondition voraus.

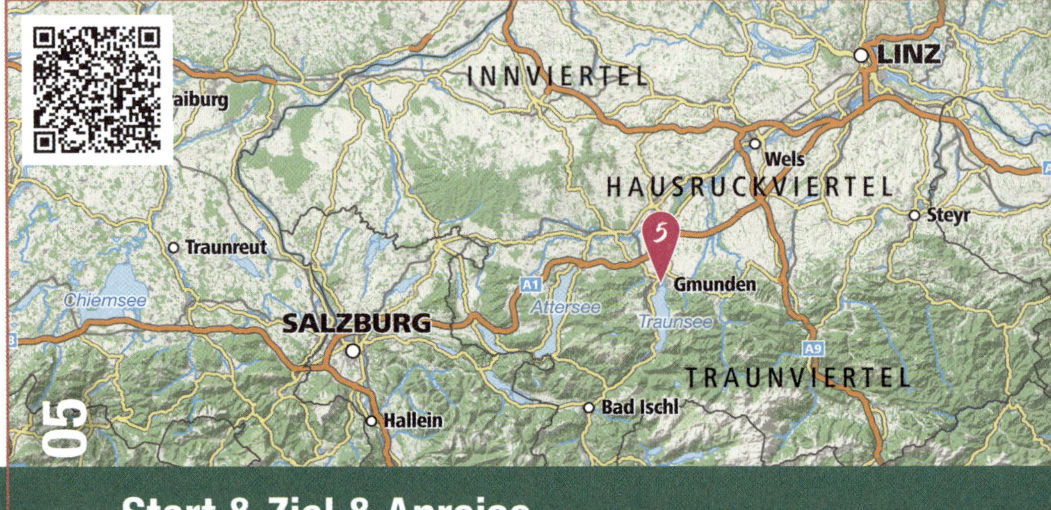

05 Fernweg

Start & Ziel & Anreise

Der Startort Gmunden kann mit dem Zug von Salzburg aus erreicht werden. Zuerst nehmen wir den Zug nach Attnang-Puchheim, dann steigen wir in den REX 3416 in Richtung Bahnhof Stainach-Irdning um. Mit dem PKW erreichen wir den Ort Gmunden über die A1. Für die Rückreise nehmen wir von St. Gilgen aus den Regionalbus Nr. 150. Dieser fährt uns nach Salzburg. Von dort aus kann die Abreise am einfachsten geplant werden.

Tourenbeschreibung

Der Begriff Salzkammergut wurde bereits vor über 7.000 Jahren geprägt – geht also bis in die Jungsteinzeit zurück. Aus dieser Zeit stammen die ältesten Spuren der Salznutzung um Hallstatt herum und den Pfahlbauten am Mondsee. Die Funde aus dieser Zeit waren so bedeutsam, dass die UNESCO die Region Hallstatt – Dachstein Salzkammergut und den Raum Mondsee in die Liste des Weltkulturerbes aufnahm. Geologisch gesehen ist die Region zwischen Dachsteingebirge, Traunsee und Fuschlsee jedoch viel älter. Sie nahm ihre Anfänge mit der Ablagerung tierischer Überreste im tropischen Tethys-Meer vor über 200 Millionen Jahren.

Das Salzkammergut hat schon seit jeher hohe Persönlichkeiten in seinen Bann gezogen – Erzherzog Johann und Kaiserin Elisabeth wanderten hier ebenso gerne wie der Dichter Nikolaus Lenau oder Komponisten wie Johannes Brahms. Schon damals war es für die Menschen reizvoll, einfach dahinzuwandern – von einem See zum nächsten, Tag für Tag am Ufer entlang, stets den Blick aufs glasklare Wasser gerichtet. So bekam das Salzkammergut 2017 seinen ersten Weitwanderweg – den BergeSeenTrail. Der 370 km lange Weg überwindet eine Gesamthöhe von 14.000 Höhenmetern und entstand als Gemeinschaftsprojekt der Tourismusverbände dieser Region und der Salzkammergut und Tourismus GmbH., zusammen mit dem ÖAV und den Naturfreunden Salzkammergut.

Der Weg verbindet 35 Seen, führt manchmal auch über ausgesetzte Felspassagen, sodass trotz der meist eher lieblichen Landschaft festes Schuhwerk unerlässlich ist. Meist endet er in touristisch gut organisierten Orten. Manchmal entführt er uns jedoch auch in abgelegenere Gebiete – zu einsamen Gasthöfen oder alpinen Schutzhütten. Die Routenführung ist gut durchdacht. 23 (oder mehr) Tage leitet uns die Runde von Gmunden am Traunsee über den Attersee, durchs Mondseeland ins Salzburger Land zum Fuschlsee, durch die Osterhorngruppe, über die Postalm zum Wolfgangsee… die Aufzählung kann noch lange so fortgeführt werden. Durch die Unterstützung von Bus, Bahn, Schiff oder Seilbahn kann so mancher Schweißtropfen vermieden werden. Eine gute Verkehrsanbindung ermöglicht uns, auch nur einzelne Wochenendtouren zu erwandern. Für anspruchsvollere Bergwanderer gibt es die alpinen Varianten des BergeSeen Trail, die einige Überraschungen bereithalten.

Höhenprofil

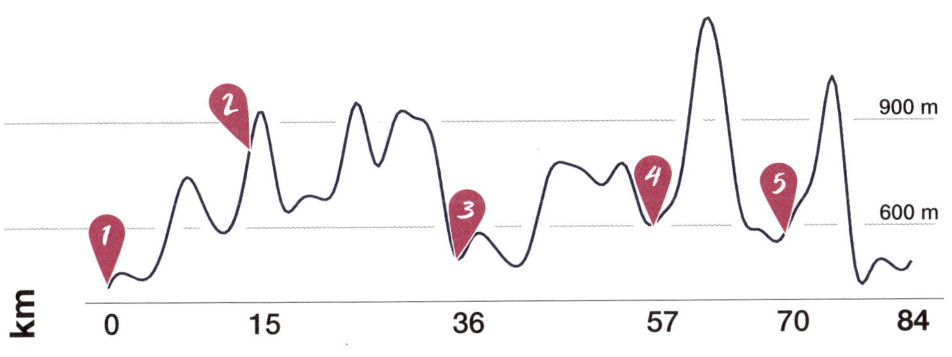

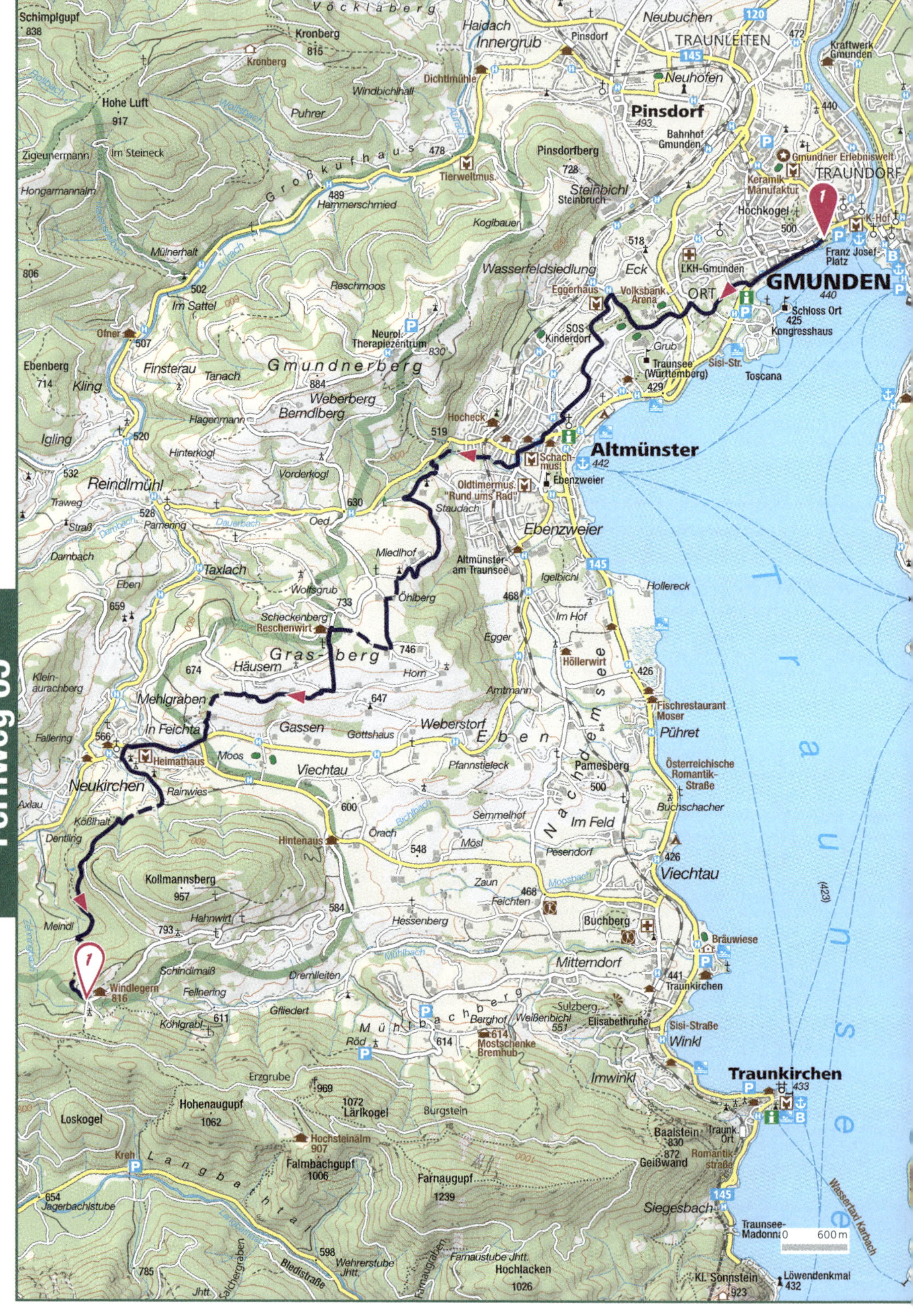

GMUNDEN
Pinsdorf
Altmünster
Ebenzweier
Traunkirchen
Neukirchen
Viechtau
Traunsee
Gmundnerberg
Grasberg
Großkufhaus
Nachdemsee
Eben
Mühlbachberg
Langbathtal
Traundorf
Traunleiten
Neubuchen
Windlegern 816
Reschenwirt
Heimathaus
Hintenaus
Mostschenke Bremhub
Kollmannsberg 957
Hohe Luft 917
Kronberg 816
Schloss Ort
Kongresshaus
Franz Josef-Platz
LKH-Gmunden
Volksbank Arena
Eggerhaus
Hocheck
Oldtimermus. "Rund ums Rad"
Höllerwirt
Fischrestaurant Moser
Österreichische Romantik-Straße
Bräuwiese
Sisi-Straße
Löwendenkmal 432
Kl. Sonnstein 923
Traunsee-Madonna
0 600 m

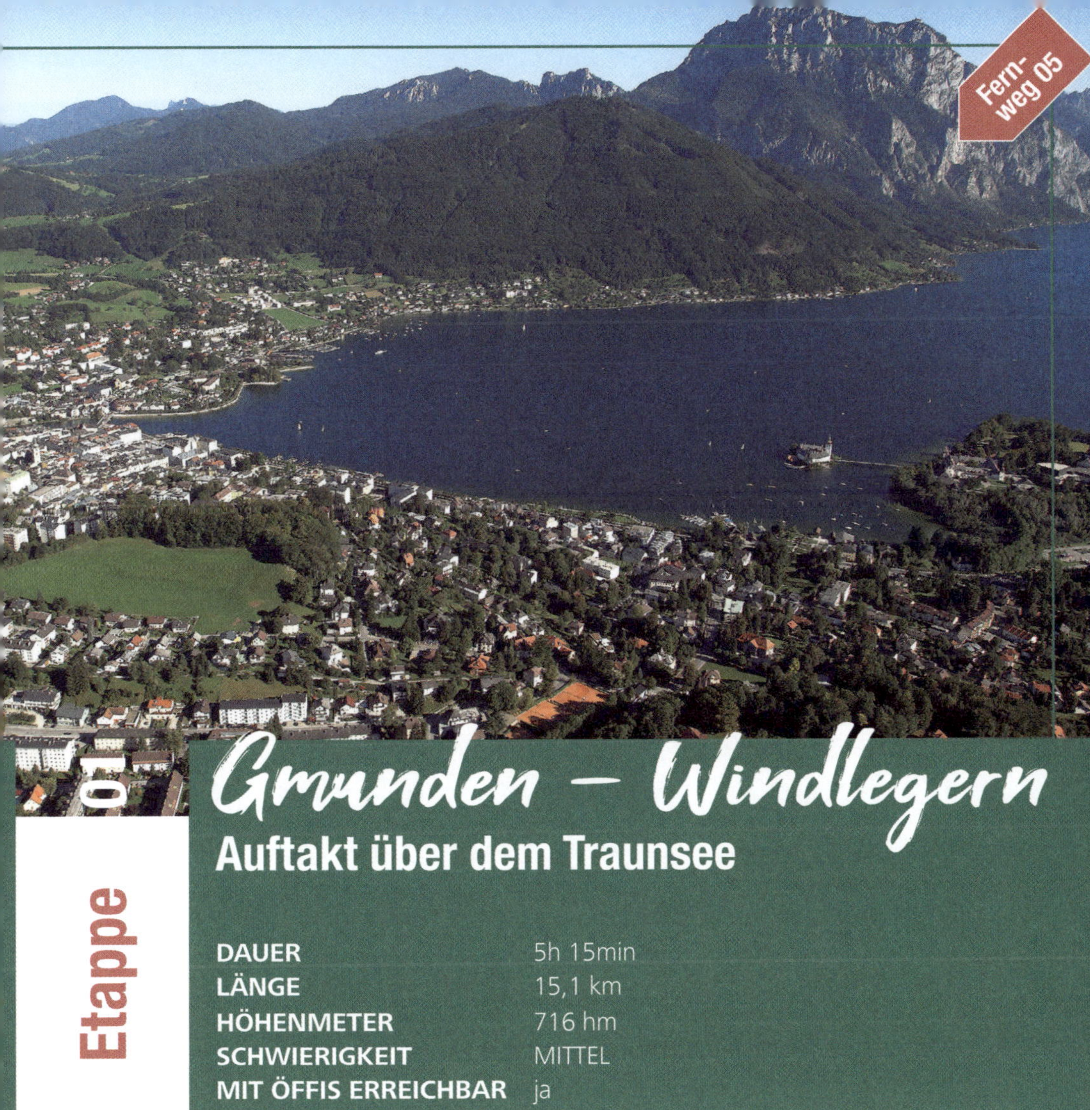

Etappe 01

Gmunden – Windlegern

Auftakt über dem Traunsee

DAUER	5h 15min
LÄNGE	15,1 km
HÖHENMETER	716 hm
SCHWIERIGKEIT	MITTEL
MIT ÖFFIS ERREICHBAR	ja

Das erwartet dich ...

Die erste Etappe ist von der Strecke her gesehen recht lang. Dafür führt sie uns einfach auf bequemen Wegen und wenig befahrenen Nebenstraßen im Stadtbereich. Wir wandern über Forststraßen, Waldwege und Wiesenpfade. Vor Neukirchen und dem Etappenziel Windlegern erwarten uns zwei steilere Abstiegspassagen, die besonders nach Regen sehr rutschig sein können und Trittsicherheit voraussetzen.

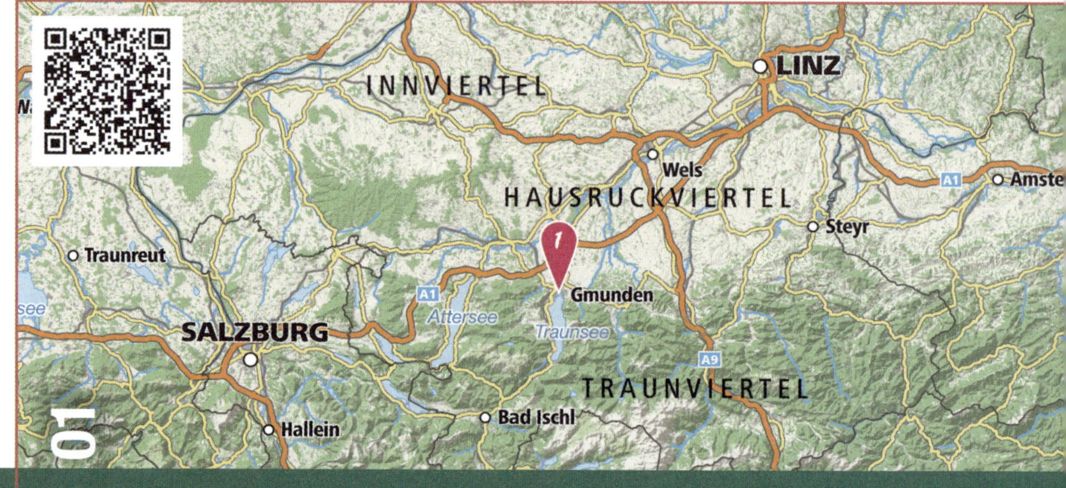

Etappe 01

Start & Ziel & Anreise

Los geht's am ersten Tag unserer BergeSeen Trail-Wanderung in Gmunden am Rathausplatz. Von Salzburg fahren Züge nach Attnang-Puchheim. Von hier aus dann weiter mit dem REX 3416 in Richtung Bahnhof Stainach-Irdning. Mit dem PKW fahren wir über die A94 Richtung Passau. Bei Marktl am Inn geht es weiter über die B20 und B12, dann über die E552 und A8 über Thalheim bei Wels zum Traunsee.

Tourenbeschreibung

Der Beginn unseres Weitwanderweges ist eigentlich eine „blaue" Tour. Flache Straßen wechseln sich mit sanft ansteigenden Wegen ab und bringen uns bequem aus dem Städtchen Gmunden hinaus. Auch in der Region der freundlichen Marktgemeinde Altmünster halten sich die Steigungen auf moderatem Niveau. Erst eine kurze Abstiegsstelle vor dem Dorf Neukirchen macht die Tour zu einer „mittelschweren" Etappe. Auch der letzte Abstieg gibt uns einen Vorgeschmack auf die alpineren Abschnitte des BergeSeen Trail. Auf der anderen Seite bekommen wir aber auch schon ein paar Einblicke, die die landschaftliche Schönheit des Salzkammergutes betrifft. So beim Blick über den Traunsee mit dem berühmten Seeschloss Ort hinüber zum imposanten Traunstein. Oder auch bei der Durchquerung einer winzigen Schlucht inmitten gepflegten Bauernlandes und beim Anblick der Felsabbrüche des Höllengebirges.

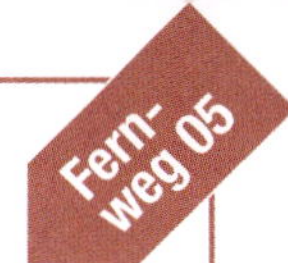

Vom wunderschönen Rathaus in Gmunden überqueren wir den Franz-Schubert-Platz und gelangen nach rechts zur Esplanade. Am Traunseeufer flanieren wir entlang, mit herrlichen Blicken auf Schloss Ort und den Traunstein. Vorbei geht's am Kurpark, der Konditorei Baumgartner, dem Yachtclub und der Freizeitanlage Lehenaufsatz. Die Dr.-Franz-Thomas-Straße begleitet uns noch gut 150 Meter, dann gelangen wir an die Beschilderung des Salzkammergut-Radweges „Seewalchen/Pinsdorf". Hier überqueren wir die Fahrbahn und biegen von der Franz-Reisenbichler-Straße gleich links in die Pensionatstraße ein. An den nächsten Weggabelungen geht's links auf dem schmalen Mitterweg weiter. 300 Meter später schwenken wir nach rechts den Johann-Nepomuk-David-Weg hinauf. Wieder in der Pensionatstraße überbrücken wir links die Gmundner Umfahrungsstraße. Rechts auf der Württembergstraße gehen wir an der Volksbank-Arena vorbei zum Hotel Wildschütz. Gleich darauf richten wir uns nach dem Schild „SOS-Kinderdorf" und gehen durch den Wald zu einer Kreuzung hinauf und links zum SOS-Kinderdorf.

Auf der Kinderdorfstraße halten wir uns zunächst links, biegen dann rechts zum Verwaltungsgebäude ab und umrunden es auf der rechten Seite. Auf dem schmalen Kiesweg laufen wir dann geradewegs in den Wald hinein. Dort halten wir uns links hinab nach Altmünster und gehen nach rechts über einen aussichtsreichen Wiesenrücken. Bei ein paar Laubbäumen biegen wir links ab und richten uns nun nach dem „Themenweg Altmünster" hinunter zum Harstubenweg. Wir folgen ihm nach rechts und erreichen über die Lindenstraße die Münsterstraße. Sie leitet uns nach links zur Pfarrkirche von Altmünster. Alternativ können wir auch mit dem Schiff von Gmunden nach Altmünster fahren.

Unser Trail bringt uns rechts über die Marktstraße hinauf. 450 m später halten wir uns an der Bahnhofstraße links und folgen den Wegweisern Richtung „Grasberg". Nach weiteren 100 m schwenken wir rechts auf die Stücklbachstraße. Dann wandern wir über einen Fußweg zwischen dem Wald und dem Siedlungsgebiet aufwärts, bald unter der Eisenbahnbrücke durch. Danach erwartet uns eine zauberhafte Waldschlucht im Stücklbachgraben. Der Weg steigt an und bringt uns vorbei an kleinen Wasserfällen zu einer Abzweigung. Wir bleiben links im Schatten des Waldes und biegen an der nächsten Weggabelung links über den Holzsteg ab, um die andere Talseite zu erreichen. Der Asphaltstraße folgen wir dort nach rechts hinauf Richtung Grasberg.

Bei der folgenden Verzweigung bleiben wir auf der rechten Seite. Wir passieren einen Bauernhof und im Gebiet um den Miedlhof herum biegen wir links ab Richtung Grasberg. Vor einem Haus weist uns der Wegweiser „Reschenwirt" nach rechts auf einen Wiesenpfad. Hinter dem Bauernhof halten wir uns rechts, dann biegen wir noch vor den Garagen links ein und schlendern über die Wiese

Fortsetzung Etappe 1

zum Güterweg. Auf ihm steigen wir links die aussichtsreiche Wiesenkuppe des Grasbergs hinauf. Oben halten wir uns vor dem Bauernhof rechts mit der Beschilderung „Rundweg Reschenwirt". Über den flachen Wiesenrücken gelangen wir dann zum Rschenwirt. Hier folgen wir nun dem Wanderweg Nr. 1 Richtung Neukirchen. Wir gehen kurz die Straße hinab und neben der Hecke eines Hauses nach links. Die Wiese führt uns schließlich zu einem Fahrweg mit Hochspannungsleitung. Wir folgen ihm nach rechts und halten uns an der Abzweigung links zum Bauernhof Gramminger. Jetzt queren wir durch die Südhänge, über Feldwege und Hauszufahrten, bis uns ein schmaler Pfad über eine Wiese in den Wald hinunterführt. Unten biegen wir links ab und wandern nun noch steiler hinab. An einem Schild am Waldrand biegen wir rechts ab. Hinter einem kleinen Graben stehen wir erneut vor einem Bauernhof. Seine Zufahrtsstraße bringt uns ins Tal hinunter und weiter dann auf der Hauptstraße nach Neukirchen. Von Gmunden gibt es auch eine Busverbindung nach Neukirchen.

Vor der Kirche richten wir uns nach den Schildern „Viechtauer Heimathaus, Windlegernweg". An der nächsten Weggabelung halten wir uns rechts auf den Kalvarienberg. Es wird steiler und bei der Kalvarienbergkirche biegen wir links ein. Wir passieren einen Mammutbaum und bleiben danach zweimal rechts. Eine Schotterstraße bringt uns an einem Wunschbaum vorbei und durch die Waldhänge des Kollmannsbergs hinauf. Etwas weiter oben nehmen wir einen Abzweig nach rechts hinab. Unser Trail führt uns nach links auf einen stärker ansteigenden Wanderweg. Durch lichten Wald erreichen wir den Almgasthof Windlegern.

Eine Variante zur Hochsteinalm führt uns auf einer Straße Richtung Süden zu einer Kapelle und zum Waldrand. Hier steigen wir links empor zu einer Forststraße, der wir auch wieder nach links folgen. Eine Viertelstunde später erreichen wir einen Wegweiser. Geradeaus gelangen wir in 25 Minuten zur Hochsteinalm. Hier gibt es Übernachtungsmöglichkeiten; Montag und Dienstag sind jedoch Ruhetage.

Neukirchen vor dem Höllengebirge

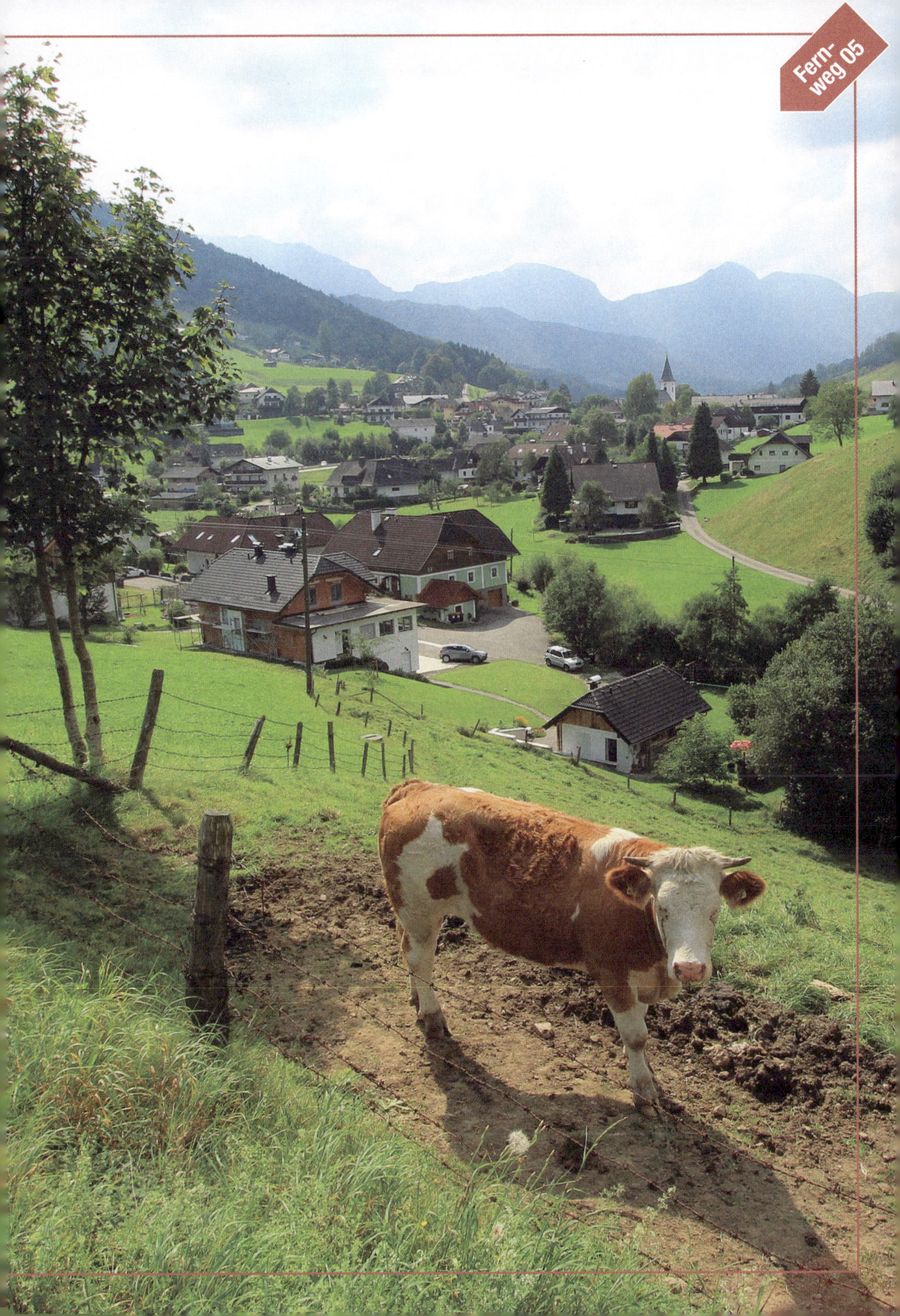

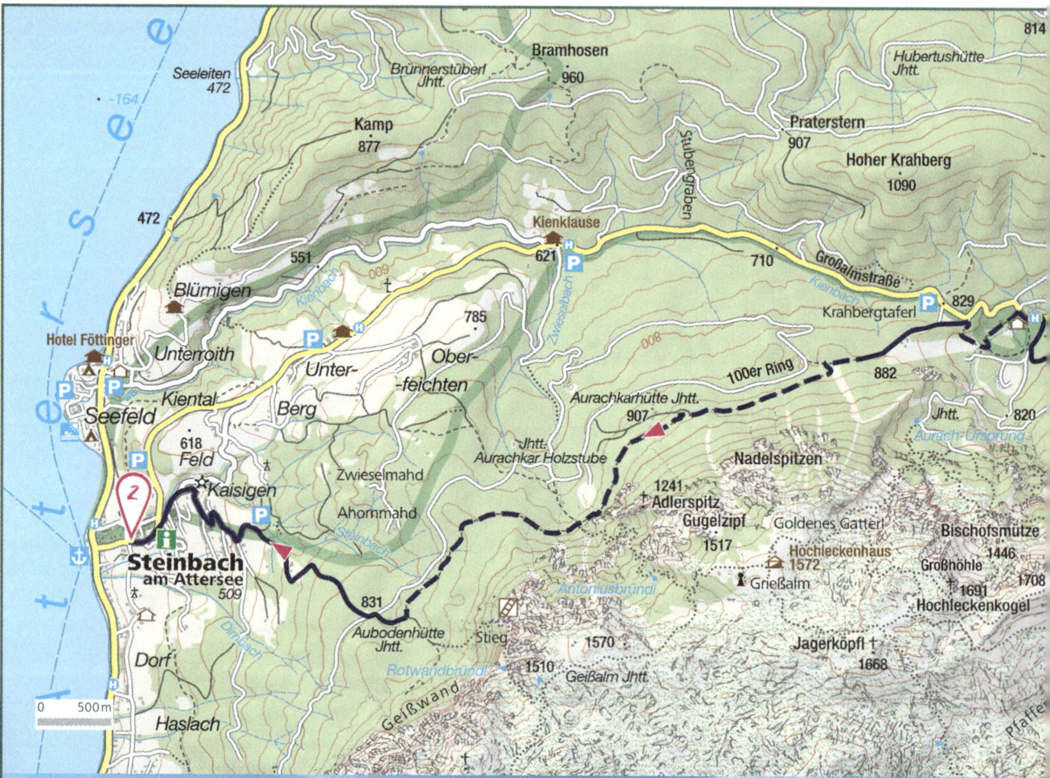

Attersee
Seeleiten 472
-164
Bramhosen 960
Brünnerstüberl Jhtt.
Kamp 877
Hubertushütte Jhtt.
Praterstern 907
Hoher Krahberg 1090
814
Stubengraben
472
Kienklause 621
551
Blümigen
Kienbach
009
785
710
Großalmstraße
Krahbergtaferl
829
Zwieselbach
Hotel Föttinger
Unterroith
Unter-
Ober-
-feichten
008
100er Ring
882
Kiental
Seefeld
Berg
Aurachkarhütte Jhtt.
907
Jhtt.
820
Aurach-Ursprung
618
Feld
Jhtt.
Aurachkar Holzstube
Nadelspitzen
Zwieselmahd
Kaisigen
1241
Adlerspitz
Gugelzipf 1517
Goldenes Gatterl
Bischofsmütze
Ahornmahd
Hochleckenhaus 1572
1446
Großhöhle
Steinbach
Steinbach am Attersee
509
Grießalm
1691
Hochleckenkogel
1708
831
Antoniusbründl
Dorf
Aubodenhütte Jhtt.
Stieg
1570
Jagerköpfl
1668
Dürrnbach
Rotwandbründl
1510
Geißalm Jhtt.
0 500 m
Geißwand
Haslach
Pfaffen

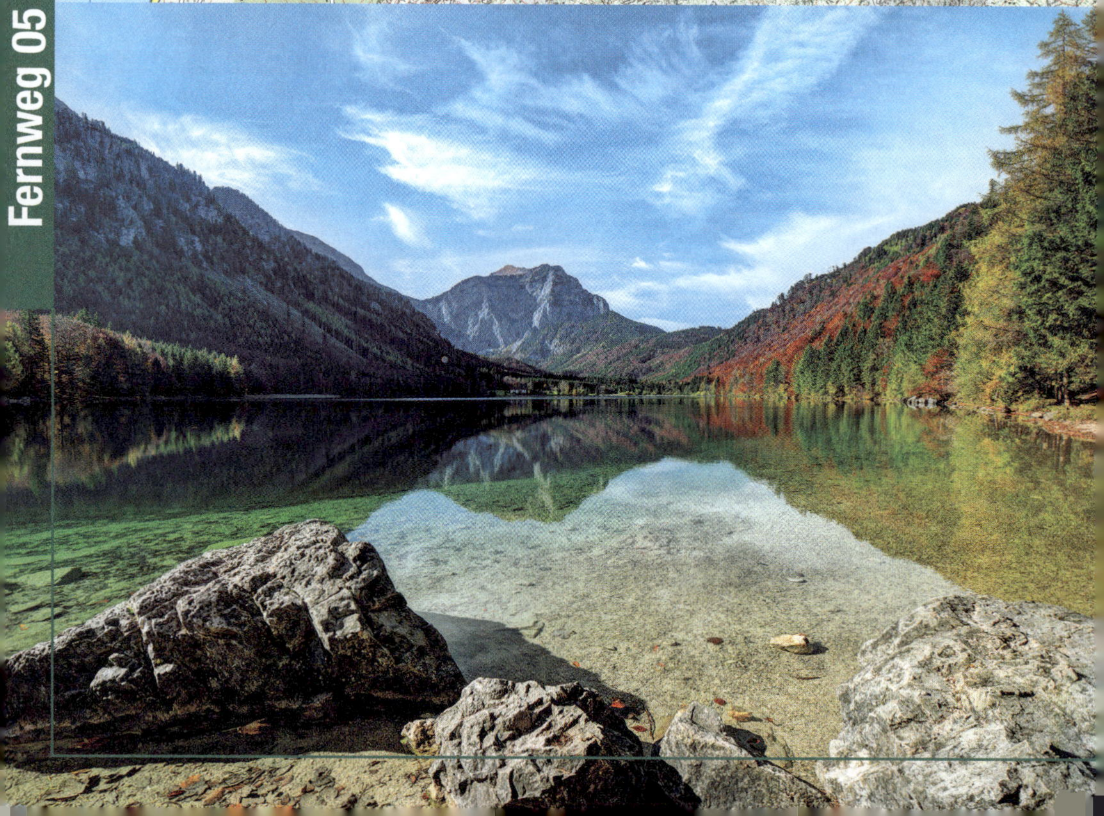

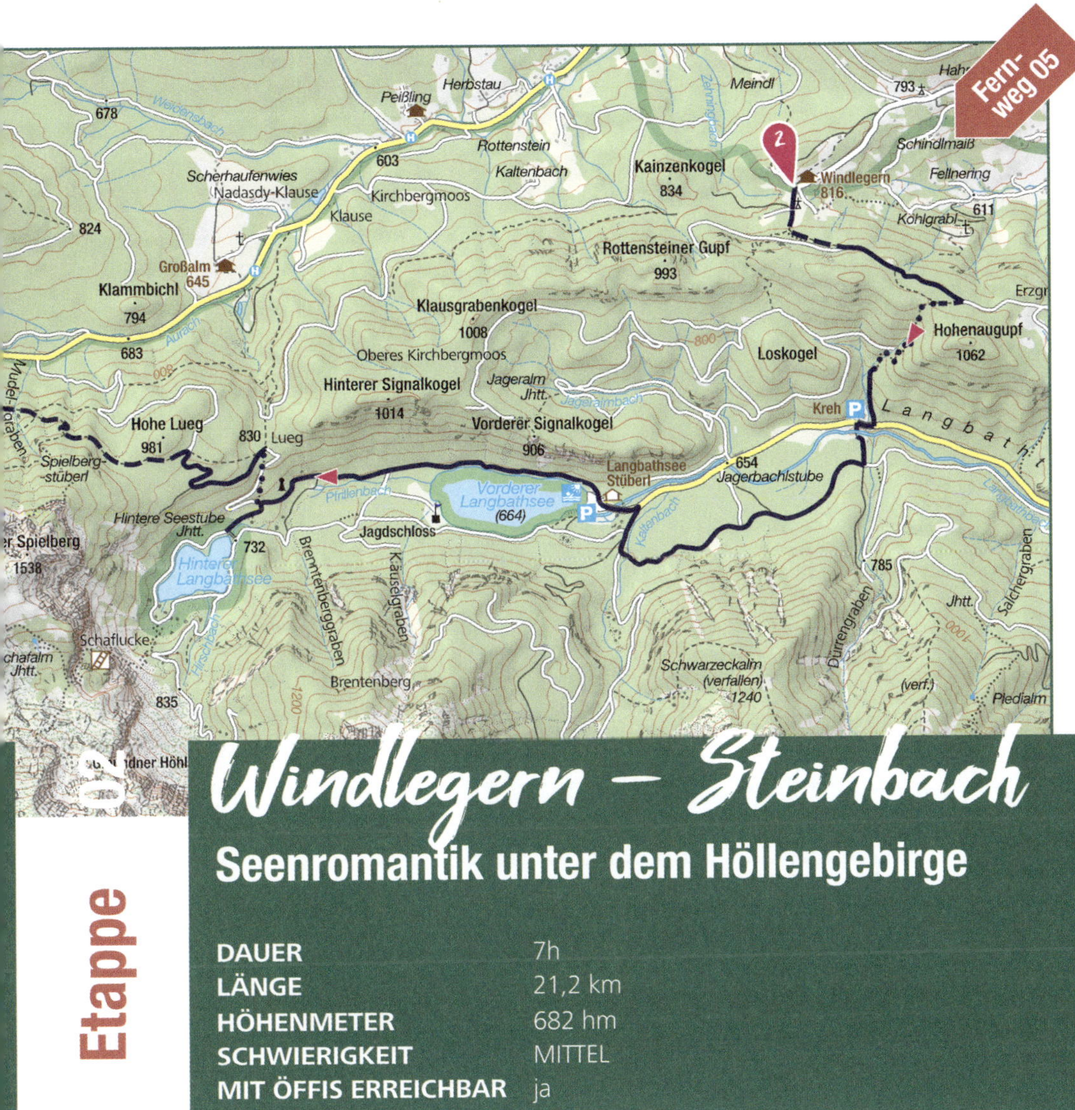

Etappe 02

Windlegern – Steinbach

Seenromantik unter dem Höllengebirge

DAUER	7h
LÄNGE	21,2 km
HÖHENMETER	682 hm
SCHWIERIGKEIT	MITTEL
MIT ÖFFIS ERREICHBAR	ja

Das erwartet dich ...

Die heutige Etappe ist lang, aber sehr abwechslungsreich. Wir wandern über Forststraßen und Waldwege direkt unter den felsigen Nordabstürzen des mächtigen Höllengebirges entlang. Unterwegs haben wir gleich dreimal die Möglichkeit, uns in einem erfrischenden Bergsee abzukühlen. Mit dem Attersee erwartet uns zum Ende des Tages der größte aller Salzkammergutseen.

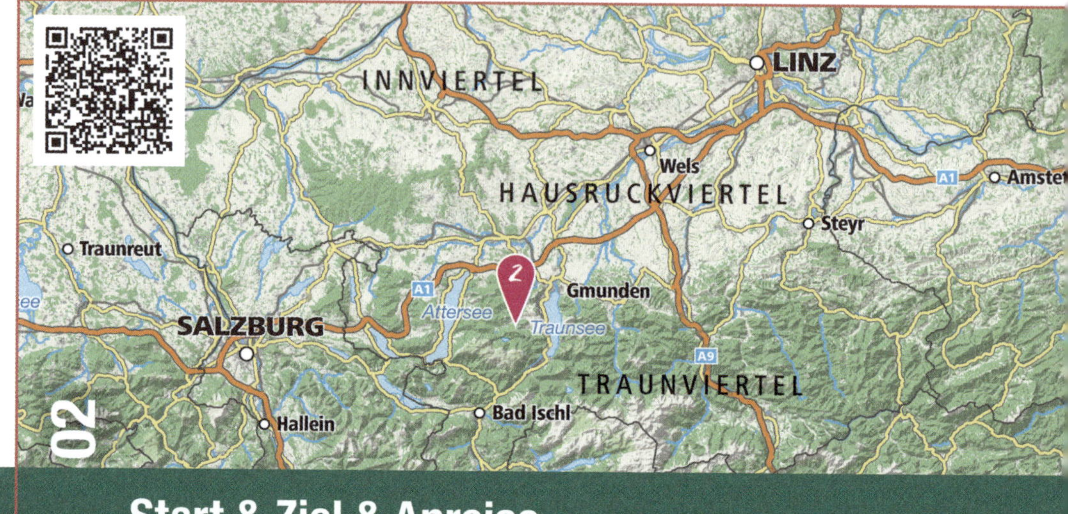

Etappe 02

Start & Ziel & Anreise

Heute starten wir vom Gasthof Windlegern. Wir erreichen den Gasthof mit dem PKW über die Salzburger Autobahn. Weiter geht es auf der A 1 über den Mondsee. Die B 151/B 152 bringen uns dann Richtung Traunsee. Nach dem Landgasthaus Sägmühle rechts halten auf die Buchbergstraße und Kollmannsberg. Von Attnang-Puchheim mit der Regionalbahn nach Altmünster/Traunsee-Bahnhof. Von hier aus nehmen wir das Traunseetaxi.

Tourenbeschreibung

Der vor uns liegende Tag steht ganz im Banne des Höllengebirges. Der Gebirgszug ist gut 17 km lang und ragt an seiner höchsten Stelle 1862 m empor. Wir haben das Vergnügen, direkt unter seinen felsigen Nordabstürzen entlangzuwandern. Drei herrliche Bergseen säumen dabei unseren Weg, die landschaftlich unterschiedlicher nicht sein können. Zum Ausklang des Tages erreichen wir das Ostufer des Attersees. Das größte aller Salzkammergutgewässer ist 19,7 km lang.

Zunächst halten wir uns vom Almgasthof Windlegern (816 m) südwärts. Eine Straße bringt uns zu einer kleinen Kapelle, danach erreichen wir den Waldrand. Wir wandern links empor zu einer Forststraße, der wir auch wieder nach links folgen. Eine Viertelstunde später stehen wir an einem Wegweiser. Wir folgen ihm nach rechts Richtung „Kreh, Langbathsee" über den Weg Nr. 839. Wir überqueren einen bewaldeten Sattel und folgen dem kurvenreichen Weg durch steile

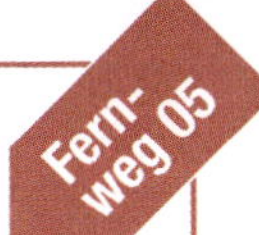

Waldhänge ins Langbathtal hinab. Dann passieren wir einen Seitengraben zum ehemaligen Landgasthaus in der Kreh (647 m). Wir kreuzen die Straße beim Parkplatz; hier zweigt ein Weg ab, der über eine Brücke über den Langbathbach führt und ein kleines Haus passiert. Nur wenig später folgen wir einer Forststraße gut zwei Kilometer nach rechts. Das waldreiche Langbathtal nimmt uns auf. Am Kaltenbach geht es nach rechts wieder zur Straße. Den Parkplatz am Vorderen Langbathsee (664 m) erreichen wir nach links. Wir können hier das exakte Spiegelbild des Brunnkogels und der Felswände des Spielbergs im See betrachten.

Rechter Hand führt uns der Weg zum Langbathsee-Stüberl. Wir folgen der Seestraße am Nordufer entlang und weiter durchs flache Waldtal zum hinteren Langbathsee. Vom See führt der Weg wieder ein kurzes Stück zurück. Links zweigt ein Steig zu einer Forststraße hin ab. Jetzt haben wir die Möglichkeit entweder auf der Straße oder auf dem Steig Nr. 13 zum Lueg-Sattel (830 m) hinaufzuwandern. Hier blieben wir erst einmal links weiter auf der ansteigenden Forststraße. Die nächste Abzweigung biegen wir nach rechts ab. Die Hauptstraße bringt uns aufwärts zu einer Weggabelung, an der wir uns links halten. Nur wenig später überqueren wir den Sattel (875 m) zwischen dem Waldhügel der Hohen Lueg und dem 1538 m hohen, felsdurchzogenen Hinteren Spielberg. Dann endet die Straße und wir wandern über einen markierten Waldpfad weiter. An einigen Stellen bringt er uns steil hinab bis zum Mundelgraben und einer weiteren Forststraße. Sie bringt uns weiter abwärts in die Großalmstraße; nur wenige Schritte nach links befindet sich die Taferlklause (780 m). Gleich hinter der Brücke befindet sich der romantische, kleine Taferlklaussee. Er wurde einst extra für die Holztrift am Fuße des Höllengebirges angelegt.

Die Route führt uns nun gut eine halbe Stunde durch Waldhänge und über Schuttmuren. Unterhalb der Adlerspitzen trifft sie auf den Hüttenweg des Hochleckenhauses. Der Valerieweg leitet uns geradeaus zum „Forstamt, Weißenbach". Jetzt wandern wir auf dem schönsten Abschnitt des Pfades, der oberhalb der Auboden-Jagdhütte (831 m) in den Weg Nr. 822 mündet. Rechter Hand sehen wir schon eine quer verlaufende Forststraße. Ihr folgen wir ein paar Meter nach links, dann weist uns die Beschilderung „Steinbach" nach rechts. Dem Wald entlang kommen wir nun zu den oberen Häusern hinab. Eine Straße bringt uns dann durch den Weiler Kaisigen nach Steinbach am Attersee (509 m). Das ÖAV-Bergsteigerdorf im Naturpark Attersee-Traunsee erwartet uns mit einer faszinierenden und facettenreichen Kulturlandschaft. Das Informationsbüro Steinbach am Attersee befindet sich im Gemeindehaus gegenüber der Pfarrkirche. Die Bushaltestelle und die Schiffsanlegestelle sind unten am See.

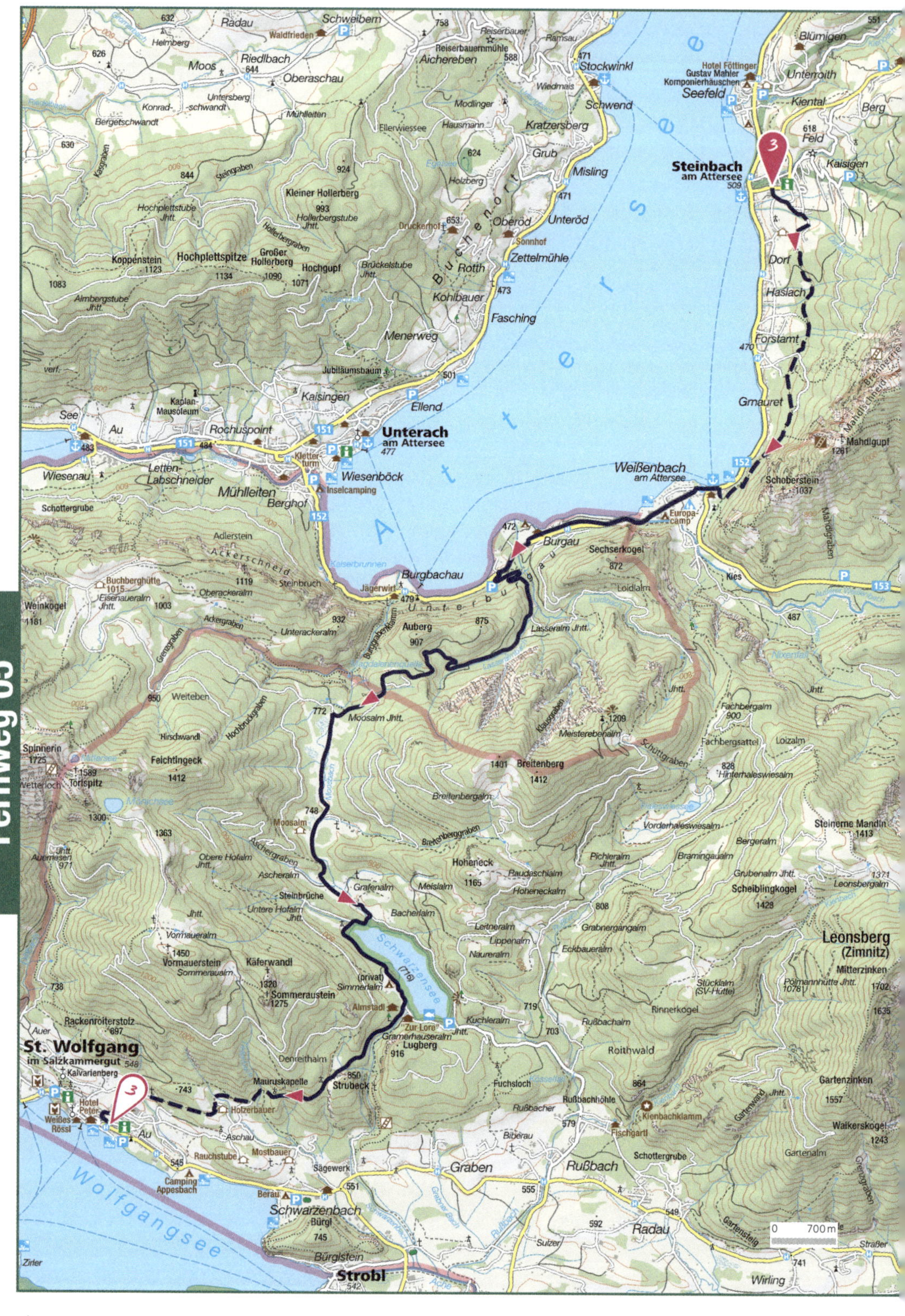

Attersee
Steinbach am Attersee
Seefeld
Unterach am Attersee
Weißenbach am Attersee
Burgau
Burgbachau
Unterburgau
Sechserkogel
872
Auberg
907
Moosalm Jhtt.
Breitenberg
1412
Schwarzensee
(716)
Mauruskapelle
Strubeck
St. Wolfgang im Salzkammergut
Wolfgangsee
Strobl
Schwarzenbach
Rußbach
Graben
Leonsberg (Zimnitz)
Hochplettspitze
Koppenstein
Kaisingen
Ellend
Misling
Dorf
Haslach
Forstamt
Gmauret
Schoberstein
1037
Mahdlgupf
1261
Europa-camp
Kienbachklamm
Fischgartl
Holzerbauer
Aschau
Au
Radau
Wirling
0
700m

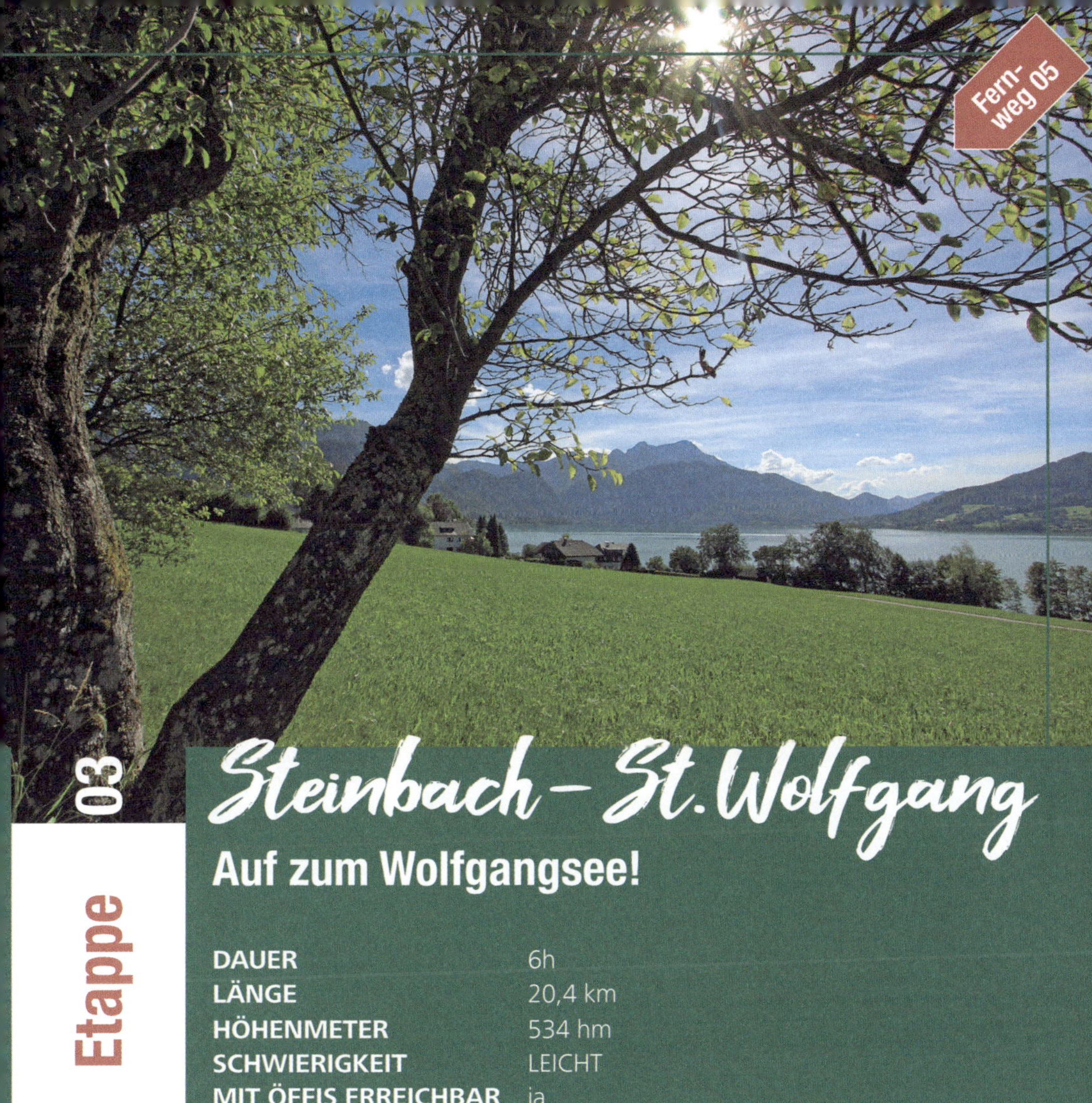

Etappe 03

Steinbach – St. Wolfgang

Auf zum Wolfgangsee!

DAUER	6h
LÄNGE	20,4 km
HÖHENMETER	534 hm
SCHWIERIGKEIT	LEICHT
MIT ÖFFIS ERREICHBAR	ja

Das erwartet dich ...

Heute erwartet uns eine lange, aber landschaftlich sehr vielfältige Wanderung über Forststraßen und Waldwege. Nach Erreichen der Moosalm haben wir den ärgsten Anstieg hinter uns. Im Herzen des Salzkammergut kommen wir zum Wolfgangsee, der eindrucksvoll von Schafberg, dem Zwölferhorn und der Postalm umrahmt wird.

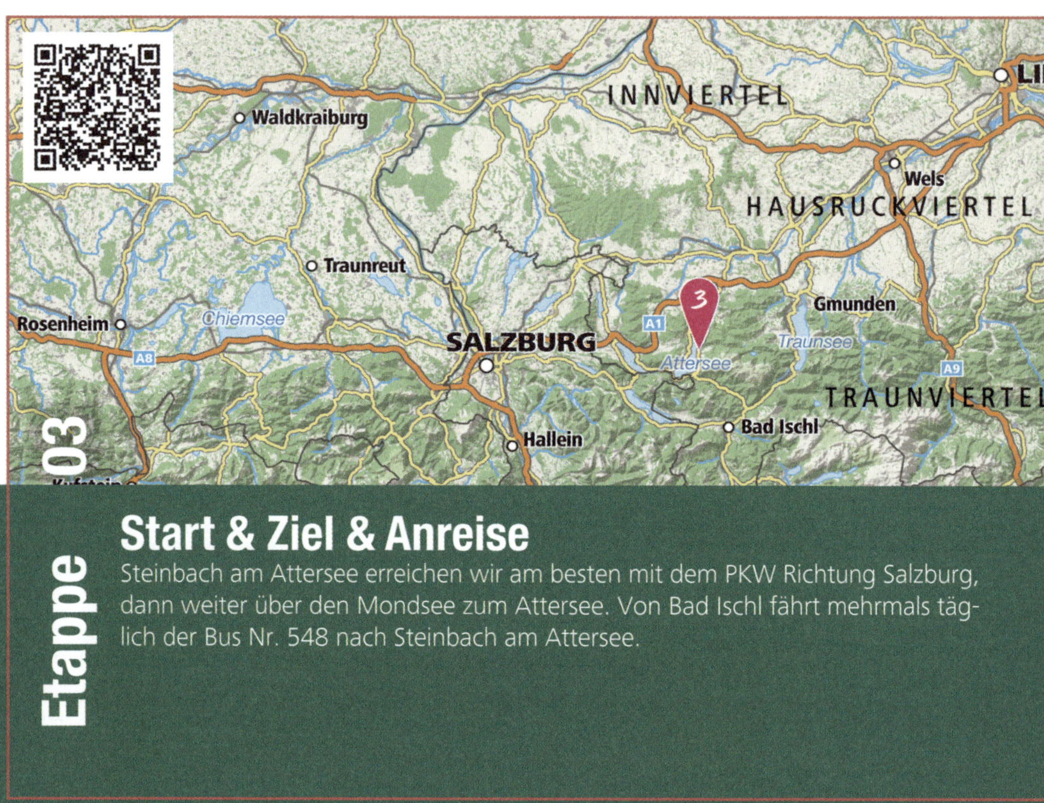

Etappe 03

Start & Ziel & Anreise

Steinbach am Attersee erreichen wir am besten mit dem PKW Richtung Salzburg, dann weiter über den Mondsee zum Attersee. Von Bad Ischl fährt mehrmals täglich der Bus Nr. 548 nach Steinbach am Attersee.

Tourenbeschreibung

Heute wandern wir auf dem BergeSeen Trail ins Herz des Salzkammerguts. Vom Attersee geht es über die stillen Höhen um den Schwarzensee zum Wolfgangsee. Dafür gehen wir vom Informationsbüro in Steinbach am Attersee zur Großalmstraße. Wir überqueren sie und folgen dem Wegweiser „Nikoloweg" geradeaus. An der nächsten Weggabelung führt der „Ernst-Bitterlich-Weg" nach links. Rechts gehen wir durch den Dürrenbachgraben zu einer Wiese. Hier zweigt der schmale Nikoloweg rechts ab. In sanftem Auf und Ab durchstreifen wir Waldhänge, passieren ein paar Stufen und queren einige Forststraßen. Stets richten wir uns dabei nach der Beschilderung Weißenbach. Nach einer Dreiviertelstunde halten wir uns oberhalb des Forstamtes geradeaus. Auf dem Brennerriesensteig steigen wir etwas an. Hinter der nächsten Abzweigung erwartet uns das steile Schutzwaldgelände unter dem Höllengebirge. Wir passieren einen Rastplatz und die Abzweigung zum Attersee-Klettersteig. Hier ist der Weg mit Geländern versichert. Wir

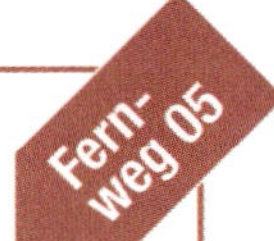

steigen durch eine Felsflanke und dann eine Metalltreppe hinab. Dann bewältigen wir eine kurze, mit Drahtseilen gesicherte Passage. Hinter den Schutzvorrichtungen gegen den Steinschlag zweigt rechter Hand ein Weg zur Bundesstraße hinab ab. Wir aber bleiben geradeaus und gehen zur nahen St.-Nikolaus-Kapelle. Hier biegen wir scharf rechts ein paar Schritte zu einer Villa ab, dann passieren wir nach rechts eine riesige Rotbuche und erreichen das Hotel Post in Weißenbach am Attersee (470 m).

Die Bushaltestelle und der Schiffsanleger befinden sich an der Bundesstraße. Wir setzen unseren Weg fort, indem wir von der nahen Straßenabzweigung Richtung Unterach wandern. Gleich darauf führt uns der Friedrich-Gulda-Weg nach recht sauf dem Gehsteig an der Bundesstraße entlang. Wir überqueren die Weißenbachbrücke und gelangen zum Atterseeufer, das die Grenze zum Bundesland Salzburg bildet. Ein Rad- und Gehweg neben der Fahrbahn bringt uns bis zu einem Parkplatz. Kurz darauf richten wir uns nach der Beschilderung „Schwarzensee, St. Wolfgang". Nach links überqueren wir die Fahrbahn zur Abzweigung einer Forststraße. Von Steinbach gibt es eine Busverbindung nach Unterburgau (Linie 562). Jetzt bringt uns eine Schotterstraße mit den Markierungen der Weitwanderwege 04 und 06 hinauf Richtung Eisenau und Schwarzensee. Kehrenreich steigen wir die Waldhänge empor. An der Abzweigung bleiben wir rechts und gelangen schließlich in das Gebiet der alten Lasseralm. Wir folgen dem gleichnamigen Bach an seinem Ufer entlang hinauf. Über einen 800 Meter hohen Sattel steigen wir wieder in einen Graben hinab. Wir sind wieder im Land Oberösterreich angekommen und gehen das letzte Stück bis zur Moosalm (772 m).

Wir folgen einer Forststraße nach links zum Schwarzensee (716 m) und passieren dabei – begleitet vom Moosbach und einer Stromleitung – die Feuchtwiesen nahe der Gschwandtner Hütte. Wir halten uns rechts entlang des Ufers und verlassen das Nordende des Sees in Richtung der Gaststätten „Lore`s Wirtshaus" und „Almstadl". Jede dieser Hütten bietet eine tolle Rastmöglichkeit. Beim Almstadl führt uns der Weg Nr. 28 – der Sattelweg – Richtung St. Wolfgang. Nun begleitet uns der Schwarzenbach durch den Wald bis an eine Wiese. Im Anschluss überschreiten wir den Sattel (800 m) am Strubeck. Der Abstiegsweg bringt uns zu der kleinen Mauruskapelle mit ihrem auffallenden Dach. Wir wandern an ihr vorbei und halten uns dann rechts zur Jausenstation Holzerbauer, die uns ebenfalls zur Einkehr einlädt. Der Weg Nr. 28 leitet uns nach rechts, hinab durch den Wald und zu den ersten Häusern von St. Wolfgang. Dann wandern wir geradeaus weiter, sanft ansteigend bis zum „Ahornplatz". Hier wenden wir uns nach links hinab zum Wolfgangsee. Ein letztes Mal zweigen wir für heute rechts ab und erreichen den Marktplatz von St. Wolfgang (548 m).

Schühleiten
Rehgras
774
Hochlackenhof
Pöllach
Plomberg
Brunnleiten
Linde
Aich
St. Gilgen
545
Brunnwinkl
Winkl
Tiefbrunnau
Sonnberg
1072
Mozart-blick
Haus am Hang
722
Saurüssel
Sulzberg
Lacken
Irlreit
Fürberg
1017
Laim
797
Pinkenreit
Mozart-haus
Kühleiten
914
Heimatkundl. Museum
Aschau
Mitterholz
Keflau
Weißwand
Ochsenkreuz
Falk
717
Hochzeitskreuz
872
Kühleithütte
Falkenstein
Schlittenhütte (nur Winter)
Gamswandalm
Lueg
541
Wüldersberg
Jhtt.
Grögernalm (nur Winter)
1288
Lärchenhütte
Wolfgan
955
Sausteigalm
1110
Mehlsackalm
(538)
Romantikstraße
Ochsenwaldköpfl
Elferstein
Jhtt.
1313
Gartenberg
Voitl-Hütte
1480
1376
Farachbachalm
Franzosenschanze
554
Hatzenalm
1036
1454
1038
Bergrest.
1522
Arnikahütte
Zwölferhorn
Jhtt.
Stubneralm
Steingrabenalm
877
158
Lindenstrand
Primusba
Birkenstrand
Schafbachhütte
988
Steingraben
Troiferberg
883
Gamsjaga
Sch
0 500 m
Pillsteinhöhe
1478
Stübleralm
1051
Meindlalm

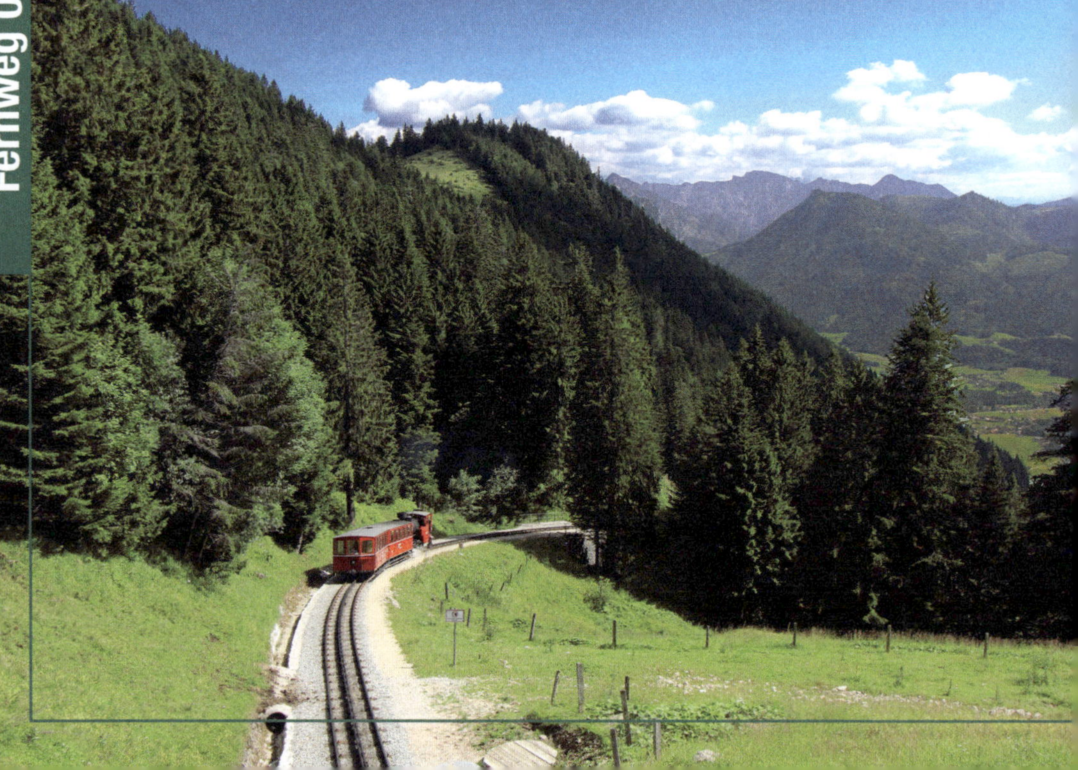

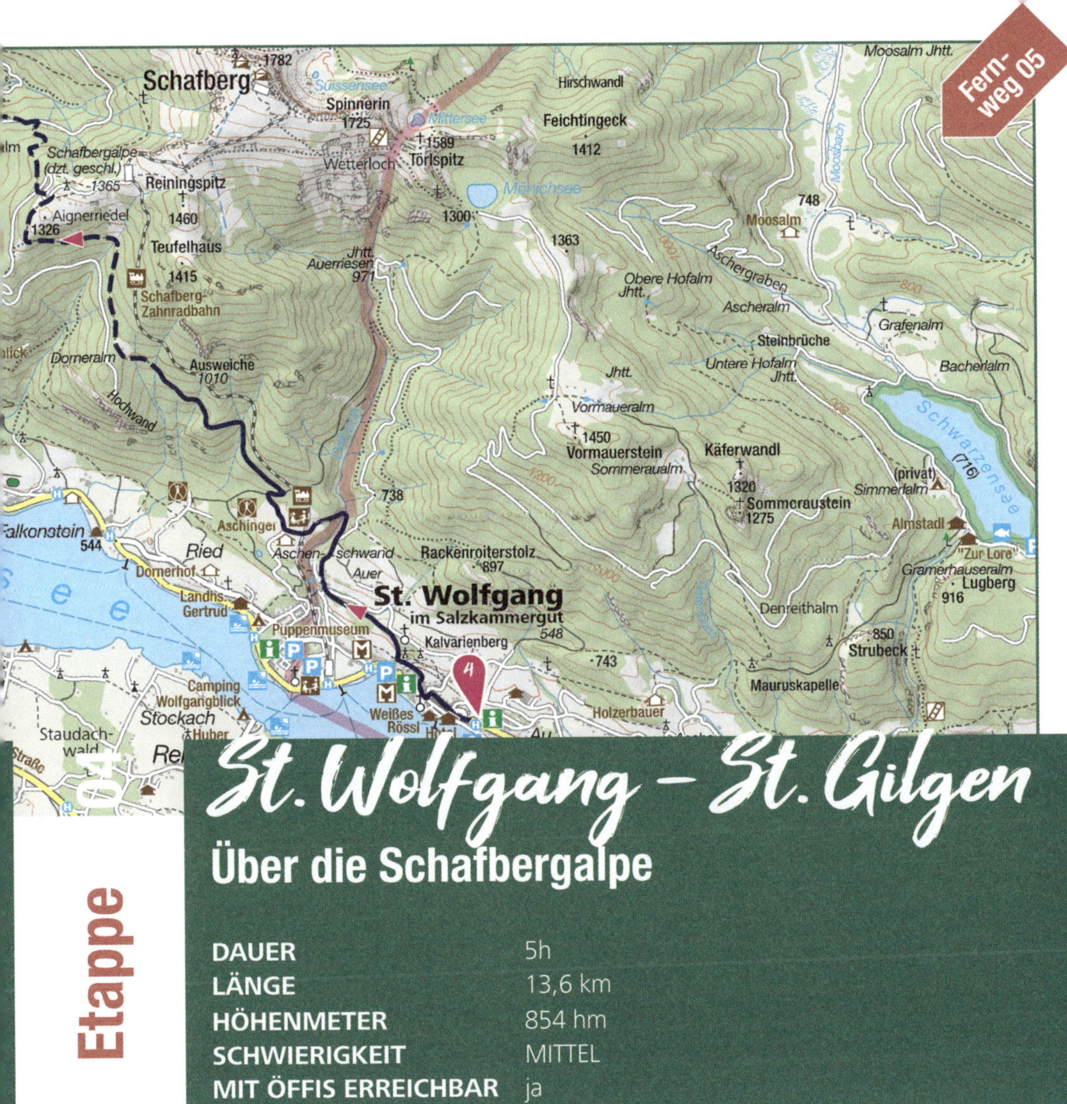

Etappe 04

St. Wolfgang – St. Gilgen

Über die Schafbergalpe

DAUER	5h
LÄNGE	13,6 km
HÖHENMETER	854 hm
SCHWIERIGKEIT	MITTEL
MIT ÖFFIS ERREICHBAR	ja

Das erwartet dich ...

Heute erwartet uns eine nicht ganz so lange Strecke. Die Bergwanderung ist landschaftlich sehr abwechslungsreich und führt über wenig befahrene Güterwege, Forststraßen und teilweise aber auch steile und felsige Pfade. Beim Anstieg zur Schafbergalpe müssen wir über 750 Höhenmeter überwinden. Das kann man sich jedoch durch eine Fahrt mit der Schafbergbahn ersparen.

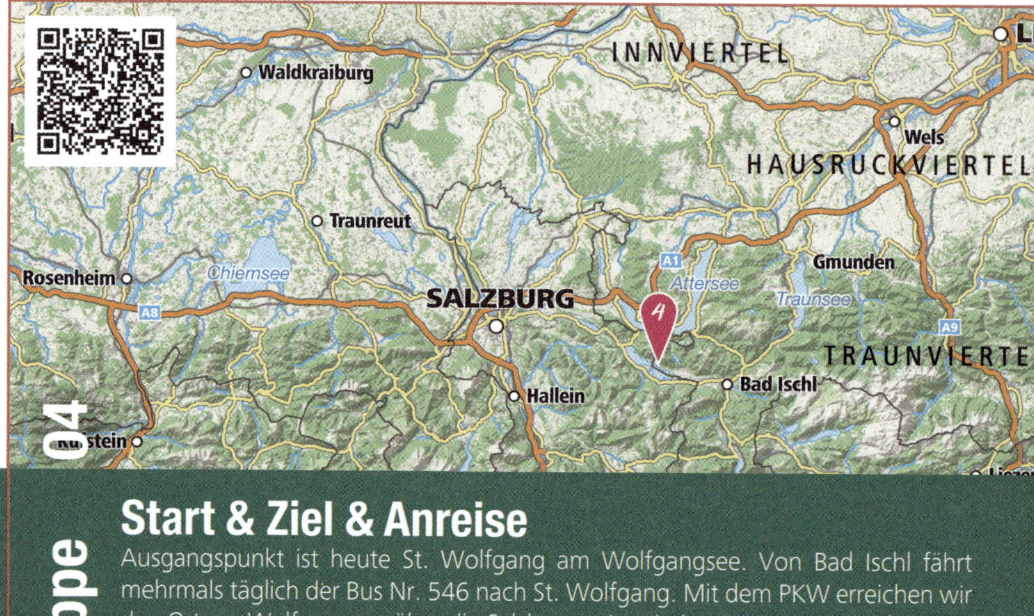

Etappe 04

Start & Ziel & Anreise

Ausgangspunkt ist heute St. Wolfgang am Wolfgangsee. Von Bad Ischl fährt mehrmals täglich der Bus Nr. 546 nach St. Wolfgang. Mit dem PKW erreichen wir den Ort am Wolfgangsee über die Salzburger Autobahn. Dann weiter auf der A 1 bis Ausfahrt Thalgau. Ab hier führen die Enzersberg-Landesstraße und die B 158 oder die Müllnerbühel-Straße bis nach Sankt Wolfgang.

Tourenbeschreibung

Die heutige Etappe ist ganz besonders aussichtsreich. Den Anfang bildet der Aufstieg zur herrlich gelegenen Schafbergalm. Das Ende des Etappentages lassen wir auf dem romantischen Uferweg entlang des Wolfgangsees nach St. Gilgen ausklingen. Wer mit der Schafbergbahn (steilste Zahnradbahn Österreichs) abkürzen möchte, der kann bereits mit der ersten Bahn um 9.15 Uhr vom Schafbergbahnhof an der Robert-Stolz-Straße im Westen des Ortszentrums auffahren. Dadurch spart man sich zwei Stunden Gehzeit. Von der Bahnstation muss man dann aber wieder zehn Minuten zum Wegweiser absteigen.

Wir starten beim Tourismusbüro in St. Wolfgang. Am östlichen Portal des Tunnels der Umfahrungsstraße erreichen wir bald über die Straße den Marktplatz vor der Wallfahrtskirche. Wir folgen den Wegweisern am Anfang des Platzes und halten uns rechts durch die Florianigasse. Der Kalvarienbergweg leitet uns dann bis zur

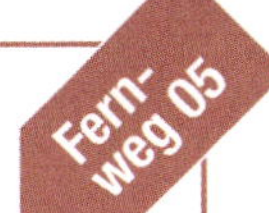

ersten Kapelle. Auf der linken Seite steigen wir ein paar Stufen empor und halten uns an einer Abzweigung nach links. Der schattige Malersteig führt uns zu einer Anhöhe. Weiter geht's über ein paar Stufen hinab. An einer Kreuzung folgen wir der Bergstraße circa 50 m hinauf. Dann bringt uns ein Steig nach links zum Dittlbach und zur Landesgrenze zwischen Oberösterreich und Salzburg. Wir überqeuren den Bach zur Jausenstation Aschinger. Hier wandern wir auf dem breiten Schafbergweg. Er steigt immer wieder recht steil zur Dorneralm (1020 m) auf. Das letzte Stück zum Rand der Schafbergalm (1304 m) wandern wir durch den Wald hinauf.

Wir setzen unseren Weg fort und folgen dafür dem Weg Nr. 20/804 bergab nach Winkl. Er führt erst kurz auf der Forststraße weiter, wendet sich dann aber nach rechts durch den Wald hinunter. Dabei überquert er zweimal die Waldstraße. Schließlich gelangen wir in die Siedlung Winkl (600 m). Vor dem Haus Sonnwinkl biegen wir links Richtung „Fürberg" ab und schlendern am Waldrand entlang. Dabei passieren wir die Siedlung Aich. Eine Straße bringt uns schließlich hinunter zum Wolfgangsee und zum Hotel & Gasthof Fürberg (545 m). Dieses letzte Wegstück hält einen weiteren Höhepunkt für uns bereit: Ein zauberhafter Uferweg begleitet uns nach Brunnwinkl und nach St. Gilgen (545 m).

Blick auf St. Gilgen

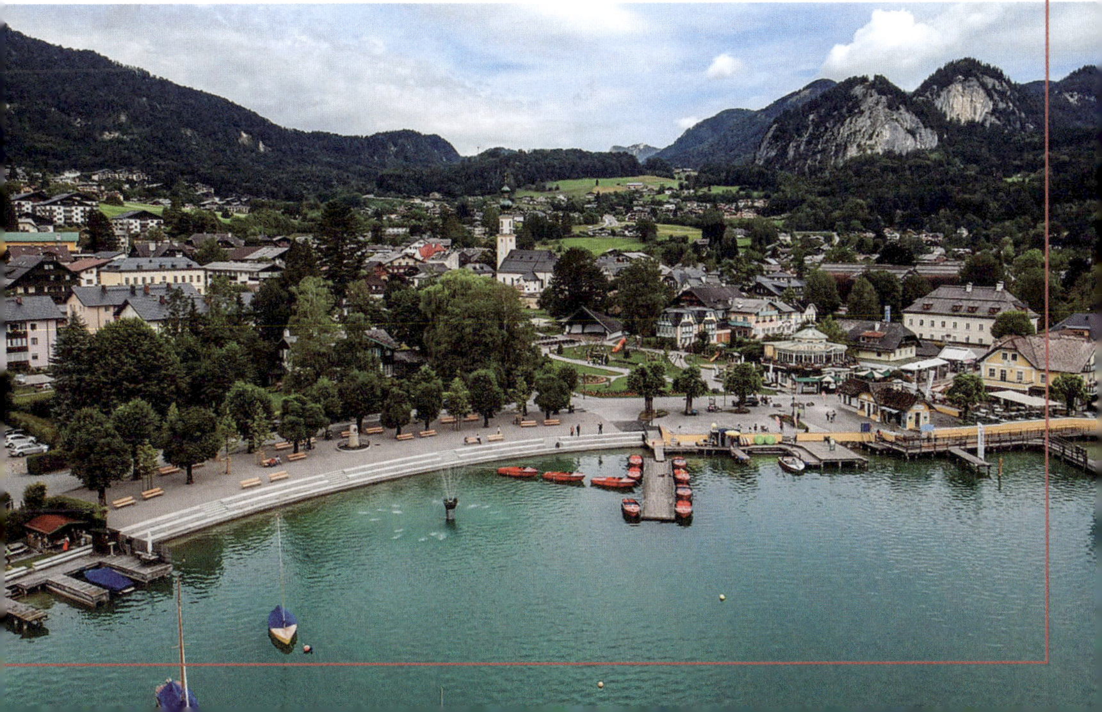

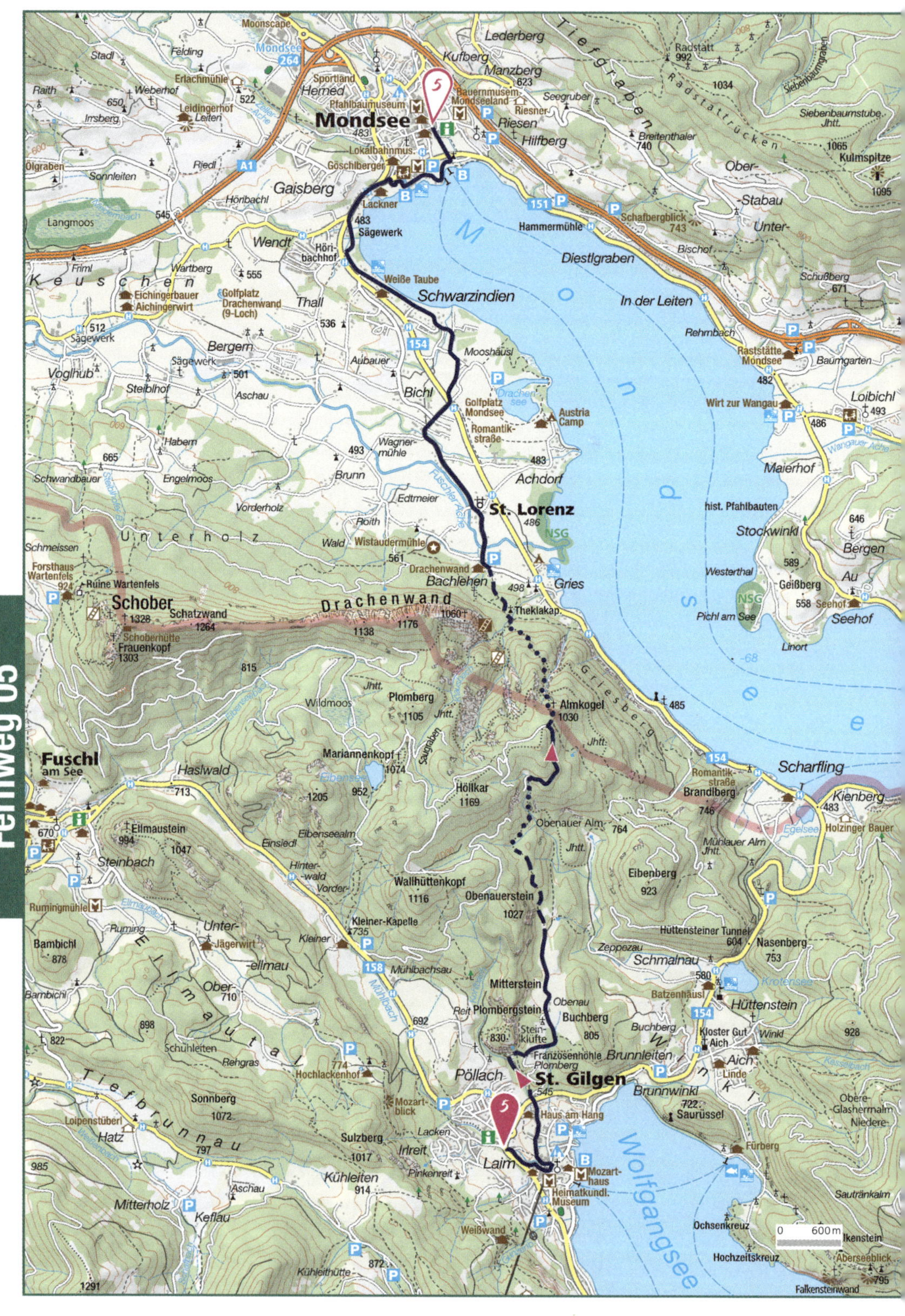

Moonscape
Mondsee
264
Lederberg
Kufberg
Tiefgraben
Radstatt
992
Stadl
Felding
Erlachmühle
Sportland
Hemed
Manzberg
623
Raith
Weberhof
522
Pfahlbaumuseum
Bauernmusem Mondseeland
Seegruber
Radstattrücken
1034
Siebenbaumgaben
650
Leidingerhof
Leiten
Mondsee
483
Riesner
Riesen
Siebenbaumstube Jhtt.
Irrsberg
Lokalbahnmus.
Hilfberg
Breitenthaler
740
1065
Kulmspitze
1095
Ölgraben
Sonnleiten
Riedl
A1
Göschlberger
Gaisberg
Ober-
-Stabau
Unter-
Lackner
151
Schafbergblick
743
Langmoos
545
Hörbachl
Sägewerk
Hammermühle
Wendt
Hörlbachhof
Bischof
Diestlgraben
Keuschen
Frimi
Wartberg
555
Weiße Taube
Schußberg
671
Eichingerbauer
Aichingerwirt
Golfplatz Drachenwand (9-Loch)
Thall
Schwarzindien
In der Leiten
Rehmbach
512
Sägewerk
536
154
Mooshäusl
Raststätte Mondsee
Baumgarten
Voglhub
Bergern
Sägewerk
501
Aubauer
482
Steiblhof
Aschau
Bichl
Drachensee
Golfplatz Mondsee
Austria Camp
Wirt zur Wangau
Loibichl
493
486
Habern
Romantikstraße
Wagnermühle
493
Wangauer Ache
665
Schwandbauer
Engelmoos
Brunn
483
Achdorf
Maierhof
Edtmeier
St. Lorenz
486
hist. Pfahlbauten
Vorderholz
Roith
Stockwinkl
646
Bergen
Schmeissen
Unterholz
Wald
Wistaudermühle
NSG
589
Forsthaus Wartenfels
924
Ruine Wartenfels
561
Drachenwand
Bachlehen
498
Gries
Westerthal
Au
Geißberg
Schober
1328
Schatzwand
1264
Drachenwand
1060
Theklakap.
NSG
558
Seehof
Pichl am See
Seehof
1138
1176
Linort
Schoberhütte
Frauenkopf
1303
815
Griesberg
Wildmoos
Jhtt.
Plomberg
1105
Almkogel
1030
485
Fuschl am See
Jhtt.
Mariannenkopf
1074
Jhtt.
154
Scharfling
Haslwald
Romantikstraße
Brandlberg
746
Kienberg
483
713
952
Höllkar
1169
1205
Obenauer Alm
764
Holzinger Bauer
Egelsee
670
Ellmaustein
994
1047
Elbenseealm
Einsiedl
Jhtt.
Mühlauer Alm Jhtt.
Steinbach
Hinterwald
Vorder-
Wallhüttenkopf
1116
Obenauerstein
Eibenberg
923
1027
Rumingmühle
Kleiner-Kapelle
735
Hüttensteiner Tunnel
604
Nasenberg
753
Bambichl
878
Ruming
Unter-
Jägerwirt
Kleiner
Zeppezau
Schmalnau
-ellmau
158
Mühlbachsau
580
Krotensee
Bambichl
Ober-
710
Mitterstein
Batzenhäusl
Hüttenstein
Ellmautal
Obenau
Buchberg
692
Reit
Plombergstein
805
Buchberg
Kloster Gut Aich
Winkl
928
898
822
Schühleiten
774
Rehgras
830
Steinklüfte
Franzosenhöhle
Brunnleiten
Aich
Linde
Hochlackenhof
Plomberg
Pöllach
St. Gilgen
Brunnwinkl
545
722
Saurüssel
Obere-Glashermalm
Niedere-
Sonnberg
1072
Mozartblick
Tiefbrunnau
Loipenstüberl
Hatz
Haus am Hang
797
Sulzberg
Lacken
1017
Irlreit
Wolfgangsee
Fürberg
Laim
985
Kühleiten
914
Pinkenreit
Mozarthaus
Aschau
Heimatkundl. Museum
Sautränkalm
Mitterholz
Keflau
Ochsenkreuz
0
600 m
Ikenstein
Weißwand
872
Hochzeitskreuz
Aberseeblick
795
Kühleithütte
1291
Falkensteinwand

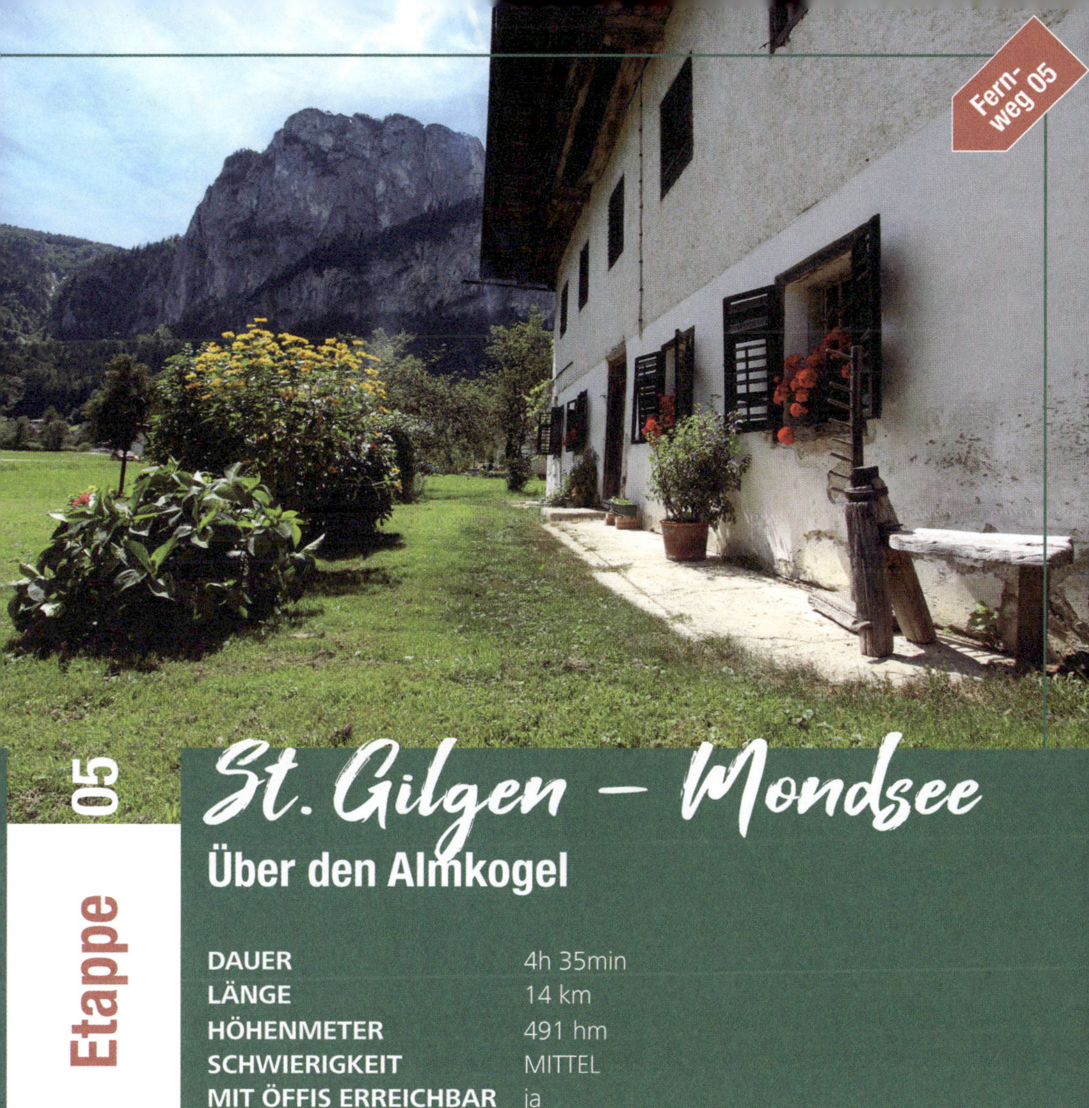

Fern-weg 05

Etappe 05

St. Gilgen – Mondsee

Über den Almkogel

DAUER	4h 35min
LÄNGE	14 km
HÖHENMETER	491 hm
SCHWIERIGKEIT	MITTEL
MIT ÖFFIS ERREICHBAR	ja

Das erwartet dich ...

Die letzte Etappe zeigt sich als landschaftlich abwechslungsreiche Bergwanderung auf wenig befahrenen Güterwegen und Forstwegen. An manchen Stellen müssen wir auch ab und zu steile und steinige Pfade bewältigen.

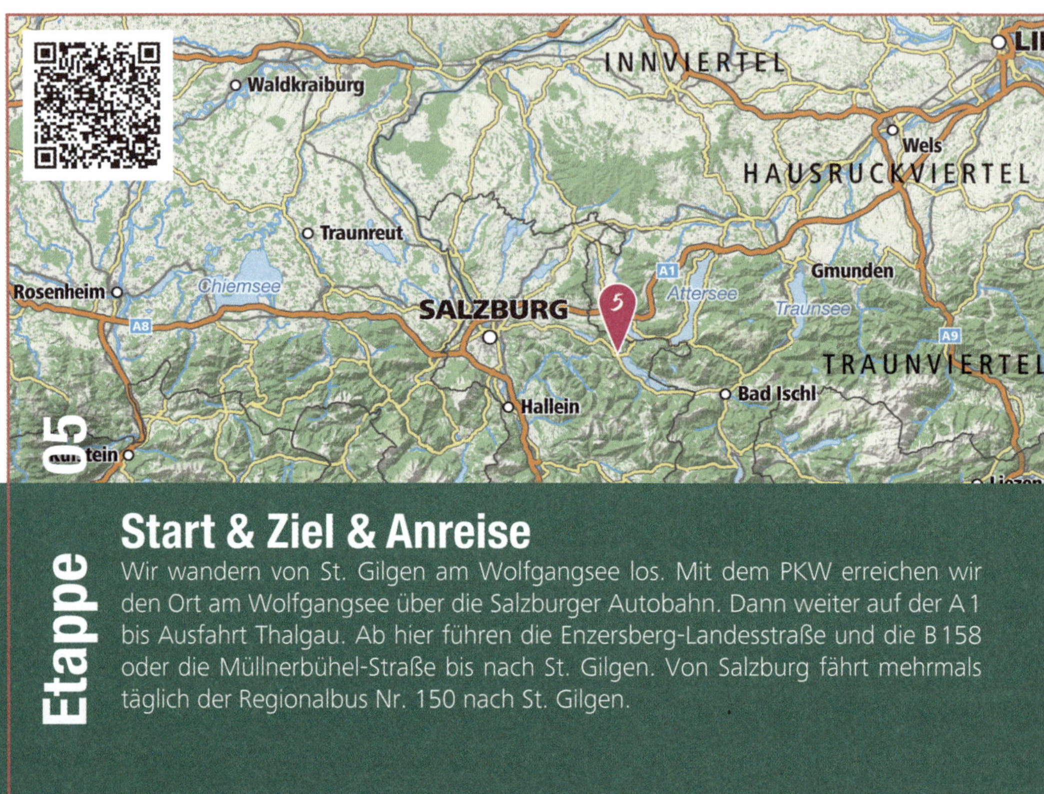

Etappe 05

Start & Ziel & Anreise

Wir wandern von St. Gilgen am Wolfgangsee los. Mit dem PKW erreichen wir den Ort am Wolfgangsee über die Salzburger Autobahn. Dann weiter auf der A 1 bis Ausfahrt Thalgau. Ab hier führen die Enzersberg-Landesstraße und die B 158 oder die Müllnerbühel-Straße bis nach St. Gilgen. Von Salzburg fährt mehrmals täglich der Regionalbus Nr. 150 nach St. Gilgen.

Tourenbeschreibung

Die heutige Route ist auch Teil der www.4berge3seen.at Tour. Dabei handelt es sich um einen 4-tägigen Auszug des BergeSeen Trails, der die Strecke vom Wolfgangsee zum Mondsee beschreibt. Zwischendurch haben wir die Möglichkeit, einen Waldgipfel zu erklimmen. Er sieht aus der Ferne zwar unscheinbar aus, hat aber eine interessante Aussicht zu bieten. Vorher und auch danach durchwandern wir stille Wälder und durchstreifen gepflegte, bäuerliche Kulturlandschaft.

Von der Pfarrkirche und damit auch dem Ortszentrum von St. Gilgen überqueren wir den Mozartplatz. Die Steinklüftstraße führt uns nach Norden zur B 154. Wir überqueren sie und auf der anderen Seite gehen wir gut 40 m über den Obenauweg. Dann weist uns ein Wanderschild nach links. Der Wanderweg bringt uns durch den waldreichen Staffelgraben zur Felswand des Plombergsteins. Wir zweigen rechts ab und kommen beim Anwesen Plomberg wieder auf den Obe-

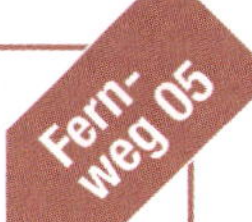

nauweg. Er führt uns in das gleichnamige Hochtal hinein. Im hinteren Bereich zweigen wir links auf einen Pfad ab. Er bringt uns Richtung Almkogel. Wir steigen länger durch teils steile Waldhänge empor. Eine Forststraße leitet uns dann nach rechts nordwärts über einen Rücken. Dann folgen wir nochmals nach rechts dem Pfad auf den Almkogel. Er leitet zur Einmündung des Zugangs vom Krotensee und nur wenig später an eine weitere Verzweigung. Wir halten uns hier rechts und erreichen in nur wenigen Minuten den felsigen Gipfelaufbau des Almkogels (1030 m). Von hier oben genießen wir eine herrliche Aussicht auf den Attersee, den Mondsee und den Irrsee.

Zurück am Wegweiser schlängelt sich der Steig nach rechts durch den steilen, bewaldeten Hang hinab zur Theklakapelle. Nun haben wir nicht mehr weit bis zum Gasthof Drachenwand (498 m). Die Berge sind überwunden; uns steht nun eine flache Wanderung zum Mondsee bevor. Über die Straße gelangen wir zur schönen, dopeltürmigen Barockkirche St. Lorenz (483 m). Die schmale Straße leitet uns zur Bundesstraße. Wir überqueren sie und wandern auf einem Fahrweg zum Ufer des Mondsees, im Anschluss durch die Siedlung Schwarzindien. An einer Allee begleiten wir kurz die Straße, dann biegen wir rechts zum Seeufer ab. Wir lassen den Tag an der schönen Uferpromenade ausklingen. Schließlich bringt uns die Lindenallee ins Ortszentrum von Mondsee (483 m).

Dieser schroffe Berg bildet eine steinerne Kulisse über dem Mondsee

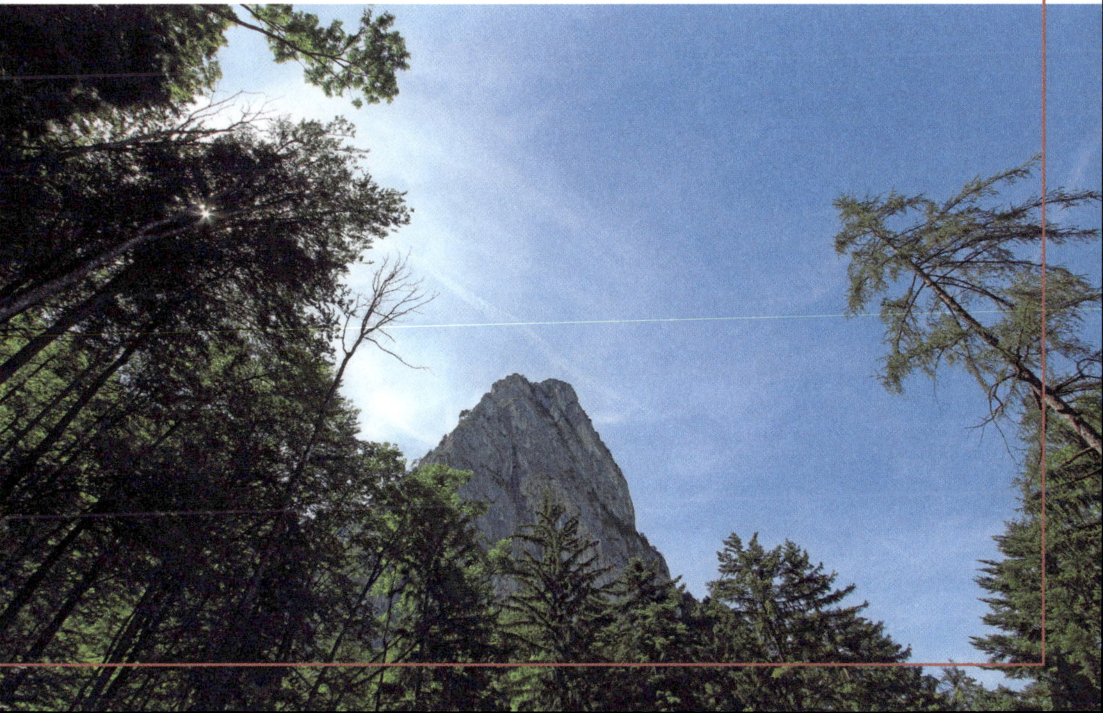

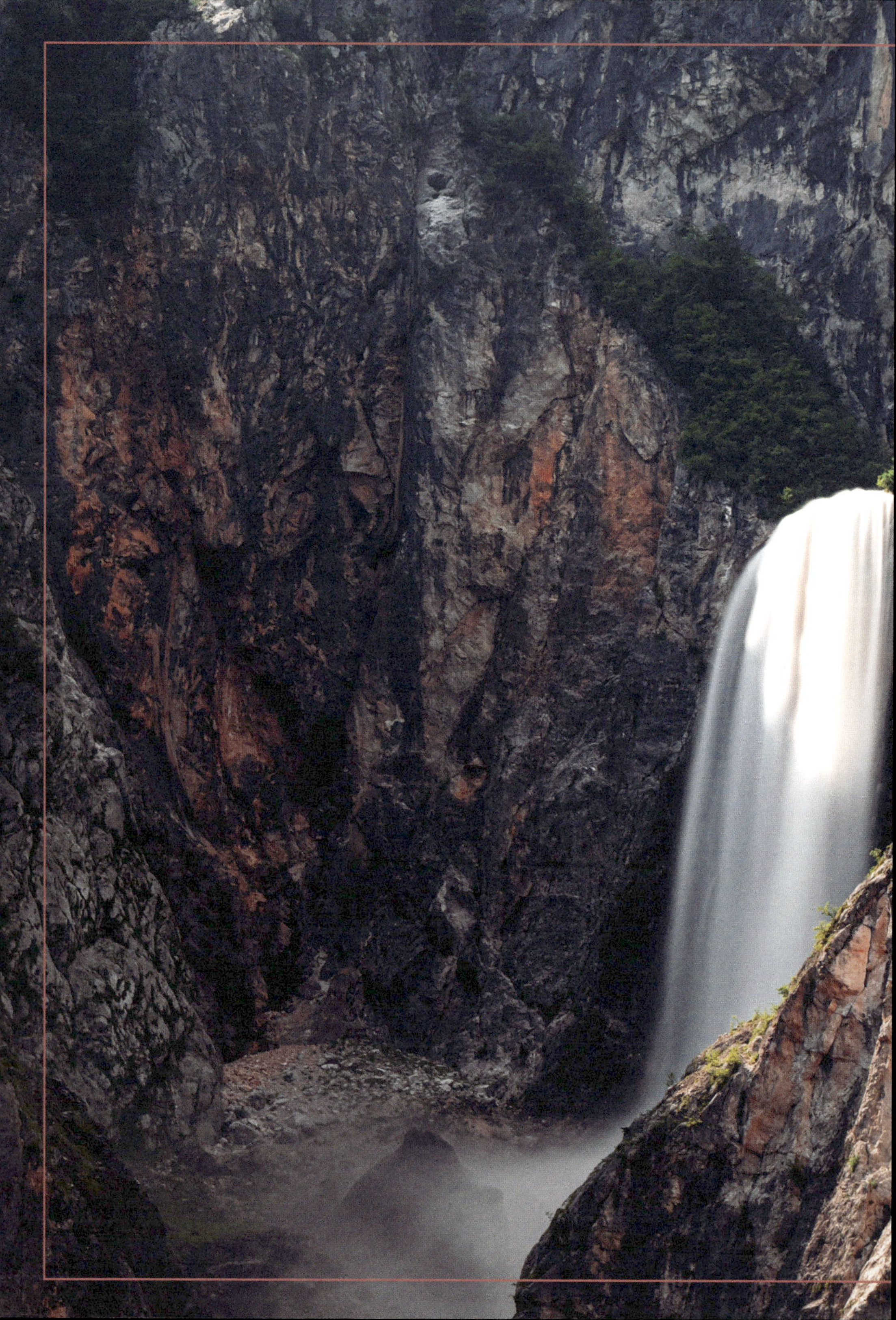

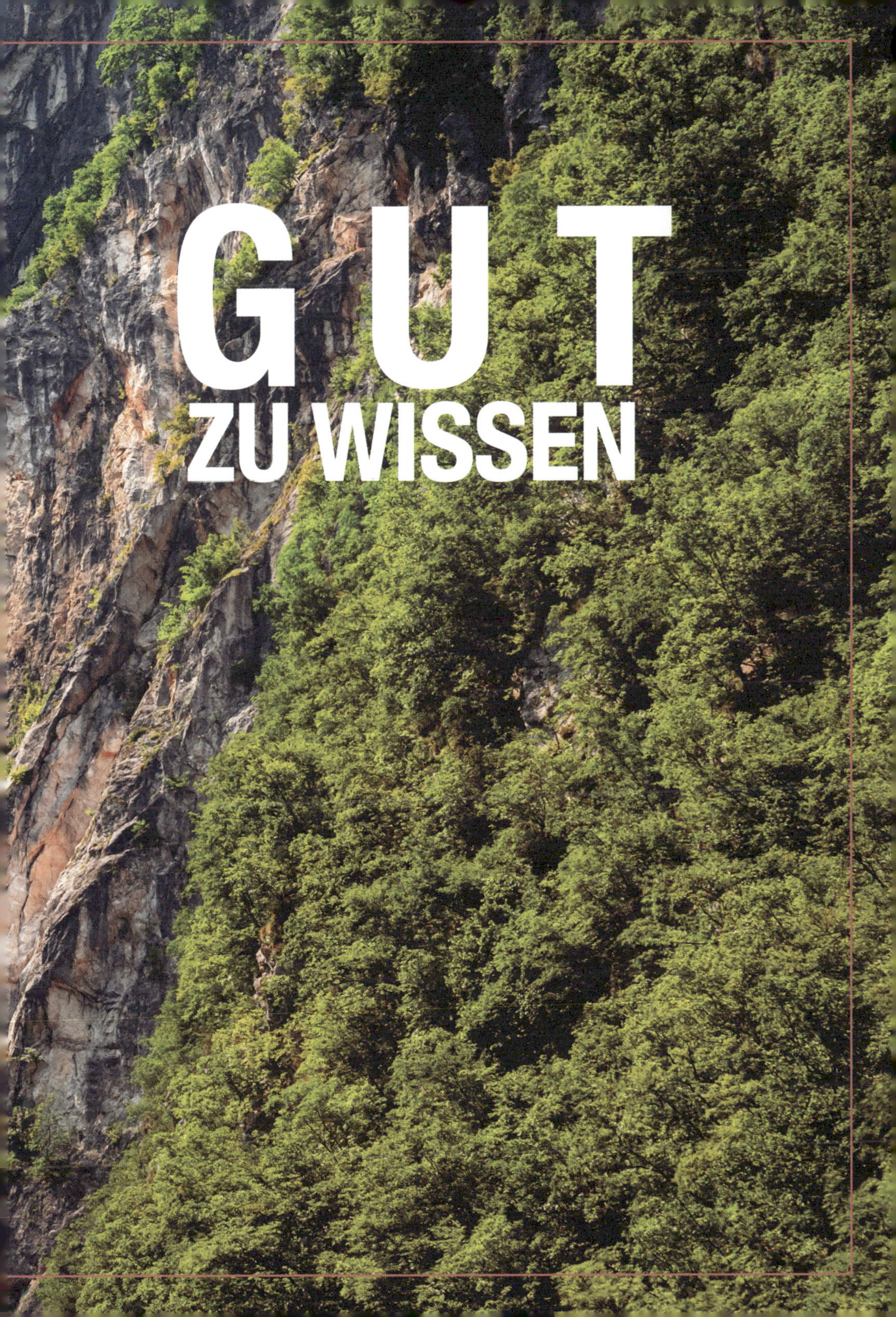
GUT
ZU WISSEN

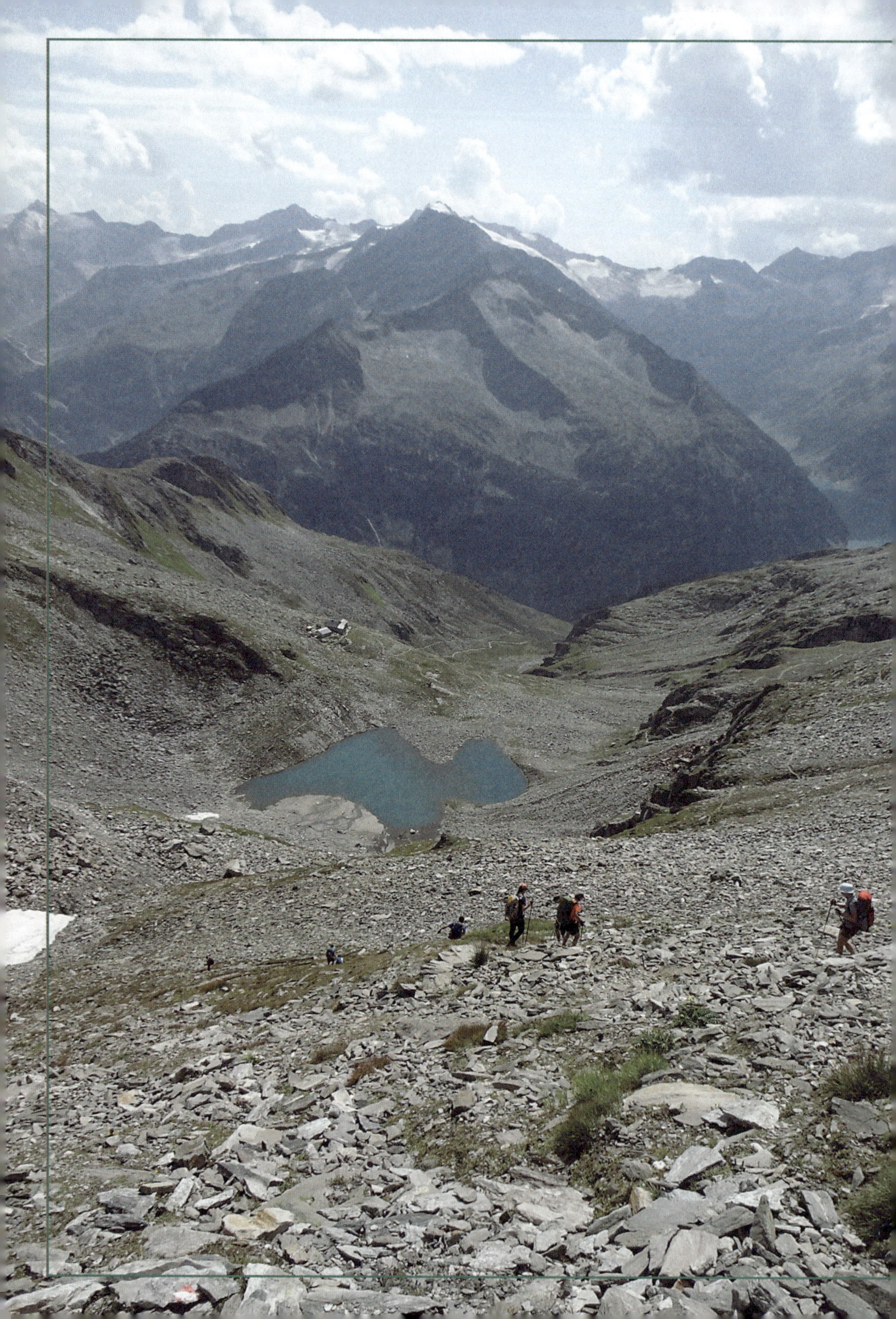

Unsere Wander-Hacks

Es geht auch einfacher

HACKS

SAISONSTART

1000 Höhenmeter und 20 Kilometer sind etwas viel für die erste Tour, fange mit einigen gemütlichen Wanderungen an und steigere dich langsam. Je nach Fitnesslevel können das über 500 Höhenmeter am Anfang sein oder auch 200. Hör auf deinen Körper und überfordere dich nicht gleich am Anfang.

AUFWÄRMEN

Das Herz pumpt schon nach den ersten fünf Minuten wie verrückt? Dann bist du wohl zu schnell los! Wie bei jeder Sportart solltest du dich auch beim Wandern aufwärmen. Gehe die erste halbe Stunde etwas langsamer, bis der Kreislauf in Schwung gekommen ist. Vor allem in ungewohnten Höhenlagen muss sich dein Körper erst einmal an die neuen Bedingungen gewöhnen.

SCHUHWERK & SOCKEN

Das richtige Schuhwerk erspart dir sehr viel körperliches Leid – angefangen von Blasen und Druckstellen bis hin zu gefährlichen Stürzen durch Umknicken. Gleiches gilt für Wandersocken; sie sollten gut passen (lieber etwas zu klein kaufen) und Verstärkungen an der Ferse und Fußsohle haben, damit du hier keine schmerzhaften Blasen bekommst.

Endlich was Neues ausprobieren

Lust was Neues auszuprobieren?

WENN JA, HABEN WIR EIN PAAR VORSCHLÄGE FÜR DICH.

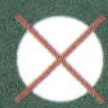

- **TRÜFFELJAGD:** Die Wälder rund um Verona sind bekannt für ihre Trüffel. Begleite hier einen italienischen Tartufaro auf seiner Suche und runde den Tag mit einer Weinverkostung ab.

- **HÖHLENTREKKING:** Die Spannagelhöhle bei Hintertux gilt mit einer Länge von 12,5 km als größte Felshöhle der Zentralalpen. Gegen Voranmeldung gibt es hier mehrstündige Höhlentrekkings zu erleben.

- **WALDSEILPARK:** Quere Seilbrücken und rutsche auf Flying Foxes. Im Waldseilpark in der Tscheppaschlucht in Kärnten gibt es acht Parcours in unterschiedlichen Schwierigkeitsgraden.

- **SALZKUNDE:** Lass dich in Berchtesgaden in das Salzbergwerk verführen und begib dich auf eine liebevoll gestaltete Reise durch die Geschichte des Salzabbaus. Es erwarten dich Fantasie, effektvolle Inszenierungen und spannende Informationen.

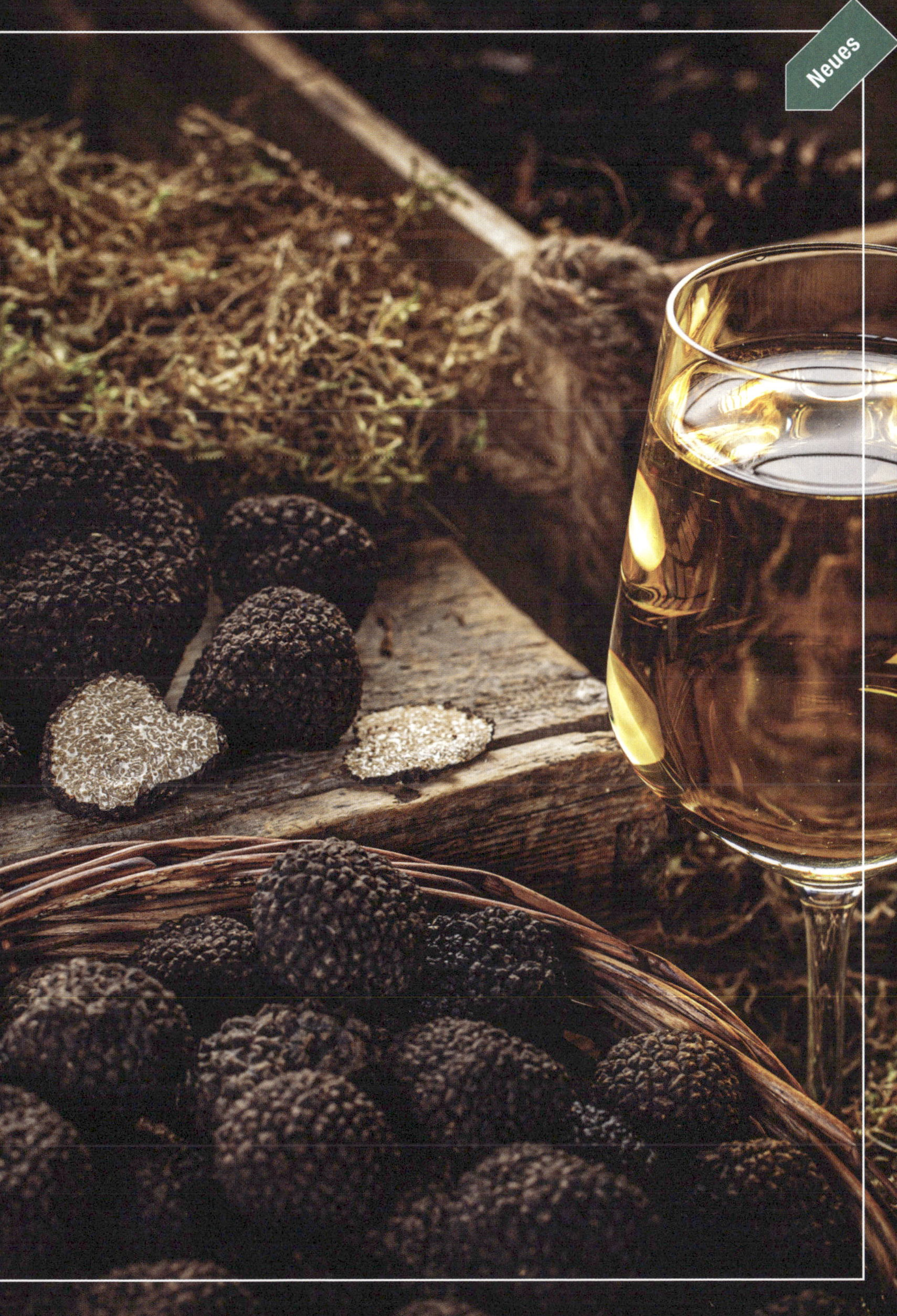
Neues

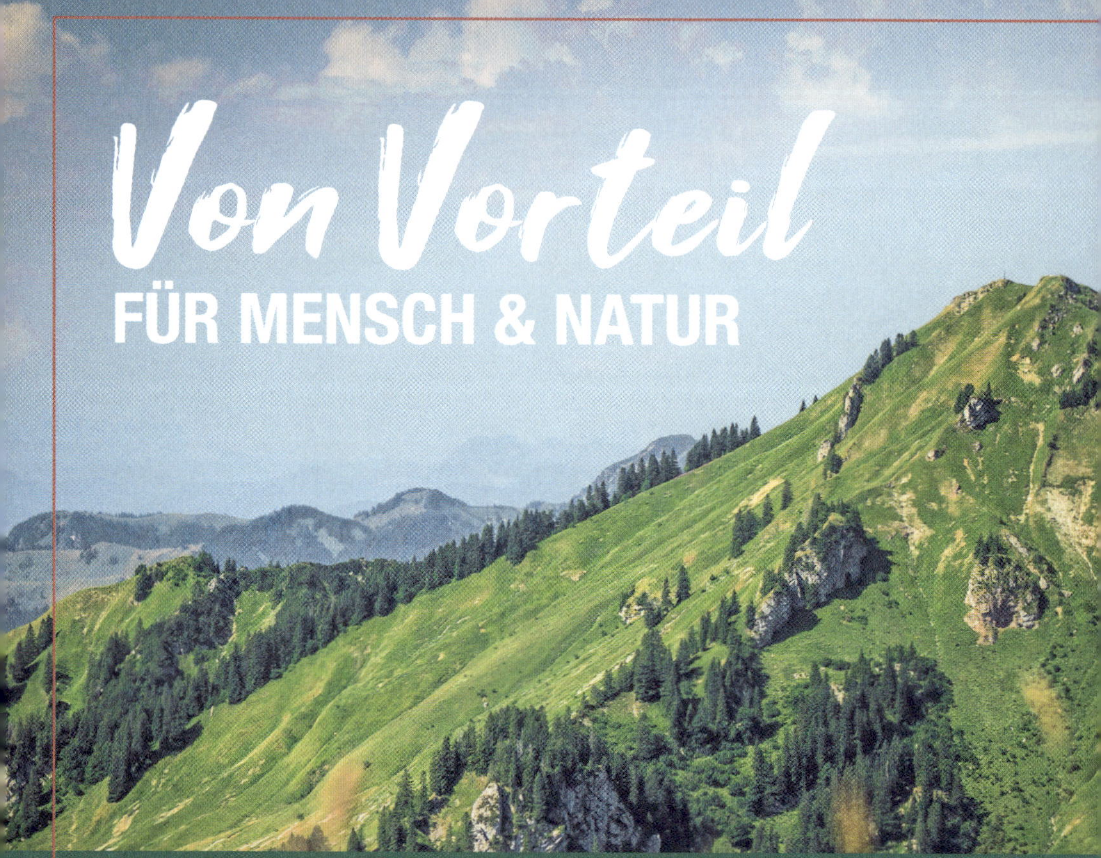

Von Vorteil
FÜR MENSCH & NATUR

Nachhaltigkeit

BEIM WANDERN

Wandern ist eine recht schonende Sportart für die Natur und unsere Umwelt, wenn wir einige wenige Dinge beachten. Denn das Gleichgewicht ist hier extrem sensibel: Jedes zurückgelassene Papierchen in schönster Umgebung, jede Plastikwasserflasche oder auch noch so tolle Outdoorjacke, dafür voll von chemischen Inhaltsstoffen, fallen ins Gewicht. Folgende fünf Punkte geben euch einen kurzen Überblick, was ihr für euch und die Natur tun könnt. Denn Umweltschutz betrifft uns alle, schließlich haben wir nur eine Erde und mit dieser sollten wir behutsam und respektvoll umgehen.

Und das kannst du machen …

Green-Guide

01 Nachhaltigkeit beginnt schon bei der Anreise: Je mehr Menschen mit dem Auto fahren, desto mehr CO_2-Ausstoß und desto mehr umweltschädlichen Gummiabrieb der Reifen gibt es. Doch viele Ausgangspunkte sind auch gut mit den öffentlichen Verkehrsmitteln zu erreichen. Also einfach mal das Auto stehen lassen. Oder Fahrgemeinschaften bilden.

02 Keine Einwegflaschen: Gerade das Trinken ist auf Wanderungen wichtig. Doch sollte man aus Rücksicht zur Natur und sich selbst zuliebe auf Einwegflaschen aus Plastik verzichten und lieber seine eigene Trinkflasche mitnehmen.

03 Kein Verpackungsmüll: Die Verpflegung für den Hunger zwischendurch ist mindestens genauso wichtig wie das Trinken. Brotdosen bieten sich zum Transport von Proviant an oder einfach alles in ein Bienenwachstuch einwickeln.

04 Wanderausrüstung leihen: Gerade beim Ausprobieren einer Sportart muss nicht gleich alles neu gekauft werden, was dann vielleicht im Keller landet. Manche Ausrüstungsgegenstände können auch erst einmal ausgeliehen werden. Auch ist es nicht notwendig, jedes Jahr ein neues Outfit zu kaufen. Achtet ihr schon beim ersten Kauf auf Qualität, macht sich das bemerkbar, denn qualitativ hochwertigere Produkte begleiten uns oft jahrelang.

05 Weniger ist mehr: Oft findet sich die schönste Natur in unmittelbarer Nähe. So muss es nicht immer die weit entfernte Gebirgskette sein. Auch Ziele, die aufgrund ihrer Bekanntheit an Wochenenden und in den Ferien total überlaufen sind, freuen sich über ein paar Besucher weniger. Weniger bekannte Ziele haben auch ihren Reiz und warten nur darauf, entdeckt zu werden.

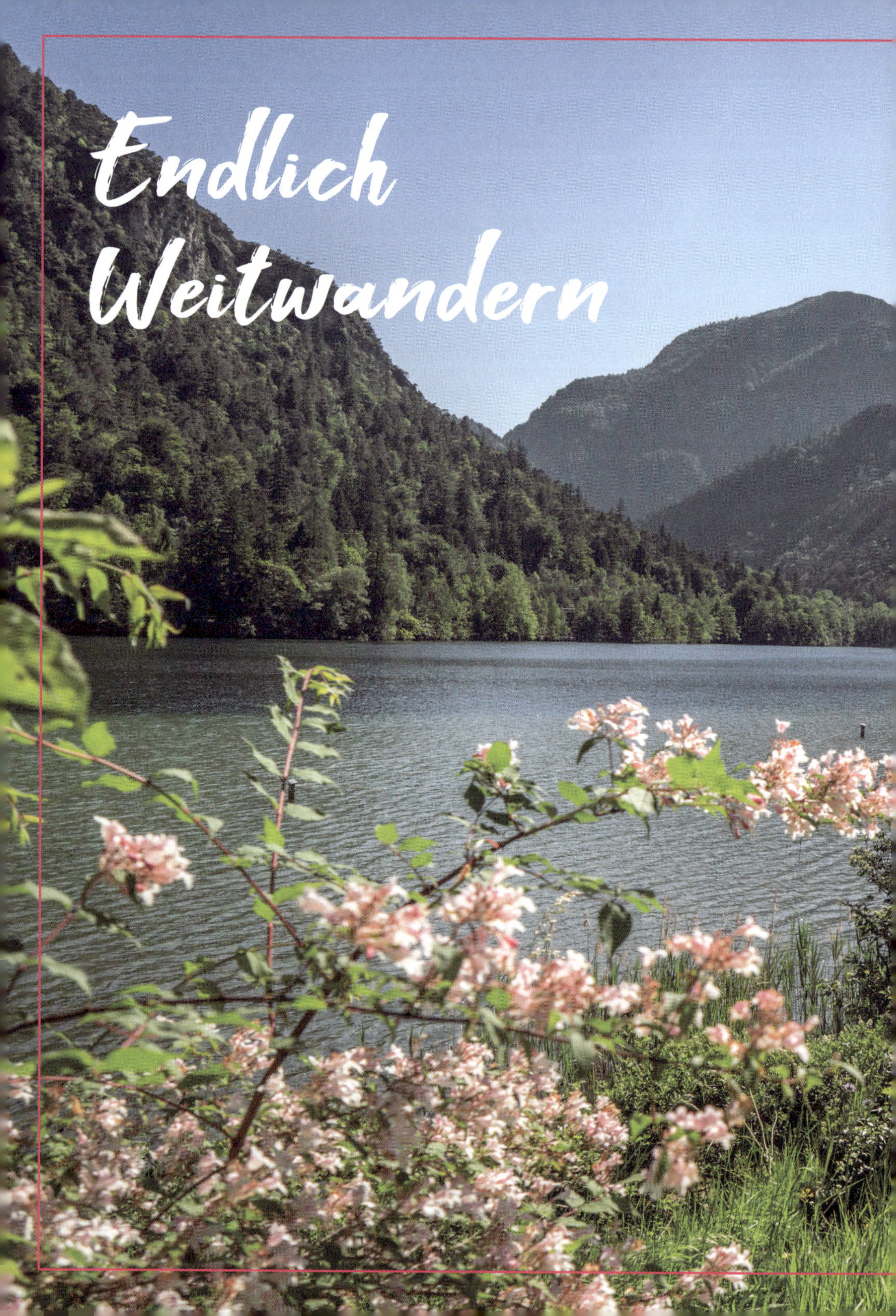
Endlich
Weitwandern

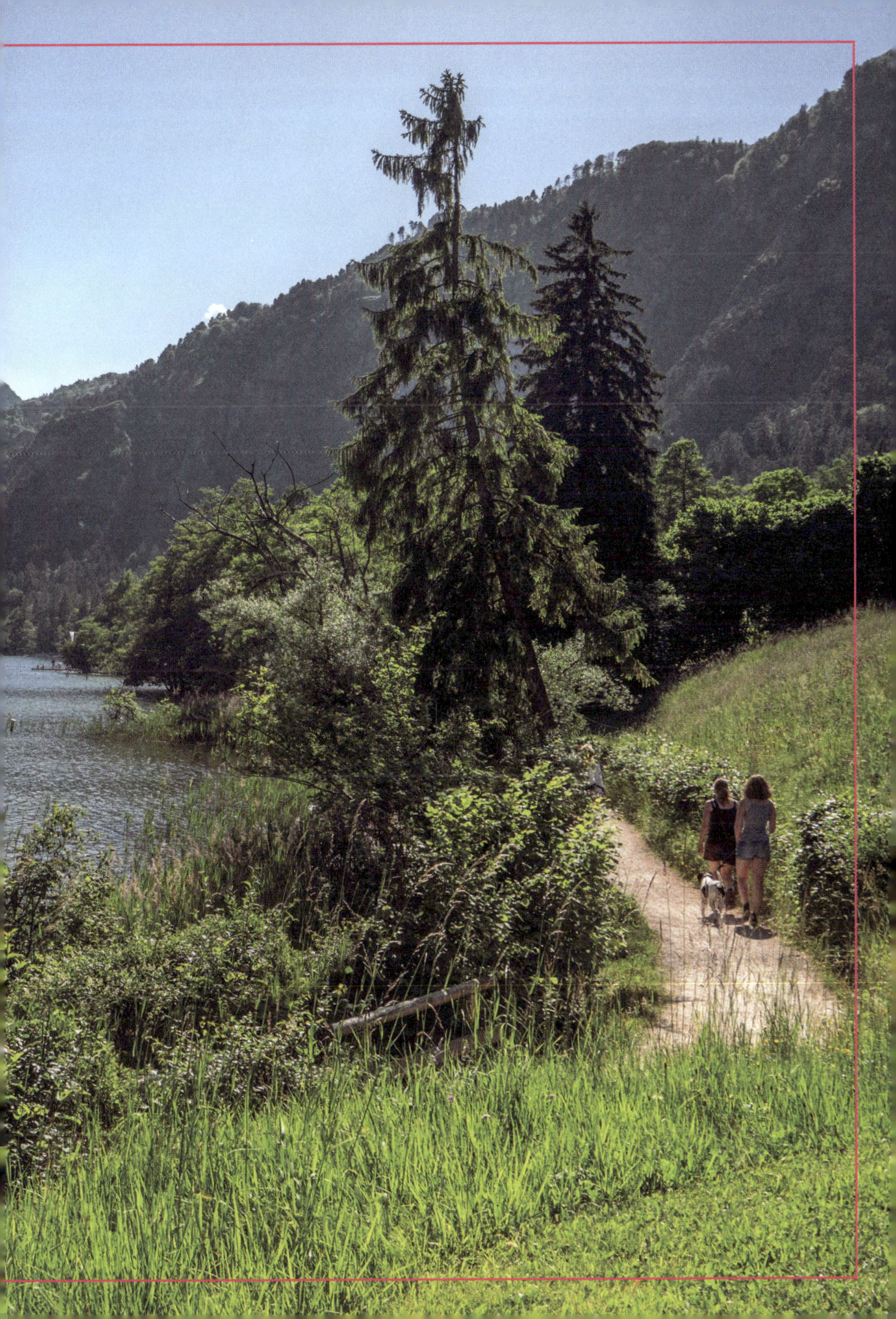

IMPRESSUM

© KOMPASS-Karten GmbH

Karl-Kapferer-Straße 5, A-6020 Innsbruck

1. Auflage 2023 (23.01)
Verlagsnummer 3527
ISBN 978-3-99121-791-6

Konzept und Bildnachweis

Konzept & Gestaltung: © KOMPASS-Karten GmbH

Projektleitung: Jeff Reding & Hannah Geuder

Text: KOMPASS-Karten AutorInnen (s. Klappe)

Grafische & Kartografische Herstellung:
© KOMPASS-Karten GmbH

Kartengrundlage: © KOMPASS-Karten GmbH unter Verwendung von OpenStreetMap Contributers (www.openstreetmap.org)

Titelbild: Sonnenuntergang in den Alpen;
© Netzer Johannes - stock.adobe.com

Cover Rückseite: Mann auf Berggipfel bei Sonnenuntergang;
© Maximilian - stock.adobe.com

Weiterer Bildnachweis:
S.2/3: © Pavel Kašák - stock.adobe.com
S.4/5: © larauhryn - stock.adobe.com
S.15: © filo24 - stock.adobe.com
S.16: © Halfpoint - stock.adobe.com
S.18: Wolfgang Heitzmann und Renate Gabriel
S.21; S.70/71; S.73; S.77; S.81; S.85; S.89; S.206; S.8/9; S.10/11: Raphaela Moczynski
S.22; S.24/25; S.96/97; S.99; S.103; S.107; S.110; S.115; S.118; S.123; S.127; S.131; S.134: Walter Theil
S.26/27: © Andrea Contrini - stock.adobe.com
S.29; S.33; S.37; S.41; S.45; S.49; S.51; S.56; S.61, S64; S.93; S.214/215: Gerhard Stummvoll
S.55: © Simone - stock.adobe.com
S.69: © Atmosphere - stock.adobe.com
S.138/139; S.152; S.161; S.212/213: © SalzAlpenSteig
S.141; S.157; S.164; S.169; S.173; S.175: Geraldine Fella
S.145; S.210: © Chiemgau Tourismus e. V., Thomas Kujat
S.148; S.151: © Chiemgau Tourismus e. V., Michael Namberger
S.163: © Berchtesgadener Tourismus GmbH
S.176/177; S.188: TVB Traunsee-Almtal
S.179: Ferienregion Wolfgangsee
S.183: OÖ Tourismus
S.186; S.193; S.196; S.201; S.203: Wolfgang Heitzmann und Renate Gabriel
S.199: Fuschlseeregion
S.204/205: © GezaKurkaPhotos - stock.adobe.com
S.209: © Cseh Ioan - Grafvision - stock.adobe.com

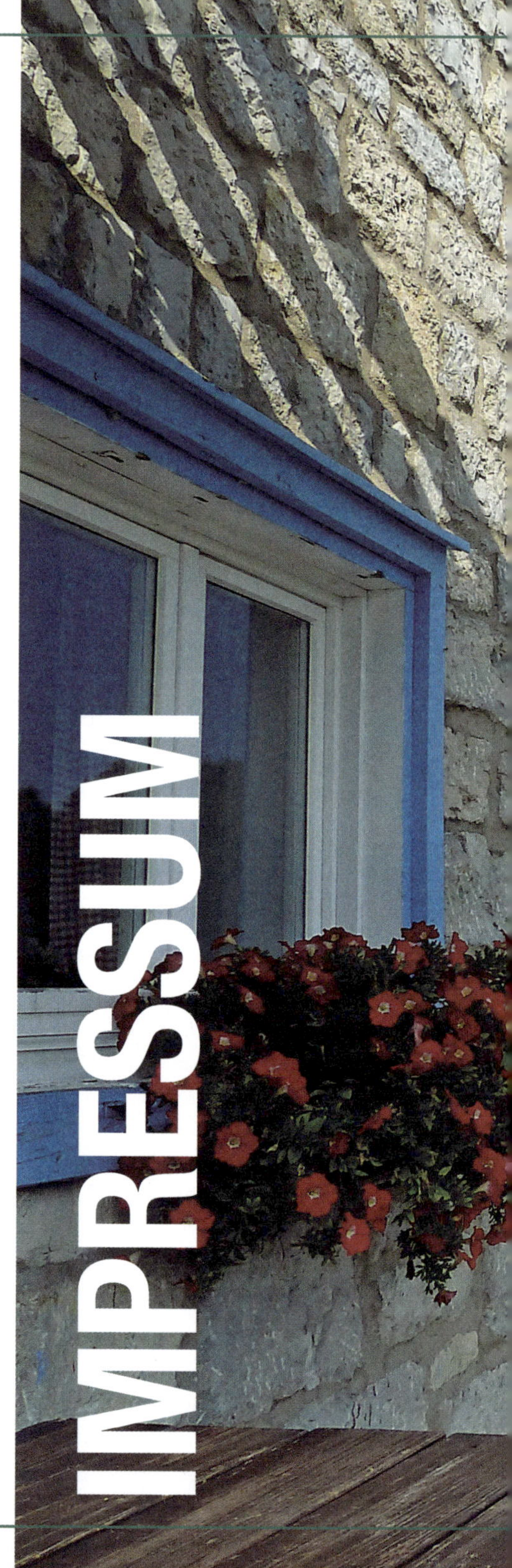

Deine Orientierung

Hallo!
Ich bin deine Anleitung, wie du zu den GPX-Tracks aus deinem neuen Buch kommst. Damit kannst du dir die Route in Outdoor-Apps und Navigationsgeräte laden. Scann den QR-Code oder gehe auf folgende Webseite:

www.kompass.de/gpx

Für Navigationsgeräte und Apps haben wir auf unserer Webseite alle Touren im GPX-Format zum Download bereitgestellt:
Hier findet man alle weiteren Informationen. Einfach das richtige Produkt auf der Seite auswählen, die Daten herunterladen und auf das Zielgerät oder in die gewünschte App importieren.

Was ist ein GPX-Track? GPX ist ein Datenformat für Geodaten. Das Wort GPS steht für Global Positioning System (Globales Positionsbestimmungssystem). Mit einem GPX-Track bekommt man die rote Linie, also den Wegverlauf, als geografische Koordinaten.

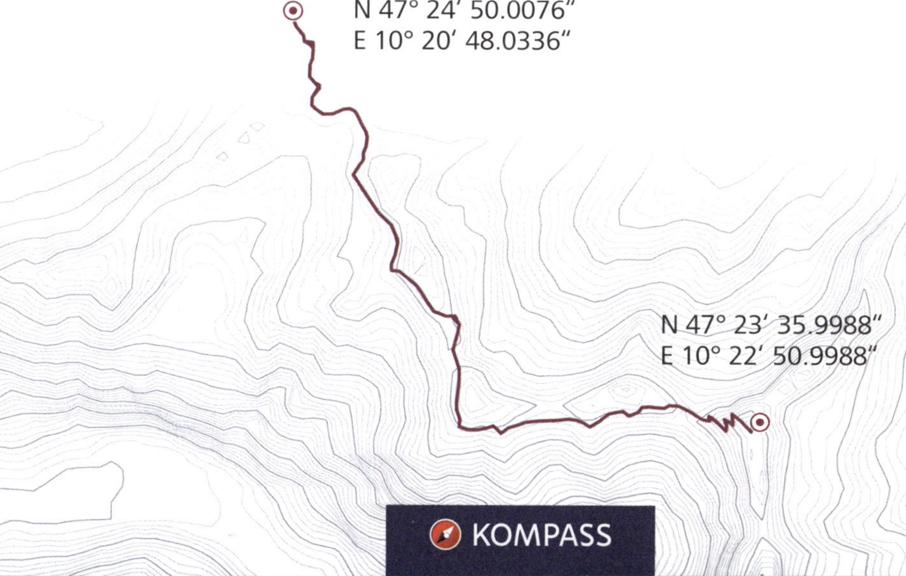

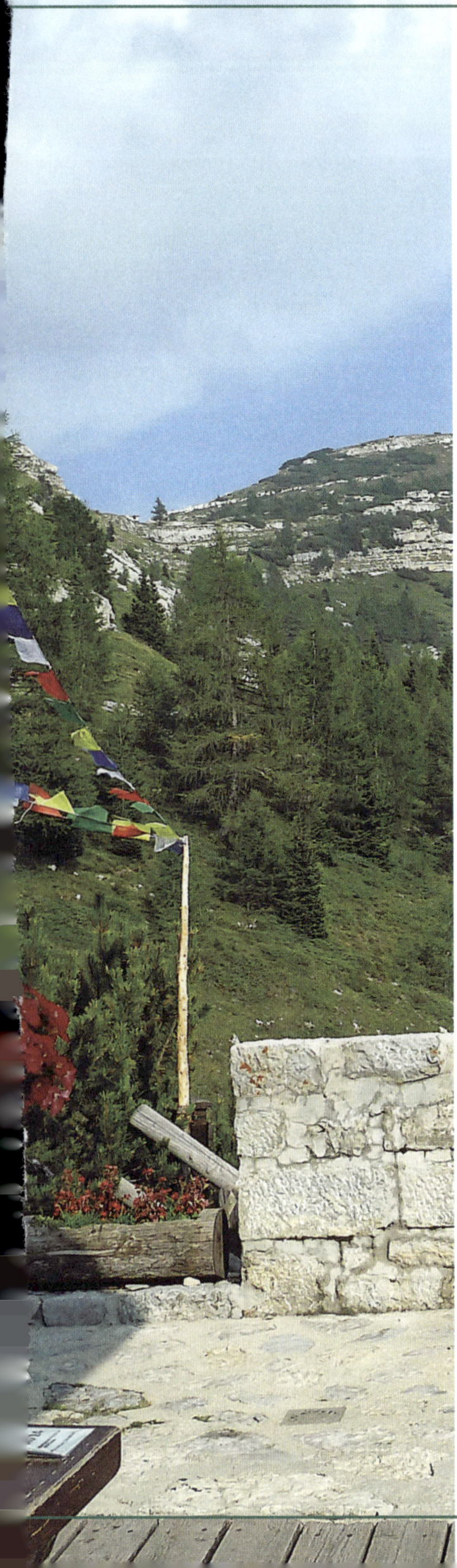

Alle Angaben und Routenbeschreibungen wurden nach bestem Wissen gemäß unserer derzeitigen Informationslage gemacht. Die Wanderungen wurden sehr sorgfältig ausgewählt und beschrieben, Schwierigkeiten werden im Text kurz angegeben. Es können jedoch Änderungen an Wegen und im aktuellen Naturzustand eintreten. Wanderer und alle Kartenbenützer müssen darauf achten, dass aufgrund ständiger Veränderungen die Wegzustände bezüglich Begehbarkeit sich nicht mit den Angaben in der Karte decken müssen. Bei der großen Fülle des bearbeiteten Materials sind daher vereinzelte Fehler und Unstimmigkeiten nicht vermeidbar. Die Verwendung dieses Führers erfolgt ausschließlich auf eigenes Risiko und auf eigene Gefahr, somit eigenverantwortlich. Eine Haftung für etwaige Unfälle oder Schäden jeder Art wird daher nicht übernommen. Für Berichtigungen und Verbesserungsvorschläge ist die Redaktion stets dankbar. Korrekturhinweise bitte an folgende Anschrift:

KOMPASS KARTEN GMBH
Karl-Kapferer-Straße 5, A-6020 Innsbruck
www.kompass.de/service/kontakt

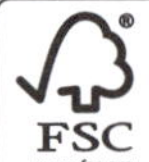

MIX
Papier | Fördert gute Waldnutzung
FSC® C018236